Harry Sidebottom
Der wahnsinnige Kaiser

Harry Sidebottom

Der wahnsinnige Kaiser

Elagabal und der Niedergang Roms

Aus dem Englischen von Jörg Fündling

Die englische Originalausgabe erschien 2022 unter dem Titel *The Mad Emperor. Heliogabalus and the Decadence of Rome* bei Oneworld Publications, 10 Bloomsbury Street, London WC1B 3SR England.
© Harry Sidebottom, 2022

wbg Theiss ist ein Imprint der Verlag Herder GmbH.

Für die deutschsprachige Ausgabe:
© Verlag Herder GmbH, Freiburg im Breisgau 2025
Hermann-Herder-Straße 4, 79104 Freiburg
Alle Rechte vorbehalten
www.herder.de

Bei Fragen zur Produktsicherheit wenden Sie sich bitte an
produktsicherheit@herder.de

Umschlaggestaltung: www.martinveicht.de
Umschlagmotiv: Kopf des Kaisers Elagabal, Marmorskulptur, 211 n. Chr., Rom, Musei Capitolini. © akg-images / Nimatallah
Satz: Zerosoft, Timişoara
Alle Karten im Buch: Erica Milwain

Herstellung: GGP Media Gmbh, Pößneck
Printed in Germany

ISBN Print: 978-3-534-61036-5
ISBN E-Book (EPUB): 978-3-534-61062-4
ISBN E-Book (PDF): 978-3-534-61067-9

Für die drei Frauen, die dieses Buch möglich gemacht haben: meine Frau Lisa, meine Mutter Frances und meine Tante Terry

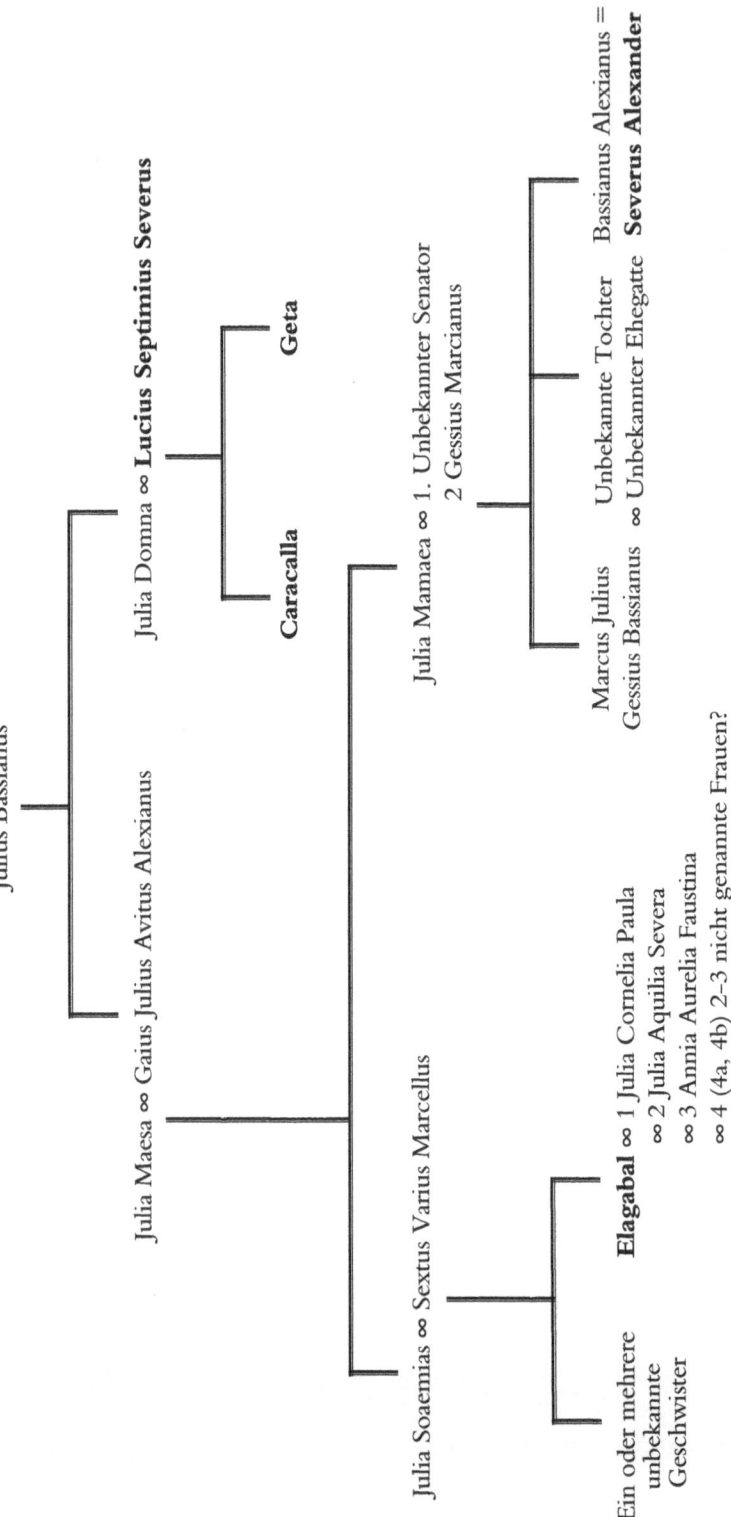

Inhalt

Stammbaum   6
Karte   10

Einleitung: Die Rosen des Heliogabalus   13

Kapitel 1: Der Aufstand   23
    I   Die Flucht   23
    II   Domnas Verschwörung   27
    III   Maesas Verschwörung   31
    IV   Die Akklamation   40
    V   Maesas Gesicht   44
    VI   Die Belagerung 1   47
    VII   Ein Vater wird gefunden   51
    VIII   Die Belagerung 2   55

Kapitel 2: Die Vorgeschichten   59
    I   Rom: Die Kinder der Wölfin   59
    II   Emesa: Die Kinder der Sonne   66

Kapitel 3: Die Schlacht   79
    I   Der Bart des Macrinus   80
    II   Tod in Apameia   84
    III   Das Festmahl   86
    IV   Nachrichten   90
    V   Der Marsch   93
    VI   Die Schlacht   99
    VII   Nach Antiochia   104

Kapitel 4: Identitäten und Rassismus **109**
I Antiker Rassismus? 109
II Emesas Identität 113
III Elagabal entsteht 120

Kapitel 5: Die Reise **131**
I Wo war Macrinus? 131
II Gegenstand der Schmach 134
III Sicherung des Ostens 137
IV Sicherung des Westens 141
V Das Gesicht Elagabals 1 148
VI Die Reise 150
VII In Nikomedia 155

Kapitel 6: Macht **163**
I Der legitime Kaiser – über dem Gesetz 163
II Der passive Kaiser – „Petition and response" 166
III Der aktive Kaiser – vier „Wählergruppen" 172

Kapitel 7: In Rom **181**
I Adventus 181
II Entscheidungen: Was Elagabal nicht tat 186
III Entscheidungen: Was Elagabal tat 191
IV Elagabals Gesicht 2 214

Kapitel 8: Religion **217**
I Die sichtbaren Götter 218
II Kaiser: zwischen Menschen und Göttern 220
III Der schwarze Stein Elagabals 223
IV Der allerhöchste Priester der unbesiegbaren Sonne 234
V Der Stein des Anstoßes – was ging schief? 242

Kapitel 9: In den Provinzen 247
   I Über Gott sprechen in Anazarbos 248
  II Geld, ein Daimon und ein Schreiber 255

Kapitel 10: Sex 265
   I Gelähmt vor lauter Verboten? 265
  II „Nenn mich nicht Herr, denn ich bin eine Herrin" 268

Kapitel 11: Tod 283
   I Ein Sohn wird gefunden 284
  II Frauenmacht 289
 III In den Tiber 293

Kapitel 12: Die Abrechnung 307
   I Insignien und Titel eines Kaisers 307
  II Der Hass aller 313

Kapitel 13: Das Nachleben Elagabals 319

Nachwort des Autors 335
Danksagungen 339
Zum Weiterlesen 341
Literatur 347
Endnoten 367
Register 387
Abbildungsverzeichnis 399

EINLEITUNG
Die Rosen des Heliogabalus

Bild 1: *The Roses of Heliogabalus* von Alma-Tadema

Die falsche Decke bewegte sich und die Rosenblätter begannen herabzufallen. Gab es für die Festgäste eine Vorwarnung – ein Klicken, das Surren eines Räderwerks oder vielleicht irgendeine Andeutung des jungen Kaisers? Angespannt waren sie auf jeden Fall. Elagabals Festmähler waren für ihre Überraschungen berüchtigt. Häufig waren es entwürdigende oder furchteinflößende. Die Liegen waren so präpariert, dass sie die Benutzer platt auf den Boden warfen. Wilde Tiere wurden zwischen den Tischen losgelassen. Das kaiserzeitliche Rom hatte eine mal erfreuliche, mal düstere Tradition, wonach Abendessen unter Scheindecken stattfanden. Ein Esszimmer in Neros Goldenem Haus besaß drehbare Paneele, durch die Parfüm und Blüten auf die Gäste herabregnen konnten. Unter der Herrschaft des Tiberius schlichen sich Denunzianten in den Zwischenraum zwischen eingebauter und echter Decke, um Senatoren zu belauschen, die der Wein und ihre vertrauenswürdigen Gefährten zu verräterischen Plaudereien verlockte.[1]

Wann merkten Elagabals Gäste, dass sie in Gefahr waren? Wie schnell wurde aus dem Gerieseln der Blütenblätter eine Flut, die sie zu ersticken drohte? Wann begannen sie um sich zu schlagen, um ihr Leben zu kämpfen? Wann begriffen sie, dass sie sterben mussten?

The Roses of Heliogabalus von Sir Lawrence Alma-Tadema wurde erstmals 1888 in der Londoner Royal Academy ausgestellt.[2] Auf dem Bild wirken alle merkwürdig ruhig. Elagabal in der Mitte der Empore, in goldene Gewänder gehüllt, schaut unbeteiligt zu. Sein Interesse scheint weniger geweckt als das der anderen, die in Sicherheit rund um den besten Tisch liegen: Sie beugen sich zumindest vor, um besser sehen zu können. Noch seltsamer sind die Reaktionen der Opfer unter ihnen. Zwei Frauen in der Mitte bewegen sich zwar, aber nur träge – eher so, als wollten sie sich in den Blumen aalen, als um dem Ersticken zu entgehen. Zwei weitere Frauen blicken den Betrachter an. Ihre Gesichter, alles andere als entsetzt, verraten nicht den Hauch eines Gefühls. Vielleicht dämmert ihnen die schreckliche Wahrheit noch nicht. Allerdings: Das kommt einem unwahrscheinlich vor, weil die Frau, die auf der linken Bildseite herausschaut, schon so tief begraben ist, dass ihr rosa Gesicht beinahe im Rosa der Blüten verschwunden ist. Eher soll man ihre Reaktionslosigkeit wohl als Endergebnis römischer Dekadenz verstehen. Sie sind allesamt so übersättigt mit Luxus und Sinnlichkeit, dass jede neue Erfahrung, selbst die Todesnähe, nichts als Langeweile auslöst – das überaus viktorianische Gefühl des Ennui.

Ganz egal, dass *The Roses of Heliogabalus* komplett erfunden ist. Alma-Tadema hatte die Geschichte von einem spätantiken historischen Romancier. Die „Veilchen und anderen Blumen" des Originals (HA *Heliog.* 21,5) machte er zu Rosen und ersetzte die mechanische Decke gleich noch durch einen Baldachin. Für Viktorianer standen Rosen für Sinnlichkeit und Verfall zugleich. Alma-Tadema, der stets obsessiv detailgenau war und in der Kälte eines englischen Novembers arbeiten musste, ließ sich für Unsummen Tausende frischer Blumen ins Atelier bringen – eine Extravaganz, die ganz nach seinem Thema riecht. Seine Quelle, der unbekannte Autor der als *Historia Augusta* bekannten Sammlung von Kaiserbiografien, hatte die Anekdote aus einem Festmahl Neros, das er bei Sueton beschrieben fand, ließ das Parfüm weg und fügte die Todesfolge hinzu. Über *The Roses of Heliogabalus* gibt es viel zu sagen und wir werden im letzten Kapitel auf das Bild zurückkommen. (Vielleicht möchten Sie sich schon einmal die Ausstattung des Raumes und den Mann auf der rechten Seite mit der ausgefallenen Frisur ansehen – und eventuell auch die Landschaft.) Vorläufig genügt die Bemerkung, dass Alma-Tademas Gemälde, so sehr es eine komplizierte, vielschichtige Fiktion ist, perfekt die viktorianische Sicht auf die Dekadenz des kaiserzeitlichen Rom und die finstersten Seiten des jungen Kaisers abbildet.

Springen wir über hundert Jahre nach vorn ins 21. Jahrhundert, stellen wir fest, dass die römische Dekadenz insgesamt immer noch gut im Geschäft ist. Die Grausamkeit und Abartigkeit eines Caligula und Nero sind Teil des populären Geschichtsbilds – Beweise gibt's massenhaft im Internet. Elagabal jedoch ist fast vollkommen verschwunden (und auch diesem Verschwinden werden wir im nächsten Kapitel nachgehen). Finden lässt sich der junge Kaiser noch in den Abhandlungen einiger Gelehrter, zwischen Haufen aus Fußnoten und babylonischen Büchertürmen – einiger weniger Gelehrter, muss man sagen, denn der akademische Betrieb ignoriert ihn weithin. Ansonsten hat er sich an den Rand zurückgezogen. Ab und zu erscheint er in der Gegenkultur in den wilderen Ausläufern der LGBT+-Community. Hin und wieder erwischt man einen Blick auf ihn (stets durch die Linse von Alma-Tademas Bild) in der zeitgenössischen Kunst und deren oft so schwülstiger Kritik. Alle Jubeljahre schleift man ihn (wiederum immer vermittelt durch *The Roses of Heliogabalus*) durch die geistlose Publicity mancher Modehäuser. Aber im Mainstream hat sich Elagabal – wie ein Gott, den seine Gläubigen verlassen haben – in Luft aufgelöst.

Einleitung

In der römischen Welt ist Elagabal immer im Rampenlicht geblieben. Das ist ironisch, schließlich wurde sein Andenken nach seinem Tod förmlich verdammt.³ *Damnatio memoriae* ist zwar, wie die Forschung uns häufig erinnert, ein moderner Begriff. Das Konzept selbst jedoch war römisch, und im Fall Elagabals wurde die Strafe mit aller Härte vollzogen. Manche seiner Statuen wurden entfernt und in Lagerhäuser verbracht, wo sie darauf warteten, in jemand anderen umgearbeitet zu werden; der Rest wurde verstümmelt. Die Hammerschläge zielten auf die Sinnesorgane – Augen, Ohren, Nase und Mund. Danach schleifte man die übel zugerichteten Statuen weg, verwendete sie als Baumaterial oder warf sie in Schande auf den Müll. Elagabals offizielle Namen – Marcus Aurelius Antoninus – wurden ganz oder teilweise aus Inschriften ausgemeißelt und in Papyri durchgestrichen. Selbst seine Münzen blieben nicht verschont. Einige, die überdauert haben, wurden mit der Initiale seines Nachfolgers gegengestempelt. Manche wurden wie die Inschriften mit spitzen Werkzeugen entstellt. Paradoxerweise hat gerade diese gründliche *damnatio memoriae* dazu beigetragen, die Erinnerung an den Kaiser zu bewahren. Seine Abwesenheit war es, die ihm eine bedeutsame Anwesenheit verlieh: der leere Statuensockel und der Freiraum auf der Inschrift.

In der römischen Fantasie blieb der tote Kaiser überaus lebendig. Er legte sich eine ganze Menge Spitznamen zu. Obwohl seine Herrschaftszeit so kurz war (218–222 n. Chr.), kennen wir viele davon, mehr als für jeden anderen Kaiser. Sie alle sind abschätzig und verhöhnen seine illegitime Herkunft, seine Effeminiertheit, sein Sexualverhalten, seine ethnische Zugehörigkeit und Religion sowie das Schicksal seiner Leiche: Pseudo-Antoninus, unheiliger kleiner Antoninus, Gynnis („weibischer Mann"), Bassiana (die weibliche Form eines Familiennamens), Koryphos („Jungfrauenschänder" oder vielleicht auch „Lustknabe"), Assyrer (also „Orientale"), Sardanapalus (nach einem sagenhaften Assyrerkönig), Tractitius („der Geschleifte", weil das mit seiner Leiche geschah), Tiberinus (nach dem Fluss, in den seine Überreste geworfen wurden), Elagabalus und Heliogabalus (beide abgeleitet von Elagabal, dem Gott, den er verehrte).⁴

Das ist ein guter Zeitpunkt, um innezuhalten und über die Namen des Kaisers nachzudenken. Als Kind war er höchstwahrscheinlich Sextus (oder Gaius) Varius Avitus Bassianus. Als er auf den Thron kam, wurde er zu Marcus Aurelius Antoninus. Nach seinem Tod bekam er diese ganzen anderen Namen. Soweit man ihn in der modernen Welt überhaupt noch kennt, ist er normalerweise Elagabal(us) oder Heliogabalus. Ein einsamer Forscher hat vorgeschlagen, ihn „Varius" zu nennen.[5] Das hat den Nachteil, dass weder seine Untertanen noch jemand heute weiß, wer damit gemeint sein soll. Elagabal, die Bezeichnung, die die Forschung normalerweise gebraucht (und die auch in dieser Übersetzung verwendet wird), ist andererseits nicht oder nur durch Hinweise von der Gottheit Elagabal zu unterscheiden. Im Leben dieses Kaisers wird das nicht die letzte Mehrdeutigkeit bleiben …

Literatur fiel übrigens nicht unter die *damnatio memoriae*. Das ist seltsam, wenn man einen Augenblick überlegt. Manchmal drückten antike Autoren ihren Widerwillen aus, die Laster schlechter Kaiser festzuhalten, und gleich danach vertieften sie sich mit der Berufsethik eines Sensationsjournalisten in alle Feinheiten der Verdorbenheit. „Mein Blatt ist schmutzig, *so wie sein Leben war*; aber mein Leben ist rein" – so hätten sie die Standardausrede lateinischer Erotikdichter erweitern können.

Zu Elagabal sind drei wichtige Texte erhalten, die allesamt in verschiedenen Abstufungen schlüpfrig sind. Zwei davon stammen von Zeitgenossen. Der erste ist Cassius Dio, der eine Geschichte Roms von der Ankunft des Aeneas und der Gründung der Stadt bis in sein eigenes Leben unter Elagabals Nachfolger schrieb. Anders als den Großteil des Textes, der nur in späteren Kurzfassungen erhalten ist, haben wir den Teil über Elagabal noch im Original (obwohl es Textlücken gibt). Cassius Dio Cocceianus, ein Grieche aus Kleinasien, machte in der römischen Politik erfolgreich Karriere. Zweimal wurde er zum Konsul ernannt, in die höchste Magistratur, und er nahm am Rat von mindestens zwei Kaisern teil. Sein Werk stammt von einem gut informierten Insider, dessen Sichtweise vom Blickwinkel des Senatorenstandes geprägt ist. An Elagabals Regime war er beteiligt, suchte sich aber, als er sich zur Ruhe gesetzt hatte, von dem toten Kaiser zu distanzieren.[6]

Der zweite ist Herodian, noch ein Grieche und ein jüngerer Zeitgenosse Cassius Dios. Seine Geschichte des Römischen Reichs vom Tod Marc Aurels (180 n. Chr.) bis zum Herrschaftsantritt Gordians III. (238 n. Chr.) ist vollständig erhalten (falls nicht ein bis zwei abschließende Bücher fehlen sollten). Herodian hatte keinen so hohen Status wie Cassius Dio – man hat vermutet, er sei ein ehemaliger Sklave – und seine Geschichte enthält weniger Details, besonders was Senatoren und den Senat betrifft. Doch durch sein Interesse an Religionsfragen und den Frauen des Kaiserhauses bietet er eine andere Perspektive, im Wesentlichen die eines gebildeten griechischen Untertanen.[7]

Die letzte Hauptquelle ist die wohl verwirrendste der ganzen antiken Literatur – es ist die *Historia Augusta* (der Name ist modern und die ältere Forschung spricht von den *Scriptores Historiae Augustae*), aus der Alma-Tadema die Geschichte des tödlichen Festmahls hatte. Die *Historia Augusta* oder kurz *HA* ist eine Serie aus Kaiserbiografien von Hadrian (117–138) bis Carinus (282–285), die vorgibt, um das Jahr 300 von sechs verschiedenen Männern geschrieben zu sein. Tatsächlich sind die Viten das Werk eines einzigen Autors, der um 400 n. Chr. lebte. Mehr als einem Jahrhundert intensiver moderner Forschung zum Trotz besteht noch immer kein Konsens über die Motive des unbekannten Hochstaplers (antichristliche Propaganda oder schlichter Spaß am Schabernack sind die vorherrschenden Thesen). Die Vita Elagabals liest man am besten als antiken historischen Roman, der zuverlässige Informationen mit Pauschalisierungen, puren Erfindungen sowie raffinierten gelehrten Anspielungen und literarischen Witzen mischt.[8]

Man sollte sich vor Augen halten, dass die überwiegende Mehrheit der antiken Autoren nicht aus reinem Zufall überlebt. Erhalten sind sie, weil ganze Generationen von Schreibern sie das ganze Mittelalter über immer wieder abgeschrieben haben. Der Grund, wieso man sie kopierte, liegt darin, dass ihre Werke von Anfang an als hochwertige Literatur erkannt wurden. Natürlich spielte der Zufall beim Überleben eine Rolle: ein Brand in einem Kloster, ein Banause, der sich mit dem einzigen Manuskript den Arsch abwischte ... Doch je schlechter der Autor war, desto anfälliger waren seine Werke für solche Unglücke. Sie waren dann in der Antike seltener abgeschrieben worden und es gab weniger Handschriften. Die erhaltenen antiken Klassiker sind nicht nur klassisch, weil sie schon sehr alt sind, sondern weil ihre Schöpfer literarische Könner waren. Teil ihrer Kunst war es, raffiniert Themen zu behandeln, die sprechend für ihre eigene Zeit waren und in späteren Zeiten einen Nerv trafen. Elagabal mochte der schlimmste aller Menschen sein, das beste aller Themen war er auch. Cassius Dio, Herodian und die *Historia Augusta* schildern den Kaiser – wenn auch mit wechselnden Akzenten – als das tyrannischste Ungeheuer, das je den Thron bestiegen hat. Grausam und blutdürstig, lasterhaft und pervers, Verehrer eines barbarischen Gottes, Übertreter jeglicher sozialen und kulturellen Grenzen – Elagabal war eine furchtbare Warnung vor den äußersten Exzessen autokratischer Macht an Herrscher und Beherrschte, ob es nun Zeitgenossen oder Zukünftige waren.

Ein weiterer Teil der literarischen Kunstfertigkeit, die zur Erhaltung dieser drei antiken Autoren – zweier Historiker und eines Biografen/Romanciers – geführt hat, ist ihre Erzählkunst. Cassius Dio, Herodian und der Autor der *Historia Augusta* waren große Geschichtenerzähler und das Leben Elagabals war eine Fundgrube für Geschichten.

Ein syrischer Jugendlicher (er war gerade dreizehn, vierzehn Jahre alt) siegte gegen jede Wahrscheinlichkeit in einem Bürgerkrieg, den seine alte Großmutter ausgelöst hatte. Seine Herrschaft begann mit einer Reihe von Tötungsakten – sein Erzieher starb durch die Hand des Kaisers selbst. In den vier Jahren extravaganter Missherrschaft, die sich anschlossen, brachte der Kaiser Favoriten niederer Herkunft in Führungspositionen und schien alles zu tun, um die etablierte Elite zu demütigen. Verheiratet war er mit mindestens vier Frauen und zur Empörung traditionell Denkender zweimal mit einer Vestalin. Ebenso sehr missachtete er die römischen Sitten und Gebräuche, indem er die passive Rolle im Sex zwischen Männern sichtlich genoss, und man sagte ihm nach, dass er einen Mann heiratete, als Prostituierter arbeitete und seine Ärzte nach der Möglichkeit einer physischen Geschlechtsumwandlung fragte. Der Gott seiner Väter, der sich als großer schwarzer Steinkegel zeigte, wurde nach Rom importiert und in einem prächtigen Tempel auf dem Palatin untergebracht. Ein weiterer Tempel entstand in einer Vorstadt. Die Würde, die in einer römischen Toga lag, schätzte der Kaiser gering, er kleidete sich stattdessen in ‚barbarische' Gewänder, schminkte sich und tanzte bei öffentlichen Riten zu Ehren seines Gottes. Um seine Religion gab es Gerüchte der Zauberei, ja sogar Totenbeschwörung. Andere Gottheiten mussten seinem Gott Elagabal weichen. Zwei Göttinnen wurden mit dem Neuen verheiratet. Schlimmer noch, Jupiter Optimus Maximus wurde abgesetzt. Fortan stand Elagabal, die Gottheit aus dem Osten, an der Spitze der staatlichen Götterwelt. Tempel, Hochzeiten (menschliche wie göttliche), Feiern und der Lebensstil des Kaisers verschlangen riesige Geldsummen. Die normalen Pflichten eines Kaisers vernachlässigte Elagabal und es hieß, er widmete sich dem Fahren von Wagen, die mal nackte Frauen zogen, mal Hunde oder noch unwahrscheinlichere Tiere. Und dann waren da noch die Festmähler: das ganze Essen in derselben Farbe, jeder Gang in einem anderen Palast serviert, Zuhälter und Spaßmacher als Gäste und schließlich das berüchtigte Mahl mit der tödlichen Blütenlawine. Am Ende wurde der Kaiser zusammen mit seiner Mutter von der Prätorianergarde ermordet. Wieder hatte seine Großmutter den Coup eingefädelt. Die Leichen Elagabals und seiner Mutter wurden nackt ausgezogen und an Haken durch die Straßen Roms geschleift. Damit er nicht begraben werden konnte, wurde der tote Kaiser mit Gewichten beschwert in den Tiber geworfen.

Viele dieser Geschichten, nicht nur die mit den Rosen, wirken nicht plausibel. Historiker wie Cassius Dio und Herodian standen mit ihren Methoden den heutigen Autoren historischer Romane viel näher als einer modernen Historikerin. In der Antike war die Literaturgattung Geschichtsschreibung der heutigen ganz unähnlich. Sie nannte ihre Quellen ungern und bestand auf erfundenen Dialogen in Form öffentlicher Reden. Fragen der Chronologie, ja sogar das Erfinden ganzer Episoden sah sie entspannt. Antike Biografien konnten zwar Dokumente wie Briefe und ähnliches enthalten, waren aber noch weniger an Faktentreue gebunden als die Geschichtsschreibung. Zu den übermütigen Fiktionen der *Historia Augusta* zählen viele eindeutig falsche Dokumente. Unsere Quellen versuchten keine unparteiische Rekonstruktion der Vergangenheit nach deren eigenen Maßstäben. Stattdessen nutzten sie das Material der Vergangenheit für die Zwecke ihrer Zeit. Geschichten erzählten sie entweder, um ernsthafte politische und kulturelle Argumente vorzubringen, oder zu Unterhaltungszwecken. Im Idealfall taten sie beides.

So viele Geschichten ranken sich um die Figur Elagabal. Noch komplizierter wird die Sache, weil unsere drei Hauptquellen nicht völlig unabhängig voneinander sind. Herodian hat Cassius Dio gelesen, allerdings ist der Grad, in dem er von seinem Vorgänger abhängt, umstritten. Der Autor der *Historia Augusta* wiederum kannte sowohl Cassius Dio als auch Herodian. Hier lautet die Frage eher, wie sehr der boshafte Biograf absichtlich verändert hat, was er in den Berichten der griechischen Historiker fand. Damit all diese miteinander verzahnten Geschichten Sinn ergeben, hat die heutige Forschung eine Daumenregel aufgestellt: Cassius Dio ist zuverlässiger als Herodian, während die *Historia Augusta* abgeschlagen auf dem letzten Platz landet. Nur drehen einige Forscher, wenn es um Elagabals Herrschaftszeit geht, die Reihenfolge der vorderen Plätze um: Herodian wird nun vertrauenswürdiger als Cassius Dio. Die *Historia Augusta* bleibt mit Abstand Dritte, bis wir den letzten Herrschaftsmonat erreichen, denn es herrscht eine merkwürdige Einstimmigkeit, dass sie dort einer soliden, heute verlorenen Quelle zu folgen beginnt und dadurch äußerst glaubhaft wird.

Von dieser Hierarchie der Verlässlichkeit sollten wir uns verabschieden. Um eine Entscheidung zu versuchen, welche Geschichten wahr oder zumindest plausibel sind, muss vielmehr jede einzelne im Licht der Ziele und Methoden ihres Erzählers betrachtet werden. Jede muss gegen sämtliche erhaltenen Informationen gehalten werden. Wie Detektive müssen wir jedes einzelne Beweisstück ohne vorgefasste Annahmen für sich allein beurteilen, ehe wir eine Rekonstruktion versuchen.

Wir werden unsere Quellen untersuchen und verschiedene Interpretationen verfolgen. Diese Geschichte mit abgenommenem Gehäusedeckel, deren Innenleben sichtbar wird, zeigt, was Historiker tatsächlich *machen*. Diese Detektivarbeit – halb forensische Analyse, halb Intuition – ist mit das Schönste am Nachdenken über die Vergangenheit. Manchmal ist der Weg ebenso wichtig wie das Ziel.[9]

Nicht nur erzählende Quellen werden wir unters Mikroskop legen. Wir werden uns Inschriften, Münzen, Papyri, archäologische Funde und viele Kunstwerke ansehen, darunter mehrere Statuen und Büsten, ein Paar Reliefs und einen außergewöhnlichen Kameo.

Außer Sex und Tod und Dekadenz ist die Geschichte von Elagabal das ideale Prisma, durch das wir andere Fragen betrachten können, die für die römische Kaiserzeit zentral waren. Wo lagen die Grenzen politischer Macht? Wie tief sollte ein Herrscher ins Leben seiner Untertanen eingreifen? Welches Handeln erwartete man überhaupt von einem Kaiser? Wo fing religiöser Extremismus an? Wann schlug bewundernswerte Frömmigkeit in Aberglauben und gefährlichen Fanatismus um? Wie konstruierte man Ethnizität? Wurde Elagabal so gehasst, weil er Syrer war? Waren die Römer rassistisch? Solche Fragen – in anderer Form, aber durchaus noch wiederzuerkennen – sind bis heute lebenswichtig. Wenn wir die Vergangenheit aufhellen, werfen wir ein Licht auf uns selbst: Worin sind wir verschieden und worin gleich? Mit Rom „lässt sich", wie oft gesagt wird, „gut denken".

Genug mit den Rosen und falschen Decken, mit Quellen und Methoden. Es ist Zeit, die Geschichte Elagabals zu erzählen. Anfangen müssen wir am Anfang. Wie nur wurde dieser Junge, von dem man es nie gedacht hatte, Kaiser von Rom? Dafür müssen wir zurückgehen in eine milde syrische Frühlingsnacht, zurück in die Nacht nach den Iden des Mai 218 n. Chr.

KAPITEL 1

Der Aufstand

Syrien, Mai 218 n. Chr.

I Die Flucht

Nach Einbruch der Dunkelheit schnappten sie sich den Jungen und schlichen sich aus der syrischen Stadt Emesa. Die Zeit war nicht auf ihrer Seite. Es war die Nacht nach den Iden des Mai – nur zehn Stunden Dunkelheit und über 35 Kilometer bis zur Festung in Raphaneai. Ein sehr langer Fußmarsch für ein Kind und noch härter für eine alte Frau. Sie hätten einen Wagen nehmen können, aber das hätte ihre Abreise vielleicht auffälliger gemacht. Nahe der Stadt befand sich ein hochrangiger Offizier mit Truppen, von denen man wusste, dass sie kaisertreu waren. Die Mitglieder der Verschwörung durften nicht entdeckt werden und mussten die Festung deutlich vor der Morgendämmerung erreichen.[10]

Emesa war eine ummauerte Stadt, eher aus Bürgerstolz als zu Verteidigungszwecken. Es war über zwei Jahrhunderte her, dass Barbaren hier im oberen Orontestal geplündert hatten, und Roms letzte Kriege im Osten waren entweder im Norden Mesopotamiens ausgetragen worden oder aber fern im Osten, im Gebiet des Partherkönigs. Womöglich war der Torhüter bestochen worden, damit er ein Auge zudrückte und sie durchließ, oder vielleicht hatte auch der örtliche Status der Familie ihren Abgang in aller Stille erlaubt.[11]

Gleich vor den Toren lag die Nekropole, die Stadt der Toten. Beide Seiten der Straße waren wohl von Gräbern gesäumt. Sie konnten verschiedene Formen annehmen und Türmen, Pyramiden oder Häusern ähneln. Die Architekturformen konnten zwar wechseln, aber die Praxis war in allen Siedlungen üblich. Nachts jedoch mieden die Achtbaren und die Abergläubischen solche Orte. Prostituierte, die ganz unten gelandet waren und kein Zimmer hatten, übten ihr Gewerbe in verlassenen Grabmälern aus. Und endlose Geschichten berichteten, wie ruhelose Tote umherwandelten. Die letzten *Lemuria*, ein Fest, an dem die Tore zur Unterwelt offenstanden, waren erst zwei Nächte her. Der Junge, Varius, war vierzehn (vielleicht auch erst dreizehn) und vom Übernatürlichen fasziniert. Falls er solchen Themen nachsann, während er zwischen den düsteren Bauwerken hindurchging, war das verzeihlich.[12]

Unsere beiden zeitgenössischen Quellen weichen voneinander in der Frage ab, wer da durch die Nacht eilte. Cassius Dio sagt, Varius sei von seinem Lehrer Eutychianus ins Lager gebracht worden, und das habe der junge *grammaticus* (so gut wie sicher ein Exsklave) ohne Wissen der Familie getan. Herodian erwähnt den Freigelassenen nicht, sondern behauptet, es sei die Großmutter des Jungen, Maesa, zusammen mit seiner Mutter Soaemias gewesen. Man könnte versuchen, beide Versionen in Einklang zu bringen: Die Initiative hätte dann bei den Frauen gelegen, die Eutychianus losschickten, selbst aber in Emesa blieben. Nur brachte ein solches Verfahren keine großen Vorteile. Jeder, der zurückblieb, schwebte in großer Gefahr, wie die tragischen Ereignisse des nächsten Tages zeigen sollten. Moderne Forscher spielen den Quellenwert Herodians oft herunter und verweisen auf sein Bedürfnis, die Rolle der Frauen aus Gründen der Dramatik hervorzuheben.[13] Doch damit ignoriert man das ebenso ausgeprägte literarische Ziel Cassius Dios, zu unterstreichen, alle in den Aufstand Verwickelten seien anrüchig und aus den unteren Ständen gewesen. Außerdem schrieb Dio dies – und machte glänzend Karriere – unter dem folgenden Kaiser, dessen Herrschaft anfangs unter Maesas Kontrolle stand. Es wäre taktlos gewesen, seine Leser daran zu erinnern, dass sie einen inzwischen abgesetzten und in Schande geratenen jungen Kaiser an die Macht gebracht hatte.

I Die Flucht

Orakel, darunter auch die Schutzgottheit Emesas, hatten von einem Wandel gesprochen. Ihre mehrdeutigen Sprüche könnten Eutychianus ermutigt haben, auf eigene Faust zu handeln. Noch heute tun junge Männer Erstaunliches und Schreckliches im Namen Gottes.[14] Aber Eutychianus war ein Geschöpf dieser Familie. Er war im Haus der Großmutter aufgezogen worden (weswegen wir eine unfreie Herkunft für ihn vermuten) und war der Liebhaber der Mutter. Soaemias war zwar Witwe, dennoch war die Affäre in den Augen der Zeitgenossen schockierend – desto mehr, als der Mann, den sich Soaemias ins Bett holte, früher ein Sklave gewesen war. Egal, wie nahe er der Familie stand, und ob auf die übliche oder auf sonstige Art, Eutychianus hatte kaum Zugang zu deren streng bewachten Geldtruhen oder ihren kostbarsten Erbstücken, und in dieser Nacht würde man beides brauchen. Beide Frauen neigten nicht dazu, vor einer direkten Beteiligung zurückzuschrecken, wenn es im politischen Geschehen um alles ging.

Laut Cassius Dio hatte Eutychianus nur eine Handvoll weiterer Mitverschwörer: einige Mitglieder des Stadtrats von Emesa (vielleicht nur sechs Ritter, Angehörige des zweithöchsten Standes der römischen Gesellschaft, aber der Text ist hier lückenhaft), dazu ein paar Freigelassene und Soldaten. Eine dieser Personen lässt sich als der Freigelassene Festus identifizieren, dem Eutychianus in Raphaneai eine wichtige Rolle zuweisen sollte. Zu den Ratsherren zählte ein gewisser Aurelius Eubulus. Später war der Mann aus Emesa ein enger Vertrauter Elagabals und wurde in Rom mit einer Funktion im Ritterrang betraut, die für den Kaiser lebenswichtig war.[15]

Herodian zufolge fungierten die Soldaten als Führer und noch zwei andere gehörten zur Gruppe. Maesa hatte noch eine Tochter und einen weiteren Enkel. Der Junge, Alexianus, war noch kleiner als Varius, ungefähr neun. Alexianus und seine Mutter Mamaea waren keine Schlüsselfiguren des geplanten Dramas, aber wie gefährlich es gewesen wäre, sie zurückzulassen, ist offensichtlich. Mindestens ein anderes Enkelkind, höchstwahrscheinlich aber zwei, lebten in der Nähe und wurden ihrem Schicksal überlassen. Maesa war unerbittlich. Wenn die Götter gnädig waren, konnte man sie ja am nächsten Morgen holen lassen.

Also machte sich eine kleine, wenig imposante Reisegesellschaft – drei Frauen, zwei Kinder, ein paar Exsklaven und Soldaten und vielleicht ein halbes Dutzend Einheimische – ins Umland auf. Von Raphaneai aus führte der Weg nach Emesa nach Nordwesten. Die mittelalterliche Kopie einer spätantiken Karte, die sogenannte *Tabula Peutingeriana*, zeigt eine Verbindungsstraße zwischen beiden Orten. Der Weg war nicht beschwerlich, er ging durch Hügelland und Olivenhaine. Und die Nacht muss mild gewesen sein, um die 13° C. Aber das flache Land war eine fremde Welt. In Hirtengedichten und Romanen war es ein Ort vorzeitlicher Unschuld, wo bäuerliche Verehrer um die Liebe jungfräulicher Schäferinnen warben. Tatsächlich war es eine Zone, die die Elite durcheilte, um aus der Sicherheit einer Stadt in die nächste oder in den Schutz eines Landguts zu kommen. Auf dem Land wimmelte es von Banditen. Im ganzen Imperium findet sich auf Grabsteinen immer wieder *interfectus a latronibus* (*von Räubern getötet*) oder dergleichen. Menschen verschwanden einfach. Es war ratsam, vor dem Aufbruch sein Testament zu machen.[16]

Nachts machte Schlimmeres als bloß Räuber das Land unsicher. Dann nämlich war die dünne Wand, die die Menschheit von den Bewohnern der Anderswelt trennte, besonders durchlässig. Dämonen, Vampire, Werwölfe – alle möglichen Wesen streiften durch die dunklen Hügel und Felder, so glaubte man. Kreuzwege waren besonders schlimm. Auf seinen Reisen im Osten war der Philosoph Apollonios von Tyana einem Gestaltwandler begegnet. Als er schrie, floh die Kreatur. Nur war Apollonius selbst göttlich begnadet und seine Methode passte nicht für heimlich Reisende.[17]

Viel mehr als nur das Dunkel und das Land konnten den Jungen Varius verunsichern. Er trug die Kleider eines anderen und hatte einen neuen Namen, eine neue Identität. Der Mann, der ihn aufgezogen hatte, war vor einigen Jahren gestorben. Jetzt sagte man ihm, jener Mann sei nicht sein Vater gewesen. Nicht länger war er Varius Avitus Bassianus, der Sohn eines römischen Senators aus Syrien, jetzt war er

Marcus Aurelius Antoninus, das illegitime Kind des als Caracalla bekannten ermordeten Kaisers – ein weit gefährlicheres Erbe.[18] Wie die Erwachsenen wusste auch der Junge, dass niemand von ihnen, wenn es im Lager schlecht lief, die nächste Nacht erleben würde.

II Domnas Verschwörung

In der Nacht des 15. Mai 218 n. Chr. war der Einsatz so hoch, wie er nur sein konnte. Hoffnung auf Gnade konnte es nicht geben. Dies war nicht das erste Mal, dass eine Frau der Familie sich gegen den Kaiser verschworen hatte.

Julia Domna, die Schwester Maesas, war die Frau des Kaisers Septimius Severus (193–211 n. Chr.) und die Mutter Kaiser Caracallas (211–217 n. Chr.) gewesen. Während der letzten drei Jahre von Caracallas Herrschaft, als er einen Feldzug gegen die Parther führte, war Domna in der syrischen Stadt Antiochia geblieben. Alle Briefe an den Kaiser gingen damals zuerst an Domna. Sie entschied, was an Caracalla weitergeleitet wurde. Den Rest erledigte sie selbst. In einer Autokratie war der Zugang zum Herrscher Macht. Abgesehen von der Expeditionsarmee hatte Domna praktisch alle anderen Aspekte der Kaiserherrschaft kontrolliert.[19]

Die Botschaft, völlig unerwartet und niederschmetternd, erreichte Domna per Kurier. Ihr Sohn war tot. Am 8. April 217 n. Chr. hatte Caracalla sein Winterquartier im mesopotamischen Edessa verlassen, um im Tempel des Mondgottes Sin vor der Stadt Carrhae zu opfern. Weil er Bauchbeschwerden hatte, stieg er vom Pferd, um sich zu erleichtern. Damit ihm etwas Privatsphäre blieb, hatte seine Eskorte sich ein Stück entfernt und schaute weg. Ein Soldat namens Martialis näherte sich, als wäre er mit einem Wink hergerufen worden. Martialis trug einen versteckten Dolch bei sich. Caracalla drehte ihm den Rücken zu und hatte die Hose um die Knöchel hängen. Nur ein Stich wurde geführt, der den Kaiser dicht am Schlüsselbein traf. Martialis kam bis zu seinem Pferd und versuchte zu fliehen, wurde aber von den Wurfspeeren der Barbaren-Leibgarde Caracallas aus dem Sattel geholt und getötet. Hochrangige Offiziere, darunter der Prätorianerpräfekt Macrinus, eilten zum verwundeten Kaiser. Es war zu spät. Die Wunde war tödlich. Macrinus weinte und klagte. Ein nachtragender Einzeltäter hatte den Kaiser getötet. Das zumindest war die offizielle Geschichte.

Als Domna vom Mord an ihrem Sohn erfuhr, entschloss sie sich zu sterben. Durch Schläge auf ihre Brust entzündete sich ein ruhender Tumor. Domna verweigerte die Nahrung und begann sich zu Tode zu hungern. Macrinus, inzwischen zum Kaiser ausgerufen, schickte ihr zusammen mit der Asche ihres Sohnes einen gütigen Kondolenzbrief. An ihrem kaiserlichen Gefolge oder ihrer Leibwache aus Prätorianern sollte sich nichts ändern. Domna erholte sich und nahm etwas zu sich. Doch dem neuen Kaiser schrieb sie keine Antwort. Statt irgendwelche Dankbarkeit zu äußern, begann sie mit den Soldaten ein Komplott gegen Macrinus zu spinnen.[20]

Zu der Geschichte von Caracallas Ermordung gab es noch eine andere Version. Martialis' Stich sei nicht tödlich gewesen und er habe nicht allein gehandelt. Unter dem Vorwand, dem verwundeten Kaiser zu Hilfe zu kommen, gaben ihm zwei Brüder den Rest, Nemesianus und Apollinaris, Tribune bei den Prätorianern. Der Großteil des kaiserlichen Stabes war Mitwisser der Verschwörung, darunter Agrippa, der Befehlshaber der Flotte, und Triccianus, der Präfekt der zweiten Legion Parthica, der zur berittenen Eskorte abgestellt war. Ausgeheckt habe die ganze Verschwörung gegen Caracalla sein Nachfolger Macrinus.[21]

Sowohl Cassius Dio als auch Herodian entscheiden sich für die zweite Geschichte: Macrinus war für den Mord verantwortlich. Man hat vermutet, sie könnten bloß Propaganda aus der Herrschaftszeit Elagabals wiedergegeben haben.[22] Das wirkt unwahrscheinlich. Beide Historiker verabscheuen Elagabal. Da sie erst nach seinem Tod schrieben, hatten sie keinen Grund, eine Version vorzulegen, die geholfen hätte, seinen Aufstand zu rechtfertigen. So gut wie sicher wucherten von Anfang an die Gerüchte, dass Macrinus hinter Caracallas

Tötung steckte. Sie müssen Domna zu Ohren gekommen sein. Cassius Dio sagt, sobald sie vom Tod ihres Sohnes erfuhr, habe sie Macrinus heftig beschimpft.

Rache am Mörder ihres Sohnes war für Domna ein starkes Motiv. Ein fragmentarischer Abschnitt bei Cassius Dio fügt ein weiteres hinzu: Angst, man könnte ihr den Titel Augusta aberkennen und sie zwingen, in ihre Heimatstadt Emesa zurückzukehren. Wie wir noch sehen werden, bedeutete Status den Frauen dieser Familie alles.[23]

Domnas Komplott durfte man nicht auf die leichte Schulter nehmen. Die einfachen Soldaten hatten Caracalla geliebt. Fast ein Vierteljahrhundert lang hatten die Truppen ihren Soldateneid auf das „Göttliche Haus" der severischen Dynastie abgelegt. Domna mit dem Ehrentitel „Mutter des Lagers" war die Hauptfigur der Kaiserfamilie. Geld war vorhanden. Abgesehen von ihrem eigenen Vermögen und dem ihrer Verwandten befand sich Domna im reichen Antiochia, der kaiserlichen Hauptstadt im Osten.[24] Teile verschiedener Truppeneinheiten und die Domna zugewiesenen Prätorianer müssen in der Stadt stationiert gewesen sein. Von ihrem Hafen Seleukeia Pieria strömten Nachschub und Verstärkungen durch Antiochia zum Feldheer, das mit Macrinus in Edessa stand. Unzufriedenheit konnte sich also rasch verbreiten.

Macrinus handelte entschieden, aber umsichtig. Die offene Hinrichtung der Mutter Caracallas würde Unruhen unter den Truppen auslösen. Stattdessen wurde Domna angewiesen, Antiochia zu verlassen und zu gehen, wohin sie wollte. Falls sie noch Prätorianer begleiteten, waren sie zweifellos handverlesen und überwachten sie. Domnas Unglück steigerte noch, dass in Rom Jubel über Caracallas Tod herrschte. Anders als die Soldaten hatten der Senat und das Volk in Rom ihren Sohn gehasst. Weiterleben war sinnlos. Zwar starb sie sowieso schon an Krebs, aber nun machte sie Ernst damit, sich zu Tode zu hungern. So der Bericht bei Cassius Dio. Der Herodians ist kürzer und finsterer: „sie tötete sich [das griechische Verb kann Suizid entweder durch Verhungern oder durch Erhängen meinen], vielleicht von sich aus oder vielleicht auf Befehl." (5,3,11)

Was war das Ziel von Domnas Komplott gewesen? Eine neuere Studie mutmaßt, dass sie, da „eine Frau nicht herrschen konnte", eigentlich vorhatte, ihren Großneffen Elagabal (wie wir Varius ab jetzt nennen werden) auf den Thron zu setzen.[25] Eine ältere Verschwörung, ein Jahr vor der Flucht nach Raphaneai, ist eine verlockende Idee, letztendlich überzeugt sie aber nicht. Eventuell war Elagabal nicht die offensichtliche Wahl innerhalb der Familie. Sein Vater war vor einigen Jahren gestorben, sein Großvater vor kurzer Zeit und ein unbekanntes Geschwisterkind (wir wissen nicht, ob es ein Bruder oder eine Schwester war) irgendwann zwischen beiden Ereignissen. Doch lebten noch andere männliche Verwandte. Es gab einen angeheirateten Onkel mit zwei Kindern. Eines war eine verheiratete Tochter, das andere – falls es auf die leibliche Abstammung ankam – ein Sohn. Dieser Mann, der aus einer Inschrift bekannt und wahrscheinlich auch in einer fragmentarischen Passage Cassius Dios erwähnt ist, war 214 n. Chr., drei Jahre zuvor, in das Priesterkollegium der Arvalbrüder kooptiert worden. Damit war er anders als Elagabal erwachsen und Senator.[26]

Von anderen Kandidaten ganz abgesehen: Wenn Domna Elagabal als Thronanwärter präsentiert hätte, dann hätte er wahrscheinlich die üblichen Konsequenzen eines Scheiterns zu spüren bekommen – den Tod oder allermindestens die Verbannung auf eine sichere Gefängnisinsel. Wie wir im nächsten Abschnitt sehen werden, ließ Macrinus Maesa ihren kompletten Besitz und schickte sie nach Emesa, wo sie mit Elagabal leben sollte. Das wäre eine gigantische politische Dummheit gewesen, hätte Maesas Schwester gerade versucht, eine Rebellion im Namen des Jungen zu starten. In seiner Zusammenfassung von Macrinus' Herrschaft schrieb Cassius Dio, gestürzt worden sei er „von einem grünen Jungen, von dem er vorher nicht einmal den Namen gekannt hatte" (79,40,3).

Schließlich lohnt sich ein genauer Blick auf das, was Cassius-Dio über Domnas Motive sagt. „Sie hoffte Alleinherrscherin zu sein [*autarchēsē*, wörtlich: „aus eigener Kraft zu herrschen"] wie Semiramis und Nitokris, da sie ja gewissermaßen aus derselben Gegend kam wie diese." (79,23,3) Semiramis und Nitokris waren Sagenherrscherinnen im Osten: die eine Königin von Assyrien, die andere von Ägypten. Indem Dio auf Domnas syrische Herkunft verwies, wollte er seine griechischen und römischen Leser der Ansicht näherbringen, sie habe eine so ‚barbarische' Rolle angestrebt. Tatsächlich sollte noch jahrhundertelang keine Frau das Römische Reich aus eigenem Recht regieren – bis Irene, die Witwe Leons IV., lange nach dem Verlust Roms in Konstantinopel den männlichen Titel *Basileus* annahm (797– 802 n. Chr.). Doch das muss nicht automatisch heißen, dass Domna nicht doch die Alleinherrschaft wollte. Seit Beginn des Römischen Reichs hatte zweieinhalb Jahrhunderte lang kein Kaiser eine ritterliche Herkunft gehabt, bis 217 n. Chr. Macrinus auf dem Thron kam. Doch schon zur Zeit des zweiten Kaisers Tiberius (14–37 n. Chr.) soll der Prätorianerpräfekt Seianus, ein Ritter, Pläne geschmiedet haben, den Purpur an sich zu reißen.

Zwar mag es unrealistisch gewesen sein, aber nach fünfundzwanzig Jahren im Herzen des Kaiserhofs, von denen sie die letzten drei praktisch mit der Führung des Reichs verbracht hatte, könnte Domna den Griff nach der Alleinherrschaft versucht haben. Vielleicht lag Cassius Dio doch nicht so weit daneben. Wie wir sehen werden, gaben mehrere Aspekte der Familiengeschichte Domnas im Osten ihren Ambitionen Auftrieb. Und die Frauen aus der Dynastie von Emesa sollten noch mehrmals die Erwartungen der Zeitgenossen durchkreuzen.

III Maesas Verschwörung

Zwar war Maesa mit einem führenden Senator verheiratet, aber die ganze Herrschaftszeit des Septimius Severus und Caracallas verbrachte sie mit ihrer Schwester am Hof. Während der letzten angespannten Monate war sie mit Domna in Antiochia. Von ihrer Rolle bei den damaligen Ereignissen erfahren wir zwar nichts, aber später musste sie dafür leiden. Macrinus befahl ihr, abzureisen und in ihrer Heimatstadt Emesa zu leben. Genau dieses Schicksal hatte Domna ironischerweise für sich selbst befürchtet. Maesa durfte ihren gesamten Besitz behalten, auch den riesigen Reichtum, den sie in den Jahrzehnten in Herrschernähe angehäuft hatte.[27]

Maesas Mann, der Senator Gaius Julius Avitus Alexianus, war vor Kurzem an Altersschwäche gestorben. Er hatte als Berater des Statthalters von Zypern gedient. Also kehrte Maesa in die Provinzstadt, wo sie geboren war, als gealterte Witwe zurück. Auf den ersten Blick war das keine aussichtsreiche Ausgangsposition, um den Sturz des Kaisers zu planen. Was brachte sie dazu, das enorme Risiko einzugehen?

Maesa mag sich glücklich geschätzt haben, das gescheiterte Komplott ihrer Schwester überlebt zu haben, aber in Sicherheit war sie bei Weitem nicht. Im römischen Recht gab es zwei Formen der Verbannung. Die zur strengeren *deportatio* Verurteilten wurden an einen bestimmten Ort verwiesen, üblicherweise eine Insel. Sie verloren ihre Rechte als Bürger und fast immer wurde ihr Vermögen beschlagnahmt. Die mildere Strafe war die *relegatio*, die eine Verbannung aus Rom, Italien und gegebenenfalls der Heimatprovinz der Betroffenen bedeutete. Wer einer *relegatio* unterlag, behielt normalerweise seinen Besitz, auch den eigenen Status und das Bürgerrecht.[28] Offensichtlich passt Maesa in keine von beiden Kategorien. Der Wille des Kaisers hatte Gesetzeskraft und galt mehr als die Feinheiten des geschriebenen Rechts. Gegen Maesa mag kein förmliches Urteil ergangen sein, aber sie kann sich keine Illusionen gemacht haben: Ihre Lebensumstände waren nichts anderes als eine Form der Verbannung im Landesinnern.

Es gab ernsten Grund zur Besorgnis. Nur zu oft reiste dem Verbannten der Henker hinterher. Eine prominente Person wurde zunächst weggeschafft, dann diskret außer Sichtweite getötet. Das Todesurteil konnte rasch eintreffen oder erst nach Jahren der Angst. Maesa kannte das aus den Erlebnissen ihrer eigenen Familie genau. Plautilla, die Frau von Maesas Neffen Caracalla, wurde 205 n. Chr. Opfer einer Scheidung und nach Lipara verbannt. Die nächsten sieben Jahre verbrachte sie „in großer Furcht und Elend" (Cass. Dio 77,6,3), bis 212 n. Chr. der Tötungsbefehl für sie die Insel erreichte.[29]

III Maesas Verschwörung

Maesas Riesenvermögen steigerte die Angst nur noch. Roms chronisch geldknappe Kaiser erlagen häufig der Versuchung, unschuldige Angehörige der Elite zu verurteilen, um deren Reichtum zu beschlagnahmen. Der Philosoph Dion Chrysostomos erfindet ein ländliches Idyll, indem er sich zwei Bauernfamilien vorstellt, die sich selbst überlassen sind, nachdem der Kaiser den Besitzer des Landguts hingerichtet hat, dessen abgelegener Teil ihr kleiner Hof einst gewesen ist.[30] Der Kaiser wird nicht namentlich genannt. Das war auch gar nicht nötig. Dions Leser wussten, dass Kaiser so etwas halt machten – sie töteten die Reichen des Geldes wegen. Dieses Verhalten lässt sich eher als fester Teil der kaiserlichen Finanzpolitik deuten denn als Verirrung von Tyrannen. Auch dieser Gefahr war sich Maesa nur zu bewusst. Ihr Schwager Septimius Severus war für Verurteilungen aus Profitgründen berüchtigt gewesen.

Beide Ängste hingen untrennbar zusammen. Falls Maesa hingerichtet wurde, würde man ihre Familie in Armut stürzen. Gemeinsam ergab das ein starkes Motiv. Aber auch andere Faktoren trieben Maesa, alles auf eine Karte zu setzen.

Ganz zu Recht machte Maesa Macrinus für den Tod ihres Neffen und ihrer Schwester verantwortlich. Rache (*ultio*) war in Rom ein ehrbares Ziel, ja sogar eine Pflicht. Normalerweise töteten die Kaiser die Familie eines wegen Verrats Hingerichteten, und zwar nicht nur aus willkürlicher Grausamkeit oder Geldgier, sondern um ihre eigene Zukunft abzusichern. Gerechte Rache zu nehmen, mochte sie auch durch Milde (*clementia*) abgeschwächt sein, war fester Teil des Wertekanons der römischen Elite. Es war das Gegenstück zu ihren lauthals verkündeten Wohltaten an die, die es verdienten. Der Diktator Sulla hatte auf sein Grab schreiben lassen, dass niemand ihn in guten Diensten für seine Freunde oder im Schädigen seiner Feinde übertroffen habe. Wieder einmal stand Maesa hier das Beispiel ihrer Familie vor Augen. Sowohl Septimius Severus als auch Caracalla hatten vor dem Senat die Strenge Sullas gelobt und Caracalla hatte das Grab des Diktators samt Inschrift restauriert.[31]

Furcht und Rache waren starke Antriebe fürs Handeln. Herodian liefert einen weiteren. Maesa „hätte lieber jede Gefahr auf sich genommen, als wie ein einfacher Mensch und scheinbar verworfen zu leben" (5,3,11). Sie hatte schlicht ein Statusbedürfnis, dasselbe Motiv, das Cassius Dio Domna zuschreibt. Da wir in einer nicht so hierarchischen Kultur leben, sind wir vielleicht versucht, diesen Gedanken zu verwerfen. Man könnte ihn als rein rhetorische Floskel abschreiben. Vielleicht war es bloß ein literarischer Topos, den sich Herodian von Cassius Dio ausborgte und auf eine andere Person übertrug? Sich auf diesen Standpunkt zu begeben, wäre ein Fehler. An den Standards ihrer Kultur gemessen waren sowohl Dio als auch Herodian scharfsichtige Beobachter von Motiven. In vieler Hinsicht waren die Römer uns zwar ähnlich, aber in anderen Punkten ganz verschieden. Das galt für ihre Denkweise ebenso wie für Äußerlichkeiten wie Kleidung oder Essen. Der Kernbegriff des Sozialstatus war für sie die *dignitas*. „Würde" oder „Prestige" ist die gängige deutsche Übersetzung, „Dignität" die direkte Übertragung, aber beides kann die wahre Bedeutung nicht vermitteln. In unseren Ohren ist Würde oft etwas Anrüchiges, etwas, worauf man pochen kann, was leicht in Selbstgefälligkeit und Aufgeblasenheit übergeht. Für die Römer war die *dignitas* ein zentraler Teil ihrer Identität. Als Caesar seinen eigenen Aufstand entfesselte, äußerte er den berühmten Satz, seine *dignitas* sei ihm wichtiger als sein Leben.[32] Domna und Maesa hätten diese Empfindung genau gleich ausdrücken können – und Maesa sollte sie in die Tat umsetzen.

In vielerlei Hinsicht war die Zeit für eine Rebellion günstig. Der neue Kaiser Macrinus saß noch nicht fest auf dem Thron. Die Armee mochte ihn nicht. Als Nachfolger Caracallas hatte Macrinus dessen Partherkrieg geerbt. Der war nicht gut verlaufen. Im Sommer 217 n. Chr. hatte eine Schlacht beim mesopotamischen Nisibis riesige römische Verluste gefordert, aber keinen entscheidenden Sieg gebracht. Gerüchte wollten wissen, das liege daran, dass Macrinus die Nerven verloren habe und vom Schlachtfeld geflohen sei. Seine bisherige Karriere als Jurist hatte ihn eventuell nicht besonders kampfesmutig werden lassen und machte ihn bei den Truppen kein bisschen beliebter. Während ein Friedensvertrag ausgehandelt wurde – der weithin als nachteilig für Roms Interessen galt –, war die Armee während des Winters 217/18 notgedrungen im Feld geblieben. Der knappe Nachschub verärgerte die Soldaten, von denen viele die schlechte Jahreszeit auch noch in Zelten verbringen mussten – und das umso mehr, als Macrinus selbst angeblich in Saus und Braus in Antiochia lebte, seinen Bart pflegte und philosophische Gespräche hielt. Barbareneinfälle in die Provinz Dakien sorgten für Unruhe bei jenen Abteilungen im Expeditionskorps, die aus den Garnisonen entlang der Donau detachiert waren. Ihre Familien waren in Gefahr und sie forderten, heimkehren zu dürfen. Zu allem Überfluss verfügte Macrinus, dass neue Rekruten künftig nicht mehr die Solderhöhung und die zusätzlichen Privilegien erhalten sollten, die Caracalla dem Militär spendiert hatte. Dieser Versuch stärkerer Haushaltsdisziplin war zwar vielleicht notwendig, hätte aber zu keinem schlechteren Zeitpunkt kommen können. Es überrascht wenig, dass die aktiven Soldaten darin den ersten Schritt zum Entzug ihrer eigenen Vorteile sahen. Und unter der Hand ging das Gerücht um, dass Macrinus für den Tod ihres Kameraden Caracalla verantwortlich war.[33]

Sollte ein Untertan des Kaisers jemals ein Handbuch verfasst haben, wie man Aufstände macht, und detailliert die Schritte dabei erklärt haben, dann ist sein praktischer Ratgeber uns nicht überliefert. Die moderne Forschung hat diese Literaturlücke zu schließen versucht.[34] Erfolgreiche Militärrevolten wurden – im Unterschied zu Mordanschlägen oder Palastrevolutionen – von Männern mit großen Namen geführt: mindestens von Senatoren, besser noch von Mitgliedern der Senatsaristokratie, und zwar besonders von Kommandeuren einer Armee. Erst einmal hatten sie ein eigenes Gefolge und die in ihrer Provinz dienenden Funktionsträger griffbereit. Man konnte Orakel befragen; deren Weissagungen waren zwar immer mehrdeutig, konnten aber, falls nützlich, in Umlauf gebracht werden. Die Gunst der Götter war eine Menge wert – genug, um schwerer als das Risiko zu wiegen, von skrupellosen Priestern angezeigt oder erpresst zu werden.[35] An die Mächtigen – Männer, die wie der Absender über Truppen verfügten – mussten Briefe geschickt werden. In ihnen standen Versprechen eines Aufstiegs für den Adressaten, dessen Familie und Freunde. Weitere

Briefe gingen an reiche Provinzbewohner und wichtige Städte. Sie versprachen höheren Status und materielle Belohnungen. Schließlich verteilte man unter den Soldaten heimlich Geld. Jeder Schritt war Verrat und auf jeden stand die Todesstrafe, aber ohne eine möglichst breite Basis aus Unterstützern ging es nicht.

Maesa erreichte Emesa frühestens im August 217 n. Chr.[36] Mitte Mai des folgenden Jahres brach sie mit Elagabal nach Raphaneai auf – ihr blieben höchstens neun Monate für die Organisation eines Aufstands. Sicher fing sie nicht sofort zu planen an. Sie brauchte Zeit, bis sie ihre Chance erkannte.

Die Schutzgottheit von Emesa war Elagabal, ein Sonnengott, der sich in einem großen schwarzen Stein von Kegelform manifestierte. Elagabals Tempel war reich. Herodian berichtet uns, dass alljährlich Barbarenkönige und die Statthalter benachbarter Provinzen teure Opfergaben schickten. Maesas Familie kontrollierte das Priesteramt. Einst waren sie die Könige von Emesa gewesen. Als Kaiser Domitian vor rund fünf Generationen ihre Monarchie abgeschafft hatte, hatten Maesas Ahnen ihre Energie in den Kult gesteckt und den Gott vielleicht sogar importiert, um ihre Führungsrolle in der Stadt zu erhalten. Der amtierende Priester war Maesas Großneffe. Regelmäßig kamen Soldaten aus der örtlichen Garnison zum Gebet.[37] Die Legion *III Gallica* war schon über ein Jahrhundert in Raphaneai stationiert. Die meisten ihrer Rekruten waren Syrer. Elagabal war für einige der Familiengott und für alle kulturell akzeptabel. Manche Soldaten waren bereits Klienten von Maesas Familie. Die Patron-Klient-Beziehung, ein fester Bestandteil der römischen Gesellschaft, beruhte auf Gegenseitigkeit. Der Klient bekundete seinem Patron Respekt und unterstützte dessen Ziele, wogegen der Patron dem Klienten Vorteile sicherte. Herodian deutet an, die Soldaten, die den Tempel besuchten, hätten auch nichtreligiöse Motive gehabt und Lust empfunden, wenn sie den jungen Priester Elagabal bei den religiösen Feiern für seinen gleichnamigen Gott zelebrieren sahen. Angesichts der Tatsachen der römischen Sexualität, die wir in Kapitel 10 kennenlernen werden, ist das sehr wahrscheinlich.

III Maesas Verschwörung

Hier lag Maesas Chance – ein direkter Draht nach Raphaneai und von da aus in alle Militärlager im Osten. Sie wusste, dass die Soldaten mit Macrinus unzufrieden waren und das Andenken Caracallas hochhielten.[38] Da Elagabal der Oberpriester war, ließen sich günstige Orakel nicht schwer fabrizieren. Dass aus anderen Heiligtümern ähnliche Sprüche kamen, zeigt den Einfluss der Familie in der ganzen Region. Maesa erzählte den Soldaten, Elagabal sei Caracallas unehelicher Sohn. Damit stempelte sie ihre Tochter zwar zur Ehebrecherin, aber egal. Selbst wenn sich Soaemias hätte wehren wollen, angesichts der Affäre mit Eutychianus war sie in keiner guten Position. Dazu unternahm Maesa einen Schritt, von dem es kein Zurück gab – sie versprach den Truppen Geld, wenn sie ihrer Familie wieder den Thron verschafften.

Ob Maesa persönlich mit den Soldaten sprach, wissen wir nicht genau. Da Eutychianus und Festus später so wichtige Rollen bei den Truppen spielten, könnten sie Maesas Abgesandte gewesen sein. Dass einige Soldaten bereits Klienten der Familie waren, muss das Herantreten an sie erleichtert haben. Im Frühjahr 218 waren schon mehrere für den Aufstand unerlässliche Faktoren zusammengekommen. Maesa hatte sich göttliche Rückendeckung verschafft, obwohl man annehmen darf, dass die so verrätselt ausfiel wie jedes Orakel. Sie hatte sich die Unterstützung der Freigelassenen ihrer eigenen Entourage und gewisser Honoratioren in Emesa gesichert und hatte mindestens einigen Angehörigen der nahen Garnison Geld geboten. Doch noch immer war es eine kleine Gruppe, zu denen nicht ein einziger ranghoher Offizier gehörte – eine beunruhigend dürftige Grundlage für eine bewaffnete Erhebung.

Aus Ägypten ist ein faszinierender Papyrus erhalten, der den Versuch einer Rebellion belegt. Zwar ist der Text brillant rekonstruiert worden, bleibt aber so fragmentarisch, dass er sich liest, als ob man eine beschädigte DVD ansieht: Das Bild verpixelt, friert ein, springt zu einem klaren Moment vor und verschwindet dann wieder.[39] Es handelt sich um ein amtliches Dokument: Der Bericht über die Revolte ist der Morgenmeldung einer römischen Militäreinheit beigegeben. Das

Jahr ist unsicher. Darauf kommen wir (in Kapitel 5) noch zurück, weil es in die Herrschaftszeit Elagabals fallen kann. Höchstwahrscheinlich fand der Aufstand in Ägypten statt, aber auch da sind wir nicht sicher. Die Meldung kann auch aus einer anderen Provinz stammen. Immerhin lassen sich einige Details erkennen. Wichtig war das Timing. Der Putsch wurde während einer Festzeit gestartet, als die Truppen frei hatten und die Disziplin locker war. Mehrmals wurde das Religiöse betont. Die Feldzeichen, das Lagerheiligtum und der Soldateneid sind erwähnt. Neben den Truppen wurde auch versucht, Zivilisten zu gewinnen. Ausgelöst wurde der Aufstand durch einen Offizier, der als „jener Präfekt" (*ille praefectus*) bezeichnet wird. Vielleicht war es der Präfekt von Ägypten, der Kommandeur der dort stationierten Zweiten Legion Traiana Fortis oder einer Auxiliareinheit? Egal, wie ranghoch er war, jedenfalls handelte er wohl gemeinsam mit einem Zenturio und zehn Soldaten. Offenbar konnte auch eine kleine Gruppe ohne mächtige Unterstützer einen Aufstand starten. Doch die sorgfältige Vermeidung des Namens „jenes Präfekten" zeigt außerdem, dass er scheiterte.

Der Papyrus belegt, dass Maesas Chancen sehr schlecht standen, als sie Elagabal nach Raphaneai brachte. Genau wie „jener Präfekt" hatte sie keine hochrangigen, einflussreichen Unterstützer. Warum hatte sie nicht die Statthalter und Barbarenkönige mit Verbindungen zum Elagabal-Tempel eingespannt? Letztere für einen römischen Bürgerkrieg zu rekrutieren, konnte unklug sein. Mehrere Barbarenherrscher boten Hilfe an, als Kaiser Vespasian nach dem Thron griff. Man rechnete ihm hoch an, dass er ablehnte. Emesa lag in der römischen Provinz Syria Phoenice. Ihr Statthalter Marius Secundus war gerade in Amtsgeschäften in Ägypten. Secundus war noch nicht lange im Amt und stand treu zu Macrinus. Tatsächlich ließ sich die Verschwörung erst dank Secundus' Abwesenheit umsetzen. Doch vom Werben um andere Statthalter hören wir nichts. Als beide Seiten später, nach Ausbruch der Revolte, Briefe versandten und die Provinzen auf ihre Seite zu bringen suchten, deutet Cassius Dio an, das sei das erste Mal gewesen.[40] Ein Vierteljahrhundert bei Hof hatte Maesa gelehrt, wie wichtig die Legionen und deren Kommandeure waren. Etwas war geschehen, das den Zeitplan der Rebellion nach vorn verschoben hatte.

Ulpius Julianus, einer der beiden kürzlich von Macrinus eingesetzten Prätorianerpräfekten, war in Syria Phoenice eingetroffen. Wieso er dort war, erfahren wir nicht. In Abwesenheit von Secundus kann Julianus die Aufgabe erhalten haben, die Provinz zu leiten und die Truppen in ihren Winterquartieren zu inspizieren. Später hören wir von vielen Deserteuren in der Region, also fing Julianus vielleicht gerade welche ein.[41]

Es gibt die These, dass Maesa bei ihrem Aufbruch nach Raphaneai nicht wusste, dass Julianus in der Nähe war.[42] Das ist extrem unwahrscheinlich. Ein Prätorianerpräfekt reiste ziemlich stilvoll. Julianus war in Begleitung einer maurischen Auxiliareinheit und verfügte über eine Eskorte aus seinen eigenen Gardisten. Maesas Familie war nicht nur die mächtigste in Emesa, sondern besaß auch Verwandte und Güter in den Nachbarstädten Apameia und Arca. Wie wir noch sehen werden, befand sich Julianus in der Nähe von Arca. Maesa wird über die Ankunft des Prätorianerpräfekten informiert gewesen sein.

Schon vor den Gerüchten, dass Julianus in den Mord an Caracalla verwickelt war, hatte er einen unappetitlichen Ruf. Zu seinen früheren Posten zählte unter anderem das Kommando über die *frumentarii*. Ihrem blassen Namen zum Trotz, der irgendeinen Zusammenhang mit Getreideversorgung oder Essensrationen andeutet, waren sie das, was in Rom einem Geheimdienst am nächsten kam. Sie waren die Geheimkuriere des Kaisers. Die düstere Seite an ihrem Beruf war, dass sie auch seine Spitzel und Meuchelmörder waren.[43] Als Prätorianerpräfekt blieb Julianus auch weiter für ihre Aktivitäten verantwortlich.

Julianus' Auftauchen in der Phoenice versetzte Maesa in Angst. Bestenfalls war er in einer guten Position, um ihre hochverräterischen Intrigen aufzudecken. Schlimmstenfalls war schon etwas durchgesickert und der Prätorianerpräfekt hatte Befehl, sie zu verhaften und zu exekutieren. Eigentlich hatte Maesa losschlagen wollen, solange die Armee noch in den Winterquartieren war, aber bevor Secundus zurückkehrte. Viele Elemente der Verschwörung standen schon bereit: die Orakel, ihre Freigelassenen, ein paar örtliche Würdenträger und einige Legionäre aus der Dritten Gallica. Aber noch hatte sie die Unterstützung nicht eines einzigen Armeekommandeurs. Dafür war jetzt keine Zeit mehr. Julianus' Ankunft löste ihre hastige Flucht aus Emesa bei Nacht aus.

IV Die Akklamation

Mit Elagabal und dem Rest ihrer zusammengewürfelten kleinen Reisegesellschaft erreichte Maesa müde, vom Weg erschöpft und besorgt weit vor Tagesanbruch Raphaneai. Das letzte Wegstück war abschreckend. Als sie im Zwielicht von den Hügeln im Osten herabstiegen, war der Abhang zu ihrer Rechten pockennarbig vor lauter dunklen Steinbrüchen, der Horizont eine Zackenreihe aus Grabmälern. Raphaneai lag in einem Tal, das durch das Heiligtum einer Gottheit, die wir nicht kennen, auf einer Anhöhe im Westen dominiert wurde. Soweit wir wissen, besaß die Stadt keine Mauern.[44] Sie gingen durch die stillen Straßen der Zivilsiedlung bis vor die Mauern der Legionsfestung. Bei ihrer Ankunft fanden sie die Tore verschlossen. Das war ein Moment höchster Gefahr. Wenn man sie nicht einließ, war die Revolte vorbei und das Leben aller bald schon verwirkt.

Das Lager war das Zuhause der *Legio III Gallica*, einer Legion mit einer langen, ruhmreichen Geschichte. In den 40er Jahren des 1. Jahrhunderts v. Chr. hatte Caesar sie teils aus Veteranen seiner Eroberung Galliens aufgestellt – daher der Name; dann hatte sie in Spanien bei Munda gekämpft, in der letzten Schlacht der Bürgerkriege, die Caesar die Alleinherrschaft brachten. Ein Jahrzehnt später hatte sie unter dem Kommando von Marcus Antonius am anderen Ende des Imperiums Krieg gegen die Parther geführt, jenseits des Euphrats. Ein Jahrhundert lang blieb die Legion im Osten und legte sich bleibende östliche Angewohnheiten zu. Für kurze Zeit kehrte sie während eines weiteren Bürgerkriegs in den Westen zurück: in der zweiten Schlacht von Bedriacum in Italien 69 n. Chr. drehten sich ihre Soldaten, als die Dämmerung kam, nach Osten und begrüßten die aufgehende Sonne. Dieses syrische Ritual hielt der Rest der Armee für Freude über die Ankunft von Verstärkung. Im nächsten Jahr wurde die *Legio III* zurück in den Osten geschickt und schlug ihr Lager in Raphaneai auf – und dort blieb sie fast hundertfünfzig Jahre lang. Im Jahr 218 n. Chr. bestand die überwiegende Mehrheit ihrer Rekruten längst aus Einheimischen, aus Soldatensöhnen oder Einwohnern des Ostens mit römischem Bürgerrecht.[45]

Erleichtert sahen Maesa und ihre Anhänger, wie die Tore aufgestoßen wurden. Laut Herodian begrüßte die Garnison den Jungen augenblicklich als Kaiser. Höchstwahrscheinlich ist das eine Vereinfachung. Nicht alle Soldaten waren eingeweiht und die Ereignisse des Folgetags zeigen, dass die Legion nicht auf eine Revolte eingestellt war. Es muss zu Verhandlungen gekommen sein.[46]

Mit wem verhandelten die Rebellen? Von einer Meuterei hören wir nichts, also dürften es die Offiziere gewesen sein. Syria Phoenice war eine Provinz mit nur einer Legion, also war der Kommandeur der *III Gallica* der Statthalter Marius Secundus. Doch wie wir schon gesehen haben, war er gerade in Ägypten. Theoretisch war der zweithöchste Offizier in Abwesenheit des Legionslegaten der senatorische Militärtribun. Jede Legion hatte sechs Tribunen: fünf römische Ritter und einen aus einer Senatsfamilie. So hoch der Sozialstatus des letzteren auch war, er war ein junger Mann, der ganz am Anfang seiner Karriere Militärdienst leistete. In der Praxis fiel das Kommando an den *praefectus castrorum*, den Lagerpräfekten, einen Ex-Zenturio.[47] Eine Minderheit der Zenturionen bestand aus Rittern und trat schon mit diesem Rang in die Armee ein. Die überwiegende Mehrheit jedoch waren Soldaten, die sich hochgedient hatten – harte Berufskrieger in den mittleren Jahren. Man ist versucht, als Präfekten der *III Gallica* einen gewissen Valerius Comazon anzusprechen. Ihm werden wir später noch begegnen, aber für Raphaneai gibt es einen besseren Kandidaten. Im weiteren Verlauf der Revolte verteilten die Rebellen Beförderungen an Männer in ihren Einheiten. Am Jahresende war ein Ex-Zenturio namens Verus der Legat der *III Gal-*

lica.⁴⁸ Wie sich zeigen sollte, war Verus ehrgeizig und risikofreudig. Da der Statthalter von Syria Phoenice normalerweise in der Provinzhauptstadt – wahrscheinlich Tyrus – residierte, waren die Legionäre in Raphaneai wohl daran gewöhnt, vom Lagerpräfekten Befehle zu erhalten. Verus war die Schlüsselperson, die man für sich gewinnen musste.

Wer übernahm in den letzten Nachtstunden die delikate Aufgabe, Verus und den Rest der Legion zu überzeugen? Soziologisch gesprochen war die Armee eine „totale Institution". Für einen Rekruten überdeckte die Identität „Soldat" weitgehend alle älteren Bindungen. Soldaten hatten wenig für Außenseiter wie die in Maesas Gruppe übrig. Sie machten sich nichts aus Zivilisten. Als der Philosoph Dion Chrysostomos – alt, waffenlos und ohne offizielle Stellung – ein Lager an der Donau besuchte, staunte er, dass man dort auch nur seinen Anblick ertragen konnte. Frauen hatten offensichtlich keinen Platz in der Armee. Als Agrippina „als Kommandeur auftrat" und am Rhein eine Panik unterdrückte, trug ihr dies das lebenslange Misstrauen des Kaisers Tiberius ein. Als Narcissus, ein Freigelassener von Kaiser Claudius, sich vor der Invasion Britanniens an die Truppen zu wenden versuchte, ließen sie ihn nicht zu Wort kommen, sondern schrien „*Io Saturnalia*" – der rituelle Ruf beim Fest, an dem Sklaven sich wie ihre Herren anziehen durften.⁴⁹

All diesen Vorurteilen zum Trotz musste man es versuchen. Vielleicht sprachen erst die Freigelassenen – natürlich Eutychianus, vielleicht auch Festus –, dann die Frauen, Maesa und Soaemias. Soldaten wurden beim Anblick von Kindern des Kaiserhauses manchmal sentimental.⁵⁰ Vielleicht hatte man Elagabal eine Rede eingerichtet. Wenn ja, ist uns nicht überliefert, was er sagte. Aber Maesa war sieben Jahre zuvor in Rom gewesen, als ihr Neffe (mittlerweile Elagabals angeblicher Vater) in einem ähnlich angespannten Moment zu den Truppen gesprochen hatte. Nach dem Mord an seinem Bruder, als ungewiss war, ob die Soldaten zu ihm standen, ging Caracalla ins Prätorianerlager und sagte: „Ich bin einer von euch und nur wegen euch will ich leben, damit ich euch viel Gutes tun kann – denn alle Schätze gehören euch." (Cass. Dio 78,3,1–2) Etwas in dieser Richtung hätte in Raphaneai gut zu Maesas Versprechen gepasst, sie wolle ihren ganzen Reichtum an die Truppen verteilen.

Bei Sonnenaufgang akklamierten die Soldaten Elagabal als Imperator. Die Tageszeit war günstig, sowohl für die sonnenanbetenden Legionäre der Dritten als auch für den jungen Priester des speziellen Sonnengottes von Emesa. Der junge Mann wurde in einen Purpurmantel gehüllt. Hatte den die Familie mitgebracht oder fand er sich im Lagerheiligtum? Bei manchen improvisierten Ausrufungen musste man der Gottheit eines nahen Tempels einen Mantel von den Schultern rupfen.[51] Es gab noch andere Kleidungsstücke für einen Kaiser: ein Diadem oder gar eine Krone, dazu spezielle Gewänder und Stiefel. Aber was zählte, war der Mantel. Elagabal fügte eine persönliche Note hinzu: er schnallte ein Schwert um – ein hübsches Detail, das sowohl für den Übergang ins Mannesalter stand als auch für seine enge Beziehung zu den Soldaten.[52]

Nach der Akklamation leisteten die Soldaten das *sacramentum*, den Diensteid. Dessen Wortlaut wechselte im Lauf der Zeiten. Im vorausgegangenen Jahrhundert war der Kern des Schwures gewesen, „die Sicherheit des Kaisers höher als alles zu stellen". Nur ein Mann jeder Einheit sprach die gesamte Eidformel, der Rest sagte nacheinander bloß „*idem in me*" (dasselbe für mich).[53] Uns mag dieses Ritual zwar etwas komisch vorkommen – all die Soldaten, die nacheinander *idem in me, idem in me* ... murmeln – und im 3. Jahrhundert brachen Soldaten häufig ihren Eid, aber als sinnloses Theaterstück sollte man es dennoch nicht abtun. Die Römer glaubten an ihre Götter (wie wir in Kapitel 8 sehen werden) und moderne Studien zeigen, dass der Diensteid Männern und Frauen im Militär der Gegenwart weiterhin etwas bedeutet.[54]

Was hatte die Männer der *III Gallica* dazu gebracht, ihren Eid auf den regierenden Kaiser zu brechen und alles auf einen vierzehnjährigen Jungen zu setzen? Egal wie man es sieht, es war ein leichtsinniger Schritt. In der Armee gab es rund 33 Legionen.[55] Vielleicht liefen Geschichten über Caracallas frisch entdeckten Sohn um, aber niemand konnte sicher sein, dass irgendeine andere Legion dem Beispiel der Dritten in Raphaneai folgen würde. Mehrere miteinander verzahnte Motive waren hier zusammengekommen. Einmal Abneigung gegen Macrinus, der Feigheit vor dem Feind gezeigt hatte, in Saus und Braus in Antiochia lebte, im Verdacht stand, demnächst die hart verdiente Solderhöhung und die Zusatzprivilegien kassieren zu wollen, und der angeblich hinter dem Mord an ihrem „Kameraden" Caracalla steckte. Dazu kam Zuneigung zu Caracalla, Loyalität zu seiner Dynastie und vielleicht auch Sympathie für sein Kind. Vielleicht spielte die gemeinsame Religion eine Rolle. Und dann war da noch das Geld.[56] Heutige Forscher spielen das häufig herunter. Wenn sie persönlich Geld wichtig fänden, hätten sie einen anderen Beruf gewählt. Zeitgenossen, und zwar auch Mitglieder der Elite, hatten keinen Zweifel, dass Geld dem römischen Militär wichtig war. Die Soldaten wollten Bares, riesige Summen Bares.

Der erste öffentliche Schritt der Revolte war ein Triumph Maesas und ihres Reichtums gewesen: *idem in me, idem in me ...*

V Maesas Gesicht

Was war sie für ein Mensch, diese alte Frau, die einen Bürgerkrieg angefangen hatte und ihre gesamte Familie in Gefahr brachte, um ihren Enkel auf den Thron zu setzen? Aus ihrem Handeln werden wir uns ein Bild von ihrem Charakter machen, aber irgendwie scheint das nicht genug. Wir müssen diesem Namen ein Gesicht geben. Wie sah sie aus?

Als Antwort darauf gibt es ein verlockendes Angebot: eine Porträtbüste aus dem syrischen Hierapolis, die aus Stilgründen normalerweise etwa auf die richtige Zeit datiert wird (ca. 218–235 n. Chr.). Für ein postumes Bild spricht das Motiv eines stilisierten Akanthusblatts, das auf Grabmälern gängig ist und hier die Büste mit ihrem Sockel verbindet.[57]

V Maesas Gesicht

Bild 2: Eine Porträtbüste Maesas?

Genau so sollte Maesa aussehen, denken wir: große, hervortretende Augen, eingefallene Wangen, ein großer höckriger Zinken, ein kräftiges, vorspringendes Kinn. Diese hagere, grimmig entschlossene Gestalt ist eine Frau, die jede Menge Enkelkinder opfern würde, um ihren unbändigen Willen zu bekommen.

Leider spricht, außer dass die Büste aus Syrien kommt (und Hierapolis liegt von Emesa sehr weit weg) und, wie wir sehen werden, *möglicherweise* in *grob* die richtige Zeit gehört, nur wenig für eine Verbindung zwischen ihr und Maesa.

Hier müssen wir zwei selten erwähnte Motive gestehen, aus denen antike Porträts mit bekannten Personen identifiziert werden. Erstens – das ist sehr verständlich – wirkt das Porträt einer Kaiserin oder dergleichen einfach spannender, irgendwie *wichtiger* als das einer Randfigur. Zweitens – und das ist viel anrüchiger – ist das Porträt einer wohlbekannten Persönlichkeit auf dem modernen Markt für antike Kunst (der für seine Geldgier und Gewissenlosigkeit bekannt ist) viel, viel mehr wert. Manche Kunsthistoriker *müssen* jedem Gesicht unbedingt einen Namen geben.

Vergleichen wir die Büste mit einem Porträt Maesas auf einer Kaisermünze. Später (in Kapitel 9) werden wir noch den faszinierenden Fragen nachgehen, wer diese Münztypen auswählte und wie verschiedene Gruppen im Reich sie ‚lasen'. Einstweilen genügt der Hinweis, dass es sich um ein vom Regime verbreitetes ‚offizielles' Porträt handelt, das der Wirklichkeit auf jeden Fall ähneln sollte.

Bild 3: Offizielles Porträt Maesas und der Tugend der Keuschheit

Maesas Bild auf der Münze sieht – zumindest in meinen Augen – ganz anders als die Büste aus. Ihre Nase ist gerade und ihr Kinn weniger markant. Ihr Gesicht ist fleischiger mit vollen Wangen und einer Speckrolle am Hals.

Wenn wir uns die Frisuren anschauen (obwohl auf der Büste nicht viel zu erkennen ist, weil sie einen Schleier trägt), dann tragen beide Frauen Mittelscheitel. Das kann zu einem Zirkelschluss verführen. Vermutet wird, dass einfache Frauen die Frisuren von Angehörigen der Kaiserfamilie imitierten. (Aber wie lange dauerte es, bis es zu so einer Imitation kam – ein Jahr, zwei oder vielleicht zwanzig? Und wie lange hielt sich die Mode dann?) Da das Haar der Skulptur dem Maesas auf der Münze ähnelt, muss die Büste grob in dieselbe Zeit gehören. Anschließend wird das Argument umgedreht: Die Büste gehört in die richtige Zeit und hat dieselbe Frisur wie die Kaiserin, also muss es sich um Maesa handeln.

Maesas Haartracht auf der Münze orientiert sich an der ihrer Schwester, der Kaiserin Julia Domna, und Domna wiederum richtet sich nach einer früheren Kaiserin, Faustina der Jüngeren. Die Frisur betont die Kontinuität: keine Neuerung, bloß ein weiteres weibliches Mitglied des Kaiserhauses.

Die Gefahr besteht darin, dass wir unsere anachronistischen Werturteile in solche Fragen einbringen. In der Zeit Trajans, von der wir aus der Literatur wissen, dass die öffentliche Rolle von Frauen des Kaiserhauses damals am stärksten eingeschränkt war, können uns die komplizierten Frauenfrisuren so vorkommen, als handle es sich um spektakuläre Selbstdarstellung. Doch auf diese Gefahr hin: Es fällt schwer, Maesas Haare – sorgfältig gelegt und in einen anständigen Haarknoten zurückgenommen – nicht als Hinweis auf Zurückhaltung und Sittsamkeit bis an den Rand der Selbstverleugnung zu lesen. Gestützt wird dieses Bild durch die personifizierte, schriftlich ausgewiesene Gestalt auf der Rückseite der Münze: *Pudicitia*, Schamhaftigkeit oder Keuschheit. *Pudicitia* macht 46 % der bekannten Münztypen Maesas aus. Ähnlich traditionell sind ihre anderen Haupttypen – *saeculi felicitas* („das Glück des Zeitalters", 28 %) und *Pietas* („Frömmigkeit, Familiensinn", 13 %). Das Bild von Maesa, das die kaiserliche Münzstätte verbreitete, war konservativ und nicht konfliktträchtig: eine achtbare römische Matrone, eine Fundgrube altehrwürdiger Tugenden.[58] Wie wir noch sehen werden, war dieses Bild – vielleicht vorsätzlich – zutiefst irreführend.

VI Die Belagerung 1

Der Prätorianerpräfekt Ulpius Julianus befand sich „nicht weit entfernt" (Cass. Dio 79,31,4) von Raphaneai, wahrscheinlich in der Stadt Arca (auch bekannt als Caesarea ad Libanum). Sie lag rund 65 Kilometer südwestlich von Raphaneai.[59] Die Nachricht vom Aufstand könnte Julianus bei Sonnenuntergang des 16. Mai erreicht haben, spätestens aber binnen ein, zwei Tagen.

Mächtiger als ein Prätorianerpräfekt war nur der Kaiser. Im frühen 3. Jahrhundert waren den Präfekten inzwischen umfassende Rechts- und Verwaltungsbefugnisse zugewachsen. Doch das Militärische blieb das Schlüsselelement ihrer Macht. Die Präfekten, die einzigen Männer, die in Gegenwart des Kaisers Waffen tragen durften, kommandierten die rund 9000 Mann starke Leibgarde der Prätorianer. Die Gefahr, die von ihnen ausging, lag auf der Hand. „Wer bewacht die Wächter?" (*Quis custodiet ipsos custodes?*), so die berühmte Formulierung des Satirikers Juvenal.[60] Die Kaiser versuchten das Risiko zu minimieren. Fast immer ernannten sie zwei Präfekten. Falls einer zum Verräter wurde, blieb vielleicht der andere loyal. Mit nur wenigen Ausnahmen wählten die Herrscher Männer aus dem Ritterstand, keine Senatoren. Hier ging die Hoffnung dahin, dass, sollte ein Präfekt versuchen, den Thron zu besteigen, die traditionelle Elite ihm die Unterstützung verweigern würde. Zwar hatte ein Präfekt Kaiser Commodus getötet und Gerüchten zufolge war Tiberius von einem anderen erledigt worden, aber insgesamt hatten die Sicherheitsmechanismen zwei Jahrhunderte lang gut funktioniert. Der jetzige Kaiser Macrinus war der erste Präfekt, der auf Kosten des Mannes, den zu verteidigen er geschworen hatte, zum Usurpator geworden war.

Ulpius Julianus stand loyal zu Macrinus. Sein erster bekannter Posten ist der des *princeps peregrinorum*, des Kommandeurs der *frumentarii* des kaiserlichen Geheimdienstes; das legt nahe, dass Julianus ein Mann mit militärischem Hintergrund war. Gegen Ende der Herrschaft Caracallas leitete er den Census in Rom (als *a censibus*). Aus dieser Position hatte er einen Warnbrief an Macrinus geschrieben, man habe ihn beschuldigt, und dadurch die Verschwörung beschleunigt, die zum Tod Caracallas führte. Als neuer Kaiser belohnte Macrinus Julianus, indem er ihn zu einem seiner Prätorianerpräfekten machte. Julianus' Kollege Nestor befand sich bei Macrinus in Antiochia – interessant ist, dass auch er einmal den Geheimdienst geleitet hatte.[61]

Julianus handelte entschlossen. Zwei Angehörige der Familie aus Emesa wurden verhaftet und hingerichtet. Maesas Tochter Mamaea hatte selber eine verheiratete Tochter, deren Namen wir nicht kennen. Diese Frau und ihr Mann waren die unglücklichen Opfer. Mamaeas Gatte Gessius Marcianus stammte aus Arca. Wahrscheinlich schnappte man seine Tochter auf einem der Familiengüter.[62]

Julianus wusste, dass man den Aufstand der *III Gallica* rasch beenden musste, ehe er auf andere Einheiten übergreifen konnte. Cassius Dio berichtet uns, der Präfekt habe „so viele der anderen Soldaten gesammelt, wie er in der kurzen Zeit konnte" (79,30,4). Von Amts wegen wurde er sicher von einer Abteilung Prätorianer begleitet. Wir wissen, dass er in Raphaneai maurische Truppen befehligte.[63] Diese Mauren, die gemäß einem Vertrag mit Caracalla zum Dienst im römischen Heer entsandt waren, bildeten eher Stammesaufgebote als reguläre Auxiliareinheiten. Da das kaiserliche Feldheer in Syrien überwintert hatte, lagen nahe Arca vielleicht noch weitere Truppen im Quartier. Nachdem Julianus alle greifbaren Kräfte zusammengefasst hatte, brach er nach Raphaneai auf.

Die Rebellen dort waren nicht untätig gewesen. Raphaneai war eine ungewöhnliche Garnisonsstadt. In den östlichen Provinzen wurden Legionen in bereits bestehenden Städten stationiert. Für Raphaneai ist vor der Ankunft der *Legio III* weder in Schriftquellen noch archäologisch eine Siedlung belegt. Wie in den Westprovinzen üblich, entstand die Stadt Raphaneai rund um das Legionslager.

Die Zivilstadt war, obwohl sie in gewissem Sinn *ihre* Stadt war, unbefestigt und die Legionäre der Dritten unternahmen keinen Versuch, sie zu verteidigen. Stattdessen, so Herodian, „brachten sie alle Vorräte, ihre Kinder und Frauen, was sie nur hatten, aus den nahen Dörfern und Feldern ins Lager, schlossen die Tore und bereiteten sich dann darauf vor, einer Belagerung standzuhalten" (5,3,3).

Das Handeln der Rebellen ist in doppelter Hinsicht aufschlussreich. Erstens war die Mehrheit der *Legio III* auf einen Aufstand nicht vorbereitet. Zweitens fühlten sich die Rebellen nicht stark genug, Julianus in offener Feldschlacht entgegenzutreten. Auf dem Papier war eine Legion rund 5000 Mann stark. Doch durch natürlichen Verschleiß – Ausmusterung, Tod, Desertion und Außendienst – lag die Kampfstärke normalerweise niedriger. Höchstwahrscheinlich gingen die Rebellen davon aus, gegenüber der Streitmacht des Prätorianerpräfekten in der Unterzahl zu sein.

Als Julianus ins Tal von Raphaneai hinabzog, forderte er die Dritte sicher auf, Elagabal, Maesa und die anderen auszuliefern. Die Forderung wurde zurückgewiesen. Ohne Belagerungspark konnte Julianus die Mauern des Lagers nicht einreißen, und die Zeit, dessen Besatzung auszuhungern, hatte er nicht. Er entschied sich zum Sturmangriff auf die Tore. Rammböcke ließen sich leicht improvisieren. Seine Wahl fiel auf die Mauren.

Hier stimmt etwas nicht. In der antiken Kriegführung waren die Mauren leichte Truppen – entweder Männer mit Wurfspeeren und ohne Rüstung, die zu Fuß vorstürmten, ihre Speere schleuderten und dann wegrannten, oder aber schnelle Reiter ohne Zaumzeug, die ihre Ponys mit einem Stock lenkten und mal hierhin, mal dorthin schwenkten, während sie schwerfälligeren Feinden zusetzten. Zum Einsatz mitten im Gefecht waren sie nicht gedacht und für den Sturm auf Befestigungen, die von Legionären gehalten wurden, nicht ideal. Doch wie sie stammte auch Macrinus aus Nordafrika. Julianus meinte, sie würden tapfer für einen Kaiser derselben Herkunft kämpfen. Moral schlug taktische Erfahrung.[64]

Julianus lag richtig. Die Mauren brachen die Tore auf. Und dann, als das Lager schon ihm gehörte, rief er sie zurück. Eine heutige Theorie nimmt an, das sei geschehen, weil der Rest von Julianus' Truppen rebellisch war und sich weigerte, das Lager zu betreten.[65] Ein schönes Beispiel für die Haltung „wir wissen mehr als unsere Quellen". Cassius Dio bietet andere Erklärungen. Entweder habe Julianus „Angst gehabt, blind hineinzustürmen", oder aber eine Kapitulation der Verteidiger erwartet (79,32,1). Da Dio absolut gegen Julianus eingenommen war, ist der zweiten Version der Vorzug zu geben.[66] Bei Einbruch der Dunkelheit war Julianus sicher, die Rebellen am nächsten Tag in seiner Hand zu haben. Das war ein tödlicher Fehler.

Während der Nacht machten die Belagerten keine Angebote. Im ersten Morgenlicht sah Julianus, dass die Tore im Dunkeln verbarrikadiert worden waren. Er befahl einen weiteren Sturmangriff, der diesmal nichts ausrichtete. Auf den Wällen erschien eine außergewöhnliche Prozession: Soldaten mit Bildern und schweren Geldbeuteln und ein Jugendlicher in einem Purpurmantel. Die Soldaten schwenkten die Beutel und riefen, sie seien voller Gold. Vielleicht zeigten sie auf Elagabal und die Bilder Caracallas als Kind. „Warum macht ihr das, Kameraden?", lässt Cassius Dio sie rufen. „Warum kämpft ihr gegen den Sohn eures Wohltäters?" (79,32,3)

VII Ein Vater wird gefunden

Wo hatten sie diese Bilder mit dem jungen Caracalla her? So schwer dürfte das nicht gewesen sein. Kaiserbilder waren allgegenwärtig: „in allen Geldwechselbuden, Ständen, Lauben, Läden, Vordächern, Hauseingängen, Fenstern, allerorten, überall" (Fronto, *Ad M. Caesarem et invicem* 4,12,6 p. 66–67 van den Hout). [67] Aus Furcht vor der Armee hatte Macrinus das Andenken Caracallas nicht ächten lassen. Bilder vergangener und gegenwärtiger Kaiser wurden im Heiligtum der Legionslager aufbewahrt. Vielleicht ähnelten die Bilder Caracallas dem auf einem berühmten Gemälde.[68]

Hier ist er, der junge Caracalla: lockenköpfig, pausbäckig, mit glänzenden Augen. Über ihn wacht sein Vater Septimius Severus, gekrönt, gebräunt und mit einem säuberlich geteilten Bart, mit seiner Mutter Julia Domna, geschmückt mit Ohrringen und Halskette und mit dem sorgsam frisierten Haar und der blasseren Haut, die zum Leben einer Frau in Innenräumen passen. Eine Bilderbuchfamilie. Nur wird unser Blick zu der fehlenden Figur hingezogen, zu dem verwaschenen braunen Fleck. Nach dem Tod ihres Vaters ließ Caracalla seinen Bruder Geta ermorden und sein Andenken ächten. Die offizielle Version lautete, Caracalla sei vor einem Anschlag auf sein Leben gerettet worden. Der unbekannte Besitzer dieses Tondos – irgendein wohlhabender Untertan in Ägypten – hatte seine Loyalität unter Beweis gestellt, indem er Geta tilgen ließ. Das war noch nicht genug. Die Stelle, wo sich Getas Gesicht befunden hatte, wurde mit Menschenkot beschmiert. Das verwaschene Braun ist Scheiße.[69]

Bild 4: Die Severerdynastie mit dem ausgelöschten Geta

Getas Verschwinden trug dazu bei, einen Begriffsraum für die Entdeckung eines neuen Dynastiemitglieds zu öffnen, für einen bisher ungeahnten Sohn Caracallas – für Elagabal.[70]

Römische Familien unterschieden sich stark von heutigen westlichen. Denken wir nicht einmal an die Zugehörigkeit der Sklaven und Freigelassenen zur *familia*. Bleiben wir nur bei der Kernfamilie, den öffentlich anerkannten Mitgliedern durch Blut und Heirat. Ihre Grenzen waren weniger starr, ihre Zusammensetzung potenziell flie-

VII Ein Vater wird gefunden

ßender.⁷¹ Manche Mitglieder konnten plötzlich verschwinden, andere ebenso plötzlich auftauchen.

Ein Ehemann schrieb seiner Frau in einem Brief: „Wenn du ein Kind gebierst und es ist männlich, lass es leben, wenn weiblich, setze es aus." (P. Oxy. 744 G) Ungewollte Babys – Mädchen wie Jungen und zwar nicht immer die Kinder der Armen – wurden auf Misthaufen oder draußen in der Wildnis dem Tod überlassen. Manche wurden von Händlern ‚gerettet' und als Sklaven aufgezogen.⁷² Andererseits konnte es passieren, dass Menschen jeden Alters und Standes aus der Tür gingen und nie wieder auftauchten, besonders wenn sie eine Seereise machten oder sich aufs flache Land hinauswagten. Ihr Schicksal blieb ungeklärt. Manche wollten einfach verschwinden. Andere dagegen wurden Opfer von Krankheiten und Unfällen, wurden *interfecti a latronibus* oder von besagten Banditen verschleppt und in die Sklaverei verkauft. Ihre Familien erfuhren nie, was ihnen zugestoßen war – sie waren einfach weg. Eine weitere Kategorie von „Verschwundenen" betraf diejenigen aus der Kaiserfamilie oder der Elite, die des Hochverrats (*maiestas*) für schuldig erklärt wurden. Ihre Erinnerung wurde gelöscht. Offiziell hatte es sie nie gegeben, aber zumindest blieben sie gerade durch ihre Abwesenheit anwesend – die ausgemeißelten Buchstaben in einer Inschrift, der schwache Geruch eines Kunstwerks nach Scheiße.

Während manche mitten aus einer Familie verschwinden konnten, landeten andere mit einem Satz fix und fertig in deren Reihen. Die Grundursache dafür war die Erbfolge. Von einem römischen *pater familias* wurde erwartet, dass er seinen Besitz zu gleichen Teilen an seine Söhne vermachte und für jede seiner Töchter eine satte Mitgift bereitstellte. Da er eine Zersplitterung des Familienvermögens und damit den Statusverlust seiner Nachkommen fürchtete, versuchte er die Anzahl seiner Erben zu begrenzen. Es gab ineffiziente Verhütungsmethoden wie etwa Schwämmchen, Pessare oder Magie.⁷³ Eine verlässlichere Form der Familienplanung lag darin, dass der *pater familias* Sex mit seinen Sklavinnen statt seiner Frau hatte. Falls es zu einer Schwangerschaft kam, gewann er ein wertvolles Sklavenkind statt eines weiteren teuren, unerwünschten Erben.

In einem Zeitalter hoher Sterblichkeit und häufiger, tödlicher Fiebererkrankungen – von Hinrichtungen und Morden ganz abgesehen – bestand die ernsthafte Gefahr, dass die ein, zwei rechtmäßigen Erben vor dem Vater starben. Um das Aussterben der Familie zu verhindern, griff die römische Elite zur Adoption. Auch sie war grundverschieden von der heutigen westlichen Praxis, da sie andere Gründe hatte und andere emotionale Bedürfnisse erfüllte. Der Adoptivsohn war ein Erwachsener und manchmal kaum jünger als sein neuer Vater. Kaiser Septimius Severus, der jetzt in Raphaneai als leiblicher Großvater Elagabals reklamiert wurde, hatte die ohnehin weiten Grenzen des römischen Adoptionswesens noch weiter gedehnt, als er sich zum Sohn Marc Aurels erklärt hatte – des Kaisers, der schon seit gut fünfzehn Jahren tot war.[74] Ein für seine spitzen Pointen bekannter Senator hatte die Verwegenheit, Severus zu gratulieren, weil „du einen Vater gefunden hast" (Cass. Dio 77,9,4).

Die Adoption, ob tatsächlich oder fiktiv, war nicht der einzige Weg, in eine Familie aufgenommen (oder ‚wieder aufgenommen') zu werden – es gab auch noch den Identitätsdiebstahl. Augustus, der erste Kaiser, sah sich einem Mann gegenüber, der sein toter Neffe zu sein behauptete. Als kleines Kind, sagte der Hochstapler, sei er gegen ein anderes ausgetauscht worden. Augustus verurteilte ihn dazu, ans Ruder einer Galeere gekettet zu werden. In den *Denkwürdigen Taten und Aussprüchen* des Valerius Maximus gibt es ein ganzes Kapitel über „Personen, die sehr niedrig geboren wurden, aber sich durch Lügen in ruhmreiche Familien einzuschleichen suchten". Nach Neros Tod fanden mindestens drei Männer kurzzeitig Anhänger, indem sie sich für den wiedergekehrten Kaiser ausgaben.[75]

Wie im – 1982 verfilmten – Fall des Martin Guerre[76] hören wir nur von denjenigen Römern etwas, deren Schwindel auch aufflog. In die Rolle eines anderen zu schlüpfen, war im antiken Rom leichter. Ohne Fotos war das Aussehen eines lange verschollenen Verwandten schwerer zu beurteilen. Ohne moderne Spiegel konnten nur die Reichen ein verschwommenes, verzerrtes Abbild ihrer selbst auf teurem poliertem Metall erblicken – so konnte man nicht einmal sicher sein, wie man selbst aussah. Das wundersame Erscheinen des verlorenen Kindes war in der Kultur des Römischen Reiches fest verwurzelt. In den Mythen war es weit verbreitet, darunter auch in denen um Romulus, Remus und die Anfänge Roms. Außerdem war es der Standardplot fast jedes einzelnen griechischen Romans der ersten drei nachchristlichen Jahrhunderte. Ein Schäfer und eine Hirtin (oder irgendwelche ebenso schlichten ländlichen Charaktere) werden entführt, kehren nach einer Serie abenteuerlicher Erlebnisse heim und entpuppen sich als die abhandengekommenen Kinder zweier Oberschichtfamilien. Romane prägen unsere Erwartungshaltungen. Diese zu *Liebesgeschichten* abgewerteten griechischen Romane, so meinte man früher abschätzig, seien nur von Jugendlichen und Frauen gelesen worden. Heute geht man davon aus, dass sie von und vorwiegend auch für erwachsene Männer aus der Elite verfasst wurden.[77] Die Einwohner des Imperiums, und zwar unabhängig von Alter und Stand, waren stärker als wir bereit, den unerwarteten Auftritt eines verschollenen Verwandten für bare Münze zu nehmen.

Getas Liquidierung hatte eine Lücke im Kaiserhaus geschaffen. Septimius Severus' postume Adoption durch Marc Aurel und Geschichten wie die in den griechischen Romanen bahnten Elagabal den Weg in diese offene Stelle.

VIII Die Belagerung 2

„Warum macht ihr das, Kameraden?", schrien sie. „Warum kämpft ihr gegen den Sohn eures Wohltäters?" (Cass. Dio 79,32,3)

Julianus' Soldaten zögerten. Cassius Dio behauptet, dass sie mit Macrinus unzufrieden waren und nur auf einen Vorwand für eine Meuterei warteten. In ihren Augen ähnelte der Junge da oben auf dem Wall dem jungen Caracalla. Es war, sagt Herodian, was sie gern sehen wollten. Während ihre Zenturionen und die anderen Offiziere die Soldaten bei der Stange zu halten versuchten, ergriffen die Rebellen im Lager die Initiative.[78]

Eutychianus schickte den anderen Freigelassenen Festus los, der die Soldaten zum Überlaufen bringen sollte. Jedem, der einen widerstrebenden Offizier tötete, wurden Besitz und Rang des Toten versprochen. (Man sollte darauf hinweisen, dass dies der Beleg ist, dass die Rebellen Männer innerhalb der jeweiligen Einheiten beförderten.)

Festus hieß, wie Cassius Dio uns berichtet, nach einem Lieblingsfreigelassenen Caracallas: dem *a cubiculo*, der für sein Schlafzimmer zuständig gewesen war. Es ist vermutet worden, dass mehr dahintersteckte und Festus tatsächlich so tat, als *sei* er Caracallas *a cubiculo*. Das wäre dann sozusagen ein doppelter Identitätsdiebstahl gewesen: Maesas Freigelassener trat als Caracallas Freigelassener auf und versuchte die Soldaten zu überzeugen, dass Marcellus' Sohn der Sohn Caracallas war. Auf den ersten Blick wirkt das unwahrscheinlich. Der *a cubiculo* war 214 n. Chr. auf Caracallas letzter Reise in den Osten gestorben. In Troja hatte Caracalla ihn mit einem aufwendigen, exzentrischen Zeremoniell begraben: Der tote Festus hatte den Patroklos zum Kaiser in der Rolle des Achilleus gespielt – noch ein Identitätsdiebstahl, diesmal ein postumer.[79] Doch wie wir im letzten Abschnitt gesehen haben, gab es die Bereitschaft, von den Toten zurückgekehrte Männer für echt zu nehmen, und die allgemeine Kenntnis der jüngsten Geschichte war häufig fehlerhaft. In Kapitel 13 werden wir dem näher nachgehen. Im Augenblick reicht die Bemerkung, dass die Soldaten, wenn Zeitgenossen sich schon in so wichtigen Dingen wie den Todesumständen eines Kaisers häufig irrten, eventuell gar nicht wussten, dass ein Exsklave gestorben war, der der Aufseher für das kaiserliche Schlafzimmer gewesen war.

Egal, welche Rolle Festus in Raphaneai spielte – es brauchte Mut, die relative Sicherheit des Lagers zu verlassen und sich in die Hand der Belagerer zu begeben. Die Launen der Überlieferung wollen es so, dass dies das Letzte ist, was wir von Festus hören.

Von den Mauern des Lagers herab redete auch der junge Elagabal zu Julianus' Soldaten „mit Worten, die ihm in den Mund gelegt worden waren" (Cass. Dio 79,32,4). Wer hatte sie hineingelegt? Eutychianus oder Maesa? In einem fragmentarischen Abschnitt berichtet

Dio in indirekter Rede, was er sagte. Elagabal rühmte „seinen Vater" (79,32,4) und kritisierte so gut wie sicher Macrinus, dessen Name in einer rund 14 Zeilen langen Lücke auftaucht (79,33,2–34,1²). Als der Text vorübergehend wieder einsetzt, scheint der junge Mann eine Wiederherstellung der Privilegien der Soldaten – Deserteure sollen ihren alten Rang zurückerhalten – und die Heimkehr Verbannter zu versprechen.[80]

Die Worte von Elagabal und Festus zeigten Wirkung. Die Soldaten traten auf die Seite der Rebellen, wandten sich gegen ihre eigenen Anführer und töteten sie „mit Ausnahme des Julianus, denn er floh" (Cass. Dio 79,32,3). Der Prätorianerpräfekt entkam – vorläufig ...

KAPITEL 2

Die Vorgeschichten

Rom und Emesa 753 v. Chr.–218 n. Chr.

Wie kam es, dass eine römische Legion einen syrischen Jugendlichen zum Kaiser ausrief? Wie schon im letzten Kapitel könnten wir darauf hinweisen, dass die meisten Legionäre der *III Gallica* selbst Syrer waren. Aber das weicht der Frage nur aus. Es erklärt nicht, wieso die Prätorianer, die vorwiegend in den Donauprovinzen rekrutiert wurden, oder die Mauren in Raphaneai und die übrigen Einheiten in einem späteren Stadium des Aufstands zu Elagabal übertraten. Das Ausweichen wirft nur neue Fragen auf. Wie kam es, dass die *Legio III*, die vor langer Zeit aus Caesars italischen Veteranen aufgestellt worden war, sich schließlich aus am Orontes geborenen Soldaten zusammensetzte? Wie war Elagabals Familie zum römischen Bürgerrecht gekommen? Um diese Fragen zu beantworten, müssen wir der Offenheit Roms für Außenseiter nachgehen, etwas fast Einmaligem in der antiken Welt … und zuallererst müssen wir zurück ins Jahr 1, zur Gründung Roms, ganz an den Anfang zu Romulus und Remus.

I Rom: Die Kinder der Wölfin

Die Geschichte ist wohlbekannt – vielmehr die Geschichten. Bei Autoren ab dem 1. Jahrhundert v. Chr. finden sich zahlreiche Varianten. Hier wollen wir der gängigsten Version folgen (mit ein paar kleinen Alternativen ab und zu).

Die Vorgeschichten

Nachdem Aeneas der Zerstörung Trojas entkommen ist, gründet er eine Dynastie mit späterem Sitz in der italischen Stadt Alba Longa. Einer der folgenden Könige stirbt und sein böser Sohn Amulius raubt seinem guten Sohn Numitor den Thron. Um seine Erbfolge zu sichern, räumt der böse König die Kinder des guten aus dem Weg: Der Sohn wird getötet, die Tochter entweder eingesperrt oder zur vestalischen Jungfrau geweiht. Trotz dieser Sicherheitsvorkehrungen wird Rhea, die Tochter, vom Gott Mars schwanger (vielleicht auch von einem Funken des heiligen Herdfeuers) und gebiert Romulus und Remus. Amulius lässt die Wiege mit den Zwillingen in den Tiber werfen. Sie strandet an einem wilden Feigenbaum am Fuß des Palatins. Eine Wölfin säugt Romulus und Remus (oder vielleicht eine Prostituierte – auf Latein war *lupa*, „Wölfin", der Slangausdruck für eine Straßenhure). Ein guter Hirte findet die Jungen und zieht sie auf. Während sie heranwachsen, macht ihre Tapferkeit sie zu Anführern unter den Hirten der Umgebung. Als die Zwillinge von ihrer wahren Identität erfahren, stürzen sie Amulius und setzen Numitor wieder ein. Entschlossen, ihre eigene Stadt zu gründen, greifen sie zur Vogelschau (dem *augurium*), um den Willen der Götter zu erfahren: Remus beobachtet den Vogelflug vom Aventin aus, Romulus auf dem Palatin. Remus sieht sechs Geier, aber Romulus überbietet das mit zwölf (Art und Zahl der Vögel sind unterschiedlich überliefert). Mit einem Pflug markiert Romulus den künftigen Verlauf der Stadtmauern. Remus lacht und springt über die Furche – daraufhin tötet Romulus seinen Bruder. Um die Neugründung zu besiedeln, nimmt Romulus Arme, Verschuldete, Verbrecher und entlaufene Sklaven auf. Weil es an Frauen fehlt, lädt er ein Nachbarvolk, die Sabiner, zu einem Götterfest ein, das nur ein Vorwand ist, um die Sabinerinnen zu rauben. Den anschließenden Krieg beenden die Frauen, indem sie ihre Verwandten mit ihren neuen ‚Ehemännern' aussöhnen. Beide Völker verschmelzen zu einer neuen Gemeinschaft, die Romulus und der Sabinerkönig Tatius zusammen regieren. Nach dem Tod des Tatius (den laut einigen Berichten Romulus getötet hat) herrscht Romulus allein. Sein Tod ist geheimnisumwittert: Entweder nehmen die Götter ihn, den Menschenblicken entzogen, in den Himmel auf oder die Senatoren ermorden ihn insgeheim, zerhacken die Leiche und tragen die Stücke heimlich unter ihren Togen weg.

Ob irgendetwas davon mit echten Ereignissen zu tun hat, ist hier nicht die Frage. Der Name Romulus sieht aus, als sei er aus dem Stadtnamen *Roma* erfunden. Nach langem Streit legten sich die Römer auf unser Jahr 753 v. Chr. als ihr Gründungsjahr fest, doch die Archäologie hat gezeigt, dass der Palatin schon um 1000 v. Chr. besiedelt war.[81]

Und ebenso geht es nicht darum, ob die Römer diese Geschichten wirklich geglaubt haben, auch wenn viele das sehr wahrscheinlich taten. Was für uns zählt, ist, dass die späteren Römer eben diese Geschichten über ihre eigene Herkunft erzählten. Sie spiegeln die römische Selbstsicht und prägen sie zugleich. Sie sind der Inbegriff ihrer Identität.

Es ist ein außergewöhnliches Ensemble aus Gründungsmythen. Sicher, es zeigt, dass die Götter die Römer unterstützten (die Vaterschaft des Mars, die mögliche Himmelfahrt des Romulus) und die Römer auf die Götter hörten (die Vögel über dem Palatin), zumindest meistens (die Sabiner zu einem hinterhältigen Götterfest einladen …?). Es zeigt die Römer als harte, ja gnadenlose Kämpfer (die Zwillinge werden durch ihren Mut zu Anführern der Hirten), bereit zu Angriffskriegen, wenn auch aus gutem Grund (Absetzung des bösen Amulius, Kampf gegen die Sabiner um den Fortbestand oder die Sicherheit Roms). Die Geschichte vom Mord an Romulus deutet auf ein Bekenntnis zur politischen Freiheit hin und liefert – das sollten wir für die Herrschaftszeit Elagabals im Kopf behalten – eine mythische Rechtfertigung für Tyrannenmorde. Doch die Mythen haben auch eine tiefdunkle Seite. Sie scheinen Kriminalität, Vergewaltigung und Mord, ja sogar Brudermorde durchgehen zu lassen. Am Anfang steht ein Wolf (der unersättliche Feind der Menschheit und ihrer Herden) oder eine Prostituierte sowie der Abschaum der Menschheit – all diese Hungerleider, Schuldner, Verbrecher und entlaufenen Sklaven. Diese Neuankömmlinge sind für uns das Allerwichtigste. Die Römer meinten, dass Rom von der Stadtgründung an Außenseiter willkommen geheißen hatte. Die Vergabe des römischen Bürgerrechts, wenn sie auch sehr zu römischen Bedingungen erfolgte (man denke an die Sabinerinnen!), war fester Bestandteil der Mythen. Wenn wir vom Mythos zur Geschichte übergehen, so war Roms außergewöhnliche Bereitschaft, das Bürgerrecht zu gewähren, ebenso sehr Grundlage ihres Aufstiegs zum Großreich (die Römer sahen die Personifikation ihrer Stadt als weiblich) wie die Kampfkunst der Legionen. Sie sorgte für ein Menschenreservoir, dem Roms Gegner nichts entgegenzusetzen hatten. In den Kriegen der Antike, wenn auch nicht in jeder einzelnen Schlacht, waren die Götter auf der Seite der stärkeren Bataillone. Während der Republik (509–31 v. Chr.) wurde das Bürgerrecht an Einzelpersonen und Gruppen vergeben, normalerweise für besondere Verdienste im Krieg. Für Gemeinden gab es eine institutionalisierte ‚Zwischenstation' zur römischen Bürgerschaft über das latinische Bürgerrecht. Dieser Weg führte über drei Methoden, deren Anwendung im Lauf der Zeit unterschiedlich häufig war. Die beiden jährlichen Oberbeamten einer latinischen Stadt wurden römische Bürger. Die Kinder eines Römers, der eine Latinerin heiratete, wurden römische Bürger. Latiner hatten das Recht, nach Rom einzuwandern, und vorausgesetzt, dass sie jemanden in ihrer Heimatstadt zurückließen, der ihre Pflichten dort erfüllte, konnten sie das römische Bürgerrecht übernehmen. Ursprünglich waren die Latiner nur die Einwohner Latiums, der Landschaft rund um Rom. Später wurde dieser Status auf Städte in ganz Italien ausgeweitet. Als die Macht der Römer zunahm, siedelten sie überall in Italien Veteranen in Kolonien an, die entweder Vollbürgerstatus oder das latinische Recht besaßen. Und noch ein weiterer sozialer Prozess der Römer war im Gang, der den Griechen auffiel und ihnen sehr seltsam vorkam: Gemessen an den meisten antiken Kulturen schenkten die Römer vielen Sklaven die Freiheit. Das taten sie für den eigenen Macht- oder Profitzuwachs und als Sicherheitsventil, das das Risiko eines Sklavenaufstands verringerte. Noch ungewöhnlicher für antike Gemeinden und eine richtige Überraschung für griechische Beobachter war, dass diese Sklaven, falls sie unter Beachtung aller Rechtsformen freigelassen wurden, zu römischen Bürgern wurden. Ein Freigelassener war Bürger, wenn ihm eine Amtszeit als Magistrat oder der Armeedienst auch versperrt blieben. Seine Söhne waren dann Vollbürger.[82]

Die Ausbreitung des Bürgerrechts verlief nicht immer harmonisch. Von 91 bis 87 v. Chr. sah sich Rom einem Aufstand seiner italischen Verbündeten gegenüber, dem sogenannten Bundesgenossenkrieg. Einige Rebellen kämpften für die Unabhängigkeit von der römischen Vorherrschaft. Die Mehrheit jedoch hatte andere Motive. Der Krieg endete, als die Römer das Bürgerrecht anboten – erst denen, die sich dem Aufstand noch nicht angeschlossen hatten, später auch denen, die bereit waren, die Waffen niederzulegen. Nur wenige kämpften danach weiter. Nach dem Bundesgenossenkrieg waren alle Italiker südlich des Po Bürger. In den 40er Jahren weitete Caesar das Bürgerrecht auf Sizilien und die Einwohner nördlich des Po aus.

Unter dem Kaisertum trugen diese Prozesse das Bürgerrecht über Italien hinaus in die Provinzen. Nach der Herrschaftszeit des Augustus (31 v. Chr.–14 n. Chr.) waren neue Kolonien meist keine Veteranensiedlungen mehr, sondern nur eine Rechtsverleihung an schon bestehende Städte. Der Wandel des römischen Heeres zur Berufsarmee ließ ein neues, wichtiges Werkzeug der Inklusion hinzukommen. Um in eine Legion einzutreten, musste ein Rekrut (zumindest theoretisch) schon römischer Bürger sein. Fast alle Auxiliareinheiten jedoch bestanden aus Nichtbürgern. Bei ihrer Entlassung nach 25 Dienstjahren erhielten alle Auxiliare eine Urkunde (viele solcher Diplome sind erhalten), die ihren neuen Status als römische Bürger bestätigte. Da es schätzungsweise immer zwischen 130 000 und 220 000 aktive Auxiliare gab, war die Zahl der Betroffenen groß.[83]

212 n. Chr. gewährte Caracalla – jener Kaiser, der 218 als Elagabals Vater in Beschlag genommen wurde – allen freien Untertanen seines Reiches das Bürgerrecht. Nur eine rätselhafte Gruppe, die *dediticii* (das lateinische Wort könnte bedeuten, dass es sich um Barbaren handelt, die sich ergeben hatten), wurde von der Maßnahme ausgenommen, die heute als *Constitutio Antoniniana* bekannt ist.[84] Was waren Caracallas Motive? Nur zwei antike Quellen erwähnen das Edikt. Die eine, Cassius Dio, tut es in einem knappen Satz ab: eine Maßnahme

zur Geldbeschaffung, weil manche Steuern die Nichtbürger nicht betrafen. Die andere scheint ein Auszug aus dem kaiserlichen Dekret selbst zu sein, der auf einem schadhaften Papyrus erhalten ist. Laut Caracallas eigenen Worten (oder denen eines kaiserlichen Sekretärs?) waren es religiöse Gründe – auf diese Weise könne der Kaiser alle den Göttern zuführen und sie an seinem Sieg teilhaben lassen. Bei diesem Sieg handelt es sich wahrscheinlich um Caracallas Rettung vor der ‚Verschwörung' seines Bruders Geta, den er kürzlich ermordet hatte. Die heutige Forschung fügt ein übergeordnetes Motiv hinzu: angesichts des wachsenden Barbarendrucks im 3. Jahrhundert ein römisches Einheitsgefühl zu schaffen.[85]

Dass das Edikt in unseren Quellen so wenige Spuren hinterlassen hat, könnte uns dazu bringen, in ihm nur den unumstrittenen Abschluss einer langen Entwicklung zu sehen. Die Wahl der römischen Namen (Gelehrte nennen das gern die „onomastische Praxis") weist aber in eine andere Richtung. Jeder Römer hatte drei Namen (Caracallas offizieller Name war Marcus Aurelius Antoninus). Für einen Neubürger war es üblich, das *nomen gentile* (den mittleren ‚Familiennamen') jenes Mannes anzunehmen, dem er das Bürgerrecht verdankte. Nach 212 n. Chr. gab es eine Flut von Männern, die Aurelius hießen. Beispielsweise listet ein Papyrus aus Dura-Europos am Euphrat die Soldaten einer Auxiliareinheit auf. Von 193 bis 212 gibt es acht Aurelii, zwölf andere römische Bürger und 33 Nichtbürger. Von 212 bis 217, als alle Bürger sind, gibt es 55 Aurelii und nur 19 anders Benannte.[86] Eindeutig waren vor der *Constitutio Antoniniana* die meisten Bewohner des Imperiums Nichtbürger. So sehr unsere Quellen die riesige Zahl an Neubürgern ignorieren, und egal wie kurzfristig Caracallas Absichten dabei waren – die Folgen müssen erheblich gewesen sein, besonders im römischen Recht, unter das nun jeder fiel.

Elagabal war acht Jahre alt, als Caracalla die *Constitutio Antoniniana* erließ. Wie wir im nächsten Unterkapitel sehen werden, hatte seine Familie das römische Bürgerrecht schon seit vielen Generationen besessen. Auf das Kind wird das Edikt wenig Eindruck gemacht haben. Seine erwachsenen Verwandten dagegen mögen es leicht bestürzend gefunden haben. Fortan teilten die Pächter auf ihren Gütern, ihre Klienten und die Freien unter der Dienerschaft ihres Hauses das mit der Familie, was einst ein ihr vorbehaltenes Privileg gewesen war.

Für jene Familien, die reich, gebildet (im Lateinischen und Griechischen) und mit guten Kontakten gesegnet waren, konnte das Bürgerrecht weitere Statusgewinne möglich machen. Ein freigeborener Bürger, dessen Vermögen einen Wert von 400 000 Sesterzen hatte – eine sehr beachtliche Summe, denn ein Legionär bekam unter Septimius Severus wahrscheinlich 1800 Sesterze im Jahr – konnte Ritter werden, die zweithöchste Stufe der römischen Gesellschaftsordnung. Der Senatorenstand, die Spitze der sozialen Pyramide – an die sechshundert Männer, die zu den reichsten Grundbesitzern des Imperiums zählten, und ihre engsten Angehörigen – ging überwiegend aus dem Ritterstand hervor. Beim Senatorenstand handelte es sich um keinen abgeschotteten Erbadel. Schätzungen zufolge waren zu jeder Zeit zwei Drittel bis drei Viertel aller Senatoren *novi homines*, also die Ersten ihrer Familie, die in die Curia einzogen.[87] Viele alteingesessene Senatsfamilien scheiterten daran, weitere Senatorengenerationen hervorzubringen – sie hatten keine Erben oder ihre Nachkommen entschieden sich dafür, nicht Senatsmitglied zu werden (unter den Augen misstrauischer Kaiser war das eine gefährliche Würde), oder kamen nicht auf das Mindestvermögen von einer Million Sesterze. Außerdem schlug den *novi homines* manchmal eine gewisse Geringschätzung entgegen, besonders wenn sie aus den Provinzen stammten (darum soll es in Kapitel 4 gehen). Insgesamt aber half die Nichtfortpflanzung bestehender Senatsfamilien bei der Akzeptanz dieser Neulinge.

Im Lauf der Jahrhunderte hatte die Mitgliedschaft im Senat vom Zentrum aus langsam Kreise gezogen: von Rom übergehend auf Italien und von dort auf die zivilisierten Provinzen – Südgallien, Spanien, Afrika und den griechischen Osten. Zur Zeit Vespasians (69–79 n. Chr.) stammten weniger als 17 % jener Senatoren, deren Herkunft bekannt ist, aus den Provinzen, der Rest war italisch. Unter Elagabal und seinem Nachfolger (218–235) war der Anteil auf über 52 % gestiegen. Provinzen, die als nicht so zivilisiert galten, brachten kaum je Senatoren hervor: Wir kennen nur drei aus Mauretanien und gar keinen aus Britannien.[88]

Die Senatoren machten den Anfang, die Kaiser folgten. Dieselben Gebiete, die ihre ersten Senatoren geliefert hatten, sahen ein paar Generationen später Mitglieder der regionalen Elite (wenn es auch die Nachkommen römischer Einwanderer waren) auf den Thron kommen. Im Jahr 69 erschien Vespasian aus dem tiefsten Italien. Die Heimatstadt Trajans (98) und Hadrians (117) lag in Spanien. Septimius Severus (193) war in Nordafrika geboren.

Der erste bekannte Grieche trat in den 50er Jahren des 1. Jahrhunderts n. Chr. in den Senat ein. Viele frühe Senatoren aus dem Osten hatten als Kinder der Herrscherdynastien inzwischen aufgelöster Klientelkönigreiche schon lange Verbindungen zu Rom. Im Jahr 218 machten Leute aus dem Osten schon über die Hälfte aller Senatoren mit Provinzhintergrund aus, also gut ein Viertel des ganzen Senats. Doch hatte der Osten nur einen einzigen kurzlebigen Usurpator hervorgebracht, den Syrer Avidius Cassius (175). Daran gemessen konnte die Ausrufung von jemandem mit Elagabals Hintergrund zum Kaiser alles andere als abnorm wirken, ja vielleicht sogar überfällig. Aber ein solches Urteil droht das Besondere an der Familie aus Emesa grob zu unterschätzen.

II Emesa: Die Kinder der Sonne

Ein Phöniker aus der Stadt Emesa, einer aus der Familie der Nachkommen der Sonne.
   Heliodor, *Aithiopika* 10,41

Die Geschichte der Familie beginnt so, wie die Geschichte von Elagabal enden wird – mit Verrat und Mord.[89] In den 60er Jahren des 1. Jahrhunderts v. Chr. rief Sampsigeramos, der erste gesichert bekannte Herrscher von Emesa, König Antiochos XIII. zu sich, den entfernten Nachkommen des Seleukos, eines Generals Alexanders des Großen. „Er stellte sich freundlich, dann aber ließ er den König verhaften, und obwohl er ihn damals nur in Ketten legen und streng bewachen ließ, beseitigte er ihn später." (Diodoros Siculus, *Historische Bibliothek* 40, 1b)

Sampsigeramos – allein der Name klang für römische Ohren schon komisch. Vielleicht lag das an all den zischelnden S-Lauten. Nach dem Ostfeldzug des Pompeius verspottete Cicero den großen römischen Eroberer als orientalischen Potentaten, indem er ihm den Spitznamen „Sampsiceramus" verpasste. Mit ihrem Blick vom fernen Rom aus hatten Senatoren wie Cicero selten mehr als Verachtung übrig für östliche Kleinfürsten wie den Herrscher von Emesa.

Im Osten selbst sah das manchmal anders aus, denn dort konnten sich Lokalfürsten als überaus nützlich erweisen. Iamblichos I., der Sohn des Sampsigeramos, schickte 47 v. Chr. Truppen nach Ägypten, um Caesar zu helfen, der dort in der Klemme saß und von Aufständischen in Alexandria belagert wurde. Schon bald wurde der Familie aus Emesa das römische Bürgerrecht verliehen. Auf einer Inschrift führt Iamblichos' Urenkel alle drei Namen eines Römers: Gaius Iulius Sohaemus. Dass in der kurzen Erwähnung seines Vaters Sampsigeramos (II., des Begleiters des römischen Prinzen Germanicus 18/19 n. Chr.) der volle Name fehlt, ist kein Beweis, dass die Familie nicht schon damals Bürgerrecht besaß. Wer es erhielt, übernahm nicht nur das *nomen gentile* (den ‚Familiennamen') des Patrons, der es ihm verschafft hatte, sondern auch die Zugehörigkeit zu dessen Stimmbezirk – der Tribus – in Rom; das war ein Überbleibsel aus den Tagen der freien Republik, ehe die Kaiser Dinge wie Abstimmungen belanglos machten.[90] Auf einer Inschrift aus dem Jahr 78 oder 79 rühmt sich Gaius Iulius Sampsigeramus, auch Silas genannt, er gehöre zur Tribus Fabia.[91] Wenn dieser Sampsigeramos / Silas ein Spross der Dynastie war, was mit an Sicherheit grenzender Wahrscheinlichkeit der Fall ist, dann deutet die Zugehörigkeit zur Tribus Fabia darauf hin, dass deren Bürgerrecht ein Geschenk Caesars war, spätestens aber von dessen Adoptivsohn Augustus (31 v. Chr.–14 n. Chr.).

Sampsigeramos / Silas ist ein interessanter Mann – wir werden noch auf ihn zurückkommen (unten und in Kapitel 4).

Das Emesener Königshaus war eingebunden in ein Netzwerk östlicher Königsfamilien. Die heutige Forschung bezeichnet sie als Roms *Klientelkönige*; die Römer selbst nannten sie diplomatischer *Freunde und Verbündete*.[92] Das Netz reichte von den Küsten des Schwarzen Meeres bis in die Wüsten Arabiens. Sampsigeramos II., der Urenkel des ersten Sampsigeramos, heiratete die Tochter des Königs von Kommagene, das jenseits der Euphratquellen lag. Zwei Kinder aus dieser Ehe, ein Sohn und eine Tochter, heirateten ins Königshaus von Judäa im Süden ein (wozu der Junge beschnitten werden musste). Eine weitere mutmaßliche Tochter namens Mamaea heiratete den König von Pontos weit im Norden Anatoliens.

Die Könige von Emesa spielten das Spiel der Politik mit hohem Einsatz. Im Jahr 64/63 v. Chr. verlieh (oder bestätigte?) Pompeius ihnen die Herrschaft über die griechische Stadt Arethusa, etwas über 35 Kilometer flussabwärts am Orontes. 36 v. Chr. entzog Marcus Antonius sie ihnen. Unter Nero herrschten sie über die Stadt Arca, gut 65 km südwestlich von Emesa, und 54 n. Chr. verlieh der Kaiser ihnen die Landschaft Sophene, fern im Nordosten jenseits des Tigris. Keine dieser Besitzungen war von Dauer. Viel später, nach dem Ende des Königreichs Emesa, machte Marc Aurel im Jahr 164 einen Mann namens Sohaemus (ein häufiger Name in der Emesener Dynastie) zum König von Armenien, was sehr weit weg von zu Hause war. Erleichtert wurde diese erstaunliche räumliche Mobilität durch die Eheschließungen des Königshauses von Emesa, vielleicht aber auch durch römische Geringschätzung: *diese ganzen orientalischen Minikönige sind doch alle das Gleiche.*

Die Herrscher Emesas bildeten nicht nur eine Reserve an loyalen Klientelkönigen, sie unterstützten die Römer auch militärisch. Wir haben bereits gesehen, wie Iamblichos I. 47 v. Chr. Caesar Truppen zu Hilfe nach Alexandria schickte. Schon vorher, 50 v. Chr., meinte Cicero als Statthalter von Kilikien (der heutigen Provinz Mersin im Südosten der Türkei), Iamblichos werde im Fall einer Partherinvasion Hilfe leisten. Später schickte Sohaemus zweimal Truppen, die den Römern im Kampf gegen den jüdischen Aufstand halfen. Dabei ging es um erhebliche Zahlen: 66 n. Chr. waren es 4000, 3000 im folgenden Jahr. Auch 72 entsandte Sohaemus Soldaten mit in den römischen Feldzug, der das Reich seines Verwandten und klientelköniglichen Kollegen Antiochos IV. von Kommagene beendete.

Ein politisches Spiel auf hohem Niveau zu spielen war gefährlich. Jederzeit konnten die Römer zurücknehmen, was sie gegeben hatten. Zusätzliche Gebiete zu verlieren war nur eine kleinere Gefahr: 31 v. Chr. ließ Antonius Iamblichos hinrichten. Ihm folgte sein Bruder Alexander (oder Alexios). Nach der Schlacht bei Actium ließ Octavian Alexander im Rahmen seines Triumphzugs in Ketten durch die Straßen Roms führen und anschließend in der Finsternis des Staatsgefängnisses unter dem Forum erdrosseln. Es ist eine Ironie, dass Sohaemus' Hilfe bei der Beseitigung Antiochos' IV. die letzte Gelegenheit ist, bei der wir von einem unabhängigen Emesa hören. Wann das emesenische Königreich abgeschafft wurde, wissen wir nicht. Am ehesten geschah das nicht lange nach 72 n. Chr. im Zuge der Tendenz der flavischen Kaiserdynastie (69–96), östliche Klientelreiche in römische Provinzen einzugliedern. Die schon genannte Inschrift von 78/79 bezeichnet weder Gaius Julius Sampsigeramus, auch Silas genannt, noch seinen Vater Gaius Julius Alexio als König. Natürlich könnten sie aber Mitglieder eines noch unabhängigen Königshauses sein, die beide nicht auf dem Thron saßen.

Hier am Ende des Königreichs müssen wir uns mit einer unbequemen modernen These beschäftigen, wonach das Emesener Königshaus nicht, wie der Großteil der Forschung denkt, die Vorfahren von Elagabals Familie darstellte, da keine antike Quelle ausdrücklich diese Verbindung herstellt.[93] Unbequem ist sie, weil sie die letzten Absätze und einen Großteil der noch folgenden im Rahmen dieser Biografie überwiegend irrelevant machen würde. („Und jetzt einige Geschichten über Leute aus derselben Stadt, die ganz viel früher gelebt haben" ist nicht annähernd so schlagkräftig wie „Und Folgendes haben seine Ahnen so gemacht".) Doch das Argument ist eine Reduktion – es macht die Geschichte weniger interessant, als sie ohne es ist – und letztendlich nicht schlagend, weil es ein *argu-*

mentum e silentio ist. Wie das abgenutzte Klischee so richtig sagt: dass nichts dasteht, beweist nicht, dass es nichts zum Hinschreiben gab. Einen *direkten* Beleg der Abstammung gibt es nicht, wohl aber Indizien. Beide Familien haben die Führungsposition in der Stadt Emesa inne und beide führen das *nomen* Julius. Schön, so schrecklich viel beweist das noch nicht, aber außerdem haben sie Varianten von mindestens zwei und mit hoher Wahrscheinlichkeit vier *cognomina* gemeinsam – der dritte römische Namensbestandteil, der in Familien normalerweise erblich war. Alexander/Alexianos/Alexios und Sohaemus/So(h)aemias sind für beide gesichert. Weiter unten wird von Hinweisen die Rede sein, dass „Iamblichos" in Elagabals Familie ein Eigenname war. Das Argument für „Mamaea" – da Elagabals Tante Mamaea hieß, muss die gleichnamige Frau, die den König von Pontus heiratete, ein Mitglied des Königshauses sein – ist zwar ein Zirkelschluss, aber deswegen noch nicht zwangsläufig unrichtig. Es gibt genug Indizien, dass Elagabals Familie vom Königshaus abzustammen *beanspruchte*. Angesichts ihrer Bedeutung in Emesa können wir davon ausgehen, dass ihr Anspruch von den Zeitgenossen anerkannt wurde und natürlich auf Tatsachen beruht haben kann.

Wie eine Anekdote zeigt, hatte die Familie Feinde in Emesa. Etwa im Jahr 190 n. Chr. schickte Kaiser Commodus Männer aus, die Julius Alexander aus Emesa töten sollten. Sein Verbrechen bestand laut Cassius Dio darin, bei einer berittenen Jagd einen Löwen mit einem Wurfspeer getötet zu haben. Laut der *Historia Augusta* war es ein echter Aufstand. Alexander ließ sich nicht widerstandslos umbringen. „Als dieser Mann vom Eintreffen der Mörder erfuhr", sagt Dio, „tötete er sie in der Nacht und ebenso all seine Feinde unter den Emesenern [...]" (73,14,2). Dann nahm er einen jungen Favoriten mit, bestieg ein Pferd und brach auf, um Zuflucht bei den Parthern zu suchen. Der hervorragende Reiter Alexander wäre entkommen, aber der Junge wurde müde. Weil Alexander es nicht über sich brachte, den Gegenstand seiner Zuneigung im Stich zu lassen, tötete er, als die Verfolger sie einholten, erst den Jungen und dann sich selbst.[94]

Nach der Beendigung ihrer Königsherrschaft hatte die Emesener Familie immer noch viel Geld und Grundbesitz, gute Eheverbindungen im weiten Umkreis und den verblassenden Glanz königlicher Herkunft. Doch angesichts von Feinden innerhalb der Stadt reichte das nicht, um ihren Vorrang zu wahren. Zur Sicherung ihrer Position wählten sie, modern ausgedrückt, die Diversifikation. Sie erstreckte sich auf drei Gebiete: den Reichsdienst, das intellektuelle Leben und die Religion.

Zunächst zum Reichsdienst. Voraussetzung für den Verdacht des Commodus – geschweige denn für einen Aufstand gegen den Kaiser – muss bei Julius Alexander ein gehobener römischer Sozialstatus gewesen sein: mindestens der Rang eines führenden Ritters, viel wahrscheinlicher aber die Senatorenwürde. Aus einem Rechtstext wissen wir vom angefochtenen Testament des Julius Agrippa, eines *primipilarius* (eines ehemaligen ranghöchsten Zenturios in einer Legion). Seinen Besitz erbte am Ende seine Großnichte Julia Domna, Elagabals Großtante.[95] In unzähligen historischen Romanen von heute ist jeder Zenturio ein barscher Feldwebeltyp, der es vom einfachen Soldaten so weit gebracht hat und dauernd seinen Rebstock auf dem Buckel seiner Männer zerbricht. In der römischen Realität traten viele Ritter direkt als Zenturionen in die Armee ein. Julia Maesa, Elagabals Großmutter, heiratete einen Verwandten aus ihrer Heimatstadt, Gaius Julius Avitus Alexianus, der in den Reichsdienst für Ritter eintrat und nacheinander drei Auxiliareinheiten kommandierte, ehe er mit der Getreideversorgung in Roms Hafen Ostia betraut wurde. Später, als sein Schwager Septimius Severus Kaiser geworden war, zog er in den Senat ein und bekleidete hohe Ämter, darunter den Konsulat.[96] Elagabals Tante Julia Mamaea heiratete zunächst einen unbekannten Senator. Ihre zweite Ehe ging sie mit Gessius Marcianus ein, einem Prokurator aus dem Ritterstand aus der Nachbarstadt Arca, der zu Beginn von Elagabals Aufstand getötet wurde. Ihr ältester Sohn Marcus Julius Gessius Bassianus zog in den Senat ein und wurde *magister* (Vorsteher) der Priesterschaft der Arvalbrüder in Rom.[97] Elagabals Vater Sextus Varius Marcellus aus Apameia durchlief als Ritter eine außergewöhnliche Karriere und endete als Senator. Aber ihn wollen wir uns bis Kapitel 4 aufsparen, wenn wir uns Elagabals Kindheit ansehen. Vorläufig sollte der Stammbaum am Anfang des Buches genügen, um all diese Leute auseinanderzuhalten.

Nun das Intellektuelle. Zur Herrschaftszeit Marc Aurels (161–180) schrieb ein gewisser Iamblichos einen griechischen Roman mit dem Titel *Babyloniaka* (Babylonische Geschichte). Heute sind die beiden lateinischen Romane, die *Satyrica* des Petronius und der *Goldene Esel* des Apuleius, bekannter, doch im Römischen Reich gab es eine blühende Literaturgattung mit fiktiver Prosa (was die Kollegen von der Anglistik immer überrascht, weil sie steif und fest daran glauben, der Roman sei in der Frühen Neuzeit in Europa erfunden worden). Die griechischen Romane waren Liebesgeschichten, die entweder in der Vergangenheit oder in einer verfremdeten Gegenwartswelt spielten, aus der das Römische Reich herausredigiert war. Modern gesprochen sind es historische Romane oder Geschichten aus einer Alternativwelt. Ein Liebespaar wird getrennt und muss wilde Abenteuer überstehen, ehe es wieder zueinanderfindet.

Die *Babyloniaka*, ursprünglich ein sehr langer Roman, ist nur als kurze Handlungsübersicht des Patriarchen von Konstantinopel, Photios, aus dem 9. Jahrhundert erhalten, außerdem in noch kürzeren Auszügen in der als *Suda* bekannten Enzyklopädie des 10. Jahrhunderts.[98] Der König von Babylon verliebt sich in eine wunderschöne verheiratete Frau. Als sie seine Avancen abweist, befiehlt er sie in goldene Ketten zu legen und ihren Mann zu kreuzigen. Das Ehepaar kann entkommen und wird von zwei Eunuchen verfolgt – die außer ihren Hoden auch noch Nasen und Ohren verloren haben. Die Flüchtlinge werden wegen Grabräuberei verhaftet, bekommen wegen Mordes den Prozess gemacht, verhungern beinahe und entgehen knapp der Verbrennung bei lebendigem Leib. Dann gesellt sich ein ziegenartiges Gespenst zu der Frau, zwingt sie zum Sex mit einem Mann und zur Schließung einer bigamistischen Ehe mit einem weiteren. Es werden Charaktere geköpft, gehängt, gekreuzigt und von einem Kamel ertränkt – einen frisst ein Hund. Es gibt mehr Verwechslungsgeschichten als in einer Shakespeare-Komödie. Trotz Selbstmordversuchen überlebt das Liebespaar und wird endlich wieder vereint, als der Gatte gegen alle Wahrscheinlichkeit (die steht in griechischen Romanen nicht hoch im Kurs) König von Babylon wird. Man kann echt nicht sagen, dass wenig passiert. Wegen seines erotischen Themas beschreibt der Christ Photios den Roman als schamlos. Ein robuster denkender heidnischer Medizinschriftsteller verschrieb ihn als Stimulans bei Impotenz.

Laut Photios war Iamblichos ein babylonischer Magier, der sich die griechische Kultur angeeignet hatte. Die *Suda* fügt hinzu, er sei als Sklave geboren worden. Im 10. Jahrhundert korrigierte der Schreiber des ältesten erhaltenen Photios-Codex in einem Randvermerk den Patriarchen: „Dieser Iamblichos war der Herkunft nach väterlicher- wie mütterlicherseits ein Syrer, und zwar nicht im Sinn der Griechen, die sich in Syrien niedergelassen haben, sondern einer von den einheimischen, die mit der syrischen Sprache vertraut sind und nach ihren Sitten leben." (*Suda s. v.* Iamblichos) Anschließend gibt er noch den Handlungsrahmen wieder, der zu der irrigen Annahme einer babylonischen und unfreien Herkunft geführt habe. Die babylonische Sprache habe Iamblichos von einem Sklaven gelernt, der früher königlicher Schreiber gewesen und von den Römern gefangengenommen worden sei, als Kaiser Trajan Babylon plünderte.

Hinweise auf seine Lebenszeit gibt Iamblichos laut Photios durch einen Verweis zunächst auf Sohaemus, den König von Armenien, „den Nachkommen von Königen" (den emesenischen Herrschern), und dann erst – was näher gelegen hätte – auf die regierenden Kaiser Roms. Das weist auf die Prioritäten in Iamblichos' Identität her: an erster Stelle Emesener, an zweiter Römer. Zusammengenommen mit der Herkunftsregion des Romanciers und den dynastischen Namen legt dies eine Verwandtschaft mit Elagabals Familie nahe.

An anderer Stelle erwähnt Photios einen Iamblichos, der von Sampsigeramos abstamme; gemeint ist vermutlich der erste bekannte Herrscher Emesas. Der Kontext – gottlose heidnische Philosophen – legt nahe, dass es sich bei diesem Verwandten von Elagabals Familie nicht um den Romanautor handelt, sondern um einen bekannteren Iamblichos, den Neuplatoniker des 3. Jahrhunderts, der aus Chalkis am Bellos kam, das nicht weit von Emesa im Orontestal liegt.[99]

Außer dem Romancier und dem Philosophen lässt sich eine Lanze für zwei weitere Intellektuelle brechen. Es gibt einen weiteren Romanautor, nämlich Heliodoros, der zu einem unbekannten Datum (im 3. oder 4. Jahrhundert?) die *Aithiopika* schrieb. Wie das Zitat am Anfang dieses Unterkapitels zeigt, war er stolz auf seine Herkunft als Phöniker aus Emesa. Allerdings verbindet ihn sonst nichts mit der Familie. Der andere Fall ist überraschender: Papinianus, Prätorianerpräfekt unter den Severern und berühmter lateinischer Jurist. Die *Historia Augusta* erklärt ihn zum Verwandten von Severus' zweiter Frau. Das war, soweit wir wissen, Julia Domna. Doch vielleicht ist es unklug, dem ‚verlogensten' Autor der Antike zu sehr zu vertrauen.[100]

Das dritte Feld der Diversifikation war die Religion. Leicht lässt sich annehmen, die Könige von Emesa seien auch Hohepriester (oder vielleicht Priesterkönige) des Gottes Elagabal gewesen, so wie Kaiser Elagabal später Hohepriester und Priesterkaiser war.[101] Doch mit dieser beiläufigen Annahme einer Kontinuität verfällt man eventuell dem viktorianischen Märchen von einem unveränderlichen Orient. Sicher haben Sie das Bild vor Augen, ein orientalistisches Gemälde, auf dem die Farben lebhafter als die Menschen sind: schwarze Wächter, die im Halbschlaf am Tor stehen, Odalisken, die sich im Harem räkeln, auf dem Dach döst ein Eunuch und das Mundstück seiner Wasserpfeife rutscht ihm aus dem Mund. Die Quellenlage zu Elagabal kann eine weitaus dynamischere Rekonstruktion stützen.

Nichts spricht dafür, dass die Könige von Emesa Priester des Elagabal waren. Ein Indiz weist eventuell in die Gegenrichtung: Wie wir vorher gesehen haben, musste sich ein Mitglied der Emesener Königsfamilie für die Heirat mit einer jüdischen Prinzessin beschneiden lassen. Elagabal aber war als Hohepriester seiner Gottheit beschnitten.[102]

Die ältesten Hinweise auf den Gott Elagabal finden sich nicht in Emesa, sondern rund achtzig Kilometer südöstlich davon, in einer Inschrift aus der Wüste. Diese Gottheit wird genannt und abgebildet –

II Emesa: Die Kinder der Sonne

ein Fels oder Berg, auf dem ein Adler sitzt. Das Datum (irgendwann im 1. Jahrhundert n. Chr.) fällt grob mit der Abschaffung der Emesener Monarchie zusammen. Dass Elagabal von anderswo nach Emesa importiert wurde, ist unbestreitbar. Die Etymologie des aramäischen Namens der Gottheit – mit den palmyrenischen Buchstaben 'LH'GBL – lautet „Gott des Berges" oder „Gott Berg". Zwar liegt im Stadtzentrum von Emesa ein *Tell*, ein durch menschliche Besiedlung entstandener Hügel, aber so etwas wie ein Berg fehlt dort komplett.[103]

In Emesa erscheint Elagabal erstmals zur Zeit des Antoninus Pius (138–161). Damals begann die Stadt Münzen zu prägen, und auf deren Rückseite erscheint fast ausschließlich der schwarze Stein des Gottes. Julius Bassianus, Kaiser Elagabals Urgroßvater, lebte zu Pius' Zeit schon und war vielleicht sogar schon erwachsen. Jedenfalls zeugte er unter dem nächsten Kaiser Marc Aurel (161–180) Kinder. Nicht nur ist Bassianus der älteste gesicherte Vorfahr des Kaisers Elagabal, er ist auch der erste bekannte Hohepriester des Gottes Elagabal. Für den großen Elagabaltempel in Emesa haben wir Belege erst aus der Zeit, als Caracalla alleiniger Augustus und seinen Vater und Bruder vom Hals hatte (211–217), wieder aus Abbildungen auf der städtischen Prägung. Zur Zeit von Maesas Aufstand zog der Tempel die Massen an – nicht nur Einheimische, sondern auch die Soldaten aus dem nahen Raphaneai sowie Satrapen und Barbarenkönige von weiter weg.[104]

Daraus lässt sich ein Narrativ zusammensetzen. Nach Abschaffung der Monarchie stehen Kaiser Elagabals Ahnen unter Druck anderer Emesener Familien, importieren daraufhin den schwarzen Stein und schaffen es, dass Elagabal als Schutzgottheit von Emesa anerkannt wird und sie selbst zu Hohenpriestern ernannt werden. Schließlich wird ein prächtiger Tempel erbaut, zu dem Beter und Pilger von nah und fern kommen.

So beschrieben klingt das Ganze etwas zynisch: Manipulation einer Religion zu soziopolitischen Zwecken. Aber das muss nicht so gewesen sein. Glaube – und um den Glauben werden wir uns ausgiebig in Kapitel 8 kümmern – ist ein kniffliges Thema. Frömmigkeit und Ehrgeiz können oft Hand in Hand gehen. Und nun hatte die Familie Elagabals erneut etwas, das andere Familien in Emesa nicht hatten – diesmal keine königliche Majestät, sondern etwas noch Besseres: göttlichen Beistand. Wie sie sich um den Tempel kümmerten, so kümmerte ihr Gott sich um sie.

Diese drei Bereiche der Diversifikation – Religion, intellektuelles Profil und Ämter auf Reichsebene – machten die Familie zusammengenommen aus Provinzhonoratioren zu Akteuren in imperiumsweitem Maßstab. Das Mittel dazu war Julia Domnas Horoskop. Die Deutung der Gestirne lautete so, dass sie einen künftigen König (*rex*) heiraten werde. Deshalb heiratete Septimius Severus, im Jahr 187 noch ein unbedeutender Senator (Expraetor und Statthalter der truppenlosen Provinz Gallia Lugdunensis), die Frau aus Emesa. Die heutige Forschung zweifelt an dieser Geschichte. Derartiger Ehrgeiz sei unrealistisch, mit der Zukunft herumzupfuschen zu gefährlich gewesen. So stuft man Domnas Horoskop zu einer Propagandageschichte herab, die erfunden wurde, als Severus schon Kaiser war. Aber das stimmt vielleicht nicht.[105]

Der Glaube an die Astrologie war in allen Gesellschaftsschichten verbreitet. Severus glaubte fest an sie. Es heißt, er habe die Horoskope aller Kandidatinnen für seine zweite Ehe untersucht. Einige Jahre zuvor, als er das Bel-Orakel in Apameia befragte, habe er einige Homerverse zur Antwort bekommen, die eigentlich an Agamemnon gerichtet waren, den Anführer der Achaier vor Troja, und die Severus mit den Göttern verglichen: *mit Augen und Haupt wie Zeus, der am Donner seine Freude hat.* Der Sterbliche, der am häufigsten mit dem König der Götter verglichen wurde, war der Kaiser. Später ließ Severus sein eigenes Horoskop an eine Decke im Kaiserpalast malen, die entscheidenden Bereiche aber absichtlich verdecken. Nach seiner Hochzeit wurde er als Statthalter von Sizilien beschuldigt, Seher und Astrologen nach der Kaiserwürde befragt zu haben; Severus wurde freigesprochen und sein Ankläger gekreuzigt. So etwas war eben für alle Beteiligten gefährlich.[106] Das Recht ließ da keinen Zweifel: „Wer (Astrologen und dergleichen) zur Gesundheit des Kaisers oder zum

Schicksal des Staates befragt (d. h. ‚Werde ich einmal Kaiser?'), soll zusammen mit dem, der antwortete, hingerichtet werden." (Paulus, *Sententiae* 5,21,4) Wie viele unscheinbare Senatoren wohl Träume von einer großen Zukunft hegten? Die Frage lässt sich nicht beantworten. Wir hören immer nur von den Erfolgreichen und den Hingerichteten. Sicher, für manche Männer wie Severus gingen Ehrgeiz und Schicksalsglaube über Vorsicht. Domnas Familie muss Severus einige Jahre zuvor in den 180ern kennengelernt haben, als er in Syrien als Legionslegat der *IV Scythica* diente. Schon ihr bloßer Name kann wie eine Bestätigung ihres Horoskops geklungen haben. In Wirklichkeit leitete *Domna* sich vom arabischen *Dumaina* her, doch auf Latein klang es ganz ähnlich wie *Domina*, die ehrerbietige Anrede für eine Kaiserin.[107]

Die ersten beiden Bereiche, die sich die Familie neu erschloss, Reichsdienst und Intellektuelles, waren nichts Besonderes – von den Nachkommen östlicher Könige war dergleichen sogar zu erwarten. Nehmen wir nur zwei berühmte Monumente für ihre entfernten Verwandten, einen Bruder und eine Schwester aus der einstigen Königsfamilie von Kommagene. In Athen steht auf dem Gipfel des Musenhügels gegenüber der Akropolis, von wo aus man einen Blick auf die ganze Stadt hat, das Grab des Gaius Julius Antiochus Epiphanes Philopappus, des Enkels des letzten Königs. Die Skulpturen darauf drücken sowohl die griechische als auch die römische Identität des Philopappus aus, letztere mit Erfolgen im Dienst Roms verbunden. In der Mitte der oberen Etage sitzt Philopappus in griechischer Kleidung. Auf dem Relief im unteren Stockwerk fährt er als römischer Konsul (109 n. Chr.) in einem Wagen, von zwölf Liktoren begleitet, und trägt die Toga.[108] In Ägypten steht auf der anderen Seite des Nils gegenüber Theben der ‚Memnonskoloss' (in Wirklichkeit eine Sitzfigur Pharao Amenophis III.). Jeden Morgen ‚sang' die Statue bei Sonnenaufgang. Auf einem ihrer Beine sind zwischen anderen Gedichten auch vier von Julia Balbilla eingeritzt, der Schwester des Philopappus. Eines davon lautet: „Memnon der Ägypter, von den Strahlen der Sonne gewärmt, sprach aus seinem thebanischen Stein." Große Dichtung ist das nicht, aber besser als einiges, was römische Touristen sonst so hinterlassen haben.[109] Das dritte Feld, in das die Familie ihre Energie lenkte, die Religion, war an sich nicht unnormal. Auch die Familie von Kommagene hatte fast durchweg Priesterämter inne, regionale wie römische.[110] Das Außergewöhnliche an der Emesener Familie (und darauf werden wir noch zurückkommen) war ihr selbstbewusstes Insistieren auf den phönikischen – und das heißt gewollt unrömischen und ungriechischen – Riten für ihren Gott.

Der Gott hatte die Familie schon generationenlang unterstützt. Maesas Aufstand in Raphaneai hatte Elagabal viel zu verdanken. Die Orakel des Gottes hatten den Weg geebnet, die Feiern in seinem Tempel die Soldaten nach Emesa geführt. Bei Sonnenaufgang war er bei der Ausrufung des neuen Kaisers und beim Überlaufen von Julianus' Truppen gegenwärtig gewesen. Sicher beteten die Rebellen, dass Elagabal auch weiter über sie wachte. Denn jetzt mussten sie dem Kaiser entgegentreten.

KAPITEL 3

Die Schlacht

Syrien, Mai und Juni 218 n. Chr.

Die Nachricht von dem Aufstand erreichte Macrinus in Antiochia. Es hatte viele Vorzeichen gegeben. Cassius Dio berichtet von einer Sonnenfinsternis und zwei Kometen; der Schweif des einen „reichte mehrere Nächte lang von Sonnenuntergang bis Sonnenaufgang" (79,30,1). Solche Ereignisse kündigten den Tod von Herrschern an. Aber Macrinus machte sich keine größeren Sorgen. Raphaneai war gut 150 Kilometer weit weg. Kleinere Revolten waren nichts Ungewöhnliches. Sie ähnelten eher Meutereien und wurden rasch niedergeschlagen, wobei der, den man in Purpur gekleidet hatte, getötet wurde.[111] Laut Herodian „tat Macrinus die Sache als Kinderei ab" (5,4,2). Für Macrinus, so Cassius Dio, war Elagabal „ein bloßer Junge, von dem er vorher nicht einmal den Namen gekannt hatte" (79,40,3).

Für einen Kaiser hatte Macrinus einen ungewöhnlichen Hintergrund. In die Sklaverei hineingeboren hatte er als junger Freigelassener im Kaiserpalast niedere Tätigkeiten verrichtet, als Gladiator gekämpft und als Prostituierter gearbeitet.[112] Sein antiker Biograf äußert einen gewissen Zweifel an diesen Geschichten, da er bei „verschiedenen Autoren Verschiedenes" gefunden habe (HA Macr. 4,5). Mit gutem Grund. Denn in seiner Vita des Macrinus hat der unbekannte Autor der *Historia Augusta* sich jede Einzelheit ausgedacht. Der Sklavenstatus, die Schufterei auf dem Palatin, das Amphitheater, die Prostitution und die „verschiedenen Autoren": alles komplett erfunden.

I Der Bart des Macrinus

In Wirklichkeit war Macrinus ein Jurist aus der römischen Kolonie Caesarea in der Provinz Mauretania Caesariensis in Nordafrika. Obwohl Dio wirklich behauptet, Macrinus sei „jemand mit völlig unbedeutenden Eltern" gewesen (79,11,1), stammte seine Familie aus dem Ritterstand. Zum Jurastudium braucht man Geld und Senatoren der zweiten Generation wie Cassius Dio konnten ausgesprochen hochnäsig auf die Herkunft derer herabblicken, die nunmehr in der Gesellschaftspyramide unter ihnen standen. Ein Auftritt bei Hof trug Macrinus die Patronage des Plautianus ein, der Septimius Severus' Prätorianerpräfekt war. Dieser Kontakt reichte, um ihm die Feindschaft der Emesener Familie einzutragen.[113] Julia Domna und Plautianus verabscheuten einander. Als Domnas Sohn Caracalla den Tod des Plautianus einfädelte, rettete seinen Protegé Macrinus das unerwartete Eingreifen des einflussreichen Senators Fabius Cilo. An dieser Stelle, behauptet die *Historia Augusta*, wurde Macrinus nach Afrika verbannt. Das braucht man nicht ernstzunehmen. Wahrscheinlich ist es bloß eine Erfindung mit Blick auf Macrinus' Herkunft. Cassius Dio sagt ganz ausdrücklich, dass Fabius Cilo Macrinus nicht nur rettete, sondern ihm die Stelle eines Curators der Via Flaminia verschaffte, der großen Nordstraße, die von Rom wegführte. Nach dem Tod des Septimius Severus bekleidete Macrinus vorübergehend mehrere Prokuratorenstellen (Posten, die entweder kaiserlichen Grundbesitz oder die Einziehung von Steuern verwalteten), dann ernannte ihn Caracalla zum Prätorianerpräfekten, vielleicht schon 212, aber spätestens 214.

Die *Historia Augusta* porträtiert Macrinus als perfekten Schurken: „mit schamlosem Charakter und Aussehen" (Macr. 2,1). Verräterisch habe er Caracalla ermordet und dessen Platz aus keinem anderen Motiv als Ehrgeiz eingenommen. Sobald er auf dem Thron saß, sei seine Grausamkeit dermaßen groß gewesen, dass die blutbespritzten Mauern dem Palast den Spitznamen „Schlachthaus" eintrugen (Macr. 13,3). Auch das ist nicht historisch, sondern spätantike Fiktion. Die Zeitgenossen Cassius Dio und Herodian zeichnen ein ganz anderes

Bild. In ihren Augen geschah Macrinus' Staatsstreich aus Selbsterhaltungstrieb.

Dio spendet Macrinus ein vorsichtiges Lob: Er sei ein integrer Mann gewesen. Als Prätorianerpräfekt habe er so gerecht agiert, wie das unter Caracalla nur möglich gewesen sei: „das Recht kannte er nicht besonders genau, hielt sich aber sehr treu daran." (79,11,2) Und was genau soll das heißen – dass Macrinus ungeschickt und schlecht unterrichtet war? Trotz dieses lauwarmen Beifalls dachte Dio nicht, dass Macrinus das Zeug zu einem guten Kaiser hatte. Sein Schritt, Sold und Privilegien der Rekruten zu reduzieren, war gut gemeint, kam aber zu einem katastrophal falschen Zeitpunkt, da die Armee weiterhin im Feld konzentriert war. Im Krieg habe Macrinus sich feige verhalten. Aus Dios Sicht war das nicht vollständig seine Schuld – er sei Maure gewesen und die seien eben furchtsam. Auf solche ethnischen Stereotype werden wir im nächsten Kapitel zurückkommen. Um seine eigene einfache Herkunft unauffällig zu machen, habe Macrinus Niedrige und Unwürdige in hohe Ämter befördert. Doch seine größte Sünde in den Augen eines Senators – und mit anderen hat Cassius Dio die Dinge nie gesehen – war, dass er als Ritter nach dem Thron gegriffen hatte. Viel besser hätte er Caracalla getötet und anschließend für die Einsetzung eines Senators gesorgt.[114]

Herodian war kein Senator und beurteilte Kaiser anders. Als Grieche, dessen Gefühle nicht so stark an Rom hingen wie die jenes anderen Griechen, des Senators und zweimaligen Konsuls Cassius Dio, maß Herodian die Kaiser an ihrer Einstellung zur griechischen Kultur (*paideia*).[115] Macrinus habe es unterlassen, die Armee zu entlassen oder nach Rom zu eilen. Stattdessen habe er die Staatsangelegenheiten schleifen lassen, in Antiochia ein Luxusleben geführt und „seinen Bart gepflegt" (5,2,3), sei betont langsam spazieren gegangen und habe mühsam und leise gesprochen. Einiges an dieser Kritik ist unfair. Die Friedensverhandlungen mit den Parthern zogen sich bis in den Winter 217/18 hin. Bis sie beendet waren, konnte Macrinus nicht nach Rom aufbrechen oder seine Truppen aus dem Westen in ihre Garnisonen zurückschicken. Beides musste bis zum Frühling warten.

Andere Vorwürfe – wegen seines Ganges, der Sprechstimme und der Gesichtsbehaarung – kommen uns seltsam vor. Es ist Zeit, uns Macrinus' Bart anzusehen.[116]

Bild 5: Kaiser Macrinus

Noch unterstrichen wird er von kurzem Kopfhaar, das an den Schläfen schon zurückgeht. Der Bart des Macrinus ist ein edles Gewächs, voll und lockig. Bärte hatten im Römischen Reich einen Bedeutungsgehalt, von denen sich heutige Hipster in Londoner Sushibars nichts träumen lassen.[117] Ein kurzrasierter, borstiger Bart wies auf einen Mann mit militärischem Hintergrund und kämpferischen Tugenden hin. Diesen Stil hatte Caracalla übernommen; Macrinus trägt ihn auf einigen Münzen. Nach Ansicht der Römer waren ihre frühen Vorfahren, die noch unverdorben von Städten und so schrecklichen Dingen wie Barbieren waren, auffällig haarig gewesen. Darum konnte ein längerer, vollerer Bart für altväterlich-ländliche Tugend stehen. Üppiges Gesichtshaar rief aber auch ein zeitgenössisch-intellektuelles Image auf, das zwangsläufig griechisch konnotiert war. Und hier wird die Sache kompliziert. Ein kunstvoll getrimmter und gekräuselter Vollbart ließ an Sophisten denken – an unglaublich beliebte Schauredner mit hohem Status. Ein eher natürlich-struppiger Ansatz dagegen hatte etwas von Philosophen. Und so schließt sich der Kreis von den Bärten der philosophischen Sucher ewiger Tugend zu den ländlich-sittlichen Vorfahren.

Macrinus trägt einen lockigen Bart zur Schau. Aber beim Anblick der Plastik, vielmehr *jeder* Plastik ist schwer zu unterscheiden, ob es sich um Naturlocken oder künstlich gelegte handelt. Des Problems war sich schon die Antike bewusst. Der Satiriker Lukian schrieb von der scheinbaren Unordnung im Haar als Produkt der Friseurkunst. Das Bild, das Macrinus' Bart vermittelte, wird klar, wenn wir an seinen Gang und an die Stimme denken. Sophisten stolzierten umher, schlugen sich auf die Schenkel und gestikulierten. Ihre Sprache versuchte möglichst flüssig und melodisch zu sein. Manche klangen, wenn sie sprachen, als sängen sie. Dagegen bewegten Philosophen sich mit würdiger Selbstbeherrschung. Dion Chrysostomos verfasste eine Schrift, die den gemessenen Gang lobte. Diese Leute liebten es, als strenge Männer weniger Worte gesehen zu werden, die man ihnen nach mühsamem Sinnieren erst aus der Nase ziehen musste. Alles gemäß der tiefen Einsicht: „Wenige Wörter zu wenigen Anlässen" (Apollonios von Tyana, *Briefe* 8). Gelegentlich gaben manche das Sprechen überhaupt auf. Secundus, der reale schweigende Philosoph, und gemäß der Fiktion auch Apollonius von Tyana lehrten Philosophie irgendwie nur durch ihr Vorbild und den Ausdruck auf ihren haarigen Gesichtern.[118]

Macrinus' Bart, Gang und Stimme, vermerkt Herodian, waren Marc Aurel nachgemacht, dem großen Philosophenkaiser.[119] In Herodians Augen war Marc Aurel der Idealkaiser – derjenige, der für die griechische *paideia* stand und an dem er alle anderen maß. Die Äußerlichkeiten hatte Macrinus zwar kopiert, aber in allen anderen Punkten versagte er. Wenn er seine Pflichten vernachlässigte und sich lieber leichte Schauspiele ansah, konnte er seinen Bart noch so prächtig herrichten lassen und noch so langsam gehen, während er in Gold und Edelsteine gekleidet war. Ohne wahre *paideia* konnte die Herrschaft des Macrinus nur „den Anschein von Freiheit bringen" (Herodian 5,2,2).

II Tod in Apameia

Während Macrinus in Antiochia seinen Bart pflegte, versuchten seine Offiziere vor Ort den Aufstand zu ersticken. Nach der Niederlage des Julianus vor Raphaneai bricht der Text von Cassius Dio ab. In der Lücke von rund 20 Zeilen (die Textkritik spricht in solchen Fällen auch lateinisch von einer *lacuna*, Plural *lacunae*) lassen sich nur einige wenige Buchstaben und ein, zwei Wörter ausmachen.[120] Wo die Handschrift wieder lesbar wird, setzt der Text ein mit: „... denn Marcellus war tot – tötete er diesen Mann, aber weil er es nicht wagte, in Abwesenheit von Macrinus auf eigene Verantwortung weiter vorzugehen, bat er ihn durch Boten um sein Erscheinen." (79,34,1²)

„Marcellus" war Sextus Varius Marcellus, der Vater Elagabals, der 213/14 gestorben war und in Italien begraben lag.[121] In der Lücke lässt sich ein Teil eines weiteren Namens erkennen: ...*cianus*. Da gleichzeitig von Marcellus, dem Vater Elagabals, die Rede ist, lässt sich der ...*cianus*, der hingerichtet wird, guten Gewissens als Gessius Marcianus ansprechen, der Vater des späteren Kaisers Severus Alexander. Zwanzig Zeilen, nur um die Tötung eines einzigen Mitglieds der Emesener Familie zu berichten, ist sehr lang. Wie wir in Kapitel 1 schon sahen, hatte Gessius Marcianus noch einen weiteren, älteren Sohn namens Marcus Julius Gessius Bassianus. 214 war dieser Senator und Mitglied der Priesterschaft der Arvalbrüder gewesen. Laut der Inschrift, die seine Existenz belegt, war er damals nicht in Rom. Vielleicht befand er sich schon im Osten? Von Marcus Julius Gessius Bassianus hören wir nie wieder. Mit hoher Wahrscheinlichkeit ist seine Hinrichtung in der Manuskriptlücke verschwunden.

Wo wurden Vater und Sohn getötet? Gessius Marcianus stammte aus Arca Caesarea. Aber die Emesener Familie hatte Verwandte und Besitzungen in der ganzen Provinz Syria Phoenice. Nach den Tötungen rief der Offizier den Kaiser. Und Macrinus kam nach Apameia.

Wer richtete diese Männer hin? Manchmal werden die Exekutionen dem Prätorianerpräfekten Julianus zugeschrieben und mit der Tötung der Tochter von Gessius Marcianus und ihres unbekannten Mannes verknüpft. Aber das geschah laut Cassius Dios Erzählung früher, noch vor der Belagerung von Raphaneai.[122] Als wir Julianus das letzte Mal im Text begegneten, war er auf sich gestellt und lief nach der Meuterei seiner Truppen um sein Leben. Er taucht wieder auf, als er in Apameia eintrifft, je nach Lesart ganz allein oder mit nur einem einzigen Soldaten. So oder so hatte er nicht die Mittel, Honoratioren der Region zu jagen und hinzurichten.

Wenn es in Apameia zu den Tötungen kam und sie nicht das Werk des Julianus waren, ist der erste Kandidat der Präfekt der *Legio II Parthica*. Diese Legion hatte Septimius Severus zusammen mit zwei anderen 196 n. Chr. aufgestellt. Alle drei standen unter dem Kommando von Präfekten aus dem Ritterstand. Die 1. und 3. Parthische Legion waren in der Provinz Mesopotamia stationiert. Fester Standort der *II Parthica* waren die Albaner Berge nahe Rom. Von dort konnte die Legion dazu beitragen, die Ordnung in der Stadt aufrechtzuerhalten, und gemeinsam mit den Prätorianern den Kern eines zentralen kaiserlichen Feldheeres bilden, das als strategische Reserve dienen konnte. In dieser Eigenschaft begleitete sie den Kaiser stets auf Feldzügen. Wenn diese in den Osten gingen, war Apameia das Winterquartier der Legion. Die Stadt war ihr zweites Zuhause.[123]

Als Präfekt der *II Parthica* ist häufig Publius Valerius Comazon angesprochen worden. Damit begegnen wir einer der ungewöhnlichsten Personen dieser Zeit. Als Comazon Soldat in der Provinz Thracia war (als Auxiliar, denn in Thrakien standen keine Legionen), wurde er wegen eines nicht genannten Versehens durch den Statthalter Claudius Attalus zur Flotte strafversetzt. Darunter versteht man oft, er sei dazu verurteilt worden, als Ruderklave an die Bank einer Kriegsgaleere gekettet zu werden. Völlig unbekannt waren solche Strafen zwar nicht – einem Fall sind wir in Kapitel 1 begegnet –, wohl aber extrem selten. Mit der einen oder anderen Ausnahme waren die Männer, die in der römischen Flotte dienten, Freie und keine Sklaven. Vielmehr war so eine Degradierung zu einer weniger angesehenen Truppengattung eine normale Strafe im Militär für relativ kleine Vergehen. Ein Legionär wurde zum Auxiliar degradiert, ein Auxiliar zum Marineinfanteristen. Das geschah mit Comazon.[124] Aber er hatte sein Comeback erlebt. Cassius Dio sagt, er sei Lagerpräfekt gewesen. Mit etwas Mühe könnte das heißen, dass er die *II Parthica* kommandierte. Aber Comazon war schon früh ein Beteiligter des Aufstands und erlebte unter dem neuen Regime einen schwindelerregenden Aufstieg. So eine Karriere war völlig unwahrscheinlich, wenn Comazons erste Schritte gewesen wären, für sich und seine Legion die Treue zu Macrinus zu erklären und Elagabals Onkel sowie einen seiner Cousins hinzurichten. Viel besser nehmen wir Cassius Dio wörtlich: Comazon, vormals gemeiner Soldat, war Lagerpräfekt der *II Parthica*. Die Exekutionen waren das Werk seines nicht genannten Kommandeurs. Der tat, wie es Dio sagte: „weil er es nicht wagte, in Abwesenheit von Macrinus auf eigene Verantwortung weiter vorzugehen, bat er ihn durch Boten um sein Erscheinen." (79,34,1²)

III Das Festmahl

Macrinus kam eilig zu den aus Alba entsandten Truppen in Apameia ...
  (Cassius Dio 79,34,2)

Kaiser reisten nicht allein. Wie die Ereignisse in Apameia zeigen werden, wurde Macrinus nicht von einer Armee begleitet. Aber sicher gab es eine Leibwache, mindestens fünfhundert oder tausend Prätorianer und *equites singulares* (kaiserliche Gardekavallerie), eventuell auch einige „skythische", lies, germanische Söldner. Und viele andere müs-

III Das Festmahl

sen dazugekommen sein – Sekretäre, Köche, Ärzte, Masseure und angesichts der Karriere und der intellektuellen Anwandlungen des Macrinus zweifellos auch ein paar Juristen und Philosophen ... All die Leute, die das Leben für einen Autokraten erträglich machten.[125]

Von Antiochia bis Apameia waren es etwas weniger als hundert Kilometer – drei Reisetage.[126] Wäre dies ein Roman, wäre es unterhaltsam, genaue Zeitpläne für alle Figuren zu konstruieren (ein Bote aus Apameia treibt sein strauchelndes Pferd durch die Nacht, Macrinus eiert vor dem Aufbruch noch ein, zwei Tage in Antiochia herum ...). Aber das wäre reine Spekulation. Sicher sind nur zwei Daten. Sie stecken den Zeitrahmen des Aufstands ab. Ausgerufen wurde Elagabal am 16. Mai und zur Entscheidungsschlacht kam es am 8. Juni. In nur 24 Tagen drängte sich eine Menge Geschehen zusammen.

Apameia war keine junge Garnisonsstadt wie Raphaneai und keine Siedlung vormals nomadischer Araber wie Emesa. Als Gründung des Seleukos, eines Generals Alexanders des Großen, hatte es eine stolze Geschichte, die schon ein halbes Jahrtausend zurückreichte. Die Stadt blühte mit einer Bevölkerung von über 100 000 Menschen. Kilometerlange Aquädukte versorgten ihre Bäder. Ihr Theater überblickte das grüne Tal des Orontes. An Glanz wetteiferte sie mit Antiochia – ihre säulengesäumte Hauptstraße war länger und breiter als die von Antiochia oder Palmyra.[127]

Im Herzen Apameias, gleich an der Agora, stand der Tempel des Zeus Belos. Dort sprach der Gott Orakel in Versen aus Homer oder Euripides, die nicht immer ganz akkurat zitiert waren. Als Macrinus eintraf, erhielt er einen Spruch, der ein Meisterwerk an Doppeldeutigkeit war.

Wahrlich, o Greis, hart bedrängen dich nun junge Krieger,
Deine Kraft aber hat sich aufgelöst und schwer liegt das Alter
auf dir.
   (Cass. Dio 79,40,4 = Homer, Ilias 8,102–103)

Auf den ersten Blick scheint das Orakel den Aufstand zu unterstützen. Aber falls sich Macrinus nicht an den Kontext erinnern konnte, dann sicher seine Begleiter.[128] Die Zeilen in der *Ilias* spricht Diomedes, der den betagten Nestor dazu drängt, gemeinsam mit ihm gegen Hektor zu kämpfen. Nur Zeus persönlich konnte sie aufhalten. Natürlich überlebte Nestor die Belagerung Trojas – und Hektor nicht.

Macrinus war noch nicht einmal 55. Nestor lebte drei Generationen lang, 90 oder nach anderer Rechnung 300 Jahre. Möglicherweise gab dieser Gedanke Macrinus Auftrieb, jedenfalls inszenierte er ein politisches Schauspiel. Als er den Kaiserpurpur angenommen hatte, war sein Sohn Diadumenianus zum Caesar und damit zum Thronerben ernannt worden. Jetzt in Apameia beförderte Macrinus Diadumenianus zum Augustus, zum Mitherrscher des ganzen Reiches. Die Geste sollte Stabilität schaffen, sollte beruhigen. Der Aufstand hatte keine Zukunft. Falls Macrinus fiele, würde sein Sohn an seine Stelle treten. Nur beruhigte der Schritt nicht besonders lange. Diadumenianus war erst neun Jahre alt.[129]

Für den Augenblick lieferte die Rangerhöhung von Diadumenianus den Vorwand für Macrinus, um die Gunst der Truppen in Apameia zu werben. Jedem wurde ein Donativ von 20 000 Sesterzen versprochen. Viertausend davon wurden sofort verteilt. Um sie noch besser zu stimmen, gab er ihnen jetzt die vollen Rationen und weitere Privilegien zurück, die er vorher entzogen hatte. Auch die Bürger von Apameia profitierten. Ohne Hinweis auf den Aufstand – damit es nicht als Bestechung erschien, sondern bloß als Ehrung seines Sohnes – richtete Macrinus ein prunkvolles Festmahl aus, das 600 Sesterze pro Kopf kostete.[130]

Bei diesem Preis müssen Essen und Trinken üppig gewesen sein und regionale Delikatessen eingeschlossen haben. Syrien war für seine Datteln und Pflaumen berühmt und sein Wein wurde im ganzen Imperium geschätzt.[131] Als das Fest in vollem Gang war – irgendwann zwischen den Eiern und den Äpfeln, hätte man in der Antike gesagt – trat ein Soldat mit einem schweren Paket ein, das in viele Stofflagen gehüllt und fest verschnürt war. Man stelle sich Macrinus' Entzücken vor, als der Soldat ankündigte, es enthalte den Kopf des Rebellen Elagabal. Wirklich war das Bündel mit dem Siegelring des Prätorianerpräfekten Julianus versiegelt. Alle Ängste waren verflogen. Der Aufstand war vorbei.

Es muss einige Zeit gedauert haben, all die Schnüre zu entknoten, all die Hüllen abzuwickeln. Schlug der abgetrennte Kopf dumpf auf den Boden oder hielt jemand das grausige Ding an den Haaren hoch? Das Entzücken verwandelte sich jedenfalls in Grauen. Das war nicht der Kopf eines Teenagers, sondern der eines erwachsenen Mannes. Es war der Kopf keines anderen als von Julianus.

Während das scheußliche Objekt aufgedeckt wurde, verschwand der Soldat unauffällig. Die Rebellen hatten ihn geschickt. Irgendwo, vermutlich nahe Raphaneai, hatten sie das Versteck des Julianus entdeckt. Der Prätorianerpräfekt war ins Freie gezerrt und geköpft worden.

Wie schon während der Schlacht von Nisibis verlor Macrinus die Nerven. Überstürzt floh er zurück in die vermeintliche Sicherheit seiner Hauptstreitmacht in Antiochia. Vielleicht hatte er gehofft, die *Legio II Parthica* werde loyal bleiben. Ihr Kommandeur hatte sich ja durch die Hinrichtung von Gessius Marcianus an ihn gebunden. Die Legionäre waren keine Syrer, sondern vorwiegend vom Balkan rekrutiert. Sie hingen keinem Lokalkult unter Kontrolle der Emesener Familie an.

Falls Macrinus solchen Hoffnungen nachhing, waren sie trügerisch. Sobald der Kaiser weg war, erklärte sich die *Legio II* gemeinsam mit den anderen Truppen, die in Apameia überwintert hatten, für die Rebellen. Vermutlich gab der Legionspräfekt entweder Fersengeld und folgte seinem Kaiser oder er wurde wie Julianus gejagt und getötet.

Das Kommando übernahm der Lagerpräfekt Comazon; er überwachte die Ablegung des *sacramentum*, des Soldateneides auf Elagabal, durch die Legionäre: *idem in me* (dasselbe für mich). Auch die Bürger müssen es eilig gehabt haben, ihren Enthusiasmus für das neue Regime zu zeigen. Apameia war die Heimatstadt des Sextus Varius Marcellus gewesen, des verstorbenen Vaters Elagabals. Die Bürger beschlossen für Maesa eine Statue in der Kolonnade an der Agora zu errichten.

Jetzt hatten die Rebellen zwei Legionen, aber noch immer standen die Chancen schlecht für den Aufstand.

IV Nachrichten

Und nun rüstete jede Seite gegen die andere und schickte konkurrierende Boten und Schreiben an die Provinzen und die Armeen ...
(Cassius Dio 79,34,6)

Für die Provinzstatthalter, die diese Nachrichten erhielten, war das ein Moment des Entsetzens. In einer Usurpation die falsche Seite zu wählen, endete wahrscheinlich mit der Hinrichtung. Ein Hinweis, wie tief die Angst saß und die Paranoia, die sie auslöste, war der furchtbare Verdacht, dass jeder Brief, der angeblich von einem Rebellen stammte, in Wirklichkeit ein bösartiger Loyalitätstest durch den Kaiser selbst sein konnte.[132] Für die Boten selbst konnte die Sache natürlich gar nicht gefährlicher sein. „Und so", berichtet Cassius Dio, „verloren etliche Überbringer der Briefe auf beiden Seiten ihr Leben" (79,34,7).

Ein Durchgang durch die Statthalter der östlichen Provinzen verheißt Unheilvolles für die Sache der Rebellen. Die heutige Wissenschaft bezeichnet derartige Untersuchungen als „prosopographisch". Die Prosopographie, abgeleitet vom griechischen *prosopon* für „Person", versucht versteckte Muster aufzudecken, indem sie sich Beziehungen zwischen Personen ansieht, beispielsweise gemeinsamen Dienst in politischen Ämtern oder in der Armee, Verwandtschaft und Heiratsverbindungen, dieselbe regionale Herkunft oder den Besitz benachbarter Landgüter.[133] Ihre Sternstunden hat sie in Zeiten, für die wir eine Menge Quellenmaterial über viele namentlich bekannte Personen haben – beispielsweise das letzte vorchristliche Jahrhundert, für das wir die Briefe Ciceros haben, und die ersten zwei nachchristlichen, aus denen eine Unmenge Inschriften erhalten ist. Nebenbei ist das 3. Jahrhundert prosopographisch weniger ergiebig, da die Zahl der Inschriften fällt oder, wie eine Beschreibung lautet, der ‚epigraphic habit' zurückgeht.

Am besten funktioniert die rosopographie für breit formulierte Themen über lange Zeitspannen. Sie ist gut für die *longue durée*. Ohne sie wüssten wir beispielsweise nicht, wie sich während der Kaiserzeit die Struktur einer typischen Ritterkarriere entwickelte. Und im letzten Kapitel sahen wir schon, wie sie die sich wandelnde geografische Herkunft der Senatsmitglieder beleuchtet. Umstrittener sind prosopographische Ergebnisse auf der Ebene des Kleinen und Vertrauten, etwa die Frage der Existenz politischer Machtgruppen und die mutmaßliche Ausrichtung einzelner Politiker. Ihrer ganzen Natur nach waren ‚Fraktionen' in Rom kurzlebige Gruppierungen, die sich wegen eines bestimmten Themas zusammentaten und, sobald die Frage gelöst war, wieder auseinandergingen. Außerdem neigt die Prosopographie dazu, persönliche Gefühle – Freundschaft und Liebe oder Feindschaft und Hass – an den Rand zu drängen und oft sogar völlig zu ignorieren, ganz zu schweigen von politischen Prinzipien und philosophischen Überzeugungen.

All diesen Warnhinweisen zum Trotz ist die Prosopographie für uns an dieser Stelle hilfreich. Sie kommt nicht ohne eine Menge Namen von Nebenfiguren aus – aber sie liefert Ergebnisse und zeigt uns, wie die Chancen während des Aufstands verteilt waren.

Trotz der Überlieferungslücken kennen wir eine ganze Reihe Statthalter der östlichen Provinzen im Frühsommer 218. Wie sie auf diese widersprüchlichen und zutiefst bestürzenden Nachrichten reagierten, können wir aus ihrem Schicksal nach dem Aufstand entnehmen.

Iulius Basilianus, der Präfekt Ägyptens, blieb Macrinus treu. Der Kaiser hatte ihn in sein Amt gebracht, und nach der grausigen Enthüllung von Julianus' abgeschlagenem Kopf in Apameia wurde Basilianus in den Rang eines Prätorianerpräfekten befördert. Seltsamerweise blieb er in Ägypten. Vielleicht entwickelten sich die Ereignisse zu schnell, als dass er abreisen und zu Macrinus stoßen konnte. Nach dem Aufstand ließ Elagabal Basilianus hinrichten.[134]

Ebenfalls in Ägypten hielt sich, wie wir in Kapitel 1 sahen, Marius Secundus auf, der Statthalter von Syria Phoenice. Der Ritter, den Macrinus in den Senat erhoben hatte, war ein weiterer Loyalist, der im Nachgang der Usurpation getötet wurde.[135]

Noch zwei weitere Statthalter im Osten richtete das neue Regime summarisch hin: Fabius Agrippinus aus Syria Coele und Pica Caesianus aus Arabia. Letzteren ersetzte als diensttuender Statthalter der Prokurator dieser Provinz, Gaius Furius Sabinius Aquila Timesitheus, ein Mann, vor dem noch eine große Zukunft lag.[136]

Der Statthalter von Cappadocia, Marcus Munatius Sulla Cerialis, scheint auf Zeit gespielt zu haben. Er wurde nicht getötet, sondern bloß seines Amtes enthoben. Als Privatmann kehrte er nach Rom zurück. Doch wie wir noch sehen werden, beobachtete Elagabals Regime ihn auch weiterhin misstrauisch.[137]

Nur einen östlichen Statthalter können wir finden, der vielleicht positiv auf die Boten der Rebellen reagierte. Später umging Macrinus die Stadt Nikomedia, weil er Angst vor Caecilius Aristo hatte, dem Statthalter Bithyniens.[138] Doch da war Macrinus schon auf der Flucht und befürchtete vielleicht, die Nachricht von seiner Niederlage könnte schneller als er gewesen sein. Bithynien war eine unbewaffnete Provinz ohne Legionen. Es wäre sehr mutig von Aristo gewesen, sich gleich für Elagabal zu erklären.

Nichts von all dem verhieß Gutes für Maesas Aufstand. Von all den Statthaltern im Osten, deren Antwort auf die Nachrichten wir ausmachen können, blieben vier loyal zu Macrinus, einer versuchte sich herauszuhalten und nur einer setzte *vielleicht* auf die Rebellion.

Nicht besser sah es für die Rebellen aus, wenn wir uns die Verteilung der Legionen anschauen.[139] Zwei Legionen hatten die Rebellen: *III Gallica* und *II Parthica*, die sie Secundus in Syria Phoenice und Agrippinus in Syria Coele abgewonnen hatten. Sie waren in der Unterzahl gegenüber denen, die weiter loyal zu Macrinus standen.

In Syria Coele befehligte Agrippinus noch zwei andere Legionen, *IV Scythica* und *XVI Flavia Firma*. Basilianus hatte die *II Traiana* in

Ägypten und Caesianus die *III Cyrenaica* in Arabia. Soweit wir das Zahlenverhältnis kennen – zu wem die zwei Legionen in Mesopotamia oder die beiden in Syria Palaestina (Judäa) hielten, wissen wir nicht, aber das spätere Vorgehen der Rebellen zeigt, dass sich beide Provinzen, besonders die zweite, kaum für Elagabal erklärt hatten –, stand es 2:1 gegen den Aufstand. Noch schlechter sieht es aus, wenn wir die Prätorianer hinzunehmen, die grob in doppelter Legionsstärke bei Macrinus in Antiochia waren – 3:1.

Nur ein Faktor arbeitete für Maesa und Elagabal: die Geografie. Raphaneai lag rund 150 Kilometer von Antiochia und Apameia, das auf dem Weg lag, unter hundert. Die nächste zu Macrinus loyale Legion war die *IV Scythica* in Zeugma, rund 210 Kilometer von Antiochia. Der Rest stand viel weiter weg. Wenn die Rebellen sich beeilten, die *III Gallica* aus Raphaneai zur *II Parthica* in Apameia stoßen ließen und dann in Gewaltmärschen nach Norden zogen, konnten sie Macrinus vor Antiochia zum Kampf stellen, ehe er überwältigende Mengen gegen ihre kleine Armee konzentrieren konnte.

V Der Marsch

Ein Blick auf eine Karte des antiken Syrien zeigt den kürzesten Weg von Apameia nach Antiochia für Leute, die es eilig haben. Die hier abgedruckte Karte beruht auf den Karten 67 und 68 im *Barrington Atlas of the Greek and Roman World*, der nicht nur ein unverzichtbares Arbeitsmittel ist, sondern auch ein ästhetisches Vergnügen für den Benutzer.[140]

Einmal gibt es den direkten Weg, der dem Lauf des Orontes fast genau nach Norden folgt. Er überquert den Fluss auf Brücken bei Sekeukobelos und Derkoush, schlängelt sich durch die Hügel und erreicht nach etwas über neunzig Kilometern bei einem Dorf namens Gephyra die Ebene. Von dort aus liegt Antiochia nur knapp zwanzig Kilometer westlich.

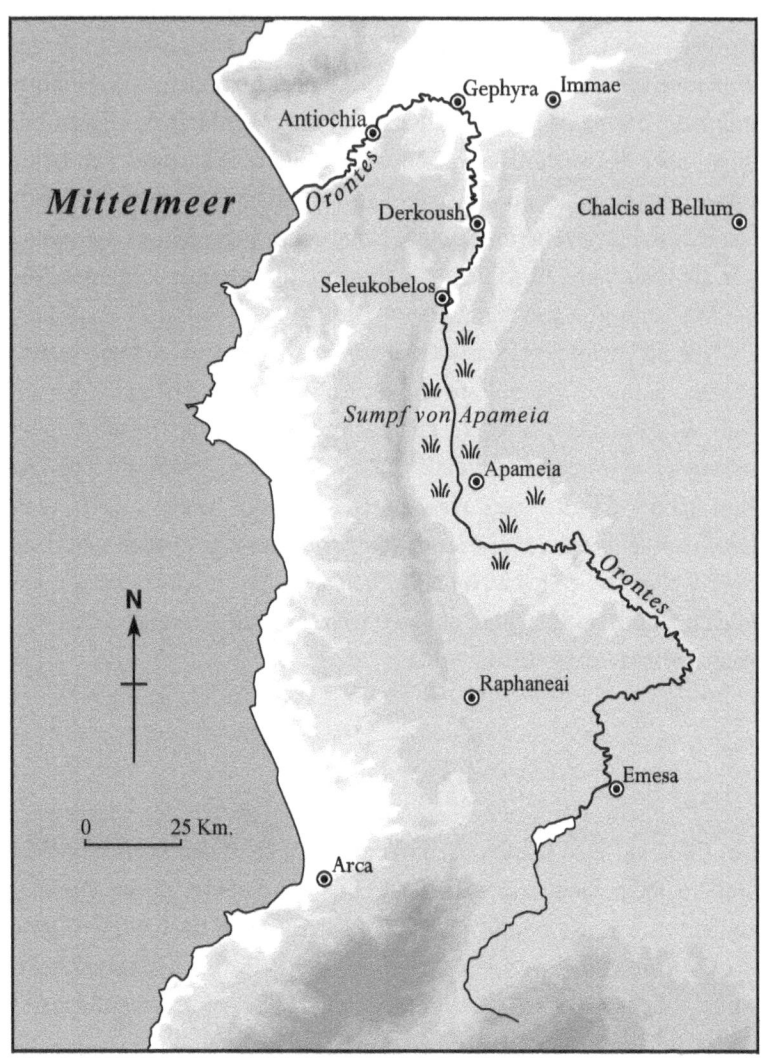

Von Apameia nach Antiochia

Aber diesen Weg nahm die Armee Maesas und Elagabals nicht. Cassius Dio sagt, die Streitmacht des Macrinus sei in einem Dorf im Gebiet von Antiochia auf sie getroffen, gut vierzig Kilometer vor der Stadt. Im letzten Jahrhundert identifizierte man es mit Immae/Immai (manchmal auch Imma, das heutige Yenisehir). Inzwischen ist dies

V Der Marsch

bestätigt worden, als in Apameia der Grabstein des Atinius Ianuarius entdeckt wurde, eines Soldaten der *II Parthica*, der im Kampf bei Immae fiel.[141] Um dorthin zu kommen, nahmen die Rebellen von Apameia aus die Straße nach Nordosten, die durch die Kleinstadt Chalkis am Bellos lief, dann einen Bogen durch das Kalksteinmassiv der Kynegike beschrieb und durch den Engpass vor Immae zog. Insgesamt waren es rund 140 Kilometer von Apameia nach Immae und von dort noch einmal knapp 40 nach Antiochia. Die Zeit arbeitete gegen die Rebellen, also muss es für diesen Umweg Gründe gegeben haben.

Den ersten Grund zeigt die Karte. Entlang des kürzeren Weges am Orontes deuten kleine blaugrüne Grasbüschel Sumpfgebiet an. Es hatte einen Namen: „Sumpf (*limne*) von Apameia". Flüsse waren in der Antike nicht kanalisiert und hatten breite Schwemmlandebenen. Anfang Juni stand der Orontes wohl noch hoch, weil das Schmelzwasser des Frühjahrs von den Hügeln ablief. Der Durchzug einer Armee – Tausende Schuhe, Hufe und Wagenräder – hätte die Straße in einen Morast verwandelt.

Ein Überflug des Weges mit *Google Earth* lässt einen zweiten Grund entdecken. Auf dem Weg nach Norden sind an der engsten Stelle zwischen den beiden Steilwänden nur etwas mehr als anderthalb Kilometer Platz für Straße, Fluss und Sumpf. Die Rebellen mussten Macrinus zur Entscheidungsschlacht zwingen. Eine Blockadestreitmacht konnte sie hier monatelang aufhalten, während Verstärkungen den Kaiser erreichten.

Das Beste ist immer eine Autopsie – im Sinn von „hingehen und es sich selbst ansehen". Am zweitbesten ist es, den *Barrington Atlas* und *Google Earth* (samt den dort geposteten Touristenfotos) in Zusammenschau zu betrachten. Manchmal ist die Autopsie nicht möglich. Während dieses Buch entstand (im Herbst 2020), war eine Reise nach Syrien wegen COVID-19 ausgeschlossen und die Marschwege, um die es hier geht, führen auf beiden Seiten an Idlib vorbei, der letzten Rebellenhochburg im syrischen Bürgerkrieg.

Elagabals Armee stellte sich im Pass zum Kampf auf. Häufig wird die Fähigkeit römischer Armeen bezweifelt, Nachrichten zu sammeln.

Im Bürgerkrieg gelang das beiden Seiten durchaus.[142] Laut Cassius Dio rückten die Rebellen rasch vor. Dennoch wurde Macrinus berichtet, dass und auf welchem Weg sie sich näherten – und zwar schnell genug, damit er sie, wenn auch mit Müh und Not, einen langen Tagesmarsch vor Antiochia abfangen konnte. Ebenso waren Elagabals Männer zeitig genug über das Anrücken des Kaisers vorgewarnt, um eilig eine Defensivstellung im Pass zu beziehen.

Mehrere heutige Darstellungen behaupten, bei Immae habe Elagabal die größere Streitmacht gehabt.[143] Das passt schlecht zu ihrer Aufstellung. Die Rebellenarmee ging so in Schlachtordnung, dass ihre Flügel durch den Pass geschützt waren, um nicht in der Ebene überflügelt zu werden. Normalerweise ist es die Armee in Unterzahl, die eine Umfassung ihrer Flügel befürchtet.

An schweren Kampftruppen waren beide Seiten etwa gleich stark: zwei Legionen gegen die Prätorianer, was in Feldzugsstärke wohl je ungefähr 8000 Mann waren. Aber Herodian stellt die Leistung der Prätorianer in der Schlacht der „großen Masse" von Macrinus' Truppen gegenüber (5,4,8) und Cassius Dio vermerkt, dass außer der *II Parthica* auch „die anderen Truppen, die rund um Apameia überwinterten, zu Elagabal übergegangen waren (79,34,5). Diese „anderen Truppen" auf beiden Seiten waren Auxiliarverbände und Detachements aus in Europa stationierten Legionen.

Die Legionen waren schwere Infanterie, ausgelegt für den Nahkampf in der Schlacht. Die Auxiliare waren ‚Kräftemultiplikatoren', die die Armee um taktische Fähigkeiten erweiterten. Sie stellten leichte Truppen, Einheiten mit Geschossen und Kavallerie, konnten aber auch in der Schlachtordnung stehen.[144] Entweder waren es reguläre Verbände oder Ad-hoc-Verbündete und Söldner aus den Stämmen an den Grenzen und jenseits davon. Die Mauren, die bei Raphaneai von Julianus zu Elagabal überliefen, zählten zu diesen Stammesaufgeboten. Grob gesagt nimmt man an, dass es im Imperium ebenso viele Auxiliarsoldaten wie Legionäre gab.

Anfang des 20. Jahrhunderts machte sich ein Oxforder Gelehrter, G. L. Cheesman, an die Mammutaufgabe, alles damals bekannte Material über Ursprung und Standorte aller Auxiliarverbände zu sammeln und zu kategorisieren.[145] Die spätere Forschung hat viele seiner Befunde ergänzt und korrigiert, aber Cheesmans Gesamtbild bleibt weiterhin gültig, und hier geht es uns nicht um exakte Zahlen, sondern nur um eine Größenordnung. Laut Cheesman waren zu verschiedenen Zeiten insgesamt 29 Auxiliareinheiten in Syrien stationiert; ihre normale Stärke in der Provinz schätzte er auf 16 500 Mann. Wahrscheinlich standen auf beiden Seiten in Immae ebenso viele Auxiliare wie Legionäre.

Drei wichtige Heeresgruppen gab es im Römischen Reich: am Rhein, an der Donau und im Osten. Da es keine nennenswerte strategische Reserve gab, musste man, sooft es an einer Grenze einen großen Feldzug gab, Truppen von den beiden anderen abziehen. Während Auxiliareinheiten vollständig entsandt wurden, stellten die Legionen nur Teile ab. Diese Detachements von üblicherweise 500 oder 1000 Mann wurden oft zu mehreren zusammengefasst und hießen *vexillationes* (von *vexillum* als Bezeichnung für eine Standarte).[146] Abgesehen von der höchst untypischen Grenzstadt Dura-Europos ist die Garnisonsstadt, die uns im Osten am besten bekannt ist, ausgerechnet Apameia. Die zahlreichen Inschriften, vor allem Grabsteine, belegen Vexillationen aus fünf Legionen sowie zwei Auxiliareinheiten und eine der Stadtkohorten aus Rom. Die hartnäckige moderne Behauptung, Elagabal habe bei Immae mehr Truppen als Macrinus gehabt, scheint auf einem Missverständnis dieser Vexillationen in Apameia zu beruhen: Die Inschriften, die nur selten genau datiert sind, betreffen alle Einheiten, die unseres Wissens dort *jemals* stationiert waren, aber im Frühjahr 218 waren sie nicht *alle* dort.[147]

Die strategische Gesamtlage legt nahe, dass Macrinus bei Immae mehr Vexillationen hatte als die Rebellen. Da sich die Friedensverhandlungen mit den Parthern in den Winter 217/18 hinzogen, musste die Expeditionsarmee im Osten bleiben. Wären die Gespräche gescheitert, hätte der Krieg in Mesopotamien neu begonnen. Sollte im Frühling ein Abkommen geschlossen werden, würden die europäischen Truppen den langen Rückmarsch antreten. In beiden Fällen war es sinnvoller, die Vexillationen in Nordsyrien, der Provinz Syria Coele, überwintern zu lassen statt in Südsyrien, also Syria Phoenice. In Syria Coele standen sie näher am potenziellen Kriegsschauplatz, aber auch an den Straßen durch Kilikien, auf denen ihre Reise nach Europa beginnen würde. Außerdem konnte man sie in Syria Coele mit Nachschub aus Depots versorgen, die in den Mittelmeerhäfen Seleukeia Pieria und Katabalos lagen.

Die wahrscheinlich unterlegenen Rebellen bereiteten sich vor, dem Feind entgegenzutreten.

Während der Schlacht nun besetzte Gannys eilig als Erster den Engpass und stellte seine Soldaten in guter Ordnung auf, obwohl er im Militärischen völlig unerfahren war und ein Luxusleben geführt hatte.
(Cassius Dio 79,38,3)

Moment mal. Wer ist denn Gannys? Von ihm hat Cassius Dio vorher nie gesprochen. Sein plötzliches, unerwartetes Erscheinen als Militärchef der Rebellen im Text hat alle mögliche Verwirrung gestiftet. Zwei viel spätere antike Autoren meinten, Gannys sei eigentlich ein anderer Name für den Lagerpräfekten Comazon gewesen. Einige heutige Forscher sind ihnen darin gefolgt. Diese Idee können wir gleich verwerfen. Man kann sich schwer vorstellen, wie die lange, durchwachsene Armeekarriere von Comazon, die Dio vorher geschildert hat, sich mit einem Luxusleben und kompletter militärischer Ahnungslosigkeit gleichsetzen ließe. In einem späteren Abschnitt bei Dio treten Gannys und Comazon als zwei verschiedene Personen auf.[148]

In manchen populär- und fachwissenschaftlichen Texten ist Gannys eine völlig neue Person, die mit niemandem gleichzusetzen ist, von dem wir wissen.[149] Dort wird angenommen, seine Vorstellung falle in eine der Lücken im Text Cassius Dios. Aber folgendermaßen beschreibt Dio Gannys später: *der Mann, der den Aufstand arrangiert hatte, der ihn* (Elagabal) *ins Lager gebracht, die Soldaten zum Überlaufen gebracht, der ihm den Sieg über Macrinus verschafft hatte ...*

Allerdings lebte er in ziemlichem Luxus ... (80,6,1) Die drei ersten Punkte rechnet Dio vorher Eutychianus an, dem Freigelassenen Maesas. In seinen letzten beiden Büchern verwendet er sehr gern Spitznamen: Caracalla ist Tarautas, Elagabal ist der Pseudoantoninus alias Sardanapalos alias Tiberinus und so weiter. „Gannys" ist vermutlich entweder von *ganān* (leuchten, fröhlich sein) oder von *ganesthai* (entzückt sein) abgeleitet. *Gannys* ist der Spitzname für Eutychianus und hat etwas leicht Verniedlichendes, so wie *Goldjunge* oder *Sonnenschein*.[150]

Das alles wirft die Frage auf, wieso die Rebellen in diesem verzweifelten Moment das Kommando über ihre Armee in die Hände von Eutychianus/Gannys legten. Dieser *Sonnenschein*, ein junger Freigelassener, „der den Leuten bei Vergnügungen und Sportübungen gefallen hatte" (Cass. Dio 79,31,1), war wohl niemand, der sich dafür anbot. Aber wen gab es denn sonst? Soweit wir wissen, nicht einen einzigen Senator. Dafür drei alte Frauen, zwei Kinder, die beiden vormals einfachen Soldaten Comazon und Verus, ein paar weitere Freigelassene und eine Handvoll Ratsmitglieder aus Städten. Eutychianus (bleiben wir bei diesem Namen) hatte bei Raphaneai zumindest Initiative gezeigt. Er hatte zwar vielleicht keine militärische Erfahrung, aber dafür – und das entschied die Sache wahrscheinlich aus Maesas Sicht – war er loyal.

VI Die Schlacht

Am 8. Juni ging in Syrien um 5.19 Uhr die Sonne auf.[151] Die Legionäre der *III Gallica* begrüßten den aufgestiegenen Gott. Elagabal brachte als Priester seines gleichnamigen Gottes Trank- und Schlachtopfer dar. In der extremen Anspannung vor einer Schlacht sind Rituale wichtig. Die religiösen Zeremonien stärkten vielleicht die Moral der Rebellen.

Es würde ein heißer Tag werden. Im Juni lag die Durchschnittstemperatur um die 24 °C und konnte auf ein Maximum von rund 32°

steigen – furchtbar heiß für Männer in Rüstungen mit Helmen auf dem Kopf, mit der Last von Schilden und Waffen und unter dem Druck der Angst. Um es den Prätorianern leichter zu machen, hatte Macrinus sie die schweren Schilde, die sie sonst trugen, und die Schuppenpanzer für den Oberkörper ablegen lassen.[152] Selbst ohne sie musste es ein Tag der Erschöpfung werden. Vierzehneinhalb Stunden waren es bis zur potenziellen Sicherheit der Nacht. So lange musste man erst einmal überleben.

Ein modernes Schlachtfeld ist oft gespenstisch leer, entsprechend der Weisheit: „Was du siehst, kannst du auch umbringen". Im Vergleich dazu war ein antikes Schlachtfeld vollgepackt: breite Rechtecke aus Infanterie und Kavallerie, dichtgedrängt, mehrere Reihen tief. Die Einheitlichkeit der römischen Truppen sollten wir uns nicht zu hoch vorstellen. Das 3. Jahrhundert war eine Zeit des Übergangs.[153] Die Legionärsausrüstung, die wir alle kennen – die rechteckigen Schilde und der Körperpanzer aus Metallbändern, die *lorica segmentata*, die die Trajanssäule berühmt gemacht hat – wurde allmählich durch ovale Schilde und Kettenpanzer abgelöst. Die Ausrüstung jedes einzelnen Soldaten wurde erst dann ersetzt, wenn sie abgenutzt war. Bei Immae machten wohl beide Seiten einen leicht chaotischen Eindruck. Durch die Feldzeichen und die auf die Schilde gemalten Abzeichen konnte man die Einheiten auf der Gegenseite erkennen. Beide Armeen stellten sich wohl außerhalb der wirksamen Bogenschussweite auf, vielleicht in nicht mehr als ein paar hundert Metern Abstand – auf jeden Fall nahe genug, um in der feindlichen Linie Personen zu erkennen. Antike Schlachten waren etwas furchtbar Persönliches.

Von Macrinus als Kaiser erwartete man, dass er seine eigene Armee kommandierte. Der einzige hochrangige Offizier an seiner Seite, von dem wir sicher wissen, war Julianus Nestor, der überlebende der ursprünglich zwei Prätorianerpräfekten.[154] Vermutlich waren die Brüder Nemesianus und Apollinaris, die Tribunen der Prätorianer, die in Caracallas Ermordung verstrickt waren, bei ihren Männern. Die Rebellentruppen führte, wie wir schon sahen, der Freigelassene/Erzieher Eutychianus. Ihre zwei Legionen wurden wohl von den aufgestiegenen Soldaten Comazon und Verus befehligt. Die Frauen des Kaiserhauses – Maesa, Soaemias und vermutlich auch Mamaea – warteten in Wagen weiter hinten.[155] Vermutlich waren Elagabal und sein junger Cousin bei ihnen.

Die Rolle eines Feldherrn ist keine überzeitliche Konstante, ist nicht in allen Zeiten und Gesellschaften dieselbe. Was Generäle in der Schlacht tun und was von ihnen erwartet wird, ist ein Produkt ihrer Kultur. Antikes Feldherrnhandwerk lässt sich in drei Kategorien analysieren: der ‚physischen' mit dem eigentlichen Kämpfen, der ‚praktischen', wie man die Truppen aufstellte und taktische Befehle gab, und der ‚symbolischen' – vorbereiteten Reden und Ansprachen aus dem Stegreif sowie eine Reihe nonverbaler Gesten zur Verbesserung der Kampfmoral, etwa ein Feldzeichen aufzuheben oder sein Pferd wegführen zu lassen.[156]

Verschiedene Kulturen der klassischen Antike betonten diese verschiedenen Kategorien unterschiedlich stark. Im Unterschied zu den Makedonen Alexanders des Großen hatten die Römer das Physische fast ausgeblendet. Der Kampf Mann gegen Mann war nur das letzte Mittel. Wenn alles verloren war, konnte ein römischer Anführer einen ehrenhaften Tod in der Schlacht suchen oder sich ins eigene Schwert stürzen. Von einem General Roms wurde erwartet, dass er hinter den Linien blieb und modern gesprochen als ‚Gefechtsmanager' fungierte. Doch wenn er erst seine Schlachtreihe aufgestellt hatte, war es, sobald der Kampf begonnen hatte, schwierig, neue Befehle auch umgesetzt zu bekommen. Häufig entglitt die Schlacht der taktischen Kontrolle. Entsprechend legten die Römer ein hohes Gewicht auf die Symbolhandlungen eines Generals. Und Symbolhandlungen waren, wie wir sehen werden, der alles entscheidende Faktor bei Immae.

Schlachtbeschreibungen waren ein Kernelement der griechischen und römischen Geschichtsschreibung. Herodot erfand die Geschichte im 5. Jahrhundert v. Chr., indem er über die Perserkriege schrieb. Das Herz seiner Erzählung bildeten große Schlachten mit Lehrbuchcharakter wie Salamis und Plataiai. Eine Generation später erfand Thukydides die Geschichte neu. Jetzt war Schluss mit Geografie und

Ethnografie, mit Göttern und Frauen. Die Geschichte wurde zusammengestrichen auf Männer, die Politik machten und Kriege führten. Also durften die Schlachten bleiben, teils ausführlich eingeleitet wie die bei Amphipolis und Mantineia. Damit waren für den Rest der Antike die Regeln des Genres unter Historikern festgeschrieben: Jeder, der Geschichte schrieb, musste eine richtige Schlacht einbauen.

„Ebenso gut könnte man die Geschichte eines Ballabends schreiben wollen wie die einer Schlacht", kommentierte der Herzog von Wellington einen Versuch, Waterloo nachzuerzählen. Schlachten sind groß, chaotisch und angsteinflößend. Sie verwirren restlos. Jeder Teilnehmer oder Beobachter erlebt sie anders. Schlachtbeschreibungen zu verfassen ist notorisch schwierig.[157] Durch wessen Augen soll man an welchem Punkt auf die Handlung blicken? Was gehört mit hinein, was nicht? Wie bringt man die Geschichte in eine dramatische Form und macht das Ganze für die Leser verständlich?

Unsere beiden zeitgenössischen Historiker Cassius Dio und Herodian bieten jeweils Beschreibungen von Immae.[158] Keiner war ein Augenzeuge. Dio war in Rom. Wir haben keine Ahnung, wo sich Herodian am 8. Juli aufhielt, aber auf dem Schlachtfeld war er jedenfalls nicht, denn er verlegt es irrtümlich an die Grenze zwischen den Provinzen Coele und Phoenice, also südlich von Apameia. Die Berichte weichen voneinander ab, stimmen aber in dem Faktor überein, der die Schlacht entschied.

Wie Herodian es erzählt: Elagabals Truppen wehrten sich heftig, denn sie fürchteten eine Bestrafung, wenn sie geschlagen würden. Macrinus' Armee wiederum ging mit wenig Eifer in den Kampf und lief zu den Rebellen über. Als er das sah, legte Macrinus gegen Abend seinen Kaisermantel und die übrigen Insignien ab und floh. Schon scheint die Geschichte abgeschlossen, da erwacht sie nach einem kurzen Vorausblick ruckartig wieder zum Leben. Nach Macrinus' Flucht ging die Schlacht weiter. Die Prätorianer schlugen sich hervorragend, doch die Masse (das *plēthos*) der Soldaten wechselte auf Elagabals Seite. Nach einer Weile wurden die Prätorianer, die weder Macrinus noch die kaiserlichen Feldzeichen sehen konnten, unsicher, ob der

Kaiser unter den Toten oder weggelaufen war. Sie standen vor einem bohrenden moralischen Dilemma – für jemanden kämpfen, der gar nicht da war, wollten sie nicht, schämten sich aber zu kapitulieren. Als Elagabal von den Deserteuren hörte, dass Macrinus fort war, schickte er Herolde zu den Prätorianern, die ihnen die Wahrheit sagten und eine Begnadigung sowie den Eintritt in seine Garde anboten. Schließlich wechselten die Prätorianer zu den Rebellen.

Wie Cassius Dio es erzählt: Der Nichtmilitär Eutychianus stellte seine Truppen in einer guten Schlachtordnung auf. Die *Týchē* (das Schicksal) schenkt den Unwissenden Einsicht, bemerkt Dio spitz. Trotz ihrer exzellenten Aufstellung schlugen sich die Rebellen sehr schlecht. Sie hätten nie standgehalten, wären Maesa und Soaemias nicht aus ihren Wagen gesprungen, unter die fliehenden Männer geeilt und hätten sie durch ihre Wehklagen zum Stehen gebracht. Gleichzeitig sahen die Soldaten den jungen Elagabal zu Pferde vorpreschen und ein Schwert schwingen, dasselbe Schwert, das er bei seiner Ausrufung getragen hatte – anscheinend von einem Gott besessen, so als ob er gleich den Feind attackieren wollte. Die Worte *als ob* in der Übersetzung könnten hier wichtig sein. „Und auch so hätten sie wohl wieder der Schlacht den Rücken gekehrt, wäre Macrinus nicht geflohen, als er sah, dass sie Widerstand leisteten." (79,38,4) Schon vorher hatte Dio, als er Vorzeichen für den Sturz des Kaisers aufzählte, den Kommentar gegeben, dass der Eifer der Prätorianer gesiegt hätte, wäre Macrinus nicht von der eigenen Feigheit geschlagen worden.

Welcher Geschichte sollen wir folgen? Insgesamt ist Cassius Dio der Historiker mit den besseren Informationen. An dieser Stelle hat er nachweislich Recht, was den Ort der Schlacht angeht; das zeigt der Grabstein des Atinius Ianuarius, eines Soldaten der *Legio II Parthica*, der in den Kämpfen bei Immae fiel.[159] Dios Geschichte hat den Vorteil, stimmig und relativ klar zu sein. An der zweiten Hälfte von Herodians Geschichte ist etwas faul – die Schlacht ist vorbei, nein, halt, doch nicht! Wie kommt es, dass die Deserteure von Macrinus' Flucht wissen, die Prätorianer aber nicht? Warum scheint das Gros der Soldaten gleich zweimal zu den Rebellen überzugehen? Sicher, die Staubwolken, die Tausende Füße aufwirbelten, konnten auf antiken Schlachtfeldern die Sichtweite einschränken. Sicher, die Prätorianer kapitulierten wohl nicht im selben Augenblick, als Macrinus floh. Aber die Szene ist hochkonstruiert und dramatisch: Von allen im Stich gelassen kämpfen die Prätorianer allein in der Dämmerung weiter. Das liest sich wie ein Stück aus einem Roman, und in Kapitel 5 werden wir sehen, dass Herodian dazu neigte, wie der Autor eines modernen Geschichtsromans Episoden einfach zu erfinden. Diese hier steckt nicht nur voll Drama, sondern auch voller Ironie. Bei Herodian sind Soldaten, vor allem Prätorianer, normalerweise die Bösen. Hier aber sind sie tapfer und treu und besser als Macrinus, den sie zu schützen geschworen haben. Herodian hatte Cassius Dio gelesen. Möglich ist, dass er sich dessen beiläufige Bemerkung über den Eifer der Prätorianer herauspickte und zu einer ausgefeilten Szene erweiterte.

Ob wir nun eine von beiden Geschichten wählen oder beide raffiniert zu kombinieren suchen, den Kern der Handlung bilden symbolische Gesten: die Emesener Frauen, die aus ihren Wagen springen, der schwertschwingende Elagabal (Cassius Dio), Macrinus beim Abschütteln des Kaisermantels (Herodian). Sie beschleunigen das, worin beide Autoren den Wendepunkt sehen: die Flucht des Macrinus. Wie damals, als er bei Nisibis den Parthern gegenübergestanden hatte, wie damals, als er sich in Apameia dem abgeschlagenen Kopf des Julianus gegenübersah, verlor Macrinus die Nerven und gab Fersengeld. In Cassius Dios Augen musste man so ein Verhalten von einem Mauren erwarten.

VII Nach Antiochia

Als die Gruppe um den Kaiser das Schlachtfeld verließ, teilte sie sich auf. Macrinus vertraute die Sicherheit seines Sohnes Diadumenianus dem einfallsreichen kaiserlichen Freigelassenen Epagathus an, der schon Caracalla gedient hatte.[160] Durch die zunehmende Dunkelheit eilte der Kaiser weiter, um die gut 38 Kilometer bis Antiochia zurückzulegen. Bei seiner Ankunft – vermutlich waren die Tore geschlossen – verschaffte sich Macrinus mit der Behauptung Einlass, er sei siegreich gewesen. Viel Zeit gewann er durch die Lüge aber nicht. Als sich im Lauf der Nacht die Nachricht von seiner Niederlage herumsprach, folgte ein Gemetzel. „Viele wurden erschlagen", berichtet uns Cassius Dio, „auf den Straßen wie in der Stadt, weil sie eher zu der einen oder anderen Seite geneigt hatten" (79,39,2).

In tiefster Nacht traf Macrinus, getrieben durch das Töten, eine schicksalhafte Entscheidung. Er ließ sich kahlrasieren. Auch sein krauser Philosophenbart musste weg. So viel zu seiner Marc-Aurel-Imitation.[161] Dann legte Macrinus entweder die Kleidung eines einfachen Reisenden an (Herodian) oder warf ein dunkles Gewand über seine Kleider aus kaiserlichem Purpur (Dio) – wahrscheinlich Letzteres; wie wir in Kapitel 5 noch sehen werden, war die römische Elite höchst ungeschickt darin, sich als jemand aus den niederen Schichten auszugeben. Verkleidet und nur in Begleitung einer Handvoll vertrauenswürdiger Zenturionen bestieg Macrinus entweder ein Pferd (Dio) oder ließ einen Wagen kommen (Herodian).

Viele wurden erschlagen. Das normale Gewaltniveau in römischen Städten ist kaum richtig einzuschätzen, wenn man das Glück hat, in einer vergleichsweise sicheren Stadt der Moderne wie Oxford zu wohnen. Dass *stasis* (gewaltsame Unruhen) an der Tagesordnung war, zeigen die vielen erhaltenen Schriften von Philosophen, die das Gegenteil davon loben und empfehlen, die *homonoia* (friedliche Eintracht, wörtlich „Eines-Sinnes-Sein"). Selbst unter der *Pax Romana* – die stets eher Ideal oder Absichtserklärung als Wirklichkeit war – konnten uralte Rivalitäten zwischen Städten zu massenhafter Gewalt führen, auch wenn man es nicht zum ausgewachsenen Krieg kommen ließ. Im Inneren durchzogen Bruchlinien die Städte: Reiche gegen Arme, bittere Rivalitäten innerhalb der Elite und die Armen, die sich auf andere Arme stürzten. Zwar besaßen viele Städte im griechischen Osten – von ihnen wissen wir mehr als von anderen – öffentliche ‚Polizeikräfte', aber Selbsthilfe war das Gebot der Stunde. Wenn man dazu erzogen wurde, die „männertötenden Hände" Achills in der *Ilias* zu bewundern, und über ein Äquivalent zum jüdisch-christlichen „Du sollst nicht töten" nicht verfügte, konnte diese Selbsthilfe im Handumdrehen mehr als gewalttätig werden. Menschen wurden erstochen, totgeprügelt und gesteinigt oder bei lebendigem Leib verbrannt.[162]

Außer der *stasis* in Antiochia berichtet uns Cassius Dio von einem Gewaltausbruch, als die Nachricht von Macrinus' Niederlage Alexandria erreichte: „viele vom einfachen Volk und nicht wenige Soldaten kamen um" (79,35,2). Es gab noch weitere Vorfälle, die Dio wegließ, „denn sie sind sich alle völlig ähnlich, und was es dazu an Details gibt, ist nichts Besonderes" (79,34,8). Das erinnert uns daran, dass römische Bürgerkriege nicht nur die Soldaten in Mitleidenschaft zogen, die sie auskämpften, und jene Zivilisten, die das Pech hatten, ihnen in die Quere zu kommen. Die Gewalt schlug im ganzen Imperium Wellen. Egal wo man war, ein Regimewechsel war der perfekte Vorwand, um alte Rechnungen zu begleichen.

Elagabals Truppen lagerten auf dem Schauplatz ihres Erfolgs. Ein Schlachtfeld in der Nacht nach dem Kampf war ein schauriger, beängstigender Ort – übersät mit Haufen aus toten Menschen und Pferden, widerhallend vom Stöhnen und Schreien der Verwundeten und erfüllt von den unheimlichen Geräuschen vierbeiniger und geflügelter Aasfresser.[163] Da dies ein Bürgerkrieg war und die Verlierer sich den Siegern angeschlossen hatten, hätten die Überlebenden eigentlich alle Verletzten einsammeln müssen. Aber sie waren sicher nicht allein. Ein Schlachtfeld der Antike, egal wie abgelegen, zog menschliche Aasgeier an, die eifrig die Toten plünderten und auszogen, oft aber auch bereit waren, den hilflosen Verwundeten den Rest zu geben. Es hieß, dass es noch schlimmere Leute auf eine Walstatt zog. Leichenteile waren Zutaten für schwarze Magie – am wirksamsten waren die, die man von Unbestatteten losgerissen hatte, die eines gewaltsamen Todes gestorben waren. Schlachtfelder waren eine ergiebige Quelle für Hexereibedarf; sie waren der Schauplatz von Totenbeschwörungen. Man konnte die Gefallenen zwingen, die Zukunft vorherzusagen. Während die Schatten der längst Verstorbenen bloß wie Fledermäuse quiekten und Unverständliches stammelten, sprachen die frisch Niedergemetzelten mit klarer Stimme. Die Zauberformeln von Hexen klangen laut dem Dichter Lukan wie „Hundegebell und Wolfsgeheul, der Warnruf der Eule, das nächtliche Stöhnen des Käuzchens, das Kreischen und Wehklagen wilder Tiere" (*Pharsalia* 6,888–890). Leicht konnte man die Geräusche nachtaktiver Raubtiere für Beweise halten, dass da draußen im Dunkeln unheilige Zauber gewirkt wurden. Als Priester seines Heimatgottes war Elagabal aufs Übernatürliche eingestimmt. Als Kaiser sollte man ihm vorwerfen, sich mit Magie, ja sogar Nekromantie abzugeben. Vielleicht reizte eine Nacht auf dem Schlachtfeld von Immae sein Interesse an der schwarzen Kunst.

Am Morgen des 9. Juni begann Elagabals Armee einen weiten Tagesmarsch nach Antiochia. Der junge Kaiser und seine Berater hatten ein ernstes Problem, nämlich wie sie ihre Truppen vom Plündern der Stadt abhalten sollten. Das war, sagt uns Cassius Dio, etwas, das die Truppen „sehr gern tun wollten" (80,1,1). Römische Soldaten, die Zivilisten jederzeit verachteten und zu beiläufigen Gewaltakten gegen sie neigten, hatten keinerlei Skrupel, wenn sich die Chance bot, in einer Stadt, die die falsche Seite in einem Bürgerkrieg unterstützt hatte, plündern, vergewaltigen und töten zu können. Egal, dass die halbe Armee ebenfalls Macrinus unterstützt hatte. Es half Antiochia auch nicht, dass dort weder die Prätorianer noch die *III Gallica* und die *II Parthica* ihr Stammquartier hatten, also auch keine Verwandten und Angehörigen in der Stadt. Es würde gefährlich sein, sie zügeln zu wollen. Unter ähnlichen Umständen wurde später im Jahr 268 Kaiser Postumus von seinen eigenen Männern gelyncht, als er die Plünderung von Mogontiacum verhindern wollte. In Antiochia bestand die Lösung darin, jedem Soldaten 2000 Sesterze zu versprechen.[164] Einen Teil des Geldes trieb man später von der Stadtbevölkerung ein. Da wir die Größe der Armee nicht kennen, wissen wir auch nicht, um wie viel Geld es ging – aber es war jedenfalls eine große Summe. Vielleicht nahmen die Antiochener die Erpressung leicht, wenn sie an die Alternative dachten.

Gegen Ende des Tages erreichten die Rebellen Antiochia. Sie zogen wohl durch das Osttor ein, schritten die breite Säulenallee entlang, wandten sich am Omphalos, dem Nabel der Stadt, nach rechts und schlugen die Straße ein, die zu einer Brücke auf die Insel im Orontes führte, wo der Kaiserpalast stand. Antiochia war eine der drei größten Städte in der Osthälfte des Imperiums.[165] Jetzt war es in Elagabals Besitz. Doch der Aufstand war noch nicht zu Ende. Einen Sieg konnte es nicht geben, ehe Macrinus tot war. Und Macrinus war verschwunden.

KAPITEL 4

Identitäten und Rassismus

Als Elagabal in Antiochia einzog, hatte er bisher nichts falsch gemacht. Im Gegenteil, seine Rede in Raphaneai und sein Schwertschwingen in der Schlacht bei Immae waren vorbildlich. Aber was sie verhießen, war nur Illusion. Zum Fehlermachen war wenig Zeit gewesen; es war noch keine vier Wochen her, dass ihn die Soldaten der *III Gallica* ausgerufen hatten. Aber bis zum folgenden Winter in Nikomedia hatte sich alles geändert. Der Jugendliche aus Syria Phoenice war auf dem besten Weg, verhasst zu werden. Spielte seine Herkunft eine Rolle? Wurde er verabscheut, *weil* er Syrer oder Phönizier war? Womit sich die weitaus größere und umstrittene Frage stellt: Waren die Römer Rassisten?

I Antiker Rassismus?

In der Forschung des 19. und frühen 20. Jahrhunderts spielte die Herkunft, aber auch der Begriff „Rasse" eine Riesenrolle.[166] Im Fall der Dynastie aus Emesa las sich das folgendermaßen. Elagabal und die Frauen in seiner Familie, besonders Domna und Maesa, standen für eine Flut des Orientalismus, die nach Rom einströmte. Mit sich brachten sie östliche Religion und Aberglauben, Luxus und Laster, Grausamkeit und Despotie. Das verseuchte alles: Politik und Moral, Philosophie und Kunst. Die Familie war eine schäbige Etappe im Niedergang des Römischen Reichs: von der männlich-offenen Republik mit Basis im Westen (753–31 v. Chr.) über den Prinzipat (31 v. Chr.–284 n. Chr.) – immer noch westlich, aber nicht mehr so frei – bis zur servilen Dekadenz, die als Dominat ihren schlurfenden Marsch Richtung Osten angetreten hatte (und später nach Roms Untergang in Byzanz ankam: von 284–1453).

Der Zweite Weltkrieg, eigentlich aber die Schrecken des Holocaust, entzog der Vorstellung von Volks- und Rassencharakteristika die Grundlage. Die Altertumswissenschaft begann Fragen der Herkunft an den Rand zu drängen. Manchmal reduzieren sie sich auf bloße Ortsangaben in den endlosen Listen der Prosopographie: Die Kaiser hätten eben nur Leute aus der gleichen Provinz ein bisschen gefördert. Oft sei die Herkunft ganz und gar verschwunden.[167] Maesa und ihre Verwandten werden einfach zu einer normalen griechisch-römischen Elitefamilie (was immer das heißen mag). Diejenigen, die das Thema Rassismus überhaupt ansprechen, wählen lieber das schwächere „Protorassismus" oder „ethnische Vorurteile".[168] Da das 21. Jahrhundert hier hellhöriger und empfindlicher geworden ist, hat sich das Thema in ein Minenfeld verwandelt. Ein Forscher, dem ein Rezensent oder Gutachter unterstellt, dass er *womöglich* die – ganz offensichtlich wahre – These *vor Augen hat* (aber nicht *vertritt*), dass es verschiedene Abstufungen von Rassismus gibt (also vielleicht auch früher gab), erntet Kritik, weil „das genau die Art Argument ist, wie sie viele Rassisten verwenden".[169]

Das Problem, den römischen Rassismus wegzuschreiben, liegt in der antiken Quellenlage. Wir haben beispielsweise schon gesehen, dass Cassius Dio meinte, Macrinus sei schlicht deshalb ein Feigling gewesen, weil er ein Maure war.[170] Ähnlich schrieb der Historiker, Caracalla „gehörte zu drei Völkern und besaß nicht eine einzige von deren Tugenden, aber dafür vereinigte er all ihre Laster in sich: von Gallien Hohlheit, Feigheit und Draufgängertum, von Afrika Grobheit und Grausamkeit und von Syrien, woher er mütterlicherseits stammte, die Hinterlist" (78,6,1a). Alles in dieser Art – und davon gibt es in der Kaiserzeit eine ganze Menge – soll man als bloßes literarisches Versatzstück abtun, als Witz oder Karikatur, als harmlose Satire oder etwas sonstwie nicht Ernstgemeintes, Unabsichtliches.[171] Das setzt den Glauben voraus, dass Literatur und Leben in zwei grundverschiede-

I Antiker Rassismus?

nen Welten stattfinden. Man muss sich schon ganz schön anstrengen, um zu glauben, dass Cassius Dio so etwas denken kann, wenn er im Arbeitszimmer ein Buch diktiert, aber dass ihm so etwas nie in den Sinn käme, wenn er dann den ganzen Tag auf eine Audienz warten muss, während Caracalla mit gewöhnlichen Soldaten ein Trinkgelage feiert.

Die Römer waren Rassisten, aber auf eine Weise, die sich heutige Rassisten nicht träumen lassen.[172] Barbaren aus dem Norden waren riesengroß, abstoßend blass, faul, trunksüchtig und gewalttätig. In der Schlacht waren sie im ersten Eifer blindwütig, aber weil ihnen die Disziplin und damit der wahre Mut fehlte, verloren sie rasch den Kampfgeist. Sexuell waren sie schamlos: wenn sie die Chance bekamen, waren sie begeisterte Massenvergewaltiger, während sich ihre Frauen in aller Öffentlichkeit mit anderen Männern paarten, und ebenso sehr brannten ihre jungen Männer darauf, sich für passiven Sex mit Männern anzubieten. Die von Natur aus dummen Nordleute, denen das rationale Denkvermögen ganz abging, waren außerstande, sich bessern oder zivilisieren zu lassen.

Leute aus dem Osten wiederum redeten zu viel und waren zu schlau. Das machte sie tückisch, hinterlistig und habgierig. Sie neigten dazu, seltsame Götter anzubeten und Magie zu betreiben. Weil sie an Autokraten gewöhnt waren, waren sie von Natur aus unterwürfig, weich, weibisch und feige. Die Griechen schufen das Stereotyp vom Bewohner des Ostens, als sie die Invasionen der Perser zurückschlugen (490–478 v. Chr.). Ironischerweise stellten sie, als sie in den letzten beiden vorchristlichen Jahrhunderten von Rom erobert wurden, dann fest, dass dieses Stereotyp nun auf sie übertragen wurde.

Die Welt der römischen Völkerkunde bestand aus sehr wenigen Bausteinen. Wenn die Römer nach Westen schauten, sahen sie gar nichts, außer vielleicht die mythischen Inseln der Seligen, die ein paar Auserwählte unter den tugendhaften Toten bewohnten. Ehe die Spanier von Rom erobert wurden, hielt man sie für dasselbe wie die schlichten Barbaren des Nordens. Einiges davon hielt sich auch später. In seinem Roman *Leben des Apollonios von Tyana* führt Philostratos leichtgläubige spanische Provinzbewohner vor, die noch nie von den Olympischen Spielen gehört haben und Todesangst vor einem Tragödienschauspieler haben, den sie für einen Dämon halten.[173] Ganz ähnlich sahen die Römer verschlagene Orientalen, wenn sie nach Süden blickten. Bestärkt wurde diese Gleichsetzung durch die Siedlungsgeschichte der Phönizier aus dem Nahen Osten entlang der nordafrikanischen Küste, vor allem in Karthago.

Mehrere Gründe wurden für diese Stereotype bemüht. Die verschiedenen Autoren betonen die Einzelpunkte jeweils unterschiedlich stark, aber alles lag an Klima und Geografie (die beliebteste Erklärung), an Vererbung, an den politischen Systemen (Orientalen unter der Herrschaft von Despoten) oder sogar an der Stellung der Sterne, wie die Astrologie zeigte.

Nicht alle Römer stimmten diesen Stereotypen jederzeit zu. Schon was es hieß, Römer zu sein, änderte sich im Lauf der Zeit. Nicht alle Bewohner des Reiches sahen „römisch" als ihre Kernidentität an. Tatsächlich ließ sich das ganze ideologische Konstrukt umdrehen. (Haben Sie vorhin bemerkt, dass Cassius Dio sagt, Caracalla habe alle *Laster* Galliens, Afrikas und Spaniens besessen, aber keine von deren *Tugenden*?) Leute aus dem Norden konnte man auch als freiheitsliebende ‚edle Wilde' darstellen, unverdorben vom Großstadtleben. In den Händen von Dion Chrysostomos wurden die Daker nördlich der Donau zu geborenen Philosophen. Gleichermaßen konnten Bewohner des Ostens als Besitzer uralter, fremdartiger Weisheiten erscheinen.[174]

Bisher ist noch nicht die Rede von römischen Einstellungen gegenüber schwarzen Menschen gewesen. In der heutigen Forschung wird fest vorausgesetzt, dass die Römer, um den Titel eines bekannten Buches zu zitieren, *Before Color Prejudice* gelebt hätten.[175] Das passt gut in die Agenda heutiger Gruppen, vor allem zu der These, Rassismus sei eine Erfindung des neuzeitlichen europäischen Kolonialismus gewesen, aber mit den antiken Belegen verträgt es sich nicht ganz. Nehmen wir nur eine Anekdote über Elagabal. Der Kaiser „schloss seine Freunde häufig über Nacht in Rasthäusern mit alten Vetteln aus Äthiopien ein und hielt sie dort bis zum Tageslicht fest, wobei er sagte, an solchen Orten würden die schönsten Frauen bereitgehalten" (HA *Heliog.* 32,5). Die Geschichte ist so gut wie sicher erfunden. Aber an Erfindungen zeigen sich Einstellungen. Wieso sind die alten Frauen schwarz? Vermutlich um auf bestehende Vorurteile zurückzugreifen, etwa jenes, das sich in der Beschreibung einer alten Sklavin in der antiken *Appendix Vergiliana* ausdrückt: sie war „Afrikanerin, ihren Ursprung verriet jeder Teil ihres Körpers – mit krausen Haaren, dicken Lippen, schwarz, die Brüste hingen herab, der Bauch war winzig, die Beine mager und die Füße riesengroß" (*Moretum* 31–35).

Irgendwo nahe dem Hadrianswall begegnete Elagabals ‚Großvater' Septimius Severus einem schwarzen Auxiliarsoldaten. Es war ein Omen für den Tod des Kaisers – die Schatten der Toten waren dunkelhäutig. Lange davor hatte die Armee des Brutus auf dem Marsch in die Schlacht von Philippi eine ähnliche Begegnung gehabt – sie durchbohrten den Schwarzen mit ihren Schwertern. Wenn man sein Haus verließ und der erste Mensch, den man traf, schwarz war, kündigte das Unglück an. Dasselbe, wenn man einem Eunuchen oder einem Affen begegnete. Schwierig, das nicht rassistisch zu finden.[176]

Zugegeben, besonders viele antischwarze Aussagen gibt es in der antiken Literatur nicht. Das kann man darauf zurückführen, dass es im Römischen Reich nicht viele schwarze Menschen gab; im subsaharischen Afrika hatten die Römer keine Provinzen. Wichtiger dafür ist aber wahrscheinlich, dass sie jede Menge andere Gruppen zum Verteufeln und Ablehnen hatten – die ganzen großen, blassen Nordleute und diese Horden verschlagener Typen aus dem Osten. Und dann gab es natürlich noch den beinahe unsichtbaren Feind direkt unter der Nase. Die meisten Sklaven sahen genau wie ihre Herren aus.

II Emesas Identität

Auf viele Arten sieht Emesa so aus, als sei es zu Elagabals Zeit eine typische griechische Stadt unter römischer Herrschaft gewesen – als habe es genug griechische Kultur übernommen, um als vollständig hellenisiert zu gelten. Alle im Umkreis Emesas gefundenen Inschriften, über siebenhundert, sind in griechischer Sprache, ebenso die Aufschrift der städtischen Münzen. Das waren keine Selbstverständlichkeiten. In Palmyra, das über 130 Kilometer weiter östlich lag, aber durch den Karawanenhandel eng mit Emesa verbunden war, verwendeten viele Inschriften die Ortssprache. Sidon und Arca im Westen prägten während des 3. Jahrhunderts n. Chr. Münzen auf Phönikisch. Ratsherren aus Emesa haben wir schon als Helfer bei Maesas Aufstand erlebt.[177] Daraus schließen wir, dass die Siedlung über die drei Institutionen verfügte, die eine griechische Polis haben musste: Beamte, einen Rat und eine Volksversammlung. Emesa hatte entweder von Septimius Severus oder von Caracalla den Status einer römischen Kolonie erhalten. Ab 212, nach der *Constitutio Antoniniana*, waren alle freien Einwohner römische Bürger und unterlagen damit direkt römischem Recht. Aus den Stadtmünzen wissen wir, dass Emesa Spiele mit tadellosen griechischen Namen veranstaltete, die Pythia und die Eleia.[178] Dass die Romanautoren Iamblichos (wahrscheinlich) und Heliodoros (auf jeden Fall) aus Emesa stammten, verweist auf ein hohes Niveau an *paideia* (griechischer Bildung). An der Stelle Emesas entstand die mittelalterliche und moderne Stadt Homs. Nur wenige größere archäologische Befunde haben sich aus der antiken Phase erhalten. Eine Weihung an den Gott Elagabal, die man auf dem *Tell* fand, dem künstlichen Hügel in der Stadtmitte, weist wahrscheinlich auf den Standort des Tempels hin.[179] Wie er aussah, wissen wir von Münzen.

Bild 6: Elagabal im Tempel von Emesa

II Emesas Identität

Der Tempel stand auf einem Podium, zu dem Stufen hinaufführten. Vor dem Eingang befanden sich sechs Säulen, die einen hohen Giebel trugen. Egal wie der Kult im Innern aussah, die Architektur war vollkommen griechisch.

Wie ihre Heimatstadt zeigte auch Elagabals Familie viele Merkmale griechischer und römischer Identität.[180] Seit vielen Generationen, wohl schon seit zwei Jahrhunderten, besaßen sie das römische Bürgerrecht. Sie zählten zum Ritter- oder Senatorenstand. Im Reichsdienst reisten sie von einem Ende des Imperiums zum anderen. Aus der Nähe des Quellgebiets der Donau ist eine Inschrift erhalten, die Gaius Julius Avitus Alexianus aufgestellt hatte, Elagabals Großvater mütterlicherseits, während er die Provinz Raetia verwaltete. Senatoren wie Avitus war gesetzlich vorgeschrieben, dass sie Grundbesitz in Italien haben mussten. Elagabals Vater Sextus Varius Marcellus gehörte Land bei Velitrae in den Albaner Bergen. Die Familie, die (wie wir gleich sehen werden) beträchtlich lange Aufenthalte in Rom einlegte, muss auch in der Stadt selbst Grundeigentum gehabt haben. Dazu gehörten, so dachte man früher, die „Gärten des Varius" (*Horti Variani*) und die „Gärten der Alten Hoffnung" (*Horti Spei Veteris*), obwohl beide Annahmen, wie wir im nächsten Unterkapitel sehen werden, fragwürdig sind.[181] Um in Diensten des Kaisers Karriere zu machen, musste man fließend Latein sprechen. Damit die Eliten des Imperiums einen akzeptierten, reichte es nicht, Griechisch einfach nur sprechen zu können – man musste einer gebildeten Konversation gewachsen sein. Erwartet wurden Minimalkenntnisse an Literatur, besonders der homerischen Epen. Ein Versprecher in beiden Sprachen war mehr als nur peinlich, konnte sogar zu Amts- und Statusverlust führen.

So weit, so griechisch-römisch. Doch diese Kategorien umfassten nicht die gesamte Identität der Familie Elagabals. Und auch das Verhältnis von griechischer zu römischer Identität war nicht vollkommen selbstverständlich. Ehe wir fortfahren, muss das geklärt werden. Früher lautete die Lehrmeinung der Forschung wie folgt: In den letzten beiden vorchristlichen Jahrhunderten wurde die römische Elite vollständig hellenisiert und in den ersten zwei Jahrhunderten danach wurde die griechische Elite ebenso romanisiert, und so verschmolzen beide zu einer reichsweiten, undifferenzierten griechisch-römischen Elite. Nur dass sie das nicht taten. Die Sache war viel reicher an Schattierungen und viel interessanter.[182]

Die römische Elite übernahm die griechische Bildung. Abgesehen von den intellektuellen und ästhetischen Reizen nutzten sie sie als Kennzeichen, um sich von der Nicht-Elite abzusetzen. *Paideia* zu erwerben verlangte Geld und Freizeit. Eliterömer konnten die Griechen der Vergangenheit bewundern, sagen wir, aus der Zeit Alexanders des Großen und davor. Griechische Zeitgenossen waren für sie, obwohl es Ausnahmen gab, oft kaum besser als das Stereotyp vom verschlagenen Ostling. Selbst wenn die Römer nett sein wollten, nannten sie sie oft nicht Hellenen, sondern *Graeculi*, „Griechelchen". Egal, wie hellenisiert ein Römer war, er blieb Römer.

Einige, aber nicht alle Angehörige der griechischen Elite strebten eine Karriere auf Reichsebene an und wollten ins Herz des Imperiums vordringen. Sie wollten Offiziere und Beamte im Ritterstand sein und Freunde von Senatoren – oder vielleicht auch selbst Senatoren und Ratgeber der Kaiser sein. Aber ihr Griechischsein behielten sie bei. Auf seinem Monument in Athen war Elagabals entfernter Verwandter Philopappus sowohl in der Toga eines römischen Konsuls als auch in Himation und Tunika eines griechischen Beamten dargestellt.[183] Die Ikonografie beider Rollen verschmolz nicht – unterschiedliche Identitäten für unterschiedliche Umstände. Unter griechischen Autoren, sogar denen mit Posten im Reichsdienst wie Herodian, gab es die Tendenz, die Römer entweder herunterzureden oder aber so zu tun, als hätte man keine Ahnung von ihnen. Eine Einzelperson konnte zwischen griechischer und römischer Identität umschalten, aber zum modernen Konstrukt des Griechisch-Römischen verbanden sich die beiden nie.

Noch ein drittes wichtiges Element gab es in der Selbstdarstellung von Elagabals Familie: eine regionale syrische oder phönikische Identität. Der Großteil der Familiengüter lag nach wie vor in der weiteren Umgebung Emesas. Sie heirateten in andere Familien aus dieser Gegend ein, also Städten der Region wie Apameia oder Arca und aus Emesa selbst. Sogar Domnas Ehe mit Septimius Severus aus Afrika bildete keine komplette Ausnahme. Vielen schlechten populärhistorischen Werken von heute und vielen schlecht recherchierten Geschichtsromanen zum Trotz war Severus nicht schwarzafrikanisch. Die Familie seiner Mutter war aus Italien eingewandert, väterlicherseits stammte Severus von phönizischen Siedlern ab. Zusammen mit ihren zwei römischen Namenskomponenten verwendete die Emesener Familie häufig syrische *cognomina*: Soaemias, Maesa, Domna.[184] Meist nannte man damals einen Menschen beim *cognomen*. Wenn Emesener auf Reisen gingen, nahmen sie den „Gott ihrer Ahnen" mit sich, und wie wir sehen werden, waren die Rituale für Elagabal bewusst ‚östlich'. Das Grab eines Familienmitglieds, Gaius Julius Sampsigeramus – der nicht nur ein Emesener *cognomen* führte, sondern auch den syrischen Alternativnamen Silas –, stand bis 1911 in Emesa, dann wurde es gesprengt und musste dem Bahnhof weichen. Es war zwar aus römischen Materialien erbaut, aber sein Äußeres war nahöstlich mit mesopotamischen Einflüssen. Außer Griechisch und Latein sprach die Familie sicher Aramäisch, und wenn es nur mit der Dienerschaft war. Nicht nur sahen andere Leute Emesener als phönikisch an, so wie Herodian bei der Vorstellung Maesas, sondern sie sahen sich auch selbst so. Heliodoros, der Romancier, erklärte, er sei „Phöniker aus der Stadt Emesa, einer aus dem Geschlecht der Nachfahren der Sonne".

Die Kategorien „syrisch" und „phönikisch" überschnitten sich. Man konnte Menschen als Syrophöniker bezeichnen. Ebenso konnte man sie – mit einem gewollt altertümlichen Beiklang – Assyrer nennen.[185] Die geografischen Grenzen waren vage, aber jedenfalls war Phönizien ein Teil Syriens. Also waren alle Phöniker Syrer, aber nicht alle Syrer Phöniker.

Die Emesener hatten ihre syrische und phönikische Identität ebenso sehr angenommen wie ihre griechische und römische. Die Gründer Emesas im 1. Jahrhundert v. Chr. waren nomadische Araber gewesen, die zu einer sesshaften Lebensweise übergingen. Während das Etikett

„syrisch" – als Selbstbezeichnung und für Beobachter von außen – von Anfang an zur Verfügung stand, war „phönikisch" zu Elagabals Zeit noch sehr neu. Das Orontestal hatte nicht als Teil Phöniziens gegolten, bis Septimius Severus 194 die Provinz Syrien teilte – in Syria Coele im Norden und Syria Phoenice im Süden. In nur einer Generation hatte ein römischer Verwaltungsakt es den Emesenern erlaubt, sich eine neue Form der Selbstdarstellung anzueignen.

Syrisch zu sein brachte die ganze Last negativer Konnotationen mit sich, die das Stereotyp vom Bewohner des Ostens an sich hatte. Phönikisch zu sein verstärkte drei davon auf besondere Weise zusätzlich. Die Phönizier galten als besonders grausam, weil sie, was historisch verbürgt ist – und schon lange nicht mehr der Fall war –, ihre eigenen Kinder geopfert hatten. Karthagos Friedhöfe für lebendig verbrannte Kleinkinder geisterten durch die antike Fantasie ebenso sehr wie durch die moderne. Die beiden anderen Vorurteile kommen in zwei Redewendungen zum Ausdruck. „Eine phönizische Geschichte" war eine glaubhafte Lüge. Unter all diesen verschlagenen Typen aus dem Osten waren die Phönizier die Verlogensten. Auf Griechisch und Latein hieß das Verb *phoinikìzein*, „sich wie ein Phönizier benehmen, den Phönizier spielen", soviel wie „Cunnilingus praktizieren". Laut der öffentlichen Sexualmoral beider antiker Kulturen konnte es nichts Schlimmeres geben. Der lateinische Dichter Martial reißt endlose Witze, von „Mösenleckern" wolle er keinen Begrüßungskuss.[186]

Was brachte die Emesener im Licht dieser Ansichten dazu, sich als syrisch oder phönizisch zu sehen? Vielleicht war das immer noch besser, als Araber zu sein? Laut einer Fabel brach der Karren des Gottes Hermes, den er mit Lügen, Schurkereien und Betrug beladen hatte, im Land der Araber zusammen – sie klauten alles.[187] Außerdem bekamen die Emesener mit dem Phönikischsein statt Arabischsein auch Anschluss an die ferne griechische Vergangenheit. Phöniker kamen bei Homer schon als Seefahrer vor und wurden nicht immer schlecht dargestellt. Den Mythen zufolge hatten die Phöniker das Alphabet gefunden, und auch Kadmos, der Gründer der griechischen Stadt Theben, kam aus Phönizien. Historisch gesehen hatten die Phöniker tapfer in der Seeschlacht von Salamis und – wenn auch mit einfallsreicher Grausamkeit – gegen Alexander den Großen gekämpft.

Oder war die Sichtweise von außen übergestülpt, eine antike Form jenes „Orientalismus", den der Westen im 19. Jahrhundert Edward Said zufolge dem Nahen Osten aufzwang, worauf dessen Menschen sich als schwach, korrupt und dekadent sahen? Dieser Denkrichtung folgend ist vermutet worden, dass Syrer wie etwa die Emesener an einer „gewissen Ambivalenz", wenn nicht gar „ethnischem Selbsthass" bezüglich ihrer ethnischen Identität litten.[188] Belege dafür hat man in der Verlegenheit von Elagabals Cousin Alexander Severus über seine syrische Herkunft und in den entschuldigenden Äußerungen des Satirikers Lukian aus Samosata sehen wollen. Nur ist die erste Stelle eine Erfindung der *Historia Augusta* und bei der zweiten handelt es sich in Wirklichkeit um Prahlerei: „Schaut euch an, wie viel griechische Bildung (*paideia*) ich habe, und das, wo ich doch aus dem Osten komme!"

Selbsthass ist weit weniger wahrscheinlich als zwei andere, einander ergänzende Strategien. Abstreiten ist die erste: „Ihr irrt euch: Wir sind nicht *so*, sondern *so*, nicht feige, sondern mutig." Die zweite ist Übernahme, wobei das Vorurteil ins Positive gewendet wird: „Was ihr als List verwerft, schätzen wir als Intelligenz." Eine obskure geografische Abhandlung aus dem 1. Jahrhundert n. Chr. lässt uns einen Phönizier kennenlernen, der beide Strategien verwendete. Pomponius Mela stammte aus Tingentera in Südspanien, von Emesa aus am anderen Ende des Imperiums. Doch er hatte phönikische Vorfahren und vertritt in seiner *Chorographia* eine phönikische Weltsicht.[189]

> *Phönike haben die Phöniker berühmt gemacht, ein kluger, geschickter Menschenschlag, hervorragend in Werken des Krieges und des Friedens: sie haben das Alphabet, die Literatur und andere Künste erfunden, das Fahren mit Schiffen auf dem Meer, die Seeschlachten, die Herrschaft über andere Völker, Königtum und Kampf.* (Mela, *Chorogr.* 1,65)[190]

III Elagabal entsteht

Im Mai 218, bei Ausbruch des Aufstands, war Elagabal 14. Also war er in den ersten Monaten des Jahres 204 geboren. Im selben Jahr feierte Septimius Severus in Rom die Säkularspiele.[191] Das drei Tage und Nächte lange Fest sollte jeweils alle 110 Jahre nach dem Gründungsdatum Roms stattfinden. Niemand hätte 204 voraussagen können, dass der Aufstieg des Christentums erst zur vom Kaiser begünstigten und dann zur Staatsreligion im 4. Jahrhundert bedeuten würde, dass dies die letzten Spiele ihrer Art waren. Am 1. Juni, den Kalenden, wurden auf dem Kapitol religiöse Festmähler für 110 verheiratete Matronen abgehalten. Eine Inschrift verrät uns die Teilnehmerinnen. Domna hatte als Kaiserin den Vorsitz. Die meisten anderen waren Senatorenfrauen und 18 waren mit Rittern verheiratet. An der Spitze dieser Gruppe stand Soaemias, die Gattin des Sextus Varius Marcellus. Ihr Sohn muss in diesem Moment ein paar Monate alt gewesen sein. Der ‚syrische'/‚phönikische' Kaiser Elagabal wurde somit in Rom geboren.

Sextus Varius Marcellus war 198 Prokurator für die Wasserversorgung der Stadt Rom gewesen. Das war kein besonders gehobener Posten für einen Ritter und brachte ein Jahresgehalt von 100 000 Sesterzen. 204 war Marcellus möglicherweise immer noch im Amt, obwohl vermutet worden ist, dass die Karrieren von Domnas Verwandten in Mitleidenschaft gezogen wurden, solange ihr Feind Plautianus, der Prätorianerpräfekt, von 200 bis 205 großen Einfluss bei Kaiser Severus hatte.[192]

Zwar war Marcellus kein Senator und damit nicht gesetzlich verpflichtet, Landbesitz in Italien zu haben, aber ein Grundstück in Rom besaß er dennoch. Allein die *Historia Augusta* spricht von den „Gärten des Varius" (*Horti Variani*) als Ziel eines Umzugs, der vom Palatin vorbei am von Kaiser Aurelian (270–85) erbauten Tempel des Sonnengottes führte (HA *Aurelian* 1,2). Damit lägen sie irgendwo neben der Via Flaminia, vielleicht am Nordende des Marsfeldes. Leider ist diese Passage komplett erfunden. Beim Tempel des Sol musste der hinterlistige Autor an den Sonnenpriester Elagabal denken, und auch sonst erfand er häufig Geschichten um den Familiennamen des Kaisers, Varius.[193]

Ein zuverlässigerer Abschnitt der *Historia Augusta* erzählt, wie sich Elagabal als Kaiser in die „Gärten der Alten Hoffnung" (*ad Spem Veterem* oder *Horti Spei Veteris*) zurückzog, in denen es einen Circus für Wagenrennen gab. Diese Gärten hat man mit einem ausgedehnten Ruinengelände an der Via Labicana identifiziert. Das Problem hierbei ist nur, dass es schon während der Herrschaft des Septimius Severus kaiserlicher Besitz war, und zwar spätestens 202, also kann es nicht im Jahr 204 Marcellus gehört haben.[194]

Einen Fixpunkt gibt es in der Topografie der Kindheit Elagabals. Den Sarkophag seines Vaters hat man in Velitrae gefunden, rund 35 Kilometer südöstlich von Rom.[195] Die Albaner Berge rund um Velitrae waren ein beliebter Aufenthaltsort für vornehme Römer, die der Stickhitze des Hauptstadtsommers entkommen wollten. Marcellus war also auf seinem eigenen Anwesen beigesetzt worden.

Die ersten vier Lebensjahre Elagabals, Jahre in der Obhut seiner Mutter und seiner Amme, verbrachte er in einem oder mehreren nicht identifizierten Häusern in Rom und auf Landgütern – der Villa seines Vaters in Velitrae und anderen, die seiner Familie und deren Freunden gehörten.

208 war Plautianus tot und die Karrieren der Verwandten Domnas konnten wieder Fahrt aufnehmen. In diesem Jahr entschied sich Septimius Severus, seine Söhne Caracalla und Geta dem schädlichen Einfluss eines Lebens in Rom zu entziehen. Unter den Kaledonierstämmen in Nordbritannien herrschte Unruhe, und wo konnte man besser Moral lernen als bei einem charakterstärkenden Eroberungsfeldzug? Domna und der Hof begleiteten den Kaiser. Elagabals Vater und Großvater mütterlicherseits waren mit im Gefolge. Maesas Mann, der Ex-Konsul Avitus, reiste als *comes*, als einer der offiziellen Begleiter des Kaisers. Marcellus' Rolle war genauer festgelegt: Prokurator, also oberster Finanzbeamter, der Provinz. Das war ein wichtiger Posten, besonders in Kriegszeiten, und mit 200 000 Sesterzen dotiert. Wäh-

rend des Prinzipats war es üblich, dass ein Amtsträger seine Familie mit auf Reisen nahm. Als Severus und Caracalla von 208 bis 211 nördlich des Hadrianswalls Krieg führten, richteten sich Domna, Geta und die Zivilverwaltung in Eboracum ein (dem heutigen York).[196] Von vier bis sieben wuchs der künftige Kaiser Elagabal im späteren Yorkshire auf.

Cassius Dio hat ein Gespräch zwischen Domna und der Frau eines Kaledoniers festgehalten. Als die Kaiserin die Britin mit der Sitte aufzog, dass ihresgleichen Sex mit mehreren Männern hatte, gab die Frau zurück, *sie* kämen offen mit den besten Männern zusammen, wogegen römische Frauen sich heimlich von den schlimmsten verführen ließen.[197]

Als Kind der Oberschicht wurde Elagabal, wie vorwitzig er auch gewesen sein mag, vor den meisten Kontakten mit der einheimischen Kultur abgeschirmt. Ein Ereignis des Jahres 211 sollte sein Leben beeinflussen. Im Februar starb Kaiser Septimius Severus an Altersschwäche und Krankheit in Eboracum. Vielleicht schaute Elagabal bei seiner Verbrennung zu und sah den Adler, den man auf dem Scheiterhaufen freiließ, in den Himmel steigen, ein Symbol für den Aufstieg der Seele des toten Kaisers zu den Sternen. Vielleicht drang auch das Gerücht zu ihm, dass Caracalla versucht habe, das Ende seines Vaters zu beschleunigen. Jedenfalls muss er die Säuberung mitbekommen haben, die nach dem Todesfall bestimmte Höflinge traf. Bei Hof vertraute Gesichter – die kaiserlichen Freigelassenen Euodus und Castor und der Physiotherapeut Proculus (ein heimlicher Christ) – waren fort. Eventuell zählen ihre Überreste zu den achtzig Skeletten, die man vor einigen Jahren in York fand; mehr als die Hälfte davon war enthauptet worden.[198]

Caracalla und Geta beendeten den Krieg und der Kaiserhof brach nach Rom auf. Die bittere Feindseligkeit zwischen den Brüdern kann Elagabal nicht entgangen sein. Beide neue Kaiser reisten getrennt voneinander und bezogen verschiedene Quartiere. Die folgenden Ereignisse zeigen, dass Elagabals Vater ein Parteigänger Caracallas war. Unterwegs oder bald nach der Ankunft in Rom erhielt Marcellus ein neues Amt: Prokurator des kaiserlichen Privatvermögens. Das brachte ein Jahresgehalt von 300 000 Sesterzen. Marcellus war im Aufwind. Er würde noch höher kommen.

In Rom wurde der Palast aufgeteilt und die Kaiser richteten getrennte Hofhaltungen ein. Im Dezember 211 arrangierte Caracalla unter dem Vorwand, sich aussöhnen zu wollen, ein Treffen mit Geta in Domnas Palastgemächern. Es war eine Falle – die Räume waren von caracallatreuen Soldaten umstellt. In den Armen der gemeinsamen Mutter wurde Geta ermordet.[199] Bei dem Angriff wurde Domna selbst versehentlich an der Hand verletzt. Das war ein gefährlicher Moment für die Dynastie. Die Soldaten hatten ihren Eid auf beide Kaiser geschworen. Es konnte sein, dass sie den Mord nicht einfach hinnahmen. Caracalla ging ins Prätorianerlager und erzählte die Geschichte, er sei einer Verschwörung entgangen. Eine Solderhöhung, die auch auf den Rest der Armee ausgeweitet wurde, machte das Märchen glaubhafter. Dann tat der Kaiser den außergewöhnlichen Schritt, Marcellus zum diensttuenden Oberbefehlshaber sowohl der Prätorianer als auch der Stadtkohorten zu ernennen – eine Position, die großes Vertrauen voraussetzte und ungeheure Macht verlieh. Sie machte Elagabals Vater zum automatischen Mitglied jedes Rates, den der Kaiser einberief. Als einziger Mann, der das Recht hatte, in Gegenwart des Kaisers bewaffnet zu sein, kommandierte er rund 17 000 Bewaffnete – sämtliche kämpfenden Truppen in der Stadt Rom.

Bemerkenswert ist, dass Marcellus in dieser Spannungsphase eine viel kritischere Position innehatte als sein Schwiegervater. Soaemias' Vater, Maesas Gatte, der prächtige Exkonsul Gaius Julius Avitus Alexianus, begegnet uns 211–213 als Präfekt der *alimenta*, Chef einer kaiserlichen Stiftung, die bedürftige Kinder aus anständigen Familien in ganz Italien durchfütterte.

Als Kind kann Elagabal weder in Domnas Gemächern noch im Prätorianerlager anwesend gewesen sein, aber das Nachspiel hat er wohl miterlebt. Caracalla entfesselte eine furchtbare Terrorwelle. Laut Cassius Dio wurden 20 000 Anhänger Getas samt ihren Familien getötet, Männer, Frauen und Kinder.[200] Die Truppen, die die Menschenjagd durchführten, waren die Prätorianer und die *frumentarii*, deren

Kommandeur (der *princeps peregrinorum*) ebenfalls unter dem Befehl von Marcellus als Prätorianerpräfekt stand. Die Hinrichtungen mag Elagabal nicht mit angesehen haben – obwohl sie vielleicht kaum übersehbar waren –, aber zwangsläufig sah er die Auswirkungen, als Getas Andenken verdammt wurde: wie die Männer seine Statuen umstürzten, seinen Namen aus Inschriften wegmeißelten, Scheiße auf seine Bilder schmierten.

Als die Krise vorbei war, wurde Marcellus zwar durch je einen regulären Stadtpräfekten und einen Prätorianerpräfekten ersetzt, doch seine Treue wurde belohnt. Aus dem Ritterstand stieg er in den Senat auf, nämlich im Rang eines ehemaligen Praetors; nun wurde ihm die Aufsicht über die Kasse des Militärhaushalts (das *aerarium militare*) übertragen. Angesichts der Solderhöhung der Truppe war das ein fordernder Job.

Sobald wieder Ruhe einkehrte, zogen Marcellus und seine Familie aus dem Palast in ihr eigenes Haus zurück. Nach außen hin war Marcellus geehrt worden und diente dem Regime weiterhin in einer lebenswichtigen Funktion. In Wirklichkeit aber kommandierte er keine Truppen mehr und es war ein Schritt weg vom Kaiser, also auch von der Macht. Im nächsten Jahr sollte die Distanz noch wachsen.[201]

213 wurde Marcellus zum Statthalter Numidiens ernannt. Das schloss den Befehl über die *Legio III Augusta* ein, die einzige Legion in den nordafrikanischen Provinzen, aber es war weit weg von Rom und Statthalter Numidiens rückten nicht immer in die angesehensten Positionen auf. Es wirkt, als sei Marcellus auf ein Abstellgleis geschoben worden.[202]

Hätten sich die Dinge normal entwickelt, wäre Elagabal, jetzt neun Jahre, mit seinem Vater nach Afrika gereist. Aber die Severerdynastie beäugte die Statthalter militarisierter Provinzen misstrauisch. Häufig blieben ihre Kinder in Rom und wurden in der kaiserlichen Schule auf dem Palatin erzogen.[203] Natürlich dienten sie dort als Geiseln für ihre abwesenden Väter.

Numidien sollte das Ende von Marcellus' Karriere sein. Entweder starb er in Afrika oder bald nach der Rückkehr in Italien. Sein Sarkophag in Velitrae listet auf Latein und Griechisch die hohen Ämter seiner Karriere auf und erklärt, Soaemias und seine Kinder hätten diesen heißgeliebten Gatten und Vater begraben (*Soaemias... cum fili(i)s marito et patri amantissimo* – CIL X 6569 = Dessau, ILS 478). Zu dieser Zeit hatte Elagabal einen Bruder oder eine Schwester, vielleicht auch mehrere Geschwister.

Als Nächstes erscheint Elagabal zu Beginn des Frühlings 214 in der Stadt Thyateira, landeinwärts von Smyrna (dem heutigen Izmir) in der römischen Provinz Asia. Eine dort ansässige Frau, Aurelia Alcippilla Lailiana, stellte mindestens vier Jahre später während der Herrschaft Elagabals eine Inschrift zu Ehren ihres Vaters auf, der beim Besuch von Kaiser Marcus Aurelius Antoninus (Elagabal) und dessen Vater, Kaiser Antoninus (Caracalla), Spiele geleitet habe, als Letzterer der Stadt das Recht verlieh, Gerichtsort zu werden.[204] Das ist ein bemerkenswertes Dokument. Alcippilla stellt ihre Treue zu Elagabal zur Schau, ebenso die vorherigen Verbindungen ihrer Familie zu den Severern, die zusammen mit der Großzügigkeit (ihr Vater muss die Spiele bezahlt haben) – so deutet sie an – der Stadt den vorteilhaften Status eines Gerichtsortes verschafft hätten (einer Stadt, in der der Statthalter auf seiner Rundreise durch die Provinz Station machte und Gericht hielt). Nebenbei schrieb sie die Geschichte vollständig um. Im Jahr 214 hatte noch niemand die Möglichkeit ins Spiel gebracht, Elagabal sei der Sohn Caracallas. Später – im Sommer 222 oder wann immer die Nachricht von Elagabals Sturz Thyateira erreichte – wurde sein Name teilweise zerstört. Wieder redigierte man die Geschichte.

Übrigens erinnert uns Alcippilla an etwas, das die Epigrafiker (Spezialisten für Inschriften) leicht vergessen. Die Menschen der Antike stellten Inschriften nicht auf, um uns mit Informationen zu versorgen. Es waren öffentliche Statements, die Geld kosteten. Statt neutrale Tatsachenberichte zu sein, hatten sie ihre eigene Agenda, waren voreingenommen und konnten mit der Wahrheit spielen – genau wie erzählende Quellen.

Wir wissen nicht, wann Elagabal und vermutlich auch Soaemias, dazu vielleicht Mamaea und Alexander, im Osten zum kaiserlichen

Gefolge gestoßen waren. Wenn man die Mühen und Gefahren einer Winterreise bedenkt, war es wohl am wahrscheinlichsten der vorausgehende Herbst 213, als Caracalla in Nikomedia Hof hielt.

Nach Thyateira verschwindet Elagabal bis zur lauen Frühlingsnacht des 15. Mai 218, in der er Emesa verlässt und das Lager in Raphaneai ansteuert. Wann war Elagabal in Emesa eingetroffen? Zwei Quellen des späten 4. Jahrhunderts, Aurelius Victor und der Autor der *Historia Augusta*, behaupten, er habe sich erst nach Caracallas Tod ins Priesteramt für den Gott Elagabal oder in dessen Tempel geflüchtet – also nach dem 17. April 217.[205] Aber beide sind nicht unabhängig voneinander. Die *Historia Augusta* bezog Material aus Aurelius Victor und beide griffen auf eine gemeinsame Quelle aus dem früheren 4. Jahrhundert zurück. Letztere kann den Vorfall leicht erfunden haben, ausgehend von der Rückkehr Maesas nach Emesa. Eine andere Möglichkeit ist ein hypothetischer Besuch Caracallas in Emesa auf dem Rückweg aus Ägypten im Jahr 216. Wie die Antwort auch lauten mag, wichtig ist, dass Elagabal nicht in Emesa geboren und aufgewachsen ist. Zur Zeit seines Aufstands war er erst ein paar Monate oder höchstens Jahre dort gewesen.

Aus Elagabals Kindheit haben wir eine ganze Menge Anekdoten. Wie er vier riesige Hunde vor einen Wagen spannte und damit über sein Landgut fuhr. Wie seine Mitschüler ihn *Varius* nannten, weil er wie der Sohn einer Hure das Produkt *verschiedenen* Spermas zu sein schien. Meist geht es um seine Extravaganz. Als erster Privatmann deckte er seine Liegen mit goldenen Tüchern. Duftstoffe aus Indien verbrannte er, als ob es Holzkohle wäre, und niemals reiste er mit weniger als sechzig Wagen. Als ihn jemand fragte, ob er nicht Angst vor dem Verarmen habe, antwortete er, nichts könnte besser sein, als sein eigener Erbe zu werden.[206]

Leider hat die Geschichte Pech – das sind lauter Früchte der romanhaften Fantasie des Autors der *Historia Augusta*. Nehmen wir nur ein Beispiel. Der verspielte Schriftsteller hatte es mit Wagen, die von seltsamen Wesen gezogen werden. Als Elagabal Kaiser wurde, habe er Löwen, Tiger, Hirsche, Kamele und Elefanten eingespannt. Um

Platz für die Elefanten zu schaffen, musste man ein paar Gräber auf dem Vatikanischen Feld abreißen – das sieht wie ein Seitenhieb aufs Christentum aus. Exotische Tiere reichten Elagabal nicht, also schirrte er nackte Frauen an.[207] Bis auf die Frauen machen andere Figuren in der *Historia Augusta* das Gleiche. Hirsche ziehen auch den Wagen des wunderbar benannten Gotenkönigs Canabas oder Canabaudes.[208] Garantiert ist der Name ein schräger Witz. Man bezeichnete die Goten auch als Skythen und die Skythen jaulten laut Herodot vor Vergnügen, wenn sie Hanf inhalierten.

Nüchterner gesehen wurde Elagabal großgezogen wie ein gewöhnliches römisches Oberschichtskind. Bis er sechs Jahre war, wurde sein Leben als Kleinkind in Rom und Britannien von Frauen kontrolliert – seiner Mutter Soaemias und seiner Amme. Mit sieben, nach seiner Rückkehr nach Rom, begann seine Elementarbildung, die in der Hand von Männern lag. Die meisten Jungen wurden zu einem Schulmeister (*ludi magister*) geschickt, manche hatten einen Privatlehrer zuhause. Solche Lehrer waren Freigeborene oder Freigelassene und häufig griechischer Herkunft. Da die Familie so reich war, hatte Elagabal höchstwahrscheinlich einen Hauslehrer. Vielleicht änderte sich das, als sein Vater nach Numidien versetzt und Elagabal wahrscheinlich in die kaiserliche Schule auf dem Palatin aufgenommen wurde. Eine weitere wichtige Figur im Leben des Jungen war sein *paedagogus*, ein vertrauensvoller Sklave, der ihn als Aufpasser immer begleitete, wenn er das Haus verließ. In dieser Phase lernte Elagabal Latein und Griechisch lesen und schreiben; vieles lief über Auswendiglernen und Nachsprechen. Die Disziplin war streng, die Prügelstrafe eine Selbstverständlichkeit und Teil des Alltags. Mit zwölf, wohl nicht lange vor Elagabals Ankunft in Emesa, war es Zeit, dass er zu einem *grammaticus* wechselte.[209] Die Familie entschied sich für Eutychianus, den *Goldjungen*, der als Sklave in Maesas Haus aufgezogen worden war. Später nannte ihn Elagabal seinen Ziehvater und Vormund.[210] Der Unterricht eines *grammaticus* konzentrierte sich auf Dichtung; den Kern des Lehrplans bildeten Homer und Vergil. Die Unterrichtsmethode bestand vor allem aus lautem Vorlesen, gefolgt von Erklärungen und

Analyse. Lange Passagen mussten auswendig gelernt werden. Satzbau lehrte man, indem man den richtigen Ausdruck förderte und jede Eigenheit kritisierte. Jeder Aspekt im Leben eines Jungen war überwacht und vorgeschrieben.

Das alles änderte sich, als Elagabal zum Hohenpriester des schwarzen Steinkegels gemacht wurde – des Sonnengottes Elagabal von Emesa.

Einige Erfahrung mit der Gottheit hatte der Junge wohl schon. Seine Familie nahm Elagabal mit, wo sie auch hinging. Sein Großvater Avitus hatte dem „Gott seiner Ahnen" als Statthalter von Raetia eine Inschrift geweiht. In Roms Bezirk Transtiberim war ein entfernter Verwandter, Julius Balbillus, ein Priester Elagabals gewesen. Doch neue Anhänger hatte der Gott, wie wir in Kapitel 8 sehen werden, in der weiten Welt nicht gewonnen. Im Imperium insgesamt verehrten ihn nur Emesener. Elagabal war ein kleiner, auf seine Familie beschränkter Kult. Ganz anders war es in Emesa. Elagabal war der führende Gott der Stadt und sein gleichnamiger Hohepriester hatte nun zum ersten Mal eine erwachsene Rolle in der Öffentlichkeit – sie sollte den Rest seines Lebens prägen. Wenn Elagabal, der Junge, im Westen aufgewachsen war und ‚syrisch'/‚phönikisch' nur ein Bestandteil seiner Familienidentität unter mehreren war, wieso überdeckte er so schnell alle übrigen?

Eine moderne Erklärung sieht darin ein politisches Manöver, wahrscheinlich von Maesa angestoßen mit dem Ziel, der Armee zu gefallen. Wir wissen, dass einige Legionäre der *III Gallica* vor dem Aufstand an den Zeremonien im Tempel von Emesa teilnahmen. Zweifellos half der Gott bei der ersten Ausrufung in Raphaneai. Danach aber hatte sich seine Nützlichkeit erschöpft. Anders als manche östliche Götter, vor allem Jupiter Dolichenus und Mithras, wurde Elagabal nicht in der ganzen Armee verehrt. Vielmehr scheinen die ‚barbarischen' Rituale, die Elagabal der Kaiser als Hohepriester vollzog, einer der Gründe gewesen zu sein, warum die Soldaten sich gegen ihn kehrten. Wenn das wirklich ein Stück Realpolitik von Maesa war, dann geriet es außer Kontrolle.[211] Ihr Enkel hatte etwas anderes darin gesehen.

Ein Kommentator der jüngsten Zeit sieht Elagabals religiösen Eifer als Akt jugendlicher Rebellion. Nach all den Jahren, in denen er gesagt bekam, was er tun sollte, wollte er nun machen, was er wollte.[212] Möglich ist das. Aber in der antiken Welt gab es keine Vorstellung, die unseren „Heranwachsenden" entsprach. Weder die griechischen *epheboi* noch die römischen *iuvenes* waren dasselbe wie ein einsilbiger, ungelenker Teenager von heute. Kann es jugendliche Rebellion in einer Kultur geben, die keinen Jugendbegriff kennt?

Das Leben eines jüngeren Zeitgenossen Elagabals legt eine andere Interpretation nahe. 228 n. Chr., sechs Jahre nach Elagabals Tod, erlebte ein zwölfjähriger Junge in Mesopotamien eine göttliche Offenbarung. Sein himmlischer Zwilling verriet dem Jungen die Wahrheit über seinen Vater (göttlich, nicht menschlich) und seine künftige Rolle, die wahre Religion zu verbreiten. Mit bewundernswerter Geduld, an seiner Jugend gemessen, gebot ihm der Zwilling, stillzuhalten, bis er erwachsen sei. Weitere Visionen und Vorzeichen folgten, „die kurz und knapp waren, so wie ich sie ertragen konnte, denn manchmal kam er wie der Blitz". Verständlich, dass der junge Mann seine Zweifel hatte, noch als er 24 war. „Meine Feinde sind zahlreich, ich aber bin allein. Sie sind reich, aber ich bin arm. Wie soll dann ich, der ich allein gegen alle stehe, dieses Geheimnis unter der großen Zahl verkünden, die im Irrtum befangen ist? Wie soll ich vor Könige und Statthalter treten?" In dieser Frage spendete der himmlische Zwilling Zuversicht. „Wenn du mich jemals rufst, wenn du in Bedrängnis bist, werde ich an deiner Seite stehen und dein Beschützer in Bedrängnis und Gefahr sein." Also zog sich der Prophet Mani seine rotgrün gestreifte Hose an, warf sich einen vielfarbigen Mantel über die Schultern, packte einen kräftigen Ebenholzstab und brach auf, die nach ihm benannte Religion zu gründen. Von seinem Gründer verlangte der Manichäismus eine ganze Menge Verzicht – kein Fleisch, kein Wein, keine Jagd, kein Sex – und reichlich Gebet, Hymnensingen und neuartige Rituale. Und natürlich führte er zu Manis Tod.

Die Parallelen sind alles andere als exakt. Elagabal war reich und nicht allein. Sein Gott war nicht neu. Aber das Leben Manis zeigt, dass ein Junge in seinem Alter im 3. Jahrhundert, im selben Teil der Welt (dem vorwiegend aramäischsprachigen Nahen Osten) eine aufrichtige religiöse Bekehrung durchmachen konnte.[213] Und Ähnlichkeiten gibt es: das exotische Priestergewand, besondere Speisevorschriften, komplizierte Zeremonien, die Führung des Kultes (samt frisch enthüllter Vaterschaft) – und vor allem war da der Auftrag. Mani schrieb an den Perserkönig: „Meine Religion ist von der Art, die in jedem Land und in allen Sprachen kund wird, und auch in fernen Ländern wird sie gelehrt werden."

Mit vierzehn hatte der junge Kaiser Elagabal alles über Angst und Ungewissheit am Kaiserhof gelernt, über die Brüchigkeit der Familie, ja des Lebens selbst. So viele Tote hatte es in den letzten paar Jahren gegeben. Der Henker und Krankheiten hatten die Reihen seiner Familie gelichtet: sein Cousin zweiten Grades Geta, Marcellus (jener Mann, den er für seinen Vater gehalten hatte), sein Großvater Avitus, ein oder mehrere Geschwister, eine Cousine und ihr Mann, sein Onkel Gessius Marcianus und dessen Sohn, dazu der Mann, von dem Elagabal nun wusste, dass er sein leiblicher Vater gewesen war – Kaiser Caracalla. In einer so gefährlichen Welt war es gut, einer unbezwingbaren Gottheit nahe zu sein, den mächtigen Elagabal in Bedrängnis und Gefahr an seiner Seite zu wissen.

Und göttlichen Schutz brauchte er, als er in Antiochia einzog. Bis Macrinus tot war, gab es keine Sicherheit.

KAPITEL 5

Die Reise

Osten, Sommer bis Winter 218

Wo steckte Macrinus? Während sie sich am Abend des 9. Juni im Palast von Antiochia einrichteten, hatten alle Ratgeber Elagabals diese Frage auf den Lippen. Für die Frauen Maesa und Soaemias, den Freigelassenen Eutychianus und die Soldaten Verus und Comazon ging es um Leben und Tod. Ehe der geflohene Kaiser nicht gefangen und getötet war, war der Aufstand noch nicht vorbei und standen ihre eigenen Leben auf dem Spiel. Eine furchtbare Ungewissheit. *Wo war Macrinus?*

I Wo war Macrinus?

Vier Wege konnte er eingeschlagen haben. Einer führte nach Süden. Basilianus, der Präfekt Ägyptens, war loyal. Macrinus hatte ihn erst kürzlich zu einem seiner beiden Prätorianerpräfekten ernannt. Bei ihm war Marius Secundus, der Statthalter von Syria Phoenice. Ein weiterer Loyalist war der Statthalter von Arabia, Pica Caesianus. In Ägypten und Arabia stand je eine Legion. Aber zwei weitere Legionen befanden sich in Syria Palaestina (Judäa), und wer dort Statthalter war oder zu wem er hielt, wissen wir nicht.[214] Vier Legionen reichten sowieso in keinem Fall. Nach Süden war unwahrscheinlich.

Macrinus konnte sich nach Osten aufgemacht haben (genauer gesagt, Nordosten – von Osten war Elagabal nach Antiochia gekommen). Fabius Agrippinus in Syria Coele besaß noch zwei Legionen und hatte sich dem Aufstand nicht angeschlossen. Aber Sulla an der Spitze der beiden Legionen in Cappadocia hatte gezögert und über die Haltung des Mannes, der zwei weitere Legionen in Mesopotamien befehligte, wissen wir nichts. Selbst wenn alle sechs Legionen ihrem Eid auf Macrinus treu bleiben sollten, waren sie höchstwahrscheinlich in der Unterzahl gegenüber den Prätorianern und den zwei Legionen zuzüglich Kontingenten aus dem Westen, die jetzt das Rebellenheer bildeten.

Der Osten bot noch eine andere Möglichkeit. Unter der Herrschaft des Commodus hatte Elagabals Verwandter Julius Alexander einen Fluchtversuch zu den Parthern unternommen. Aufgehalten durch seine Zuneigung für einen Favoriten hatte der Emesener erst seinen Geliebten und dann sich getötet, um nicht in Gefangenschaft zu geraten.[215] Wenn Maesa über Macrinus' Aufenthaltsort nachgrübelte, hatte sie bestimmt ein frischeres Beispiel aus der eigenen Familiengeschichte vor Augen. Als ihr Schwager Septimius Severus im Bürgerkrieg von 193/94 Pescennius Niger besiegt hatte, war auch dieser angeblich beim Versuch, ins Partherreich zu gelangen, gescheitert. Im 3. Jahrhundert n. Chr. war der Partherkönig der einzige Barbarenherrscher, der es vielleicht wagte, eine römische Aufforderung nach Herausgabe eines Flüchtlings abzulehnen. Aber viele wurden wie Julius Alexander und Niger unterwegs geschnappt. Wir dürfen annehmen, dass die Prominenz des Flüchtlings und die Heftigkeit der Verfolgung zueinander im Verhältnis standen.[216] Selbst wer es über die Ostgrenze schaffte, war nicht sicher. Caracalla forderte die Auslieferung eines kynischen Philosophen namens Antiochos. Der Partherkönig weigerte sich. Als Caracalla zum Krieg rüstete, wurde Antiochos übergeben.[217] Für Macrinus war eine Flucht zu den Parthern vielleicht wenig attraktiv – das Eingeständnis einer Niederlage, mit dem er sein Leben den Launen eines orientalischen Despoten auslieferte.

Der letzte verbleibende Weg führte nach Westen. Für Cassius Dio war das selbstverständliche Ziel des Macrinus Rom, „in der Erwartung, dort werde er von Senat und Volk einiges an Hilfe bekommen"

(79,39,3). Der Historiker fuhr fort: „[...] sicher hätte er irgendetwas ausgerichtet ... sodass selbst die Soldaten entweder freiwillig ihre Meinung geändert oder aber sich gesträubt hätten und überwältigt worden wären." (79,39,4) Diese Einschätzung wirkt unglaubwürdig. Falls die Soldaten sich nicht umentschieden (und es gab keinen besonderen Grund, warum sie das sollten), wie genau sollten Senat und Volk sie dann „überwältigen"? Hier spricht Cassius Dios senatorisches Wunschdenken außergewöhnlich deutlich. Bürgerkriege wurden nicht von Senatoren entschieden (geschweige denn von der stadtrömischen Bevölkerung, für die Dio sonst nichts als Verachtung übrig hatte), sondern von Armeen.[218]

Unter den Kaisern war Rom für ein vorindustrielles Reich erstaunlich erfolgreich im Vermeiden von Bürgerkriegen gewesen – nur zwei ernste Ausbrüche in zweieinhalb Jahrhunderten. 69–70 n. Chr. hatte zwar die Armee im Osten Vespasian zum Kaiser ausgerufen, aber die Donauarmee war es, die ihm den Thron gewann. In den Kriegen von 193 bis 197 hatte die Donauarmee unter Septimius Severus erst Rom erobert, dann die Armee des Ostens geschlagen und schließlich die vom Rhein und aus Britannien. Die Lehre daraus war klar. Es ging nicht um Zahlen (zehn Legionen an der Donau, neun in Germanien und Britannien, volle zwölf im Osten).[219] Vielmehr war es eine Kombination aus Geografie (die Truppen an der Donau waren in einer zentralen Position und relativ nahe an Rom) mit gefühltem Kampfgeist. Die Soldaten von der Donau waren, wie Herodian es ausdrückte, „sehr gutaussehend und hochgewachsen, geborene Kämpfer und überaus tödlich, wenn auch schwer von Begriff und kaum zur Einsicht zu bringen" (2,9,11). Von ihrer Kriegstüchtigkeit spricht Herodian ausführlicher (wobei er ihre Dummheit taktvoll bemäntelt) in einer Ansprache an sie, die er Septimius Severus in den Mund legt: „Ihr habt euch ständig in Kriegstaten gegen die Barbaren geübt und könnt alle Mühen ertragen, Hitze und Kälte verlacht ihr, zugefrorene Flüsse überquert ihr (...) und überhaupt habt ihr so großartige Mittel zur Verfügung, euren Mut zu zeigen, dass euch niemand widerstehen kann, selbst wenn er wollte." (2,10,5)

Das militärische Denken der Zeit sprach dafür, dass Macrinus zu den Legionslagern an der Donau gehen sollte. Wie wir noch sehen werden, waren dort zwei seiner zuverlässigsten Unterstützer Statthalter. Aber wie Cassius Dio war Macrinus kein Mann mit militärischem Hintergrund. Wo war Macrinus?

II Gegenstand der Schmach

Macrinus saß auf einem Schiff. Er war von Chalkedon in See gestochen und überquerte nun die schmale Meerenge der Propontis zwischen Asien und Europa. Byzantion war fast schon erreicht. „So knapp verpasste es Macrinus, den Verfolgern zu entgehen" (Herodian 5,4,11), denn Gegenwind kam auf. Der fliehende Kaiser wurde zurück in sein Verhängnis geweht.

Eine spannende Geschichte, sie liest sich wie ein Roman. Denn das ist sie auch. Herodian neigte dazu, dramatische Szenen zu erfinden, einmal um seine Erzählung anzureichern, und dann, um Wichtiges zu betonen („so nah und doch so fern' – ohne diesen winzigen Zufall wäre der Krieg weitergegangen ...").[220]

Cassius Dio schildert eine wahrscheinlichere Schiffsreise. Macrinus hatte Antiochia in der Nacht des 8. Juni als Kurier (*frumentarius*) verkleidet mit wenigen Begleitern verlassen und Aigai in Kilikien erreicht. Dort besorgte er sich einen Wagen und fuhr durch die Provinzen Cappadocia, Galatia und Bithynia, bis er Eribolon erreichte, die Hafenstadt von Nikomedia. Die Stadt Nikomedia selbst wagte er aus Angst vor Bithyniens Statthalter Caecilius Aristo nicht zu betreten. Da die Straße aber durch Nikomedia führte, nahm er ein Schiff entlang der Küste bis Chalkedon. Dort gab er sich zu erkennen, schickte nach einem kaiserlichen Prokurator und verlangte Geld. Das war ein tödlicher Fehler: der Prokurator ließ ihn verhaften. Dann wurde Macrinus einem Zenturio namens Aurelius Celsus übergeben, einem der Männer, die Elagabal ausgeschickt hatte.[221]

II Gegenstand der Schmach

Die Elite des Römischen Reichs tat sich schwer damit, inkognito zu reisen oder zu leben. Eingefleischte Gewohnheiten machten es mühsam, sich als einer der *humiliores*, der „niedrigeren" Unterschicht, auszugeben. Im Alleine-Zurechtkommen waren sie schlecht. Wenn man Geld brauchte, schickte man jemanden los, der es entweder von einem Untergebenen verlangte oder von einem der *honestiores* erbat, den „anständigeren" Männern der eigenen Schicht. Geld machte es nicht allein: Auch ihr Akzent und ihr Verhalten verrieten sie. Im mörderischen politischen Aufruhr der späten Republik ging Marcus Licinius Crassus nach Spanien und wollte sich in einer Höhle verstecken. Mit sich nahm er drei Begleiter und zehn Diener. Als das Problem mit dem Essen sich zu Wort meldete, schickte er einem Grundbesitzer in der Gegend eine Nachricht, der dann dafür sorgte, dass auf dem Weg zur Höhle reichliche Mahlzeiten abgestellt wurden. Nach einer Weile fiel dem Grundbesitzer ein, dass ein junger Mann wie Crassus Sex brauchte. Also schickte er zwei Sklavenmädchen los und sagte ihnen, in der Höhle würden sie einen Herrn vorfinden. Sogar untergetaucht brauchte ein Mitglied der römischen Elite jede Menge Gesellschaft, reichlich zu essen und ein abwechslungsreiches Liebesleben. Wer von den vierzehn Männern in der Höhle Crassus war, brauchte man den Mädchen nicht zu sagen – Akzent und Auftreten zeigten das. Was in unseren Augen völlig überraschend ist: Als alte Frau sprach eines der Sklavenmädchen über die ganze Episode mit „dem größten Vergnügen" (Plutarch, *Crassus* 5,4).

Cassius Dio und Herodian sind sich einig: Macrinus war auf dem Weg nach Rom gewesen. Eine schlechte Entscheidung. Wir dürfen Dios Meinung bezweifeln, dass er „irgendetwas ausgerichtet" hätte, es sei denn, die Legionen an der Donau hätten zu ihm gehalten. Herodian drückt sich vorsichtiger aus: Macrinus sei „im Vertrauen" auf Unterstützung durch das Volk hingereist (5,4,11).

Bei Herodian wird Macrinus umgehend in einem Vorort von Chalkedon enthauptet. Wieder bietet Dio eine ausführlichere, überzeugendere Geschichte: Der Zenturio Aurelius Celsus setzte den Kaiser „wie einen der schändlichsten Verbrecher" (79,39,6) in einen Karren und machte sich mit ihm auf den langen Rückweg nach Antiochia.[222]

Macrinus kann sich keine Hoffnungen mehr gemacht haben. Viel später, in christlicher Zeit, konnte man einen abgesetzten Kaiser verstümmeln – ihm die Augen ausstechen oder die Nase abschneiden – und ihn in Klosterhaft stecken. Zwar bestand schon jetzt ein Vorurteil gegen Krüppel auf dem Thron, aber in der heidnischen Kaiserzeit war das keine Option.[223] Macrinus wusste, dass man sich nicht leisten konnte, ihn leben zu lassen. Elagabal würde Rache für den Mord an seinem ‚Vater' Caracalla wollen. Doch eine Hoffnung blieb Macrinus noch – dass sein Sohn entkommen war.

Beim Verlassen des Schlachtfelds von Immae hatte Macrinus Diadumenianus dem kaiserlichen Freigelassenen Epagathus und einigen weiteren Dienern überlassen und befohlen, ihn zum Partherkönig zu bringen.[224] Mit den Parthern hatte Macrinus einen Friedensvertrag geschlossen, der große Geldzahlungen vorsah. Dies und der Nutzen des Jungen als Faustpfand im Spiel der Diplomatie bedeuteten, dass er mit freundlicher Aufnahme rechnen konnte. Die Gruppe um Diadumenianus wollte den Euphrat bei Zeugma (was „die Brücke" heißt) überschreiten. Eine seltsame Entscheidung des Epagathus – in der Stadt lag eine starke römische Garnison, die *Legio IV Scythica* unter dem Kommando von Gellius Maximus. Außerdem war Diadumenianus dort im Vorjahr zum Caesar ausgerufen worden. Die Wahrscheinlichkeit, dass jemand den Jungen erkennen musste, war hoch. Prompt wurde Diadumenianus verhaftet – nicht von Gellius, sondern von Claudius Aelius Pollio, einem Zenturio, vielleicht dem *primus pilus* (dem obersten Zenturio) der Legion.[225] Der Exsklave Epagathus war ein Überlebenstalent. Als Favorit Caracallas und Vertrauter des Macrinus bekam er trotzdem noch ein hohes Amt unter dem von Maesa bestimmten Regime in den Anfangsjahren Severus Alexanders. Dem Thron über den gewaltsamen Tod von gleich drei Kaisern hinweg so nahe zu bleiben, erforderte List und Skrupellosigkeit. Das legt nahe, dass Macrinus dem Falschen vertraut hatte. Epagathus verriet Diadumenianus. Dass das Kind Pollio und nicht Gellius ausgeliefert wurde, sollte noch Konsequenzen haben (merken wir uns ihre Namen), aber nicht für den wendigen Freigelassenen Epagathus.

Die Nachricht von der Festnahme seines Sohnes erreichte Macrinus irgendwo auf dem langen Weg durch ganz Kleinasien. Jetzt machte Weiterleben keinen Sinn mehr. Gefesselt war der gefangene Kaiser nicht. Er versuchte sich das Leben zu nehmen, indem er sich aus dem rollenden Karren warf. Alles, was er erreichte, war ein gebrochenes Schulterblatt. Das Ende kam kurz darauf in Kappadokien – eine spätere Tradition nennt die Stadt Archelaïs. Vielleicht hatte der Fluchtversuch die Hinrichtung beschleunigt. Macrinus wurde geköpft. Die Enthauptung nahm nicht Aurelius Celsus vor, der ihn gefangengenommen hatte, sondern ein anderer Zenturio, Marcianus Taurus. Nach der Tötung verschwinden (wegen der Lücken im Text Cassius Dios?) beide Zenturionen aus der Geschichte. Macrinus' Kopf brachte man vielleicht nach Antiochia. Seine Leiche blieb am Straßenrand liegen.[226]

Dio deutet an, Diadumenianus sei nach seinem Vater hingerichtet worden. Wann und wo, wissen wir nicht.[227] Ebenso wenig wissen wir etwas über seinen Charakter. Die *Historia Augusta* stellt ihn als frühreifes, blutgieriges Monster dar, aber das ist komplett erfunden, ein nachträglicher Rufmord.[228] Was wir wissen, ist, dass Diadumenianus, als er getötet wurde, erst neun Jahre alt war.

Cassius Dio, der Macrinus anfangs durch lauwarmes Lob abqualifiziert hatte, wechselte den Kurs, während er das Leben des alten Mannes zusammenfasste (Macrinus war noch nicht einmal 54!): Er wäre vielleicht mehr als jeder andere gelobt worden, hätte er einen Senator auf den Thron gesetzt. Stattdessen nahm er ihn für sich und „wertete sich damit selbst ab und richtete sich zugrunde, sodass er ein Gegenstand der Schmach wurde und in einem höchst verdienten Unglück endete" (79,41,3).

III Sicherung des Ostens

In Antiochia wurde die Nachricht von Macrinus' Gefangennahme mit ungehemmter Freude aufgenommen, die von seinem Tod mit Erleichterung. Vielleicht mischte sich eine Spur Enttäuschung hinein. Der

Plan war gewesen, den gestürzten Kaiser nach Antiochia zu bringen. Aber wenn schon, jetzt konnte sein Andenken verdammt werden. Es war Zeit, die Hämmer und Meißel zu verteilen und ans Entstellen seiner Statuen und Inschriften zu gehen. Bald würde es so sein, als hätte es ihn nie gegeben. Aber seine Kreaturen saßen immer noch im ganzen Reich in ihren Ämtern und stellten eine Gefahr dar.

Wie das neue Regime Elagabals arbeitete, beschreibt Herodian. „Um die im Osten anstehenden Geschäfte kümmerten sich seine Großmutter und der Kreis seiner Vertrauten, denn er war noch jung an Jahren und es fehlte ihm an Verwaltungserfahrung und Bildung." (5,5,1) Den Einfluss der Frauen im Kaiserhaus werden wir uns später in Kapitel 11 ansehen, aber vorläufig wirkt Herodians Aussage plausibel. Elagabal war erst vierzehn und hatte, wie wir bald sehen werden, an andere Dinge zu denken.

Maesa hatte zusammen mit ihrer Schwester ein Vierteljahrhundert am Kaiserhof verbracht. Sie hatte miterlebt, wie ihr Schwager siegreich aus den Bürgerkriegen von 193 bis 197 hervorgegangen war. Sie wusste, wie wichtig Provinzstatthalter und Militärkommandeure waren. Nun führte sie im Osten eine Säuberungsaktion durch.

Macrinus' verbleibender Prätorianerpräfekt in Syrien, Iulianus Nestor, wurde hingerichtet. Den unappetitlichen Charakter niederer Herkunft – Nestor hatte seine Karriere als *frumentarius* (Spion des Kaisers) begonnen – werden wenige aus der Oberschicht bedauert haben. Mit ihm starben vermutlich die in den Mord an Caracalla verstrickten zwei Prätorianertribunen, die Brüder Nemesianus und Apollinaris. Als erster Senator musste Fabius Agrippinus sterben, der Statthalter von Syria Coele – noch einer, der Teil der Verschwörung gegen Elagabals ‚Vater' gewesen war. Mehr Glück hatte der Statthalter von Cappadocia, Marcus Munatius Sulla Cerialis, zumindest vorläufig. Seines Amtes enthoben kehrte er nach Rom zurück.[229]

Ein anderes Motiv nennt Cassius Dio für den Tod des Claudius Attalus, des senatorischen Statthalters der unwichtigen, truppenlosen Provinz Cyprus: Vor vielen Jahren hatte Attalus als Statthalter Thrakiens Comazon zur Flotte strafversetzt. Vielleicht steckte mehr dahinter. Ein, zwei Jahre vor dem Aufstand diente Elagabals Großvater mütterlicherseits, der Exkonsul Gaius Julius Avitus Alexianus, gerade als Sonderberater des Attalus auf Zypern, als er seinem Alter und einer Krankheit erlag.[230] Vielleicht hatte es ein Zerwürfnis gegeben und die Familie trug es Attalus weiter nach. Retten konnte die Verbindung ihn jedenfalls nicht.

Man schickte Todesurteile nach Süden. Ägyptens Präfekt Basilianus, den Macrinus zum Prätorianerpräfekten befördert hatte, war unauffindbar – der Gesuchte war übers Meer geflohen. Marius Secundus aber, der Statthalter von Syria Phoenice, wurde gefasst und beseitigt. Das letzte bekannte Opfer der Säuberung im Osten war Pica Caerianus, der Statthalter von Arabia.[231]

Sieben Tote, einer auf der Flucht und ein weiterer seines Kommandos enthoben.[232] Nichts Außergewöhnliches nach einem gewaltsamen Regimewechsel. Nichts, das zwangsläufig breite Verärgerung in der Herrschaftsschicht auslösen würde. Alle Opfer hatten Macrinus entweder nahegestanden oder hatten nicht eifrig genug die Seite gewechselt. In der imperialen Politik waren die Einsätze immer hoch.

Die offenen Stellen wurden mit eigenen Anhängern besetzt. Comazon wurde Prätorianerpräfekt; der einstige einfache Soldat sollte noch höher aufsteigen. Der Zenturio Verus wurde zum Senator gemacht und zum Statthalter von Syria Phoenice ernannt, blieb also Kommandeur der *Legio III Gallica*. Die späteren Ereignisse legen nahe, dass sich Verus mehr ausgerechnet hatte. In Arabia übernahm Timesitheus, der Prokurator (Finanzbeamter) aus dem Ritterstand, als geschäftsführender Statthalter (*agens vice praesidis*). Dasselbe geschah in Ägypten, wo ein Richter (*iuridicus*) namens Callistianus die Provinz leitete.[233]

Auf den ersten Blick eine bunte Mischung – wie es scheint, fehlte es dem neuen Regime noch an Unterstützern. Nicht ein Senator in Sicht. Aber die Präfekten der Prätorianer und Ägyptens waren immer Ritter. Was Arabia angeht, war es im Lauf des vorigen Jahrhunderts üblich geworden, dass Ritter zu zeitweiligen Statthaltern senatorischer Provinzen ernannt wurden. Bis zum Jahresende war Timesitheus durch den etablierten Senator Flavius Iulianus ersetzt. In Ägypten machte Callistianus 219 einem echten Präfekten aus dem Ritterstand Platz, Geminius Chrestus.[234] Dieser sollte Maesa in der Endkrise der Herrschaft Elagabals noch treue, nützliche Dienste leisten.

Um die Normalität oder Außergewöhnlichkeit der Ernennungen zu bewerten und danach das neue Regime einzuschätzen, müssen wir einen weiteren Ausflug in die Prosopographie unternehmen und uns einige Nebenfiguren der Geschichte anschauen. Alles wäre deutlich klarer, wüssten wir nur, wer nun die beiden wichtigen Provinzen Cappadocia und Syria Coele (mit zwei beziehungsweise drei Legionen) bekam und wer die beiden anderen bewaffneten Provinzen im Osten verwaltete, Syria Palaestina und Mesopotamia (mit je zwei Legionen).

219 war Theodorus der Statthalter Kappadokiens. Er war unter Caracalla kaiserlicher Sekretär zur Beantwortung von Bittschriften gewesen (212–13), war also aus dem Ritterstand nun in den Senat befördert worden. Die Ernennung dieses ‚neuen Mannes' – jemand aus dem Osten, dem Namen nach zu schließen – könnte für das Argument sprechen, dass es Elagabals Regime sehr an hochrangigen Gefolgsleuten fehlte, weshalb es sich auf Leute mit nichtsenatorischem Hintergrund aus der Region verlassen musste. Doch Theodorus kann schon von Caracalla in den Senat gebracht worden sein und war nicht unbedingt der Erste, der 218 auf Sulla folgte.[235]

Syria Coele könnte in die Gegenrichtung deuten, auf Gefolgsleute aus einem traditionellen Milieu der politischen Elite. Irgendwann vor 221 schickte Elagabal den italischen Senator Quintus Atrius Clonius in die Provinz, der vorher Thrakien verwaltet hatte und Konsul gewesen war. Laufbahntechnisch war das die Normalität selbst – nur ging Clonius vielleicht erst drei Jahre nach dem Aufstand nach Syria Coele.[236]

Syria Palaestina gibt nur einen seiner Statthalter unter Elagabal preis. Eine ausgemeißelte Inschrift nennt C. Iul(ius) Titi(anus). Wir wissen weder, wann er in der Provinz war, noch sonst etwas von ihm, nur dass die Tilgung seines Namens zeigt, dass er wegen Verrat verurteilt wurde.[237] Mesopotamia liefert überhaupt keine Belege.

Eines wäre der traditionellen Elite jedenfalls ins Auge gesprungen und hätte Senatoren wie Cassius Dio missfallen: die niedrige Herkunft von Comazon und Verus. Solche Vorurteile kannte Maesa sicher gut. Aber Anhänger der ersten Phase des Aufstands mussten unterstützt werden. Die optimistische Hoffnung lautete, dass sie sich loyal zeigen würden. Da der Osten nun sicher schien, war es Zeit, sich dem Westen zuzuwenden.

IV Sicherung des Westens

Von Antiochia aus gingen Briefe im Namen Elagabals an den Senat und das Volk von Rom.[238] Cassius Dio, der bei ihrer Verlesung im Senat anwesend war, sagt, der erste habe bloß das Absehbare enthalten; „er sagte viel Schlechtes gegen Macrinus, vor allem über dessen schlechte Herkunft und die Verschwörung gegen Antoninus (Caracalla)" (80,1,2).

„Alle Stände waren in begeisterter Aufregung", behauptet die *Historia Augusta* (*Heliog.* 3,1). Dagegen spricht Herodian von „allgemeinem Missmut" (5,5,2). In Wahrheit müssen bei den Senatoren gemischte Gefühle geherrscht haben. Einige den Severern ergebene Hardliner und die Intimfeinde des Macrinus waren schadenfroh. So jemand war der Exkonsul Fulvius. Während des Aufstands hatte er es gewagt, in einer öffentlichen Senatssitzung zu rufen, sie alle beteten für Macrinus' Tod. Derartige Dreistigkeit hielt Cassius Dio für Wahnsinn. So sahen das nicht alle. Fulvius sollte es unter Elagabal gut gehen. Andere Senatoren waren sichtlich weniger begeistert. Um den entschlossenen, für offene Worte bekannten Silius Messalla aus Rom wegzubekommen, wo er den Senat gegen das neue Regime hätte einnehmen können, wurde er unter dem Vorwand, Elagabal brauche seinen Rat, nach Syrien gerufen. Zweifellos behielten die meisten wie Cassius Dio ihre Meinung für sich und fügten sich.[239]

Insgesamt hatten die Senatoren kaum Grund zum Jubeln. Macrinus hatten sie nicht gemocht, aber Caracalla gehasst. Und Elagabal wurde ihnen als Caracallas Sohn vorgestellt. Laut Cassius Dio vergingen sie vor Angst.[240] Viele aus gutem Grund. Der Kaiser war der letztendliche

Ausgangspunkt aller Patronage. Ohne seine Zustimmung konnte man nicht in den Senat kommen oder die Stufen der klassischen Staatsämter (den *cursus honorum*) absolvieren. Die Freundschaft (*amicitia*) des Kaisers verlieh Prestige. „Welcher Bekannte der Caesaren erhebt keinen Anspruch auf ihre Freundschaft?", fragte der Dichter Ovid (*Epistulae ex Ponto* 1,7,21). Das Gegenteil, ihre Feindschaft (*inimicitia*), bedeutete bestenfalls den Rückzug aus der Öffentlichkeit (eine Art sozialen Tod), eher aber Verbannung, Selbstmord oder Hinrichtung. Wenn Senatoren sich nicht beim Kaiser aufhielten, schrieben sie ihm Briefe. Deren Inhalt war nicht so wichtig. Nach den erhaltenen Korrespondenzen zwischen Plinius mit Trajan oder Frontos mit Marc Aurel zu schließen, konnte er häufig alltäglich oder trivial sein.[241] Das Wichtige war, dem Kaiser zu schreiben und von ihm (hoffentlich) Antwort zu bekommen. Jeder Briefwechsel bestätigte die Freundschaft und machte sie publik. Man brauchte die Korrespondenz nicht unbedingt wirklich veröffentlichen wie die Literaten Plinius und Fronto, damit die Beziehung allgemein bekannt wurde.

Was in den Briefen stand, die die verschiedenen Senatoren an Macrinus geschickt hatten, kann man sich leicht denken: elegante Schmeicheleien für den Kaiser, als ehrliche Ratschläge verpackt, wie Plinius' *Panegyricus* auf Trajan es unübertrefflich vorgemacht hatte,[242] Schmähungen Caracallas, dazu nach Beginn des Aufstands Verunglimpfungen und Beschimpfungen Elagabals und der Frauen seiner Familie. Mehr als genug Gründe für ihre Autoren, sich zu fürchten.

Laut Dio schrieb Elagabal Beruhigendes. Er wolle sich gute Kaiser zum Vorbild nehmen: „er werde stets alles nach dem Vorbild des Augustus tun, dessen geringes Alter seinem eigenen ziemlich geähnelt hatte, und nach dem des Marcus Antoninus (Marc Aurel)" (80,2,3). Das zweite Modell war gut gewählt. Der Philosophenkaiser stand weiter in einem hervorragenden Ruf. Weniger beruhigend war das erste Vorbild samt Verweis auf die Jugend – Augustus war 17 gewesen, als er zum Erben Caesars ernannt wurde, während Elagabal 14 war, vielleicht auch nur 13. Bis zum Ende seiner langen Alleinherrschaft (31 v. Chr.–14 n. Chr.) hatte sich Augustus das Bild eines gütigen Vaters des Vaterlandes (*pater patriae*) aufgebaut, doch in jungen Jahren war seine Karriere von Blutgeruch umweht gewesen: den Proskriptionen (justizförmigen Massenmorden) von 43 v. Chr. und dem Massaker an Senatoren nach der Belagerung Perusias 40 v. Chr.

Elagabal versuchte die Ängste der Senatoren zu beschwichtigen. Nur die Notizbücher des Macrinus und die Briefe des Kaisers an den Stadtpräfekten (*praefectus urbi*) Marius Maximus sollten veröffentlicht werden. In seinen eigenen Briefen klagte Elagabal, Macrinus habe über seine Jugend gespottet, aber den eigenen Sohn mit nur fünf Jahren zum Kaiser ernannt. Dass Diadumenianus eigentlich neun gewesen war, tat nichts zur Sache. Die Klage zeigte, dass in Antiochia die gesamte kaiserliche Korrespondenz erbeutet worden war. Einstweilen machte man keinen Gebrauch davon, aber von Absichten, sie zu vernichten, wurde nichts gesagt. Selbst in diesem Fall hätte man Abschriften nehmen können wie einst unter Caligula, um sie später als Belastungsmaterial zu verwenden. Die Briefe der Senatoren saßen ihnen weiterhin im Nacken.

Die Charmeoffensive wirkte nicht. Teilweise wurde sie von der Senatsetikette konterkariert. An den Senat hatte Elagabal als Imperator Caesar Marcus Aurelius Antoninus Augustus geschrieben, der Sohn Caracallas und der Enkel des Septimius Severus. Sich selber legte er die Titel *Pius* und *Felix* (glückhaft) bei, die Befugnisse eines Volkstribuns (*tribunicia potestas*) und die übergeordnete Befehlsgewalt (das *maius imperium*) eines Prokonsuls. (Diese Kompetenzen, die doppelte Rechtsbasis für die Stellung als Kaiser, werden wir uns im nächsten Kapitel ansehen.) In einem Brief an die in Italien verbliebenen Truppen scheint Elagabal hinzugefügt zu haben – der entsprechende Abschnitt bei Cassius Dio ist fragmentarisch –, dass er Konsul und Pontifex Maximus sei (oberster Priester Roms). Theoretisch konnte nur der Senat diese Titel und Befugnisse vergeben. Natürlich war die Abstimmung eine Formsache, besonders nach einem Bürgerkrieg. Dennoch empörte sich Cassius Dio über diese Anmaßung, genau wie im Fall des Macrinus.[243] Wir tun uns schwer, für dieses mimosenhafte

Pochen auf Konventionen Mitgefühl aufzubringen (wenn ich „wir" sage, meine ich hier natürlich *mich*!), aber Senatoren wie Cassius Dio bedeuteten sie viel.

Mit Briefen war es nicht getan. Man musste jemanden losschicken, der die Errichtung des neuen Regimes in Rom koordinierte. Der Auserwählte war Claudius Aelius Pollio, jener Zenturio, der Diadumenianus in Zeugma gefangengenommen hatte.[244] Kraft kaiserlicher Verfügung wurde Pollio zum Senator im Rang eines Exkonsuls gemacht. Einige Berater in Antiochia, etwa Eutychianus oder Comazon, erkannten vielleicht nicht, wie sehr das den Senat vor den Kopf stoßen würde. Maesa muss sich dessen bewusst gewesen sein. Pollio war ein Militär, der bewiesen hatte, dass er entschlossene Schritte unternehmen konnte. Er brach mit der Anweisung auf, sich bei Schwierigkeiten an die Soldaten zu wenden – die verbliebene Kerntruppe der Prätorianer in Rom und den Rest der *Legio II* in den Albaner Bergen. Das Regime machte sich keine Illusionen darüber, wie begeistert es in Rom aufgenommen wurde.

Auf dem Weg nach Italien hatte Pollio außerdem die Aufgabe, sich um Ärger in Bithynien zu kümmern. Was es mit diesen Unruhen auf sich hatte, wissen wir nicht. Dies war die Provinz, deren Hauptstadt Nikomedia Macrinus aus Angst vor dem Statthalter Caecilius Aristo umgangen hatte. Vielleicht musste Aristo abgesetzt werden. Egal was das Problem war, Pollio „unterwarf Bithynien" laut Cassius Dio rasch (80,3,1).

Wenn der Kaiser, die Prätorianerpräfekten und der Präfekt der *Legio II* zusammen mit dem Gros der Soldaten aus Rom abwesend waren, verblieben als einflussreichste Männer die Konsuln als ranghöchste Magistrate und der Stadtpräfekt, der die 6000 Mann der Stadtkohorten befehligte.[245] Einer der Konsuln war Macrinus gewesen; seinen Platz nahm nun Elagabal ein. Der verbleibende Konsul Marcus Oclatinius Adventus wohnte in Rom. Adventus, ein Mann aus einfachen Verhältnissen ohne Bildung – es hieß, er sei Analphabet – war vom einfachen Soldaten zum *frumentarius* und zum Prokurator aufgestiegen und dann unter Caracalla Prätorianerpräfekt geworden.

Jetzt war er alt und blind und hatte bei der Ausrufung des Macrinus jedes Interesse am Kaiserthron von sich gewiesen. Als Belohnung war er 217 kurze Zeit Stadtpräfekt und dann 218 zusammen mit Macrinus Konsul geworden. Weil er (laut Cassius Dio) nicht in der Lage war, ein anständiges Gespräch zu führen, meldete er sich vor öffentlichen Auftritten krank und besaß keinen Einfluss im Senat. Adventus stellte kein Problem dar.[246]

Der Mann, der Adventus als Stadtpräfekt abgelöst hatte, war ein ganz anderer Fall. Marius Maximus war ein gebildeter Senator, der unter Septimius Severus Provinzen verwaltet und Armeen kommandiert hatte. Später sollte er Kaiserbiografien schreiben. Sein Werk ist verloren, aber soweit wir es – im Zerrspiegel der *Historia Augusta* gesehen – noch beurteilen können, war seine Vita Elagabals durch und durch feindselig. Dennoch nimmt man normalerweise an, dass er als bisher zuverlässiger Unterstützer der Severerdynastie während dieser entscheidenden Monate im Amt blieb. Vielleicht wird dabei etwas übersehen. Das neue Regime hatte Macrinus' Briefe an Marius Maximus verbreitet. Im Senat wurden sie verlesen. Die Absicht dabei war, dem Andenken des Macrinus zu schaden. Zugleich untergruben die Briefe aber auch die Stellung des Marius Maximus, indem sie ihn als Vertrauten des in Verruf gekommenen Kaisers zeigten. Höchstwahrscheinlich wurde Marius Maximus umgehend entlassen. Unter Elagabal bekam er kein weiteres Amt. Der Biograf hatte einen persönlichen Grund, seine Hauptperson von Anfang an zu hassen.[247]

Als Pollio in Rom eingetroffen war, hielt er eine Rede vor dem Senat. Eine verstümmelte Passage aus Cassius Dio zeigt, dass er das ursprünglich nicht beabsichtigt hatte. Ein Mann namens Censorinus verlor die Nerven und überließ Pollio die Aufgabe. Sicher identifizieren lässt er sich nicht, aber offensichtlich war Censorinus ein hochrangiger Senator. Sehr wahrscheinlich löste er Marius Maximus als Stadtpräfekt ab.[248] Censorinus' ängstliches Zögern setzt ein anhaltendes Maß an Opposition im Senat und wohl auch in der gesamten Stadt gegen das neue Regime voraus.

Letztendlich lief alles ziemlich glatt. Pollio brauchte die Truppen nicht zu bemühen. Als Marius Maximus gefeuert und wahrscheinlich durch Censorinus ersetzt war, während der forsche Silius Messalla sich auf dem Weg nach Syrien befand, hielt Rom still. Jetzt konnte man sich um die Armeen an der Nordgrenze kümmern.

Wie Cassius Dio uns berichtet, wurde Pollio nach Germanien geschickt. Eine Inschrift zeigt ihn als Statthalter der Germania Superior, einer wichtigen Provinz mit zwei Legionen am Oberrhein.[249] Und hier verliert sich die Spur. Nach einem Jahr des atemberaubenden Aufstiegs (Zenturio, der Diadumenianus gefangen nimmt, Senator im Rang eines Konsulars, Statthalter Bithyniens, Sprecher des Regimes im Senat, Statthalter Obergermaniens) hören wir von Pollio weiter nichts. Die Inschrift zeigt keine Rasur, also traf Pollio keine *damnatio memoriae*. Vielleicht genoss er einen angenehmen Ruhestand und lebte von der Million Sesterze, die er zusammen mit der Senatorenwürde bekommen hatte.[250]

Zu wem die Donauarmee hielt, war, wie wir schon sahen, lebenswichtig für die Sicherheit einer Kaiserherrschaft. Um dieses Gebiet kümmerte Maesa sich vielleicht schon vor Rom. Macrinus hatte zwei seiner Handlanger an die Donau geschickt, die beide in den Mord an Caracalla verstrickt waren. Marcus Claudius Agrippa hatte sein Leben als Sklave begonnen, als Kosmetiker oder Friseur. Unter Septimius Severus war er irgendwie zum Anwalt in der Verwaltung des kaiserlichen Dienstvermögens (*advocatus fisci*) geworden. Das war ein Posten für Ritter, auf dem ein Freigelassener nichts zu suchen hatte. Als Severus von Agrippas unfreier Herkunft erfuhr, schickte er Agrippa ins Exil. Caracalla holte ihn zurück, machte ihn zu einem der kaiserlichen Chefsekretäre und gewährte ihm dann die *adlectio* in den Senat mit dem Rang eines Expraetors. Beim Tod Caracallas kommandierte er eine Flotte. Gleich darauf beförderte Macrinus Agrippa in den Rang eines Konsulars und übertrug ihm die Provinz Pannonia Inferior.

Schon bald versetzte Macrinus Agrippa nach Dakien. Von dort wurde er zum Statthalter der Moesia Inferior ernannt. Mit gutem

Grund ist vermutet worden, dass er von Moesien aus weiterhin auch Dakien verwaltete.[251]

Aelius Decius Triccianus ersetzte Agrippa in der Pannonia Inferior. Das war für Triccianus eine triumphale Rückkehr zu den Anfängen seiner Karriere. Als Soldat in der *Legio II Adiutrix* war er Türhüter des damaligen Statthalters der Pannonia Inferior gewesen. Caracalla hatte ihn zum Präfekten der *II Parthica* ernannt, wo er sich einen Ruf als strenger Zuchtmeister erwarb. In dieser Stellung hatte er sich der Verschwörung gegen seinen Wohltäter angeschlossen. Wie Agrippa war auch Triccianus während der Zeit in der Pannonia Inferior der Rang eines Exkonsuls verliehen worden.[252]

Gemeinsam kommandierten Agrippa und Triccianus nicht weniger als sechs Legionen. Wie Cassius Dio behauptet, forderten die Legionäre der *II Parthica* den Tod ihres früheren Legaten Triccianus. Das lieferte einen überzeugenden Vorwand. Beide Männer waren gefährlich und standen im Ruf, eine Rolle bei der Ermordung Caracallas zu spielen, der jetzt als Elagabals Vater anerkannt war. Beide Männer wurden hingerichtet. Angesichts ihrer einfachen Herkunft werden traditionell denkende Senatoren wie Cassius Dio ihnen keine Träne nachgeweint haben.

Die frei gewordenen Provinzen verschafften dem Regime eine Chance, Patronage auszuüben und der traditionellen Senatselite eine Botschaft zu senden. Obwohl Ulpius Victor Ritter war, wurde er als diensttuender Statthalter nach Dakien geschickt. Wie wir schon an Arabia sahen, war daran für konservativ Denkende nichts Ungewöhnliches oder Beleidigendes. Die anderen zwei Neubesetzungen waren aussagekräftiger. Der neue Statthalter der Pannonia Inferior hieß Pontius Pontianus. Wir kennen drei, vielleicht sogar vier Männer dieses Namens. Jeder davon kann der Neue gewesen sein; wenn nicht, sind sie nahe Verwandte von ihm. Dies war eine angesehene Senatsfamilie mit mindestens einem Konsul unter ihren Vorfahren, also Teil der Senatsaristokratie. Der Mann, dem man Moesia Inferior anvertraute, Novius Rufus, war Italiker mitten aus dem Establishment. Wie vor ihm sein Vater und Großvater war er Konsul gewesen.²⁵³ Diese Männer waren keine Friseure oder Türsteher. Nach der Aufwertung von Comazon, Verus und – was in diesem Moment am stärksten im Bewusstsein war – Pollio zeigte das Regime dem Senat jetzt, dass der *cursus honorum* wie immer funktionierte: Männer aus alten, vornehmen Familien würden in Ehren gehalten werden und weiterhin aufsteigen.

Interessanterweise scheint diese Botschaft angekommen zu sein. Vielleicht spielen uns die erhaltenen Quellen einen Streich, aber bis zum Ende der Herrschaft Elagabals hören wir von keinem Aufstand in der Westhälfte des Imperiums. Der Osten war, wie wir in ein paar Seiten sehen werden, eine andere Sache.

V Das Gesicht Elagabals 1

Macht war in Rom etwas Persönliches. Für die Menschen musste der Kaiser ein Gesicht haben. Wie in einer modernen Diktatur stellten die Untertanen überall sein Bild zur Schau, um ihrer Loyalität öffentlich Ausdruck zu verleihen. Ein neues Regime musste das Porträt des Kaisers schnellstmöglich unter die Leute bringen. Noch während Elagabal in Antiochia war, wurden seine Büsten in die Provinzen verschickt und Tausende Münzen geprägt.²⁵⁴ Direkte Belege, wie die Kaiserbüsten in Auftrag gegeben, hergestellt oder verteilt wurden, haben wir nicht. Schon mehr wissen wir über Münzporträts, werden deren Behandlung aber bis zu einer Zeit aufschieben, für die sie lebenswichtig ist: als Elagabal in Rom ist und zum Rest des Imperiums ‚spricht'. Vorläufig reicht es, wie im Fall von Maesas Gesicht, zu sagen, dass es sich bei Münzen und Büsten um offizielle Bilder handelte, die dem Kaiser ähnelten.

Alle Elagabal-Porträts zählen zu einer von zwei Versionen. Dies ist ein Beispiel aus seiner Frühzeit. Nur vier unveränderte und nicht verstümmelte Büsten vom Typ 1 sind erhalten.²⁵⁵ Als Elagabal lassen sie sich identifizieren, weil sie einander ähneln und ebenso den Porträts auf seinen frühen Münzen (218–29).

V Das Gesicht Elagabals 1

Bild 7 Porträttyp 1 Elagabals

Elagabal hat kurze Haare, eine hohe Stirn, gewölbte Brauen und große Augen sowie einen vollen Mund, dessen Unterlippe kräftiger als die obere ist. Sein Gesicht ist symmetrisch und etwas ausgefüllt (eine Andeutung von Babyspeck vielleicht?). Die Wangen sind glatt – entweder glattrasiert oder er ist noch nicht in die Pubertät gekommen. Alles in allem ein unauffälliger Jugendlicher. Keine Andeutung einer Herkunft aus dem Osten, außerdem trägt er die übliche Toga.

Das einzige Charakteristikum an den frühen Porträts Elagabals, über das sich fast alle Forscher einig sind,[256] ist die bewusste Gestaltung, die ihn sehr den Bildern seines ‚Vaters' Caracalla in einem vergleichbaren Alter ähneln lässt. Die Ähnlichkeit ist so groß, dass die Numismatiker Probleme haben, einige ihrer Münzen auseinanderzuhalten.[257] Das konnte niemanden überraschen. Wenn man nicht aus der Stadt Emesa oder ihrer engeren Umgebung kam wie die Legionäre der *III Gallica* und zufällig den Gott Elagabal anbetete, gab es absolut keinen Grund, wieso dessen Hohepriester Elagabal Kaiser sein sollte, außer dem, dass Caracalla als sein Vater reklamiert wurde.

Für den Senat war das alles andere als beruhigend. Aber darum ging es nicht. Der Großteil der Staatsausgaben floss in die Armee.[258] Die meisten kaiserlichen Münzen waren für die Truppen gedacht. Die Soldaten hatten Caracalla geliebt. In diesen ersten Monaten der Herrschaft war die Treue der Armee zu Elagabal noch ungewiss.

VI Die Reise

Einige Monate lang blieb Elagabal im Sommer 218 in Antiochia.[259] Wieso dieser späte Aufbruch? Der neue Kaiser musste nach Nikomedia reisen, dann nach Europa übersetzen, sich den Truppen an der Donau zeigen und anschließend dem Senat und Volk von Rom.

Verschiedene Erklärungen sind dafür vorgebracht worden.

Erstens: Wenn Macrinus lange auf der Flucht war, war ein Aufbruch vielleicht zu unsicher, bis der Geflohene gefasst war?[260] Nichts stützt diese moderne These. Sowohl Cassius Dio als auch Herodian beschreiben eine Flucht Hals über Kopf nach Nikomedia, wo Macrinus fast augenblicklich verhaftet wird. Auch nach der Gefangennahme bleibt Elagabal in Antiochia und befiehlt, den gestürzten Kaiser zu sich zu bringen.

Zweitens: Hielten Unruhen in Syrien Elagabal in Antiochia fest?[261] Diese Idee lässt sich nicht von vornherein verwerfen. Schon bald sollte es Ärger geben und in Antiochia herrschte kein vollkommener Friede. Der angesehene Senator Silius Messalla traf aus Rom mit der Erwartung ein, einen Platz im Rat des Kaisers zu bekommen. Stattdessen wurde er hingerichtet. Doch obwohl Cassius Dios Chronologie vage ist, setzt sie die Unruhen im Osten nach dem Eintreffen Elagabals in Nikomedia an.

Es gibt noch einen dritten möglichen Grund. Elagabal nahm seinen gleichnamigen Gott mit sich in einem Wagen von Emesa nach Rom. Münzen zeigen den schwarzen Stein in einem von vier Pferden gezogenen Prunkwagen, von Sonnenschirmen überschattet. Herodian berichtet uns über die komplizierten Rituale, die später in Rom stattfanden, wenn der Gott von einem Tempel zum anderen zog. Solche Zeremonien zu organisieren kostete Zeit. Zusätzlich mussten, wenn sowohl der Hohepriester als auch das wichtigste Kultobjekt Emesa verließen, Vorkehrungen getroffen werden, damit der Gottesdienst im dortigen Tempel weiterging. Das ist ein *argumentum e silentio*, aber wenn dies hinter dem verlängerten Aufenthalt in Antiochia stand, zeigt es, dass Elagabal vom ersten Moment seiner Herrschaft an die Pflichten, deren Erfüllung man von einem Kaiser Roms erwartete, zugunsten der Pflichten eines Hohepriesters des Gottes Elagabal vernachlässigte.[262]

Endlich verließ der Kaiser im Herbst, frühestens im September, Antiochia mit dem Ziel Nikomedia.[263] Rekonstruiert hat man den Reiseweg durch Kleinasien unter der Annahme, dass Stadtprägungen mit dem Gott Elagabal auf dem Revers die Ankunft des Gottes in der jeweiligen Stadt feierten.[264] Später hat man darauf hingewiesen, dass viele dieser Münzen aus einer späteren Herrschaftsphase stammen, dass ihre Vorderseite Kaiser Elagabal in jedem Fall als Erwachsenen zeigt, weshalb keine Münze im Jahr 218 emittiert worden sein kann, und dass einige in Städten wie dem ägyptischen Alexandria geprägt wurden, die nicht auf dem Weg gelegen haben können. Die Interpretation hat sich dahin verschoben, dass die Münzen an die Einführung des Elagabal-Kults in der jeweiligen Stadt erinnern.[265] Das heißt vielleicht das Kind mit dem Bad ausschütten. Tatsächlich sind beide Deutungen miteinander vereinbar. Jede Stadt hatte ihre eigenen Gründe, den Elagabal-Kult einzuführen (wie wir in Kapitel 9 sehen werden). Für einige bestanden sie wohl durchaus darin, dass der Gott die Stadt auf dem Weg nach Rom mit seiner Anwesenheit beehrt hatte. Wie Elagabals Prozession ließ sich auch ein städtischer Kult nicht über Nacht organisieren. Tempel mussten gebaut oder mindestens umgewidmet werden, es gab Bilder herzustellen, Priester zu ernennen, Feste zu stiften und Geld für das alles bereitzustellen.

Wenn wir jene Städte in Kleinasien, die später Elagabalkulte einführten, mit dem Ort zusammennehmen, wo der Kaiser die Leiche des Macrinus besichtigte,[266] und die Lücken mit Hilfe des *Barrington*

Die Reise

Atlas füllen, ergibt sich eine plausible Route mit den Stationen Antiochia – Alexandreia ad Issum – Hierapolis/Kastabala – Anazarbos – Tarsos – Faustinopolis – Tyana – Archelaïs – Ankyra – Juliopolis – Nikomedia.

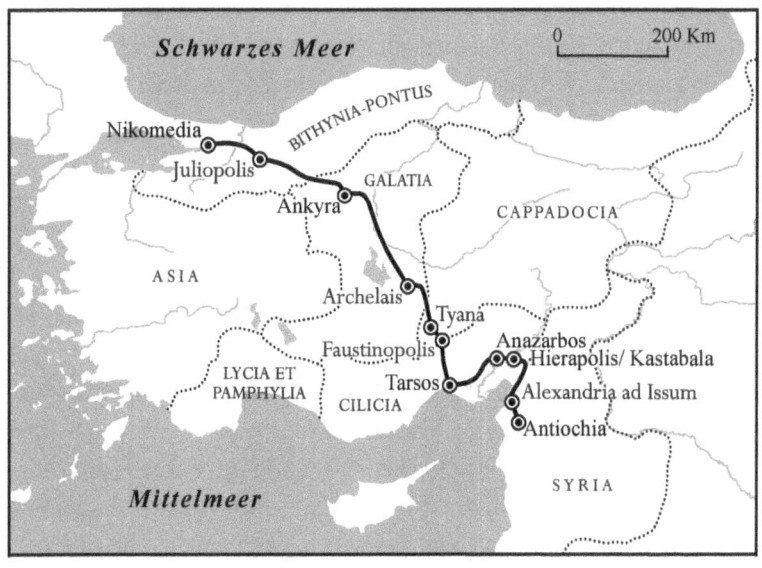

Von Antiochia nach Nikomedia

Die Ankunft des kaiserlichen Gefolges war ein Moment der Chancen für jede Stadt.[267] Es ließen sich Kontakte und (hoffentlich) eine dauerhafte Verbindung knüpfen – mit dem Kaiser selbst wie mit denen in seiner Nähe. Man konnte um Vergünstigungen bitten. Vielleicht gab es dann Titel wie Kolonie, Metropolis, Erste, Größte, Schönste, Tempelhüterin – die allesamt nützlich im endlosen Prestigekampf zwischen Nachbarstädten waren – oder greifbarere Wohltaten: das Recht, Gerichtsort zu sein (was die Einkünfte in die Höhe schnellen ließ, weil es Konfliktparteien und andere in die Stadt zog, darunter anscheinend Scharen von Prostituierten), die Erweiterung des Stadtrats (Ratsherren zahlten Eintrittsgebühren) oder, was das Allerbeste war, Steuerfreiheit.

VI Die Reise

Die Schattenseite war, dass das Erscheinen des Kaisers Kosten und potenziell auch Leid mit sich brachte. All die Höflinge, Funktionäre, Diener und Soldaten wollten einquartiert und versorgt sein, die wichtigeren unter ihnen mussten außerdem unterhalten werden. Einquartierte Truppen machten immer Ärger – sie machten sich einen Spaß aus Diebstahl, Schlägereien und Vergewaltigungen. Und wenn dem Kaiser etwas missfiel, konnte er statt Belohnungen Strafen verteilen: Statusverluste und Bußgelder für die Stadt, Verbannung oder Tod für Einzelpersonen. Schlimmstenfalls konnte er die Soldateska auf die Städter loslassen und ein Massaker anstiften, wie es Caracalla in Alexandria getan hatte. Die Ankunft eines Kaisers war eine Zeit äußerster Anspannung.

Den Tonfall des Besuchs gab die Ankunftszeremonie (der *adventus*) vor, bei der ein Würdenträger der Stadt am Tor eine Begrüßungsrede hielt.[268] Ein Handbuch, wie man solche Reden schreibt, ist unter dem Verfassernamen Menander Rhetor aus dem 3. Jahrhundert erhalten. Wenn wir es lesen und dabei in die Tunika und den Himation eines besorgten Honoratioren einer griechischen Stadt Kleinasiens schlüpfen, der sich auf eine Rede an Elagabal vorbereitet, werden einige der Schwierigkeiten sehr deutlich.[269]

Das Handbuch sagt uns, wir sollten alles Gute breit darstellen und bloß keine ambivalenten oder umstrittenen Dinge erwähnen. Das wird nicht so leicht werden. Anfangen sollte die Rede mit dem altehrwürdigen Ruhm des Heimatlandes des Kaisers. Knifflige Sache, wenn es sich dabei um das relativ spät gegründete Emesa handelt, das in den Geschichtsbüchern fast gar nicht erwähnt ist. Wenn das nicht geht, sollte der Redner sich beim Charakter der kaiserlichen Landsleute aufhalten. Sind sie tapfer wie die Gallier oder Pannonier, für ihre Kultur berühmt wie die Griechen oder für ihre Gesetze bekannt wie die Römer? Leider nein. Sie sind Syrer, deren unappetitlichen Ruf wir im letzten Kapitel kennengelernt haben. Wenn weder Stadt noch Volk berühmt sind, gleich zur Familie übergehen. Das wird wieder ein kleines Problem, denn – vorausgesetzt, unser Redner weiß überhaupt etwas über sie – das ist eine Horde Araber mit albernen Namen wie

„Sampsigeramos". Am besten vielleicht ausführlich über Caracalla und dessen Vater Septimius Severus reden, dann zu ihren angeblichen Vorfahren zurückgehen: Marc Aurel, Antoninus Pius, vielleicht bis hinauf zu Trajan.

Im Hauptteil der Rede wird die Sache ein bisschen weniger herausfordernd. Vorzeichen bei der Geburt des Kaisers – „wenn es möglich ist, welche zu erfinden, und das überzeugend, dann zögere nicht." Anschließend Person: Preise seine Schönheit. Sollte gehen, schließlich behauptet Herodian, Elagabals Schönheit habe die Soldaten anfangs zu ihm hingezogen. Dann Erziehung – ist er im Palast aufgewachsen? Allerdings. Zeit für das Lob „seiner Liebe zur Bildung, seines Scharfsinns, seines Lerneifers, seiner guten Auffassungsgabe für das Gelehrte". Das lässt sich alles schnell abspulen, ob's stimmt oder nicht. Genau wie seine Tugenden, seine Mäßigung und Menschenfreundlichkeit – schließlich hat er noch keine Zeit gehabt, das Gegenteil zu beweisen.

Hässlich wird es wieder gegen Ende der Rede, wenn die Taten des Kaisers dran sind. Krieg könnte ein gutes Thema sein. Elagabal hat seine Sache in der Schlacht von Immae gut gemacht. Leider war das ein Bürgerkrieg. Eine Lobrede auf das Abschlachten von Mitbürgern halten zu wollen, war eine missliche Sache. Ebenso problematisch sind seine Taten in Friedenszeiten: Gerechtes Regieren (na ja, vielleicht, mal abgesehen von Eutychianus' wachsendem Ruf der Bestechlichkeit), weise Gesetze (soweit wir wissen, hat Elagabal keine erlassen), Lebensstil (ob der Kaiser gerade seine barbarischen Priestergewänder trägt?) ... und was erst die Vorzüge seiner Frau und seine verheißungsvollen Kinder betrifft, geschweige denn einen Vergleich seiner Herrschaft mit anderen Herrschern wie Alexander dem Großen ...

Das Schlusswort kann gar nicht früh genug kommen.

Welchen größeren Segen soll man von den Göttern erbitten als die Sicherheit des Kaisers? Regen zur richtigen Zeit, Überfluss aus dem Meer, reichliche Ernten kommen zu unserem Glück dank des Kaisers Gerechtigkeit. Als Gegengabe bekränzen ihn, besingen ihn, schreiben über ihn Städte, Nationen, Völker und Stämme. Voll von seinen Bildern sind die Städte, manche als bemalte Tafeln, andere vielleicht aus edlerem Metall. Danach musst du ein Gebet sprechen.

Oder aber man schmeißt das Handbuch einem Sklaven an den Kopf und mietet sich einen Berufsredner.

VII In Nikomedia

Nikomedia war an Kaiser gewöhnt. Es lag auf dem wichtigsten Weg zwischen der Donau und dem Osten. Caracalla hatte hier 213–24 Hof gehalten. Vielleicht war Elagabal bei ihm gewesen, damals, als jeder noch dachte, der Junge sei der Sohn eines kürzlich verstorbenen Senators aus Syrien. Jetzt kehrte er als Kaiser und Sohn des vergöttlichten Caracalla zurück. Weil es spät im Jahr war, sah sich Elagabal gezwungen, in Nikomedia zu bleiben. Die Saison für Seefahrt endete irgendwann zwischen dem 14. September und dem 10. November. Frühestens am 10. März begann sie wieder.[270] Während der Überwinterung 218/19 in Nikomedia begann vieles ernsthaft schiefzugehen.

Cassius Dio berichtet von einer Aufstandswelle im Osten.[271] In Syria Phoenice war Verus als Kommandeur der *Legio III Gallica* zurückgeblieben. Um die Provinz zu verwalten, war er zum Senator im Rang eines Ex-Praetors gemacht worden. Das scheint ihm nicht gereicht zu haben. Comazon hatte vorher denselben Rang gehabt wie er, Lagerpräfekt, und sich später als er dem Aufstand angeschlossen, der Elagabal zum Kaiser machte. Nun war er zum Prätorianerpräfekten ernannt, saß mit dem Status eines Exkonsuls im Zentrum des Kaiserhofs und war der zweitmächtigste Mann des Reiches. Vielleicht trieben enttäuschter Ehrgeiz und Neid Verus zum Aufstand. Was immer das Motiv war, der Aufstand scheiterte und Verus wurde hingerichtet. Damit war es aber nicht zu Ende. Ein nicht genannter Sohn eines Zenturios „unternahm den Versuch, dieselbe gallische Legion in Aufruhr zu versetzen" (Cass. Dio 80,7,3). Vielleicht hängt das mit einer Notiz bei Herodian zusammen, dass die Legion an einen neuen Standort verlegt wurde. Auch die zweite Revolte wurde unterdrückt und diesmal unternahm das Regime den ungewöhnlichen Schritt, die Legion aufzulösen. Inschriften zeigen, dass einige ihrer Soldaten im fernen Afrika stationiert wurden.[272]

Aufruhr gab es auch in Syria Coele. Zur Zeit von Diadumenianus' Gefangennahme hatte Gellius Maximus die *Legio IV Scythica* in Zeugma befehligt. Aus Pollio, dem Zenturio, der die Verhaftung ausgeführt hatte, war ein konsularer Senator geworden, er hatte Bithynien verwaltet, für das Regime im Senat gesprochen und war nun Statthalter von Germania Superior. Gellius Maximus saß immer noch mit der Skythischen Legion in Zeugma, unter dem Befehl eines neuen Provinzstatthalters. Eine Belohnung hatte er nicht bekommen. Wieder dürfen wir Enttäuschung und Neid vermuten. Nach der Hinrichtung von Gellius Maximus „stiftete ein anderer Ärger mit der Vierten an, der Wolle verarbeitete" (Cass. Dio 80,7,3). Auch er wurde getötet. Anders als die *III Gallica* wurde die Vierte Legion nicht aufgelöst. Stattdessen bekam sie einen neuen, ungewöhnlichen Kommandeur. Wir kennen aus zwei absichtlich ausgemeißelten Inschriften in Rom nur einen Teil seines Namens: ...*atus*. Unter Elagabal wird er noch eine spektakuläre Karriere durchlaufen, allerdings wissen Sie angesichts des Schadens an den Inschriften schon, wie das enden wird.[273] Er war kaiserlicher Sekretär aus dem Ritterstand. Als *a studiis* war seine Aufgabe gewesen, den jungen Kaiser bei der Lektüre anzuleiten. Jetzt wurde statt eines Senators von prätorischem Rang er nach Zeugma geschickt, um die *Legio IV Scythica* wieder auf Linie zu bringen. Wenn eine Krise auftrat, setzte sich das Regime wie im Fall Pollios über die Konventionen hinweg und hielt sich an die gefühlte Loyalität derer, die dem Hof nahestanden.

Wichtig ist, dass die *Legio II Parthica*, deren östliche Garnison in Apameia zwischen den beiden aufständischen Legionen lag, von Elagabal neue Ehrentitel bekam: *Pia Fidelis Felix Aeterna* (die Ergebene, Treue, Glückliche, Ewige).[274]

VII In Nikomedia

„Ein weiterer, ein Privatmann", fuhr Cassius Dio fort, „versuchte die Flotte aufzuwiegeln, während sie in Kyzikos im Hafen lag und Pseudantoninus (Elagabal) den Winter in Nikomedia verbrachte" (80,7,3). Ein unkluger Versuch. Die Flotte hat nie einen Kaiser hervorgebracht. Auch dieser Mann bezahlte garantiert mit seinem Leben.

Laut Dio „gab es anderswo noch viele weitere" (80,7,3). Einer davon war vielleicht „jener Präfekt", dem wir schon auf einem Papyrus aus Ägypten als Anführer eines gescheiterten Aufstands begegnet sind (siehe oben Kapitel 1).

All diese Revolten haben etwas Merkwürdiges, beinahe Widersinniges. Man sollte annehmen, dass ein bewaffneter Aufstand die besten Erfolgschancen hätte, wenn ihn ein ranghoher Militär an der Spitze von Truppen unternähme, die weit entfernt vom Kaiser sind. Aber all diese Erhebungen ereignen sich im Osten, nicht weit weg von Nikomedia. Es ist, als könnte die Kaisergewalt wie Elektrizität nur auf begrenzte Entfernung überspringen. Hatte der vertraute Anblick bereits Verachtung geweckt? Dachten diese Männer, wenn sie Elagabal beobachteten, dass sie bessere Kaiser abgäben? Glaubten sie ernsthaft, Elagabal werde ein schlechter Herrscher sein? Wenn sie Letzteres annahmen, hatten sie natürlich recht.

Cassius Dio unterstreicht die niedere Herkunft aller Rebellen. Das sollten wir mit Vorsicht genießen. Der Vater von Gellius Maximus war nicht irgendein x-beliebiger Mediziner, sondern kaiserlicher Hofarzt, Prokurator aus dem Ritterstand und Mitglied des angesehenen Museions in Alexandria.[275] Sein Sohn war Senator und ehemaliger Prätor. Zenturionen wie Verus konnten aus reichen Ritterfamilien stammen, ebenso natürlich ihre Söhne. Der Mann, der die Flotte zur Meuterei bringen wollte, mag zwar Privatmann gewesen sein, aber das heißt nicht, dass er einer der *humiliores* (der unteren Schichten) war – er kann aus vornehmen Kreisen gekommen sein. Wenn man Dios Vorliebe für Spitznamen bedenkt (wie Gannys für Eutychianus), war der „Wollarbeiter" vielleicht gar keiner. An dieser Stelle vertritt Dio die versnobte Auffassung, wenn schon Macrinus und Elagabal Kaiser werden konnten, dann habe ja wirklich fast jeder nach dem Thron greifen können.

Von militärischem Vorgehen gegen diese Usurpatoren hören wir nichts. Alle wurden zügig exekutiert. Aus den späteren Herrschaftsjahren sind keine Aufstände bekannt. Das Regime hatte diese Truppenerhebungen in den Provinzen überstanden. Doch im Kaiserhof in Nikomedia lief nicht alles gut.

Basilianus, den Prätorianerpräfekten des Macrinus, der übers Meer aus Ägypten geflohen war, hatte man in Brundisium in Italien verhaftet. Der Flüchtling war von einem Freund in Rom verraten worden, den er heimlich um Essen gebeten hatte. Die Oberschicht war eben nie gut darin, inkognito zu reisen. Jetzt wurde Basilianus nach Nikomedia geschafft und hingerichtet.[276]

Sulla, der abgesetzte Statthalter von Cappadocia, wurde aus Rom nach Nikomedia zitiert. Vielleicht argwöhnte er, ihm werde dasselbe passieren wie Silius Messalla bei dessen Ankunft aus Rom in Antiochia – jedenfalls richtete Sulla es so ein, dass er den Truppen begegnete, die aus dem Osten zurück nach Germanien marschierten. Diese Machenschaften garantierten, dass er hingerichtet wurde.[277]

Den angesehenen Gaius Julius Septimius Castinus, Konsul und Statthalter Dakiens unter Caracalla, hatte Macrinus aus Rom verbannt. Der Relegierte lebte nahe Nikomedia in seiner Heimatprovinz Bithynien. Elagabal kündigte dem Senat in einem Brief die Rehabilitation des Castinus an. Etwas kam dazwischen. „Castinus starb, weil er tatkräftig und vielen Soldaten bekannt war wegen der Kommandopositionen, die er bekleidet hatte" (Cass. Dio 80,4,3).

Dasselbe Schicksal, so Cassius Dio, hatte bereits Gaius Julius Asper ereilt. Der zweimalige Konsul und ehemalige Stadtpräfekt war von Macrinus übergangen worden, als für ihn die Statthalterschaft von Asia anstand. Elagabal schrieb dem Senat etwas über Asper, dann ließ er ihn hinrichten.[278]

Drei angesehene Konsulare und ein ranghoher Ritter tot – die Leichen sammelten sich allmählich an. Aber in jenem Winter kam es in Nikomedia zu einer noch verstörenderen Tötungsaktion.

Eutychianus, der Erzieher des Kaisers, hatte dessen erste Ausrufung durch die *III Gallica* arrangiert und ihm den Sieg in der Schlacht

VII In Nikomedia

bei Immae verschafft. Die Frauen des Kaiserhauses waren restlos zufrieden mit ihm, denn Maesa hatte ihn aufgezogen und für Soaemias war er praktisch der Ehemann. Dieser *Sonnenschein* oder *Goldjunge* (wie sein Spitzname Gannys besagte) war dem jungen Kaiser ergeben, der in ihm einen Ziehvater und Vormund sah. Elagabal spielte sogar mit dem Gedanken, Eutychianus zum Caesar zu erheben und damit zum Thronerben zu machen. Man munkelte von einem Ehevertrag, um die Verbindung noch zu stärken. Wahrscheinlich mit Soaemias. Nicht, wie manche heutigen Forscher denken, mit Elagabal selbst.[279] Cassius Dio hätte nie die Gelegenheit verpasst, sich deswegen in Rage zu reden, und hätte Eutychianus dann nicht so positiv beurteilt. „Gewiss, Gannys lebte ziemlich luxuriös und nahm gern Bestechungen an, aber sonst war er nicht schuld daran, dass jemandem etwas Böses zustieß, und erwies vielen Menschen viele Wohltaten." (80,6,2)

Während jenes Winters in Nikomedia ging Eutychianus zu weit. Zweifellos von Maesa bestärkt versuchte er Elagabal zu einem maßvollen, umsichtigen Lebensstil zu zwingen. Der schadhafte Text Cassius Dios verrät uns nicht, was mit der Lebensweise des Kaisers nicht stimmte. Laut der direkten Ausdrucksweise der *Historia Augusta* drehte sich alles um Sex: „Er benahm sich in allen Dingen schweinisch, wurde von Männern bestiegen und war darauf geil wie eine Frau" (HA *Heliog.* 5,1). Das stimmt wahrscheinlich so weit, aber der Rest der Passage ist erfunden. Wir folgen besser Herodian – der Zankapfel war die Religion, waren die Zeremonien, die Elagabal als Hohepriester seines gleichnamigen Gottes durchführte.[280]

Der Streit eskalierte. Elagabal befahl den Soldaten, Eutychianus zu töten. Sie zögerten, sagt Cassius Dio: „nicht einer der Soldaten war so verwegen, mit dem Morden anzufangen." Der junge Kaiser „selbst gab ihm als erster den Todesstoß" (80,6,3).

Nahm er dazu das Schwert, mit dem er sich in Raphaneai gegürtet hatte? Sobald Blut auf der Klinge des Kaisers war, machten die Soldaten beim Hauen und Stechen mit. Waren Maesa und Soaemias anwesend? Wie reagierte Soaemias? Ihr Sohn hatte schließlich gerade ihren Liebhaber getötet.

Elagabal hätte seine Tat mit der Familiengeschichte rechtfertigen können. Schließlich hatte sein ‚Vater' im Palast die Tötung seines verhassten Schwiegervaters Plautianus eingefädelt, eines anderen allzu mächtigen Untertanen. Caracalla hatte angeblich nicht selbst zugestoßen, später aber die Waffe in einem Tempel geweiht, als hätte er die Tat für sich reklamieren wollen.[281]

Wie auch immer die Rechtfertigung lautete, wegen dieses Mordes, schreibt Cassius Dio, galt Elagabal „als frevelhaftester aller Menschen" (80,6,1).

Man konnte sich schon denken, dass einige heutige Forscher die Geschichte verworfen haben. Sie sei „zu sehr wie ein Topos, ein literarischer Gemeinplatz, der Elagabalus schlecht dastehen lassen soll, um glaubwürdig zu sein".[282] Man fragt sich, was solche Kritiker aus dem Tod des irakischen Gesundheitsministers im März 1982 gemacht hätten. Riyadh Ibrahim Hussein schlug vor, Saddam Hussein solle das Präsidentenamt niederlegen, damit im iranisch-irakischen Krieg ein Waffenstillstand möglich werde. „Saddam zeigte äußerlich keine Spur von Verärgerung. Er unterbrach einfach die Kabinettssitzung und bat den Minister, ihn nach draußen zu begleiten. ‚Gehen wir nach nebenan und besprechen wir die Sache da weiter', sagte Saddam. Der Minister stimmte zu und beide verließen den Raum. Einen Augenblick später hörte man einen Schuss und Saddam kam allein zum Kabinett zurück, als sei nichts geschehen."[283] Autokraten haben die verstörende Angewohnheit, sich nicht wie westliche Akademiker zu benehmen.

Eutychianus war tot, getötet von Elagabal. Aber Maesa wollte noch nicht aufgeben. Sie machte sich große Sorgen um die Wirkung, die Elagabals Religion auf seine Untertanen in Rom machen würde. Ihre Ängste waren begründet. Den Großteil ihres Lebens hatte sie im Westen verbracht und sie kannte die Vorurteile gegen Syrer und Phöniker. Ständig versuchte sie ihren Enkel dazu zu bringen, dass er sich unauffälliger verhielt oder zumindest die östliche Kleidung aufgab. Dazu brauchte es Mut, wenn man Eutychianus' Schicksal bedenkt. Der junge Kaiser missachtete ihren Rat – ja, sie bewirkte das genaue Gegenteil. Elagabal gab ein riesiges Gemälde in Auftrag, das ihn in seinen Priestergewändern beim Opfer für seinen Gott zeigte; dies ließ er nach Rom vorausschicken und gab Anweisung, es an einem gut sichtbaren Platz im Senat aufzustellen. „Er wollte unbedingt, dass Senat und Volk von Rom sich an seine Tracht gewöhnten", sagt uns Herodian, „und wollte vor seiner Ankunft auf die Probe stellen, wie sie auf den Anblick reagierten" (5,5,6). Vorgewarnt waren sie jedenfalls.

KAPITEL 6

Macht

Schon während Elagabal den Winter 218/19 in Nikomedia verbrachte, vernachlässigte er die Pflichten eines römischen Kaisers. Stattdessen widmete er sich laut Herodian den Ritualen seines Gottes. Gemäß der *Historia Augusta* benahm er „sich in allen Dingen schweinisch, wurde von Männern bestiegen und war darauf geil wie eine Frau" (HA *Heliog.* 5,1). Cassius Dio wiederum lässt ihn mordlustig werden, als Eutychianus ihn zu einem „vernünftigen, bedachten" Leben bekehren wollte (80,6,3). Natürlich waren all diese Entscheidungen für eine bestimmte Lebensweise nicht unvereinbar. Keine davon war aber die Art, wie sich ein Kaiser benehmen sollte. Ehe wir uns diesen Erwartungen zuwenden – und wie sie aussahen, stellt in der heutigen Forschung einen Zankapfel dar –, müssen wir uns seine Machtbasis ansehen. Mit welchem Recht herrschte ein Kaiser überhaupt? Hatte sein Handeln gesetzliche Grenzen?

I Der legitime Kaiser – über dem Gesetz

Im Jahr 31 v. Chr. besiegte Octavian Antonius und Kleopatra in der Schlacht bei Actium. Im Jahr darauf trieb er sie in Ägypten in den Suizid. Als letzter Überlebender jener dynastischen Militärs, deren Bürgerkriege die Republik zu Fall gebracht hatten, stand Octavian vor einem Dilemma: Wie sollte er weiter herrschen, ohne das Schicksal seines Adoptivvaters Caesar zu erleiden? Eine Meute messerstechender Senatoren hatte Caesar im Namen der Freiheit ermordet. Allerdings besaß *libertas* für sie eine ganz eigene Bedeutung – die Freiheit, untereinander um Magistraturen und Kommandopositionen zu konkurrieren, den *cursus honorum* zu durchlaufen und die Gewinne imperialer Herrschaft einzustreichen. Irgendwie musste Octavian einen Weg finden, wie so stolze *nobiles* seinem Regime dienen konnten. Eine offene Monarchie würde für die senatorische *dignitas* nicht hinnehmbar sein. Diktator auf Lebenszeit zu werden wie Caesar oder gar König war keine Option.

Nach fast einem Jahrzehnt des Experimentierens mit verschiedenen Kombinationen aus Titeln und Vollmachten wurde eine Zauberformel gefunden.[284] Sie beruhte auf einem Akt des Verzichts. Am 1. Juli 23 v. Chr. trat Augustus, wie er nun seit vier Jahren hieß, als Konsul zurück, ein Amt, das er seit Actium jedes Jahr bekleidet hatte. Der Senat, der nur aufs Stichwort wartete, stimmte umgehend dafür, ihm das zurückzugeben, was Augustus brauchte: eine übergeordnete militärischen Befehlsgewalt (ein *maius imperium*) und die Befugnisse eines Volkstribuns (die *tribunicia potestas*). Dank des *maius imperium* hatte er weiterhin die unangefochtene Kontrolle über die Armee. Nicht nur verwaltete Augustus durch Stellvertreter jene Provinzen, in denen die überwältigende Mehrheit der Legionen stationiert war, sondern er hatte auch das Recht, überall im Imperium den Oberbefehl zu führen. Im Gegensatz zu anderen Imperiumsträgern erlosch die Vollmacht nicht einmal, wenn sich Augustus innerhalb der sakralen Stadtgrenzen Roms selbst aufhielt. An jedem Neujahrstag erneuerten alle Soldaten, wo sie auch dienten, ihren Diensteid (*sacramentum*) auf Augustus und seine Familie.

Mit dem *maius imperium* war die Frage der Armee geklärt. Man darf nie vergessen, dass das Kaisertum ursprünglich eine Militärautokratie war. Die *tribunicia potestas* behandelte zivile Angelegenheiten. Mit ihr verbunden war die Unantastbarkeit eines Volkstribuns. Es war ein Sakrileg, die Person des Kaisers zu verletzen – nicht, als hätte das jemals einen Fanatiker und seine Klinge abgehalten. Zwei weitere wichtige Befugnisse brachte die *tribunicia potestas* mit sich. Ein Kaiser konnte, als wäre er ein Tribun der alten freien Republik, jede

I Der legitime Kaiser – über dem Gesetz

Handlung jedes Magistrats unterbinden oder sein Veto gegen sie einlegen – eine Negativform politischer Kontrolle. Gegen den Willen des Kaisers konnte nichts geschehen. Positiv gesehen konnte ein Kaiser Gesetzesvorschläge einbringen, ebenfalls so, als wäre er ein Tribun der Plebs. Nahm man seine Kontrolle über die Armee und seine überragende *auctoritas* hinzu (das Wort „Autorität" ist ein viel zu schwacher Ausdruck für dieses zutiefst römische Konzept), überrascht es nicht, dass jeder seiner Vorschläge Gesetz wurde. Zur Zeit Elagabals erklärten die anerkanntesten Rechtsgelehrten, der Wille des Kaisers sei Gesetz und er selbst stehe über dem Gesetz.

Augustus erklärte, die Republik sei nun wiederhergestellt (*res publica restituta*). Für das römische Denken musste jede Reform, egal wie neuartig oder gar revolutionär, immer eine „Restauration" sein. Völlig grundlos war diese politische Aussage nicht. Der Apparat der Republik funktionierte: Wahlen wurden abgehalten und Ämter besetzt, der Senat trat zusammen und fasste Beschlüsse. Dies aber war eine neue Republik, in der der Kaiser den militärischen Oberbefehl hatte und sein Wille Gesetz war.

Was war die Absicht dieser ausgefeilten „Wiederherstellung der Republik" durch Augustus? Es war nicht, wie Theodor Mommsen im 19. Jahrhundert vertrat, eine „Dyarchie", in der sich Senat und Kaiser die Macht teilten. Ebenso wenig war es ein Versuch, die Kaiserherrschaft zu ‚verstecken'. In einem Papyrus aus dem Jahr 30/29 v. Chr. schworen die Lampenanzünder von Oxyrhynchos, Lampenöl für die Tempel bereitzustellen, wie sie es auch „bis zum 22. Jahr getan haben, das zugleich das 7. war" (*P. Oxy.* XII 1453). Wie Fergus Millar scharfsichtig erkannte, glaubten die Lampenanzünder, eine Monarchin (Kleopatra VII.) sei durch einen anderen (Augustus) ersetzt worden. Wenn schon diese Lampenanzünder in einem abgelegenen Winkel Ägyptens, von denen die Hälfte nicht lesen und schreiben konnte, wussten, dass Augustus ein Monarch war, kann das der politischen Elite in Rom unmöglich entgangen sein. Die „Wiederherstellung der Republik" war eine Formel zur Besänftigung des Stolzes, der *dignitas*, der Senatoren. Der Kaiser war zwar Alleinherrscher und stand über dem Gesetz, aber seine rechtliche Machtbasis, ja seine Legitimität beruhte auf einem Votum der Senatoren selbst. Dass die Abstimmung eine Formsache war und abschließend ebenso mechanisch durch einen Volksbeschluss bestätigt wurde, hatte wenig zu sagen. Der Senat war in die „wiederhergestellte Republik" eingebunden und seine Mitglieder konnten der neuen Ordnung dienen, ohne durch den Verlust ihrer hochgeschätzten *dignitas* gedemütigt zu werden.

Die „Neuordnung" des Augustus (wie sie oft in heutigen Lehrbüchern heißt, was ihre revolutionäre Natur stark herunterspielt) zählt zu den erfolgreichsten politischen Experimenten der Geschichte. Drei Jahrhunderte lang blieben das vom Senat beschlossene *maius imperium* und die *tribunicia potestas* die Grundpfeiler der Autorität jedes Kaisers.[285] Natürlich hatten die Senatoren fast nie eine Wahl, aber die Formsache war ihnen wichtig – denken Sie daran, wie sich Cassius Dio beschwerte, dass sowohl Macrinus als auch Elagabal die Kaisertitulatur verwendeten, ehe der Senat sie offiziell verliehen hatte.

Elagabals Nachfolger sagte, der Kaiser sei zwar von den Gesetzen befreit, es stehe ihm aber gut an, nach ihnen zu leben. Severus Alexander war damit alles andere als provokant, sondern äußerte ein versöhnliches ideologisches Statement. Ein Kaiser stand über dem Gesetz und konnte ganz legal machen, was er wollte. Von seinem eigenen Charakter abgesehen war alles, was ihn aufhalten konnte, die Erwartungshaltung seiner Untertanen.

II Der passive Kaiser – „Petition and response"

Ganz, ganz selten verändert ein Buch unsere Ansichten zu einer ganzen historischen Epoche. Eines dieser Bücher war 1977 Fergus Millars *The Emperor in the Roman World (31BC–AD337)*. Es ist ein monumentales Werk – 657 Seiten inklusive Anhänge mit über 4000 Fußnoten, die zum Großteil gleich mehrere Verweise enthalten. Die Tiefe und breite Fächerung des eingeflossenen Wissens sind atemberaubend. Seine Methoden formulierte Millar im Vorwort: keine

II Der passive Kaiser – „Petition and response"

„Kontamination" durch „Gesellschaften außer denen Griechenlands und Roms", sondern „das richtige Ziel eines Historikers, sich dem Quellenbestand unterzuordnen". Das Buch beginnt mit dem Aufenthaltsort des Kaisers, seiner Umgebung und seinem Vermögen. Es endet mit der Beziehung zwischen Kaiser und Kirche nach der Übernahme des Christentums. Was dazwischen steckt, ist Millars bleibendes Vermächtnis: eine erschöpfende Untersuchung der Antworten des Kaisers auf endlose Mitteilungen – mündliche wie schriftliche – seiner Untertanen, die fast andauernd um Geld, Prestige, Freundschaft, Gerechtigkeit und dergleichen bitten. Aus zahllosen Beispielen wurde der Schluss gezogen, dass „der Kaiser war, was der Kaiser tat".[286] Und das war eine erdrückende Menge Schreibtischarbeit als Reaktion auf die Anstöße anderer. Politikziele oder Strategien habe es nicht gegeben – tatsächlich gar keine echte Initiative. Im Wesentlichen war der Kaiser „passiv".

Bald machten Millars zahlreiche Anhänger daraus das „Petition-and-Response-Modell". Auf zahlreichen Tagungen plapperten Absolventen den Begriff nach, als bewiese das Wiederholen die Wahrheit und schließe jeden Bedarf an anderen Sichtweisen von vornherein aus. In einem Nachwort zur zweiten Auflage erklärte Millar 1991, eigentlich habe er gar keine quellengeleitete Geschichte geschrieben (wie jeder Leser gedacht hätte), sondern eine raffiniertere, hypothesengeleitete, da er von vornherein einem „Modell" gefolgt sei.[287] Seltsamerweise blieb allerdings das Vorwort, das sich den Quellen unterordnete, unverändert.

Ganz, ganz selten verändert ein Buch unsere Ansichten zu einer ganzen historischen Epoche – und das ist nicht immer eine komplette Verbesserung. Nach den letzten paar Absätzen ist sicher klar, dass ich kein Fan von „Petition and Response" bin (*erschöpfend*, *zahllos* und *nachplappern* sind nicht zufällig in den Text gerutscht). Der Reit des Modells ist offensichtlich: Es macht die Rolle des Kaisers sehr leicht verständlich und erspart seinen Anhängern die Herausforderung, sich den Kaiser irgendwie anders zu denken. Und dass es über andere Möglichkeiten nicht nachdenkt, ist eine seiner Hauptschwächen.

Ehe wir zu diesen anderen Arten kommen, sich den Kaiser vorzustellen, müssen wir uns darüber bewusst werden, dass sich die zum Beleg von „Petition and Response" aufgebotenen Quellen stark auf diejenigen konzentrieren, die mit dem Kaiser kommunizierten und diese Kommunikationsakte anschließend festhielten. Das war die schriftkundige Elite des Reiches, besonders aus der griechischsprachigen Hälfte. Das räumte Millar ein: „Wenn wir unseren Quellen folgen, könnten wir beinahe zu der Ansicht kommen, die Hauptrolle des Kaisers sei es gewesen, sich Reden auf Griechisch anzuhören." *Beinahe*, aber nicht ganz. Millar kam nicht zu der Ansicht, die Hauptrolle des Kaisers sei es gewesen, sich Reden auf Griechisch anzuhören, bemerkte aber anscheinend nicht, dass er damit seine eigene Methodik aushebelte – man ordnet sich dem Quellenbestand nur dann unter, wenn er zum eigenen Argument passt. Und natürlich können Althistoriker niemals die „Kontamination" durch „Gesellschaften außer denen Griechenlands und Roms" vermeiden. Sie leben ja in einer.

Ein anderes Problem wurde nicht angesprochen. Der Kaiser war nicht allein, „was der Kaiser machte". Er war auch, was seine Untertanen dachten, was er war und machte. Da der Kaiser nur mit einem winzigen Bruchteil seiner Untertanen direkt interagieren konnte, war für den Erhalt seiner Herrschaft sein Bild im Bewusstsein der Allgemeinheit viel wichtiger.

Selbst wenn wir uns an Millars eigene begrenzte, pragmatische Kategorien halten, bleibt eine Unmenge außen vor. In Wirklichkeit tat der Kaiser eine ganze Menge mehr, als wir ihn in *The Emperor in the Roman World* tun sehen. Sehr wenig von dem, was bewusst nicht im Buch vorkommt, passt zu dessen zentraler These, dass der Kaiser „im Wesentlichen passiv" war.

Fangen wir doch mit dem Kaiser als Oberkommandierendem der Armee an, ein Thema, das Millar umging.[288] Ein Kaiser konnte neue Legionen aufstellen und andere auflösen. Wir sahen schon, wie Elagabal die *Legio III Gallica* strich. Er konnte Einheiten neue Titel verleihen oder schon verliehene entziehen. Nach den Aufständen

II Der passive Kaiser – „Petition and response"

von 218/19 taufte Elagabal die *II Parthica* „ergeben, treu, glücklich, ewig". Die Truppen konnten eine andere Bewaffnung bekommen. Caracalla schuf eine Phalanx im makedonischen Stil mit langen Spießen. Da wir von ihr nichts mehr hören, machte Macrinus das vermutlich rückgängig. Der Kaiser konnte den Sold und die Zusatzvergünstigungen der Soldaten erhöhen (wie Septimius Severus und Caracalla) oder Geldgeschenke verteilen. Umgekehrt konnte er bestehende Vergünstigungen abzuschaffen versuchen (was zum Tod des Macrinus beitrug). Er konnte Einheiten aus Garnisonen von einem Ende des Imperiums ans andere verlegen. Er erschien eventuell vor seinen Soldaten und hielt Ansprachen – nicht nur vor den in Rom stationierten, da viele Kaiser sich den Armeen an den Grenzen vorstellen gingen. Schließlich, und das war das Entscheidende, waren nicht alle Kriege Roms defensiv. Ein Kaiser konnte beschließen, einen Feldzug zu beginnen und die Truppen in der Schlacht zu führen.

Die Truppen konnten ihren Kaiser um etwas bitten. Das Konzept des Kaisers als „Kamerad" verlieh ihnen besondere Redefreiheit. Einer Anekdote zufolge unternahmen 1500 Soldaten zur Zeit des Commodus die lange Reise von Britannien nach Rom, um einen kaiserlichen Favoriten mit Vorwürfen zu überhäufen.[289] Aber das war eine außergewöhnliche Ausnahme. Fast jede Interaktion zwischen Herrscher und Soldaten ging vom Kaiser aus. In der Welt des römischen Militärs war der Kaiser aktiv und dynamisch, er hatte fast nichts mit der ‚passiven' Figur gemäß „Petition and Response" zu tun.

Die Religion kommt in *The Emperor in the Roman World* nur in Gestalt von Mitteilungen der Untertanen vor. Das ist noch nicht einmal die halbe Wahrheit. Im ganzen Reich wurde der Kaiser als Gott verehrt. Im Osten funktionierte der Kaiserkult, so wird angenommen, als „Bottom up"-System. Das heißt, die griechische Elite bat um Erlaubnis, zum Kaiser beten zu dürfen. Das passt exakt ins Petition-and-Response-Modell. Im Westen jedoch wurde der Kult durch die kaiserliche Regierung als Fokus für die Loyalität der Provinzen eingeführt – und das passt genau wie die Beziehungen des Kaisers zur Armee überhaupt nicht hinein.[290]

Als letztgültiger Mittler zwischen Menschheit und Göttern konnte der Kaiser Neuerungen in der Religion vornehmen. Normalerweise ging das nicht weiter, als ab und zu ein neues Fest einzuführen oder die Mitgliedschaftsregeln eines Priesterkollegiums zu ändern. Manche Kaiser aber machten sich daran, Roms gesamte Religion zu ändern. Konstantin führte erfolgreich seinen gekreuzigten Gott ein. Elagabal scheiterte letztendlich, wie wir in Kapitel 8 und 9 sehen werden, mit dem Versuch, seine Emesener Gottheit an die Spitze des Staatspantheons zu setzen. Niemand kann behaupten, dass diese beiden Kaiser passiv auf ein Gesuch reagierten: „Ach bitte, *domine*, wirf doch die angestammte Religion über den Haufen, die seit Jahrhunderten die Sicherheit Roms garantiert und an die die allermeisten von uns glauben."

In der römischen Welt gab es keine starre Trennung zwischen Öffentlichem und Privatem, also auch keine klare Teilung zwischen politischem und sozialem Leben des Kaisers. Der kaiserliche Rat, das *consilium*, war der Schauplatz der großen Entscheidungen. Einen festen Mitgliederkreis gab es nicht. Der Kaiser lud ein, wen er wollte, wann und wo er wollte. Domitian ließ seine Ratgeber mitten in der Nacht kommen, um sie zur Zubereitung eines besonders schönen Fisches zu befragen (jedenfalls tat er das in einer Satire Juvenals).[291] Die Grenzen des Rates konnten verschwimmen. Wenn beim *consilium* Essen gereicht wurde, wurde es eine Tischgesellschaft. Wenn beim Essen die Rede auf Politisches kam, wurde es ein *consilium*. Wie in jeder Autokratie war der wichtigste Faktor in der Politik, mit wem der Kaiser in welchem Zusammenhang sprach. Der Senat war ganz entschieden der Ansicht, der Kaiser sollte seine Zeit mit Mitgliedern dieses Standes verbringen. Aber oft wurde er enttäuscht. Man braucht nicht eigens zu sagen, dass diese proaktive soziopolitische Schlüsselrolle des Kaisers sich nicht annähernd damit reimt, dass er „im Wesentlichen passiv" gewesen wäre.

Vom Kaiser wurde erwartet, dass er am Geistesleben teilnahm, nicht nur als passiver Konsument, sondern auch als aktiver Beteiligter. Dem werden wir im nächsten Kapitel nachgehen. Einstweilen genügt

II Der passive Kaiser – „Petition and response"

der Hinweis, dass Marc Aurel nicht auf eine Eingabe antwortete, als er die *Selbstbetrachtungen* schrieb.

Ein Politikfeld, auf dem niemand dem Kaiser jemals Passivität vorwerfen könnte, ist (was nicht überrascht) in *The Emperor in the Roman World* gar nicht erwähnt. Jede Autokratie beabsichtigt sich fortzusetzen. In der Geschichte gibt es nur wenige allgemeingültige Regeln, aber dies scheint eine davon zu sein. Jeder Kaiser schmiedete Nachfolgepläne. Soweit ich weiß, hat kein Kaiser je gebrütet, ob er die Republik wiederherstellen wollte, wie Marc Aurel im Film *Gladiator*. Selbst wenn er männliche Kinder hatte, musste der Kaiser proaktive Entscheidungen treffen. Falls er zwei Söhne hatte, was sollte er tun? Beide erheben, einen aussuchen? Falls es nur ein Erbe war, wann sollte er das *maius imperium* und die *tribunicia potestas* bekommen und wann vom Caesar (Unterkaiser und Thronerben) zum Augustus (Mitkaiser) aufsteigen? Falls er keine leiblichen Söhne hatte, wen sollte er adoptieren? Natürlich konnte die Umgebung des Kaisers ihren Einfluss geltend machen, aber die Entscheidung lag allein bei ihm.

Vielleicht erscheint es unfair, ein Buch für das zu kritisieren, was *nicht* darin vorkommt. Aber nicht in diesem Fall. *The Emperor in the Roman World* untersucht erst isoliert einen einzelnen Aspekt der Herrscherrolle – die Antworten auf Gesuche – und verallgemeinert dann dessen zwangsläufige Passivität auf alle anderen Bereiche im Leben des Kaisers.

Es bleiben noch zwei wichtige Probleme. Alle Kaiser werden zu einem einzigen, ziemlich langweiligen Bürokraten vermengt, der seinen Untertanen endlose Antworten gibt. Das wird der großen Vielfalt in unserem Quellenbestand nicht gerecht und verkennt das Wesen der Autokratie. Wie Mary Beard es so hübsch gesagt hat: „Während des halben Jahrtausends Einmannherrschaft im Westteil des Römischen Reichs gab es Wüstlinge und Arbeitstiere ... Selbst die Pflichtbewusstesten müssen sich ab und zu ein bisschen ausgetobt haben ... gelegentlicher Sadismus ist nicht inkompatibel mit bürokratischer Effizienz".[292] Nicht alle Kaiser waren gleich.

Das allerletzte Problem an *The Emperor in the Roman World*: Sein erbarmungsloses Aufhäufen von Details nimmt kaum Rücksicht auf den Leser. Sich einer Flut an Quellen unterzuordnen ersetzt keine Methodik, die die Fantasie des Lesers zu packen versucht. In einer feindseligen Rezension sagte Keith Hopkins: „Ästhetischer und intellektueller Genuss sind kompatibel mit großer Gelehrsamkeit."[293]

Das Modell von „Petition and Response" ist nicht die einzige und bestimmt nicht die unterhaltsamste Art, sich die Rolle des römischen Kaisers zu denken. Probieren wir eine andere – eine, die uns mehr über Elagabals Erfahrungen verrät.

III Der aktive Kaiser – vier „Wählergruppen"

Statt das Unmögliche auch nur zu versuchen, eine „Kontamination" von außen zu vermeiden, können wir in gewollt anachronistischen Begriffen eine Frage formulieren: Welche „Wählergruppen" waren es, um deren Unterstützung sich ein Kaiser bemühen musste? Vier gab es, die wirklich zählten: der Senat, die Plebs der Stadt Rom, die Armee und die *familia Caesaris* (das Personal im Kaiserpalast). Das waren die Gruppen, die seine Herrschaft destabilisieren und ihn sogar stürzen konnten. Für den Kaiser stellte das ein ernstes Problem dar. Alle vier wollten Verschiedenes von ihm – wollten tatsächlich jeweils einen anderen Kaiser. Sich einer Gruppe anzunähern barg das Risiko einer Entfremdung von den anderen drei. Kaiser sein war ein heikler Balanceakt.

Kaiser und Senat waren auf der Strukturebene gegensätzliche Institutionen. Der Senat war in der freien Republik der Brennpunkt des politischen Geschehens gewesen und erinnerte sich lebhaft daran. Aber der Senatorenstand war keine abgeschottete Kaste. Um die Mitgliederzahl zu erhalten, war in jeder Generation ein beträchtlicher Zustrom neuer Männer nötig.[294] Zu den faszinierendsten Phänomenen in der Kulturgeschichte des Prinzipats gehört, dass jede Senatorengeneration die Einstellungen ihrer Vorgänger übernahm. Sie akzeptierten die Notwendigkeit der Kaiserherrschaft, weil das Imperium sonst wieder in Bürgerkriege verfallen musste, aber hungerten nach der Freiheit von einst. Der Kaiser war im Kern ein Militärautokrat. Seine Rolle war im Bürgerkrieg geschmiedet worden und wurde von der Armee getragen. Die marxistische Lesart, Senat und Kaiser hätten sich zusammengetan, um ihre Position an der Spitze der sozialen Pyramide zu halten,[295] schließt nicht aus, dass sie sich in den Haaren lagen. Senat und Kaiser waren aneinander gebunden. Der Kaiser brauchte den Senat, weil dieser ihm seine Vollmachten verlieh und ihn mit Legitimität ausstattete. Er brauchte die Senatoren zum Verwalten seiner Provinzen und für das Kommando seiner Armeen. Der Senat brauchte den Kaiser, um den eigenen Status als prestigereichste Körperschaft des Imperiums zu halten, und fortan mussten seine Mitglieder sich an den Kaiser halten, um ihre Karriere im *cursus honorum* voranzubringen.

Augustus' „Neuordnung" schuf eine Formel, die überwiegend Balsam für die empfindliche *dignitas* der Senatoren war und ihm den Dienst für das neue Regime gestattete. Die Senatoren reagierten, indem sie den Begriff ihrer eigenen Freiheit umdefinierten. *Libertas* hieß von nun an hauptsächlich Redefreiheit und Freiheit von ungerechten Verurteilungen.[296] Doch diese umgestaltete *libertas* weckte neue Wünsche.

Der Senat wollte, dass der Kaiser ein Erster unter Gleichen war, ein *primus inter pares* der Senatoren – oder, wie sie es ebenfalls ausdrückten, ein *civilis princeps*, was sich am ehesten vielleicht mit „bürgernaher Fürst" übersetzen lässt. Sie erwarteten, dass der Kaiser den Senat respektierte, an dessen Sitzungen teilnahm und dort das richtige Verhalten zeigte. Sie wollten freien Zugang zum Kaiser, wollten, dass er den Großteil seiner Zeit mit Senatoren verbrachte und nur von ihnen Ratschläge annahm. Dieser Wunsch, dass er sich auf ihr Niveau herunterbegab, ist in einem erfundenen Abschnitt der *Historia Augusta* über Elagabals Nachfolger eingefangen.

Er verbot, dass man ihn „Herr" nannte. Er befahl, dass man Briefe an ihn schrieb, als sei er ein Privatmann, und behielt nur den Titel „Imperator" bei. Von den kaiserlichen Schuhen und

*Gewändern ließ er die Edelsteine entfernen, die Heliogabalus
verwendet hatte. Ein weißes Gewand trug er, so wie er immer
auf Bildern dargestellt wird, ohne Goldbesatz, außerdem ge-
wöhnliche Mäntel und Togen. Mit seinen Freunden stand er
auf so vertrautem Fuß, dass er oft mit ihnen ganz einfach zu-
sammensaß; er ging zu ihren Gastmählern und hatte jeden Tag
ein paar von ihnen als Gäste, auch wenn er sie gar nicht hatte
rufen lassen; seinen Morgenempfang aber hielt er wie jeder
Senator – die Vorhänge waren zur Seite gezogen, Türhüter gab
es nicht oder zumindest keine außer denen, die draußen vor den
Palasttüren standen.* (HA *Alex.* 4,1–3)

Natürlich konnten die Senatoren ein solches Verhalten des Kaisers nicht erzwingen. Damit war jedes Mal, wenn der Kaiser sich freiwillig entschied, sich auf das Niveau der Senatoren hinunterzubegeben, in Wirklichkeit ein Symbol und eine Bekräftigung seiner Dominanz.[297] Gleichzeitig aber stützte es die Position des Senats, indem es kaiserlichen Respekt zur Schau stellte.

Außerdem brauchten Senatoren Geld.[298] Der demonstrative Konsum und die Geschenkepraxis, die für ihren Statuserhalt nötig waren, kosteten Unsummen. Zur Zeit der freien Republik konnte eine Senatsfamilie hoffen, ihre Geldtruhen mit Sondergewinnen aus einem Kommando in Kriegszeiten und aus der (mehr oder weniger korrupten) Provinzverwaltung aufzufüllen. Unter dem Prinzipat waren die militärischen Chancen fast völlig verschwunden (Beute war dem Kaiser vorbehalten) und der Gewinn aus Provinzen durch kaiserliche Überwachung stark beschnitten. Stattdessen bat ein Senator, der ohne eigenes Verschulden (zumindest nach damaligen Begriffen) in eine Geldklemme geraten war, den Kaiser um einen Zuschuss. Die Frage war nicht, ob der Kaiser etwas schenken werde – das tut er in jeder erhaltenen Anekdote –, sondern wie zuvorkommend er schenkte: Benahm er sich auch wie ein *civilis princeps*?

Was der Senat nicht haben wollte, war eine verächtliche Behandlung – Tiberius, der murmelte: „Männer, die gute Sklaven abgäben"

(Tac. *ann.* 3,65) –, Demütigungen – der Anblick eines betagten Senators, der Caligula den Fuß küsste – oder Drohungen, wenn etwa Commodus mit dem frisch abgehackten Kopf eines Straußes in Richtung der Senatoren wedelte. Die Ideologie des *civilis princeps* betraf nur die Senatoren selbst. Sie verachteten einen Kaiser, der sich bei der Plebs in Rom lieb Kind machte oder das Bad in der Menge der einfachen Soldaten suchte, und sie verabscheuten die Vorstellung eines Kaisers, der zurückgezogen im Palast lebte, abgeschirmt durch Zeremonien, die die *familia Caesaris* dirigierte.

Das gemeine Volk Roms (die *plebs urbana*) war in einem Punkt die unbedeutendste der vier „Wählergruppen", auf die der Kaiser Rücksicht nehmen musste.[299] Die Plebs konnte den Aufstand proben und tat das häufig auch. Neunundzwanzig Fälle von Unruhen sind für das halbe Jahrhundert bis 238 n. Chr. belegt. Diese Ausbrüche konnten ausgewachsenen Häuserkämpfen ähneln und große Teile der Hauptstadt verwüsten. Die Plebs konnte den Tod eines kaiserlichen Favoriten herbeiführen: Um sie zu beruhigen, ließ Commodus den Kopf seines Prätorianerpräfekten Cleander auf einer Lanze zur Schau stellen.[300] Aber Rom hatte eine große Militärgarnison, und wenn die Truppen sich einig waren und der entsprechende politische Wille da war, konnte man den Mob stets von der Straße fegen. Die *plebs urbana* hat nie einen Kaiser wirklich gestürzt. Sie konnte ein Regime destabilisieren, aber nicht beenden.

Die privilegierte Stellung der römischen Plebs war historisch gewachsen. Während der Republik waren ihre Stimmen nötig zur Verabschiedung von Gesetzen und zur Wahl von Senatoren in die Ämter gewesen. Die Senatselite verwendete die Plebs als Überdruckventil, einen Schlichter von außen, der verhinderte, dass ihre Machtkämpfe untereinander noch bösartiger wurden.[301] Mehrere Jahrhunderte lang war diese Strategie erfolgreich gewesen – bis Caesar und die übrigen Militärdynasten zu mächtig wurden, als dass die Elite sie mit vereinten Kräften noch in Grenzen halten konnte. Unter Augustus hatte die Plebs ihre politischen Befugnisse gegen das eingetauscht, was Juvenal verächtlich „Brot und (Circus-)Spiele" nannte (*sat.* 10,81). Man sollte Essen und Unterhaltung nicht geringschätzen, wenn man an die bittere Armut und die entsetzlichen Lebensumstände denkt, in denen die überwiegende Mehrheit der Stadtbevölkerung Roms existierte.[302]

Die Plebs wollte mehr als nur regelmäßige Spiele und die Getreidespenden. Letztere kamen nur bei den vielleicht 200 000 an, die auf der Empfängerliste standen und in einer Stadt von einer Million Menschen nicht unbedingt die Ärmsten waren. Das alles wurde vorausgesetzt und trug dem Kaiser keine Großzügigkeitspunkte ein. Man hoffte auf zusätzliche Geschenke und Spektakel, egal aus welchem Anlass. Aber wie im Fall des Senats kam es auch hier nicht das Geschenk selbst an, sondern die Art, wie geschenkt wurde. Die Leute wollten, dass der Kaiser in Stimmung war, dass sie sahen, wie er an ihren Vergnügungen offensichtlich Spaß hatte. Sie liebten es, wenn Claudius mit ihnen herumflachste und sie bei den Spielen „Meine Herren" nannte (Suet. *Claud.* 21,5). Weder Caesar noch Marc Aurel machten sich beliebt, als sie Akten oder Lektüre mit in die Kaiserloge nahmen. Die Plebs hatte Spaß am erbitterten Gerangel, wenn Kaiser Geschenkgutscheine in die Menge warfen. Sie wollte einen Kaiser, der ein Mann des Volkes war – ein Mann der Leichtherzigkeit (*levitas*), nicht der steifen senatorischen *dignitas*. Nichts übrig hatte sie für einen Kaiser, der weg war und sich unter die Soldaten mischte oder mit der *familia Caesaris* in den Palast zurückzog. Die Plebs fand Geschichten gut, in denen sich Kaiser verkleideten (sicher gut erkennbar – denken Sie daran, wie schlecht die römische Elite darin war, Unterschicht zu spielen), sich nachts aus dem Palast stahlen und in Straßen, Kneipen und Bordellen Krawall machten.

Die Unterschichten hatten, wie Herodian sich beklagte, die verstörende Angewohnheit, Vergnügen am Leiden der Höhergestellten zu finden, etwa wenn Caligula Senatoren neben seinem Wagen herrennen ließ. Noch besser war, wenn der Kaiser Mitglieder der Oberschicht dadurch demütigte, dass er sie zu Auftritten auf der Theaterbühne zwang oder im Circus Rennwagen lenken ließ. Das Allerbeste war, wenn sie im Amphitheater kämpfen mussten. Klassenhass oder zumindest der Hass zwischen Arm und Reich war in Rom sehr präsent.

III Der aktive Kaiser – vier „Wählergruppen"

Im Film *Gladiator* ist eine Tätowierung das Erkennungszeichen eines römischen Soldaten. Die Belege dafür sind vor der Spätantike sehr spärlich. Aber nachdem Augustus eine neue Berufsarmee geschaffen hatte, bedeutete der Eintritt in sie die Übernahme einer neuen Identität – die des Soldaten ersetzte alles, was bisher gewesen war.[303] Manchmal gehörte für die Mitglieder von Auxiliareinheiten tatsächlich die Annahme eines neuen Namens dazu. Soldaten waren von der Zivilgesellschaft abgetrennt. Sie lebten nach anderen Gesetzen; für die harte Disziplin entschädigten Sondervergünstigungen. Sogar wenn sie nicht im Dienst waren, konnte man sie erkennen. Sie sprachen ihr eigenes „Lagerlatein", sie kleideten und bewegten sich anders. Man konnte sie kommen hören – das Klacken ihrer Schuhnägel und das Surren der langen Enden ihrer Militärgürtel, wenn sie sie durch die Luft wirbelten.

Besser, man ging ihnen aus dem Weg. Sie hatten den Ruf, ohne Grund gewalttätig zu werden. In Apuleius' Roman *Der goldene Esel* fragte ein Soldat einen griechischen Gärtner etwas auf Latein. Als keine Antwort kommt, schlägt der Soldat den Gärtner zusammen, dann erst stellt er die Frage auf Griechisch. Nicht nur Schläge lagen in der Luft, sondern auch Vergewaltigung und Diebstahl. Die Zivilisten fürchteten die Soldaten und die Soldaten verachteten die Zivilisten.[304]

Das Militär wollte einen Kaiser, der ein „Kamerad" war (lateinisch *commilito*). Dabei ging es um mehr, als nur ihre Manöver zu inspizieren und von einem Tribunal herab ausgefeilte Reden zu halten. Es ging um mehr, als ihnen nur den Sold zu erhöhen und Donative zu verteilen. Um ein wahrer *commilito* zu sein, musste er sich kleiden wie sie, mit ihnen zu Fuß marschieren, eine Zeitlang ein schweres Feldzeichen tragen, auf dem Boden sitzen und ihre Rationen essen. Nichts war besser als Caracalla, der Senatoren wie Cassius Dio den ganzen Tag warten ließ, während der Kaiser mit seinen Wachen trank und Witze riss.

Wenn jemand im Römischen Reich von der *familia Caesaris* sprach, meinte er nicht die Verwandten des Kaisers, sondern seine Familie im erweiterten Sinn, die Sklaven und Freigelassenen in seinem

Haus. Über 4000 erhaltene Inschriften zeigen die schiere Größe der *familia Caesaris*.[305] Mit der Zeit wuchs sie, und das nicht nur, weil der Reichtum der Kaiser zunahm. Mit jeder neuen Dynastie kam die *familia* einer weiteren Oberschichtfamilie dazu, und wenn diese Dynastie stürzte, blieb ihr Personal im kaiserlichen Haushalt. Eine verwirrende Zahl an Posten vervielfachte sich immer weiter. Der Kaiser hatte Ärzte, Masseure und Astrologen, Köche, Kellner und Kellermeister, Gärtner, Juweliere und eine Reihe an Chefgarderobiers für verschiedene Kleidungstypen (privat, militärisch, förmlich, Triumph, Jagd, „königlich und griechisch" und so weiter). Wie wir schon wissen, hatte er einen Funktionär, der ihn bei der Lektüre anleitete (*a studiis*) und sogar einen *procurator voluptatum*, dank dem er sich leichter vergnügen konnte (da gab es unter Elagabal vermutlich mehr zu tun als unter Marc Aurel). Da es keine strikte Trennlinie zwischen Öffentlichem und Privatem gab, hatte die *familia Caesaris* von Anfang an „Regierungs"-Funktionen. Der *a rationibus* überwachte die kaiserlichen Finanzen, der *ab epistulis* kümmerte sich um die Korrespondenz, der *a legationibus* um Gesandtschaften, der *a libellis* und der *a cognitionibus* um Rechtsangelegenheiten (schriftlich und in Verhandlungen), der *ab admissionibus* kontrollierte den Zugang zum Kaiser und der *a cubiculo* sorgte für sein Schlafzimmer.

Zwischen Status und Macht bestand eine Dissonanz. Die überwiegende Mehrheit dieser Männer bestand aus Sklaven und Exsklaven, hauptsächlich aus dem großen Bogen der griechischen Welt, der sich von Kleinasien bis nach Ägypten spannte. Für die traditionelle Elite waren sie das Allerletzte, verachtet wegen ihrer sozialen wie ihrer ethnischen Herkunft. Doch sie standen dem Kaiser nahe und das bedeutete Macht. Als sich zwei Gesandtschaften vor Caligula stritten, hatte der *a cubiculo* Helikon es in der Hand, welche gute Aufnahme fand, wie uns der jüdische Autor Philon berichtet: „Denn wenn Gaius [Caligula] Ball spielte, trainierte, badete und frühstückte und sich zur Nachtruhe zurückzog, war er bei ihm, also hatte er nach Belieben das Ohr des Kaisers und das bei jeder Gelegenheit mehr als jeder andere." (Philon, *Legatio ad Gaium* 27,175) Nähe zum Kaiser bedeutete außerdem Reichtum. Das größte bekannte Privatvermögen – 400 Millionen Sesterze, was dem Mindestvermögen für zwei Drittel des Senats gleichkommt – häufte Narcissus an, der *ab epistulis* des Claudius. Ehrgeizige oder ängstliche Angehörige der Oberschicht zahlten Freigelassenen gutes Geld, damit sie dem Kaiser etwas ins Ohr flüsterten, oder auch nur, um zu wissen, was er gerade sagte, tat oder vielleicht dachte.

Bis zum Ende des 1. Jahrhunderts n. Chr. hatten Ritter, der zweite Stand der Oberschicht, die Freigelassenen als die wichtigen kaiserlichen Chefsekretäre abgelöst. Und zur Zeit Elagabals war es üblich, dass der *ab epistulis* ein Mann von Bildung war und der *a libellis* ein führender Jurist. Die Elite einschließlich der Kaiser prahlte, man verweise die kaiserlichen Freigelassenen auf die ihnen zukommenden Plätze. Aus diesen nicht unvoreingenommenen Aussagen hat die moderne Forschung geschlossen, dass die Spitzenzeit des Einflusses der *familia Caesaris* kurz war. Aber das ist überzogen. Noch immer managte ein freigelassener *a rationibus* die kaiserlichen Finanzen, ein anderer war nach wie vor Kämmerer (*a cubiculo*), während ein dritter weiterhin als *ab admissionibus* den Zutritt zum Kaiser kontrollierte.

In jeder Autokratie schlägt die Nähe zum Herrscher immer den offiziellen Status. Ein modernes Beispiel: Einer der einflussreicheren Männer am Hof von Haile Selassie kümmerte sich um das japanische Hündchen des äthiopischen Kaisers. Während der Zeremonien „sprang Lulu vom Schoß des Kaisers und pinkelte den Würdenträgern auf die Schuhe. Die hohen Herrschaften durften keine Miene verziehen und keinen Finger rühren, wenn sie spürten, wie ihre Füße nass wurden".[306] Ein anderes, diesmal römisches Beispiel, nämlich der Philosoph Epiktet, der über Domitians Herrschaft nachdenkt. „Wie kann ein Mann plötzlich weise werden, wenn Caesar ihm seinen Nachttopf anvertraut? Wie kommt es, dass wir dann sofort sagen: ‚Felicio hat so weise zu mir gesprochen'?" (Arrian, *Diss. Epicteti* 1,17)

Hatte die *familia Caesaris* einen Gruppenstandpunkt? Wie rief doch der große deutsche Gelehrte Ludwig Friedlaender im 19. Jahrhundert: „wer hätte erzählen können, was sie zu erzählen wußten!"[307]

Stattdessen waren es ihre Feinde, Literaten aus der sozialen Elite, die abschätzige Kommentare machten. Doch ab und zu bekommen wir einen Hinweis. Die *Historia Augusta* schreibt zu Antoninus Pius: „Den kaiserlichen Prunk reduzierte er aufs äußerste Maß an Nahbarkeit; dadurch gewann er nur an Ansehen, obwohl die Bediensteten im Palast dagegen waren, denn da er nichts durch Mittelsmänner erledigte, konnten sie jetzt zu keiner Zeit Leute einschüchtern oder Geheimnisse verkaufen, da ja nichts geheim war." (HA *Pius* 6,4) Was die *familia Caesaris* wollte, war dasselbe wie die anderen „Wählergruppen" – Macht, Wohlstand und den Kaiser nur für sich. Für die *familia Caesaris* bedeutete dies einen Kaiser als hierarchische Gestalt, abgeschirmt durch „kaiserlichen Prunk", für den sie sorgten – mit Sicherheit kein *civilis princeps*, „Kommilitone" oder Mann des Volkes, der nachts die Straßen unsicher machte.

Die vier „Wählergruppen" – Senat, städtische Plebs, Soldaten und *familia Caesaris* – waren einander feindlich gesinnt und ihre Erwartungen an den Kaiser schlossen sich gegenseitig aus. Kaiser sein war ein Jonglieren mit vielen Bällen. Dass die „Wählergruppen" um seine Zeit und Gunst wetteiferten und seine Identität zu formen versuchten, hieß für den Kaiser, dass er sich ständig entscheiden musste. Die Entscheidungen, die er traf, waren proaktiv. Zu einer „Wählergruppe" zu neigen, verprellte wahrscheinlich die anderen drei. Das war potenziell tödlich. Kaiser Tiberius beschrieb seine Rolle als „einen Wolf an den Ohren halten" (Sueton, *Tiberius* 25,1).

Als Elagabal Rom erreichte, zeigte er, dass er richtig schlecht darin war, diesen Wolf bei den Ohren zu packen.

KAPITEL 7

In Rom

219–221 n. Chr.

Nachdem Elagabal den Winter 219/20 in Nikomedia verbracht hatte, „zog er durch Thrakien, Moesien und Pannonien nach Italien und blieb dort bis zu seinem Lebensende" (Cass. Dio 80,3,2). Ein als *Itinerarium Antonini* bekannter Text aus dem späten 3. Jahrhundert, der Orte für Reisepausen aufzählt und zu einer Streckenkarte für spätere Kaiser wurde, könnte ursprünglich auf Caracallas Reise in den Osten im Jahr 213 zurückgehen.[308] Eventuell folgte Elagabal der Route seines ‚Vaters' auf dem Weg nach Westen. Sicher ist allein, dass Maesa dafür sorgte, dass ihr Enkel viele Garnisonen in den Provinzen besuchte, die sie durchquerten. Ein Kaiser musste sich seinen Truppen zeigen.

I Adventus

Vielleicht halten Kunstwerke, die man an zwei Orten gefunden hat, den Besuch des jungen Kaisers fest. Ein Statuenpaar aus Carnuntum, der Garnison der *Legio IV Gemina* in Pannonia Superior an der oberen Donau, ist als Elagabal angesprochen worden. Beide Statuen sind vorsätzlich beschädigt worden und eine davon ist sehr ungewöhnlich. Wir werden auf sie eingehen, wenn wir zu seiner Sexualität kommen (Kapitel 10). Man könnte allerdings bezweifeln, dass die kaiserliche Reisegesellschaft so weit nach Norden kam, dass sie Carnuntum erreichte – obwohl sie, wie wir noch sehen werden, jede Menge Zeit hatte –, aber eine Stadt, durch die sie auf jeden Fall zog, war Aquileia, Italiens Tor nach Osten. In einem dortigen Relief hat man ein Monument für die Ankunft Elagabals und seines Cousins Alexianus in der Stadt sehen wollen.[309]

Bild 8: Relief aus Triest

Zwei junge Männer, denen drei Begleiter vorausgehen, fahren einen von Eseln gezogenen Wagen. Hinter ihnen tragen vier Träger eine Sänfte, auf der sich ein kleiner Schrein mit einem konischen Gegenstand befinden könnte, der etwa so groß dargestellt ist wie einer der Menschenköpfe. Die jungen Männer haben Kurzhaarfrisuren; der im Vordergrund trägt eine Toga und hat ein pausbäckiges Gesicht.

Der Stil des Reliefs weist ins 3. Jahrhundert. Die Prozession kann durchaus religiös sein. Dass Alexianus Elagabal begleitete, ist denkbar. Doch von da an häufen sich die Zweifel. Ikonografisch weist nichts die Hauptfigur eindeutig als Kaiser aus. Einer der Begleiter trägt zwar etwas über der Schulter, aber das ist nicht unbedingt eine der mit Ruten umwickelten Äxte, der *fasces*, die vor dem Kaiser hergetragen wurden. Würde ein Kaiser in einem von Eseln gezogenen Wagen zu einer *adventus*-Zeremonie erscheinen? Beide Hauptfiguren sind gleich groß – die relative Größe war in der damaligen Kunst oft eine Statusangabe – und 219 hatte Alexianus noch keine offizielle Rolle. Er war fünf Jahre jünger als Elagabal, diese beiden Jungen erscheinen jedoch gleichaltrig. Das Objekt in der Sänfte ist – wenn es auch ungefähr die richtige Form hat – viel kleiner als jede andere Darstellung von Elagabals schwarzem Stein, der normalerweise auf einem Wagen stand und von vier Pferden gezogen wurde. Und gefunden hat man das Relief nicht in Aquileia, sondern auf der anderen Seite des Nordendes der Adria in Triest. Wieder einmal müssen wir an die Faktoren denken, die die Kunsthistoriker dazu verlocken, jedes antike Porträt mit einer berühmten Person zu identifizieren.

Ein Kaiser reiste mit allem Komfort, und seine Entourage war entsprechend groß. Einige Personen, die Elagabal begleiteten, kennen wir. Einmal seine Familie: Maesa, Soaemias, seine Tante Mamaea und sein Cousin Alexianus (ob er auf dem Relief aus Aquileia zu sehen ist oder nicht). Anwesend war der Prätorianerpräfekt Comazon. Eine Inschrift zeigt, dass er, als sie Moesien erreichten, mittlerweile einen Kollegen im Kommando über die Prätorianer hatte, Julius Flavianus. Bei einem weiteren „Begleiter und treuesten Freund" (*comiti amico fidissimo*) auf der Reise handelt es sich um den einstigen kaiserlichen Sekretär, der die *Legio IV Scythica* wieder in die Spur gebracht hatte und von dessen Namen nur „...atus" überliefert ist. Falls der Emesener Aurelius Eubulus, der schon zu Beginn beim Aufstand dabei war, nicht vorausgeschickt worden war, dürfte er zur Reisegesellschaft gehört haben.[310] Verlockend ist es, schon jetzt Machtgruppen am Hof erkennen zu wollen. Im Jahr 222 sollten Comazon und Julius Flavianus Maesa unterstützen, „...atus" und Aurelius Eubulus Elagabal treu bleiben. Aber das lag in der Zukunft und drei Jahre waren in der römischen Machtpolitik eine lange Zeit.

Noch einen *treuesten Begleiter* gab es, der dem Kaiser von allen der Wichtigste war. Im Schatten von Sonnenschirmen rollte in seinem Wagen der Unbesiegbare Sonnengott Elagabal dahin. Zwar erwähnt das keine unserer Quellen, aber wir können sicher sein, dass andere Priester aus Emesa neben dem Kaiser den schwarzen Stein begleiteten. Die *Historia Augusta* und Zosimos, ein viel späterer griechischer Historiker, geben Elagabal jede Art von Magiern an die Seite, aber das könnte bloß die Ausschmückung von Geschichten über Totenbeschwörungen sein.[311]

Elagabal ließ sich Zeit für den Weg nach Rom. Im 4. Jahrhundert stellte Eutropius fest, dass der junge Kaiser zwei Jahre und acht Monate lang dort war, womit seine Ankunft in den Juli 219 fällt. Gestützt wird dieses Datum wohl durch Münzen aus Alexandria, die vor dem 29. August jenes Jahres geprägt werden und Elagabals Ehe mit Julia Paula feiern (der ersten seiner vielen Frauen). Wenn man die Zeit mit einrechnet, die die Nachricht bis nach Ägypten brauchte, kann das ein Beleg sein, dass der Kaiser spätestens im Juli in Rom war.[312]

Nur ist Eutrop notorisch ungenau, besonders was Zeitspannen und Daten angeht. Und für die Ehe mit Julia Paula muss Elagabal nicht in Rom gewesen sein. Sie könnte aus Rom herbestellt worden sein – des Kaisers Wille war gesetzt – und die Trauung irgendwo unterwegs stattgefunden haben. Oder womöglich feiern die Münzen auch eine Verlobung vor der Ehe, die dann folgte, als Elagabal endlich Rom erreicht hatte.

Schmeckt der letzte Absatz nach willkürlich infrage gestellten Tatsachen? Vielleicht, aber das ist notwendig. Ein anderes Dokument liefert nämlich ein abweichendes, späteres Datum. Nach seiner Ankunft hat Elagabal Rom nie wieder verlassen. Die *equites singulares*, die kaiserliche Gardekavallerie, stellten eine Inschrift auf, die ihrem Lieblingsgott für Elagabals sichere Heimkehr nach Rom am 29. Oktober dankte.[313] (Aus ideologischen Gründen kehrten Kaiser immer nach Rom *heim*, auch wenn sie die Stadt noch nie betreten hatten.) Die Gardekavalleristen sollten eigentlich das richtige Datum erwischt haben – sie hatten den Kaiser begleitet.

Juli oder Ende Oktober, entweder 13 oder fast 17 Monate nach der Schlacht bei Immae am 8. Juni. So viel zu Herodians literarischem Klischee, wie der erfolgreiche Usurpator Elagabal nach Rom *eilte*.[314] Maesa war klüger als der griechische Historiker. Seit fünf Jahren war kein Kaiser in Rom gewesen. Pollio und Censorinus hatten im Vorjahr die Herrschaft über die Stadt gesichert. Es war Zeit genug, die Tour durch die Armee entlang der Donau zu machen und Rückhalt unter ihren alles entscheidenden Soldaten zu gewinnen. Trajan, der *Optimus Princeps* („Beste aller Kaiser", 98–117) hatte genau das nach seinem Herrschaftsantritt getan und Rom über achtzehn Monate lang nicht erreicht.[315]

Senat und Volk von Rom hatten reichlich Vorbereitungszeit gehabt. Sie warteten zweifellos vor den Toren auf den neuen Kaiser, vielleicht an einem festgelegten Meilenstein. Die Ankunft eines Kaisers war eine große Sache: „Altäre wurden entzündet, Weihrauch aufgeschüttet, Trankspenden ausgegossen, Opfertiere geschlachtet" – und es gab Reden, jede Menge Reden. (*Panegyrici Latini,* Rede 3(2),10,5 zum *adventus* Diocletians und Maximians in Mailand) Drinnen „war die ganze Stadt mit Blumengirlanden und Lorbeerzweigen und Stoffen in leuchtenden Farben geschmückt und sie flammte von Fackeln und brennendem Weihrauch; die Bürger in weißen Gewändern und mit strahlenden Gesichtern riefen viele Wort mit guter Vorbedeutung aus, auch die Soldaten hoben sich deutlich in ihrer Rüstung ab, als sie sich wie die Teilnehmer eines Festes bewegten, und schließlich schritten die Senatoren in voller Pracht einher" (Cass. Dio 75,1,3–5 zu Septimius Severus).

Als Kaiser Constantius Rom 357 zum ersten Mal betrat, war er überwältigt. „Wo er auch hinschaute, blendete ihn die Ansammlung wundervoller Anblicke": die Thermen, groß wie Provinzen, die Oberkante des Kolosseums, die „das menschliche Auge kaum erreichte", das Pantheon, die Säulen, der Tempel der Roma. Die Liste ging weiter und weiter, aber als Constantius das Trajansforum erreichte, „stand er wie vom Donner gerührt und wie angewurzelt da" (Ammianus Marcellinus 16,10, 13–15). Auf Elagabal wird die Ewige Stadt weniger Eindruck gemacht haben – er war dort geboren und aufgewachsen. Wie aber wirkte der neue Kaiser auf seine Untertanen? Da er sich bereits geweigert hatte, zu Jahresbeginn am Tag der Vereidigung die traditionelle Toga zu tragen, erwartete man vielleicht schon, dass er seine östlichen Priestergewänder anzog. Was uns mehr überrascht, ist die Nachricht Herodians, das Bild Elagabals bei der Verehrung seines Gottes, das er aus Nikomedia vorausgeschickt hatte, habe die gewünschte Wirkung erzielt: „die Römer, eingestimmt durch das Bild, fanden an dem Anblick nichts Verrücktes." (5,5,7)

Elagabals Weg durch die Stadt kennen wir nicht. Vielleicht stieg er wie sein ‚Großvater' Septimius Severus aufs Kapitol, ehe er zum Palatin weiterzog. Vielleicht „sprach er erst im Senat zu den Vornehmen und von der Rednertribüne zum Volk, dann wurde er im Palast begrüßt" wie später Constantius II. (Amm. Marc. 6,10,13). So oder so, am Abend hatten sich der fünfzehnjährige Kaiser und der Gott seiner Ahnen im weitläufigen Gebäudekomplex der Kaiser auf dem Palatin eingerichtet. Es war Zeit, dass Elagabal an jene Entscheidungen ging, die einem Kaiser offenstanden.

II Entscheidungen: Was Elagabal nicht tat

Der Kaiser war nicht nur, was er tat, sondern auch, was er zu lassen beschloss. Elagabal gewinnt allmählich schärfere Konturen, wenn wir uns einige Möglichkeiten ansehen, die er nicht wählte.

Auf dem Sterbebett hatte Septimius Severus seinen Söhnen geraten, die Soldaten reich zu machen und alle anderen zu verachten. Caracalla nahm sich diese Worte zu Herzen, hob den Sold an, marschierte und aß mit seinen Truppen und ließ Senatoren wie Cassius Dio den ganzen Tag vor der Tür warten, während er mit den gemeinen Soldaten trank. Während des Aufstands hatte Elagabal in Raphaneai zu den Soldaten gesprochen und bei Immae ihre Flucht zum Stehen gebracht. Später schrieb er als Kaiser in einem Brief an seine Untertanen in den Provinzen von seinen „tapfersten und treuesten Soldaten, darunter der Prätorianergarde".[316] Ein Fragment aus Cassius Dio zeigt ihn bei einer Rede an den Senat: „Ja, *ihr* liebt mich und ebenso, bei Jupiter, liebt mich das Volk und die Armeen auswärts. Aber den Prätorianern, denen ich so viel gebe, gefalle ich nicht." (80,18,4) In einer weiteren isolierten Passage schreibt der Historiker, der Kaiser „hing am meisten" an den Soldaten, sie aber hätten ihn – wie alle anderen – wegen seiner Ausschweifungen gehasst (80,17,1). Vielleicht glaubte

II Entscheidungen: Was Elagabal nicht tat

Elagabal wirklich an die Treue und Liebe von Soldaten, manchmal sogar der Prätorianer. Autokraten sind für Selbsttäuschungen bekannt. Doch sobald er in Rom war, entschied er sich, nicht dem Beispiel des Mannes zu folgen, den er seinen Vater nannte. Elagabal tat nichts, um seine Beziehung zu seinen Truppen zu pflegen; weder erhöhte er ihren Sold noch verbrachte er Zeit mit ihnen, tourte ihre Lager ab oder gebärdete sich als Kamerad (*commilito*).

Septimius Severus war durch eine Reihe von Bürgerkriegen an die Macht gekommen. Einmal auf dem Thron, führte er Krieg an jeder Grenze des Imperiums. Caracalla führte Armeen an Rhein und Donau und starb im Osten mitten in einem Krieg gegen die Parther. Nur eine einzige Quelle spricht von Kriegsvorbereitungen Elagabals. Das ist eine merkwürdige Geschichte. Gewisse Leute hätten dem Kaiser erzählt, „Marcus Antoninus" habe mithilfe von Astrologen und Haruspices die Markomannen, einen Verbund germanischer Stämme, durch geheime Riten und eine heimliche Weihung zu permanenten Untertanen und Freunden des römischen Volkes gemacht. Elagabal, der einen Konflikt vom Zaun brechen wollte, scheiterte beim Finden und Zerstören der Weihegabe.[317] Die modernen Spekulationen, ob „Marcus Antoninus" nun Marc Aurel oder Caracalla war, sind sinnlos. Die ganze Geschichte ist eine Erfindung des Autors der *Historia Augusta*, der sich – wahrscheinlich mit Absicht – verrät, als er schreibt, verbreitet hätten diese Behauptung Männer, die bei Hof wegen ihres kleinen Penis an den Rand gedrängt wurden (keine Sorge, auf die politische Bedeutung von Schwanzlängen kommen wir noch zurück).

Besser ignorieren wir die schräge Fiktion und lauschen den Worten Elagabals, wie sie Cassius Dio wiedergibt: „Ich brauche keine Titel, die von Krieg und Blut herrühren – mir reicht es, von euch *Pius* und *Felix* genannt zu werden." (80,18,4) Diese Aussage wurde nicht in lobender Absicht aufgeschrieben. Pazifismus war keine Eigenschaft, die man sich von einem römischen Kaiser wünschte. Elagabal entschied sich, die kaiserliche Rolle als Kriegsherr nicht auszufüllen. Er hatte Glück – die Rolle wurde ihm nicht aufgezwungen. Nach Caracallas Feldzügen war die Grenze im Norden ruhig. Im Osten waren die Parther durch einen Bürgerkrieg und die Rebellion ihrer Klientelkönige in Persien abgelenkt.[318]

Das zweite, was Elagabal nicht zu tun beschloss, hatte mit einem ganz anderen Bereich der Gesellschaft zu tun und war normalerweise weniger gewalttätig. Vom römischen Kaiser wurde erwartet, dass er ein Mann von Bildung (*paideia*) war. Zum Großteil bestand das darin, sich lange Reden rauschebärtiger, eingebildeter Griechen anzuhören. Kaiser Trajan zog den Philosophen Dion Chrysostomos auf: „Ich habe ja keine Ahnung, wovon du redest, aber ich liebe dich wie mich selbst." (Philostratos, *Sophistenviten* p. 488) Ziemlich gute Abkanzelung. Es reichte nicht, Kultur passiv zu konsumieren – der Kaiser sollte Akteur sein. Caracalla konnte bei einem Abendessen gegenüber Cassius Dio Euripides zitieren. Septimius Severus konnte den hochverräterischen Gebrauch eines Vergilverses erkennen und bestrafen. Sowohl Severus als auch Caracalla schrieben Memoiren. Andere Kaiser gingen noch weiter: Tiberius dichtete auf Latein und Griechisch, Claudius schrieb Bücher über das Alphabet und das Würfelspiel, Domitian eines über Haarpflege und Marc Aurel natürlich Stoisch-Philosophisches.[319]

Nur Bruchstücke davon sind erhalten. Das ist für den Nachruhm ihrer kaiserlichen Autoren vielleicht nur gut. Diktatoren der Moderne werden von einem Paradoxon verfolgt. Definitionsgemäß führen sie interessante Leben, aber ausnahmslos haben sie ein paar der langweiligsten Bücher aller Zeiten verfasst.[320] So schlecht werden die der Kaiser nicht gewesen sein. Rom war eine hochliterarische Kultur. Als Mitglied der Oberschicht anerkannt zu sein, setzte ein gewisses Maß an kulturellen Errungenschaften voraus. Doch die Überreste sind mit Ausnahme der *Commentarii* Caesars – und natürlich kann man sich streiten, ob er der erste Kaiser war – von Literatur erster Güte weit entfernt. Wenn die verschollene Autobiografie des Augustus irgendwie seinen erhaltenen *Res gestae* ähnelte, war sie geschwollen. Die *Res gestae*, die *Leistungen* des Augustus, standen als Bronzeinschrift vor seinem Grab und wurden im ganzen Imperium kopiert.[321] Sie reiten auf zwei Hauptthemen herum, „den Kriegen, die ich gewonnen habe" (in Wirklichkeit alle von anderen gewonnen) und „den Geschenken, die ich verteilt habe" (ohne ein Wort über Proskriptionen und Beschlagnahmungen) – ein beinahe bleiernes Stück Propaganda. Marc Aurels *Selbstbetrachtungen* zu kritisieren, ist vielleicht unfair. Sie waren „an sich selbst" geschriebene Notizhefte und nie zur Publikation bestimmt. Aber wie sie zu ihrem späteren Ruf kamen, ist ein Rätsel. In schwerfälliger Prosa zeigen sie einen Autokraten, der mit der Selbstbeherrschung ringt, und einen Pflichtbesessenen, der keine originellen Gedanken hatte und mit freudloser Geringschätzung auf den menschlichen Körper und auf Lustgefühle blickte.[322]

Stets war das Umfeld eines Kaisers gespickt mit Kulturlieferanten. Elagabal hatte seinen treuesten Gefährten, seinen ehemaligen *a studiis* …atus. Sicher war ein neuer Aufseher des Literaturstudiums ernannt worden. Der Biograf und Belletrist Philostratos war ein Favorit Domnas gewesen, die ihn gebeten hatte, eine Biografie des Apollonios von Tyana zu schreiben; fertig wurde sie nach Domnas Tod, vermutlich bei Hof unter der Patronage ihrer Schwester Maesa.[323] Sehr wahrscheinlich war auch sein Sparringspartner dort, der Sophist Ailianos. Nicht nur Biografen und Sophisten, sondern auch Philosophen, Historiker und Dichter, dazu praktischer orientierte Autoren – Ärzte, Juristen, Astrologen –, Intellektuelle jeder Art streiften durch die Gänge des Palastes und hofften auf kaiserliche Gunst.

Trotz aller Chancen am Kaiserhof verbindet nichts Elagabal mit dieser Welt der Kultur – keine treffenden Klassikerzitate, keine Abendgesellschaften mit Intellektuellen, schon gar keine literarischen Versuche – außer zwei Anekdoten aus der *Historia Augusta*. (Inzwischen wissen Sie schon, wie das ausgeht!) Erstens habe Elagabal gewisse Autoren dazu gezwungen, unsägliche Details in ihre Biografien von Macrinus' Sohn Diadumenianus aufzunehmen.[324] Denken Sie daran, dass es extrem unwahrscheinlich ist, dass irgendwer unter dem nächsten Kaiser das Leben des Neunjährigen beschrieb. Zweitens habe Elagabal, wenn er anal penetriert worden war, „Philosophen und Männer von höchstem Ansehen" gefragt, ob sie in ihrer Jugend auch so etwas mit sich hätten machen lassen (HA *Heliog.* 10,6).

An dieser Stelle lohnt es sich, innezuhalten und über etwas nachzudenken, das die *Historia Augusta* in ihrem Porträt Elagabals absichtlich *nicht* tat (Generationen von Studierenden haben solche Exkurse über sich ergehen lassen müssen. Einige sagten, das sei der unterhaltsamste Teil meiner akademischen Lehre gewesen – ein vergiftetes Kompliment!). Wer 2008 die Hadrian-Ausstellung im British Museum besuchte, stand als Erstes vor der imitierten römischen Inschrift eines Gedichts.

Animula vagula blandula,
hospes comesque corporis,
quo nunc abibis? In loca
pallidula rigida nubila –
nec ut soles dabis iocos.

Seelchen, kleine Wanderin, kleine Charmeurin,
Gast und Begleiterin des Körpers,
wohin wirst du jetzt aufbrechen? An
bleiche, kalte, düstere Orte –
und deine üblichen Witze wirst du nicht mehr machen.

Die Beschriftung und der Ausstellungskatalog schrieben das Gedicht bedenkenlos Hadrian zu.[325] Um fair zu bleiben, die meisten Forscher tun das auch. Aber das Gedicht stammt aus der *Historia Augusta*. Der nichtsnutzige Autor hatte seinen Spaß daran, schlechte Verse zu schreiben und Kaisern – guten wie tyrannischen – in den Mund zu legen, wobei er häufig etwas hinzusetzte wie „ursprünglich auf Griechisch verfasst, aber irgendwer hat eine schlechte lateinische Übersetzung gemacht". Keine schlechte Parodie auf die Literaturkritik. All diese Gedichte sind als das erkannt, was sie sind – außer diesem, mit dem Argument, dass es so gut ist. Versuchen Sie es mal laut im Original zu lesen. Sie brauchen gar nichts über die Erwartungen antiker Gedichteleser zu wissen und kein Wort Latein zu verstehen. Danach denken Sie über Bildersprache und Gedanken darin nach.

Wie hat es für Sie geklungen? Und der Inhalt? Ich nehme an, die Antwort lautet „voller Wiederholungen und holprig" und „seicht und abgedroschen".

Elagabal schreibt die *Historia Augusta* keine Gedichte zu, weil sie den Kaiser als das Gegenteil eines Manns von Bildung darstellt. Herodian, der ihm zeitlich näherstand und besser informiert war, hatte den besseren Einblick.[326] Elagabal verwarf die griechische und römische Kultur absichtlich. Er verfolgte jene Lehrer, die seinem Cousin Alexianus *paideia* einflößen wollten. Stattdessen wandte er sich einer fremdartigen Kultur zu: dem phönikisch-syrischen Elagabalkult.

III Entscheidungen: Was Elagabal tat

Religion, Sex und Sozialleben waren die drei großen Lebensentscheidungen Elagabals. Religion und Sex verdienen eigene Kapitel. Auf das energiegeladene Sozialleben werden wir gleich zu sprechen kommen.

Nicht alle Aspekte der Rolle eines Kaisers ließen sich komplett umgehen. In solchen Bereichen betrafen die Entscheidungsmöglichkeiten die Intensität und Gründlichkeit. Nicht immer konnte Elagabal es vermeiden, als Richter zu fungieren. Mit einem vergifteten Lob qualifiziert Cassius Dio den Kaiser ab: „Beim Gerichthalten erschien er dann doch mehr oder weniger wie ein richtiger Mann, aber überall sonst gab er sich in seinen Taten und seiner Stimmfärbung geziert." (80,14,3) Ein Kaiser wurde nicht nur von Reden haltenden Griechen belagert, sondern auch von zahllosen Briefen, die einen Gerichtsentscheid erbaten. Zwei Beispiele, wie Elagabal ins so genannte „Petition-Response"-System verstrickt war, sind in der als *Codex Iustinianus* bekannten Sammlung erhalten. Ein Entscheid, der am 19. Februar 222 durch Elagabal und seinen Cousin Alexianus erging – jetzt war er als Caesar adoptiert und der Erbe – richtete sich an einen Soldaten namens Aurelius Maro. Es lohnt sich, ihn vollständig wiederzugeben.

Wenn dein Vater unter Zwang sein Haus verkauft hat, wird das nicht als gültig gelten, weil es nicht nach Treu und Glauben geschah, denn ein Verkauf auf bösgläubiger Grundlage ist ungültig. Daher wird der Provinzstatthalter, wenn er in deinem Namen angesprochen wird, mit seiner Autorität einschreiten, erst recht, da du angibst, bereit zu sein, dem Käufer den als Preis entrichteten Betrag zurückzuerstatten. (Cod. Iust. 4,44,1)

Das ist vernünftig, maßvoll und gut unterrichtet und wirkt sehr stark „wie ein richtiger Mann". Der andere, sechzehn Tage vorher erlassene Bescheid – über korrektes rechtliches Vorgehen, Kautionen und Kosten – ist noch dröger.[327] Ist dies tatsächlich das Werk Elagabals, ungefiltert durch eine erzählende Quelle und direkt an uns gerichtet, das eine völlig unerwartete Seite seines Charakters zeigt – einen ernsten, pflichtbewussten jungen Mann mit juristischem Kopf? Wahrscheinlich nicht. Antipater, ein Sekretär des Septimius Severus, erntete großes Lob, weil er Kaiserbriefe im genau richtigen Majestätston verfasste.[328]

Ein Kaiser konnte durchaus seine eigenen schriftlichen Antworten (Reskripte) auf Bitten um Rechtsentscheide verfassen. Ein Kaiser konnte alles. Aber für das Schreiben dieser Mitteilungen gab es einen spezialisierten Sekretär, den *a libellis*. Ein Oxforder Professor hat sein halbes Leben dem leicht wahnwitzigen Projekt geopfert, den Schreibstil der fast 2500 Einzeltitel im *Codex Iustinianus* zu untersuchen, um so jeden einzelnen *a libellis* ausfindig zu machen. Der für Elagabal ist Nummer 6. Oder vielleicht auch nicht. Mehrere Forscher haben Zweifel an der ganzen methodischen Grundlage dieser Stilanalyse geäußert.[329]

Eigentlich müsste Elagabal diese Reskripte gelesen haben oder hätte sich zumindest ihren Inhalt erklären lassen sollen. Aber passte er auch auf? Das Einzige, was er tun *musste*, bevor sie in seinem Namen ergingen, war das Unterschreiben, wahrscheinlich mit einer schicken Tinte in kaiserlichem Purpur. Ein späterer Kaiser, Justin, konnte nicht schreiben, also machte man eine Schablone mit den Buchstaben LEGI („ich habe gelesen"). Dann hielt der Kaiser eine Feder, während man seine Hand am Rand der Buchstaben entlangführte.[330]

Die Diplomatie war eine weitere Rolle, die sich nicht völlig umgehen ließ.[331] Dass Gesandtschaften fremder Mächte vor dem Kaiser erschienen, wurde erwartet. Tatsächlich war der ganze Vorgang umfangreicher und vager, als dass man nur Leute von jenseits der Reichsgrenzen empfing. Entsprechend der Rechtsfiktion, dass viele Gemeinden innerhalb des Imperiums Verbündete und keine Untertanen waren, behandelte man sie gemäß dem diplomatischen Protokoll. Umgekehrt wurden viele Völker, die nach jedem objektiven Kriterium außerhalb des Imperiums lebten, nur weil sie eine Gesandtschaft geschickt hatten, so betrachtet, als hätten sie sich Rom unterworfen. Einzelne, die Reden deklamierten – Philosophen zum Belehren und Bessern, Sophisten zur Unterhaltung – konnten sich in ‚offizielle' Gesandte verwandeln, wenn sie um kaiserliche Wohltaten für ihre Heimatstädte baten. Rede auf Rede, jede dahinströmend wie ein Fluss und alles zudeckend wie der Winterschnee.[332]

Manchen Gesandtschaften musste Elagabal zuhören. Den Ort aber konnte er bestimmen und niemand konnte ihn zwingen, sich zu konzentrieren. Der alexandrinische Jude Philon erinnerte sich, wie eine Delegation seiner Gemeinschaft Caligula hinterherrannte, während der Kaiser die Inneneinrichtung einer Villa arrangierte, gelegentlich innehielt und eine beleidigende Frage losließ: „Wieso esst ihr kein Schweinefleisch?" (*Legatio ad Gaium* 45,361)

Für vielleicht drei Gesandtschaften, die vor Elagabal erschienen, haben wir Belege. Eine Inschrift vermerkt, dass er Thyateira – jener Stadt in Kleinasien, die er zusammen mit seinem ‚Vater' Caracalla besucht hatte – das Recht verlieh, Pythische Spiele abzuhalten, als eine Gesandtschaft unter Führung eines berühmten Athleten darum bat. Und eine stark beschädigte Inschrift aus Delphi enthält einen Brief des Kaisers und des Caesars Alexander (was sie zwischen Juni 221 und März 222 datiert), der so gut wie sicher auf eine Gesandtschaft antwortete. Beide dürfen als Routinesache gelten.[333] Die dritte ist da ungewöhnlicher.

Als das Dorf Emmaus in Syria Palaestina von einem Erdbeben verwüstet wurde, schickte man eine Delegation unter Leitung des christlichen Gelehrten Julius Africanus an den Kaiserhof. Vermutlich schenkte der Kaiser Geld und gewährte eine Neugründung von Emmaus als Nikopolis. Zwei spätere christliche Autoren, Eusebius und sein Übersetzer Hieronymus, datieren die Gesandtschaft ins Jahr 221.[334]

Eine faszinierende Idee: Der Christ wendet sich in Rom an Elagabals Hohepriester. Die moderne Forschung hat die Historizität der Begegnung auf zwei Arten zu erhärten versucht.[335] Erstens wird behauptet, eine Inschrift aus Emmaus nenne den Gott Elagabal. Vielleicht sei sie aus Dankbarkeit für die Freigebigkeit seines Verehrers, des Kaisers, aufgestellt worden. Aber auf dem schadhaften Stein sind nur noch die Buchstaben LAGA erhalten. Zwischen dem G und dem A ist ein Abstand, was andeutet, dass sie zu verschiedenen Wörtern gehörten. Die zweite Bestätigung stützt sich auf die von Julius Africanus verfassten *Chronographiai*. Das heute nur noch in Fragmenten erhaltene Werk war eine monumentale Chronik über fast 6000 Jahre Geschichte von der Erschaffung der Welt bis 221. Vielleicht wurden die *Chronographiai* ja dem Kaiser während der Gesandtschaft als Geschenk überreicht oder ihm gar gewidmet? Jedenfalls war an jenem Jahr – 5723 für die Christen, 973 nach Gründung der Stadt für die Römer – nichts Offensichtliches, das das krönende Finale für ein Buch abgegeben hätte. Aber vielleicht läuft das Argument genau in die falsche Richtung. Das Enddatum der *Chronographiai* könnte christliche Autoren auf die Idee mit dem Datum der Gesandtschaft gebracht haben.

Es gibt noch weitere Probleme. Zwei andere Autoren, Synkellos und das anonyme *Chronicon Paschale*, datieren die Gesandtschaft auf Severus Alexander. Ein weiteres Werk, die *Kestoi*, widmete Julius Africanus Alexander, der ihn zum Direktor der kaiserlichen Bibliothek im Pantheon ernannte. Entweder die Gesandtschaft oder die Weihinschrift könnte ihm die Gunst des Kaisers eingetragen haben. Mamaea, Alexanders Mutter, war in Erinnerung als eine Frau, die Interesse am Christentum gehabt hatte. Abgesehen von den wuchernden Erfindungen der *Historia Augusta* weist nichts darauf hin, dass Elagabal irgendein Interesse – von Sympathie ganz zu schweigen – an jenem illegalen Kult hatte, den Tacitus als „verderblichen Aberglauben" bezeichnet hatte (*Annalen* 13,44).

Wie so oft: Immer wenn wir gerade denken, jetzt sind wir Elagabal nahegekommen, jetzt haben wir etwas zu ihm entdeckt, das feststeht, schlüpft der Kaiser uns schon wieder weg und entzieht sich uns auf quälend-lockende Weise.

Das Imperium wollte regiert sein, und der Kaiser musste Männer dafür bestimmen. Der Spott der antiken Quellen über Elagabals Entscheidungen steigert sich hier zu einem Crescendo. Herodian hatte Cassius Dio gelesen und die *Historia Augusta* sowohl Herodian als auch Dio. Jedes Glied in der literarischen Kette setzte auf das furchtbare Unvermögen der Ausgewählten noch eins drauf.

Cassius Dio ging gesondert auf die Karriere des Exsoldaten Comazon ein, dessen „Name sich von Possenspielen und Spaßmacherauftritten ableitete" (80,4,1) und der nicht weniger als dreimal vom Prätorianerpräfekten zum Stadtpräfekten aufstieg, „eine der größten Verletzungen aller Gebräuche" (80,4,2).[336] Von Elagabal wurden bestimmte andere „häufig geehrt und wurden mächtig, manche, weil sie zusammen mit ihm rebelliert hatten, andere, weil sie mit ihm seine Ehe brachen" (80,15,3). Aurelius Eubulus, der Emesener Ratsherr aus dem Ritterstand, kombinierte beide Rollen. Als Teilnehmer an Elagabals „Zügellosigkeit und Befleckung" wurde Eubulus mit der Aufsicht über die kaiserlichen Finanzen betraut (als *procurator summarum rationum* oder *a rationibus*) und entwickelte sich in dieser Position zu einem Monster an Raffgier: „es gab nichts, was er nicht konfiszierte" (80,21,1).[337] Von zwei Exsklaven aus dem Osten war Cassius Dio entsetzt. Der Karer Hierocles, der vorher der Liebhaber eines gewissen Gordius gewesen war und bei ihm das Wagenlenken gelernt hatte, wurde der ‚Gatte' des Kaisers. Elagabal wollte ihn zum Caesar und damit zum Nebenkaiser ernennen. Und dann war da Zoticus, ein Sklave aus Smyrna mit dem Spitznamen „Koch" nach dem Beruf seines Vaters, der vorübergehend den Posten des kaiserlichen Kämmerers (*a cubiculo*) bekam, und zwar dank der enormen Größe seines Penis, ehe eine ausbleibende Erektion ihm die Verbannung eintrug.[338] Viel mehr gibt es über diese Männer zu sagen, wenn wir uns (in Kapitel 10) um den Sex kümmern.

Was die Senatoren angeht, nannte Cassius Dio lieber die, die Elagabal hingerichtet hatte, als die Überlebenden, die Ämter bekleidet hatten. Letztere zu erwähnen hätte die Betroffenen und ihre Familien geniert – auch den Historiker selbst, der ein Helfer des Regimes gewesen war.

Herodians Bericht, der keine Namen nennt, ist geprägt von Wiederholungen, Übertreibungen und Verzerrungen. Der „Wahnsinn" des Kaisers habe ihn dazu getrieben, „alles Gesindel von der Bühne und aus den öffentlichen Theatern zu holen und in die höchsten kaiserlichen Ämter zu versetzen" (5,7,6). Ein Tänzer aus Rom sei zum Prätorianerpräfekten gemacht worden. Das muss eine – wohl absichtliche – Verfremdung Comazons bei Cassius Dio sein. „Wieder ein anderer wurde auf ähnliche Weise von der Bühne emporgehoben und zum Verantwortlichen für das Training und die Ausbildung der jungen Männer und das Mindestvermögen des Senatoren- und Ritterstandes gemacht." (5,7,7) Diesen Posten gab es (den *procurator* oder *praepositus a censibus*)[339] und er wurde manchmal mit dem des Sekretärs für juristische Reskripte (*a libellis*) kombiniert, aber er umfasste lediglich die Revision der Ritterliste. Wir würden erwarten, dass Cassius Dio eine neue Schande dieses Ausmaßes, die Elagabal dem Senat antat, erwähnt hätte. Daneben lässt sich die Theaterherkunft eines solchen Prokurators anzweifeln: „noch einer" von der Bühne, wo es keinen Ersten gegeben hatte.

Posten mit höchster Verantwortung, fährt Herodian fort, wurden „Wagenlenkern, Komödianten und Mimen gegeben" (5,7,7). Das Erste wirkt wie ein Verweis auf Hierocles, die beiden anderen Punkte beziehen sich wohl wieder auf Comazon. Und „Sklaven und Freigelassene, von denen er zufällig dachte, dass sie in irgendeiner Schandtat Meister seien, machte er zu Statthaltern der Provinzen" (5,7,7).

Mit der *Historia Augusta* betreten wir das Reich bösartiger Fiktion.[340] Aus Herodian erscheint der Tänzer, der Prätorianerpräfekt war. Zoticus und sein dicker Pimmel rücken in eine Starrolle auf, ohne je-

III Entscheidungen: Was Elagabal tat

den Hinweis auf eine erektile Dysfunktion. Hier ist es Zoticus, der des Kaisers Ehemann wird und Leistung bringen muss, sogar wenn es ihm nicht gut geht. Wenn er es nicht gerade dem Kaiser besorgt, wird uns verraten, was genau Zoticus sagt, wenn er schamlos Bestechungen verlangt: „In deiner Sache wird Folgendes geschehen." (HA *Heliog.* 10,3) Das passt zu einem generellen Vorwurf – der bei Cassius Dio und Herodian nicht erscheint –, Elagabal habe Stellen entweder persönlich oder über seine Sklaven und die Männer, die seine Lust befriedigten, verkauft. Das alles bedeutet, dass Hierocles in diesem Text auf die hinteren Plätze rückt – er darf sich lediglich vom Kaiser „auf die Lenden küssen lassen, was allein zu erwähnen schon unanständig ist" (HA *Heliog.* 6,5), die Soldaten fordern seine Entlassung und Elagabal bettelt, dass er bei Hof bleiben darf. Vielleicht geht Hierocles' Rolle an Zoticus, um einen Witz möglich zu machen. Beim Sex soll der Kaiser ausgerufen haben: „Zerleg mich, Koch!" (HA *Heliog.* 10,5)

Die Verallgemeinerungen bei Herodian füllt die *Historia Augusta* mit Namen und abermals Namen auf. Aus Gordius, den Cassius Dio beiläufig als einstigen Liebhaber erwähnt, bei dem Hierocles das Lenken gelernt hat, wird Cordius, ein Wagenlenker, der zum Präfekten der Stadtwache (*praefectus vigilum*) gemacht wird, aber die Truppen bestehen auf seiner Amtsenthebung. Das könnte wahr sein, allerdings hatte …atus diesen Posten, ehe er Prätorianerpräfekt wurde.[341] Ein anderer Rennfahrer, Protogenes, wird zum Begleiter im Alltag des Kaisers. Identifiziert hat man ihn mit einem Wagenlenker namens Protogenes, den der zeitgenössische christliche Autor Tertullian nennt. Nur ist das ein häufiger Name und eine mögliche Anregung finden wir bei keinem anderen als Cassius Dio, der von einem finsteren Freigelassenen Caligulas namens Protogenes spricht.[342]

Die *Historia Augusta* hat noch mehr zu bieten. Ein Barbier namens Claudius wird zum Präfekten der Getreideversorgung Roms (*praefectus annonae*). Möglich ist das. Aber diese Person ist anderweitig nicht bezeugt und der Autor verwendet denselben Namen für mehrere Erfindungen in anderen Biografien. Am besten behandeln wir den Löckchendreher als weitere Erfindung.[343] Dann ist da noch Mirissimus.

Soweit wir wissen, hat kein anderer Mensch im Römischen Reich je diesen Namen gehabt.[344] Die *Historia Augusta* spielt gern mit Namen herum. Aus Soaemias wird die barbarischer und östlicher klingende Symiamira. Vielleicht ist der erdichtete Frauenname die Anregung für Mirissimus gewesen – man nehme die Endung -*mira* und mache einen männlichen Superlativ daraus? Mirissimus klingt vage orientalisch und auf jeden Fall unheilvoll. Man hat das Gefühl, dass der Autor aus seinem Geschöpf zu wenig gemacht hat, dass er diesen Liebling Elagabals nur einmal ins Spiel bringt. Mirissimus wäre ein wunderbarer Zuschauer gewesen, als die Blütenblätter fielen, und hätte hämisch kichern können, während die Festgäste zu ersticken beginnen.

Schließlich finden wir einen Maultiertreiber, einen Kurier, einen Koch (noch einen!) und einen Schlosser – alle dazu ernannt, die fünfprozentige Erbschaftssteuer einzusammeln, weil sie riesengroße Schwänze haben. Die *Historia Augusta* liebt Listen. Elagabal „malte sich als Bonbonmacher, Parfümeur, Koch" (schon wieder!), „Ladenbesitzer und Zuhälter" (*Heliog.* 30,1). Wenn nur der Maultiertreiber und seine Gefährten echt wären, hätte Elagabal das einzige Regime der Geschichte angeführt, das sich als „Makrophallokratie" hätte klassifizieren lassen.

Zwar ist die heutige Forschung häufig eher bereit, an die Existenz einiger der Aufgeführten zu glauben – Claudius und Protogenes werden oft als real betrachtet –, aber aus antiken Quellen malt sie ein ganz anderes Bild der Besetzungspolitik Elagabals, eins der Kontinuität und des Traditionalismus.[345] Es wird darauf verwiesen, dass Mitglieder etablierter Oberschichtfamilien weiterhin im Amt sind. Männer wie der makellose Aristokrat Quintus Tineius Sacerdos, ein Patrizier aus Italien und der Sohn des Konsuls von 158, Tineius Sacerdos Clemens. Quintus war 192 Konsul gewesen, hatte 198/99 Bithynia-Pontus und irgendwann zwischen 209 und 211 die Provinz Asia verwaltet. Ihm wurde die seltene Ehre eines zweiten Konsulats als *ordinarius* zuteil, den er im Januar 219 als Kollege Elagabals höchstselbst begann. Beispiele für konventionelle Karrieremuster lassen sich während der gesamten Herrschaftszeit finden. Ein gewisser Quintus Atrius Clonius war unter Severus und Caracalla Prätor gewesen, wurde von Elagabal zum Statthalter Thrakiens, wurde dann Konsul (*suffectus*, als Nachrücker für einen *ordinarius* – unter Elagabal oder seinem Nachfolger?) und leitete in der Zeit Alexanders Cappadocia, Syria Coele und Hispania Citerior.[346]

Die Zahlen sind zwar winzig, aber ausgewertet werden sie doch, und dann wird die Statistik zwangsverpflichtet. Die Ergebnisse zeigen keine Flut an Neulingen. Von den zwölf Statthaltern unter Elagabal, deren soziale Herkunft bekannt ist, gehören acht zu alten Senatsfamilien. Das war tatsächlich eine Zunahme gegenüber den früheren Herrschern der Severerdynastie. Auch ein großer Zustrom von Männern aus dem Osten blieb aus. Identifizieren lässt sich die geografische Herkunft von 17 Statthaltern. Acht kommen aus dem Osten, sieben aus Italien und zwei von anderen Orten im Westen. Das ist ein geringerer Anteil als die 57 % Leute aus dem Osten, die im Senat insgesamt zur Zeit von Severus und Caracalla erscheinen. Das Zahlenspiel mit den vier bekannten Konsuln, die weder Elagabal noch sein Cousin sind, liefert ähnliche Ergebnisse: zwei aus dem Osten, zwei aus dem Westen und nur einer (Comazon) ohne senatorischen Hintergrund. Letzteres macht 3:1 für die Senatsfamilien gegenüber 2,33:1 unter Caracalla.[347]

Das alles wird als *Beweis* für den „Traditionalismus" von Elagabals Personalpolitik gelesen: nichts als unumstrittene Stabilität. Aber damit werden die Quellen falsch gelesen, denn man sucht Diskontinuität und Neues, wo sie gar nicht zu finden sind, und ignoriert die Denkweise der Zeitgenossen.

Egal, wie schlecht sie mit dem Senat auskamen – und das war oft spektakulär schlecht –, konnte weder Elagabal noch irgendein anderer Kaiser jemals ein Programm zum radikalen Gesellschaftsumbau starten, um den Senat an den Rand zu drängen oder gar abzuschaffen. Bis nach der großen militärischen Krise in der zweiten Hälfte des 3. Jahrhunderts brauchten alle Kaiser die etablierte Senatselite. Sie brauchten den Senat als Gremium, damit er für ihre Vollmachten stimmte und sie dadurch legitimierte, und sie brauchten seine Mitglieder, um das Imperium zu regieren.

Aber alle Kaiser beförderten ihre Favoriten. Die von Elagabal Ausgewählten verletzten konservative Gefühle. Er spielte mit dem Gedanken, die beiden Exsklaven Eutychianus und Hierocles zu Caesares zu ernennen. Dass er es nicht tat und dass sie, soweit wir wissen, kein offizielles Amt bekleideten, ändert nichts. Wie wir im letzten Kapitel schon sahen, entstand Macht nicht aus einem hohen Amt oder Sozialprestige, sondern aus großer Nähe zum Kaiser. Der Unterling, der den kaiserlichen Pisspott hinhielt, verfügte über viel mehr Einfluss als ein Patrizier und zweimaliger Konsul, der Asia verwaltete. Zwei von ganz unten aufgestiegene Soldaten bekamen hohe Ämter. Claudius Aelius Pollio stand zwischen den Statthalterschaften von Bithynia-Pontus und Germania Superior vor dem Senat und richtete sich anstelle des Stadtpräfekten als Sprachrohr des Regimes ans Hohe Haus. Schlimmer noch, Comazon wurde unter Elagabal wirklich Stadtpräfekt, und zwar nicht ein-, sondern gleich zweimal. Diese profilierten Einzelnen waren es, die Männer wie Cassius Dio glauben machten, ihre Welt stehe Kopf. Die Empfindungen der Zeitgenossen sind eine ebenso reale historische Tatsache wie die Statistiken dahinter und besagen deutlich mehr.

Es war eine allgemein anerkannte Wahrheit, um mit Jane Austen zu sprechen, dass ein Kaiser eine Frau besitzen musste. Das Kaiserhaus schloss ein Ehebündnis mit einer Familie der römischen Aristokratie. Viel wichtiger war, dass daraus ein Erbe hervorging. Denken Sie an Macrinus in Apameia, der verzweifelt seinen neunjährigen Sohn Diadumenianus zum Mitkaiser beförderte. Man hoffte, ein Sohn werde den Fortbestand der Dynastie bedeuten und damit die aktuelle Stabilität durch das Entmutigen von Verschwörungen stärken.

Elagabals erste Frau war Julia Cornelia Paula. Die Heirat erfolgte irgendwann vor dem 29. August 219, als der Kaiser wahrscheinlich noch auf der Reise aus dem Osten war. Laut Herodian stammte Paula aus der vornehmsten Familie Roms. Egal zu welchem Zweig der *gens Cornelia* gehörte, ob zu den Cethegi oder den Scipiones, ihre Ahnenreihe reichte bis in die Republik zurück. Falls es ihre erste Ehe war, dürfte sie 14 oder 15 gewesen sein, etwa so alt wie der Kaiser.

Als Elagabal in Rom war, wurde verschwenderisch gefeiert. Ein Geschenk wurde an Senatoren und Ritter sowie – das war etwas Neues – auch an die Senatorenfrauen verteilt. Nicht in seinen Priestergewändern, sondern in einer purpurgesäumten Toga fungierte der Kaiser als Spielgeber für Gladiatorenspiele und eine Tierhetze. Unter den abgeschlachteten Tieren waren ein Elefant und mehr Tiger (51) als bei jedem früheren Anlass. Die Plebs (wahrscheinlich die gut 200 000 für Getreideverteilungen registrierten Bürger) bekam ein Festessen für 600 Sesterze pro Kopf. Die Soldaten, zumindest die in der Stadt stationierten (um die 30 000), wurden ebenfalls gespeist, aber für nur 400 Sesterze pro Mann – ein Zeichen, dass Elagabal dem Vorbild seines Vaters nicht folgte und die Rolle eines Kameraden (*commilito*) nicht einnahm.[348]

Wie die anderen Frauen des Kaisers ist auch Paula für uns kaum mehr als ein Name und ein Gesicht. Die Bilder der Kaiserinnen erscheinen auf den Reichsmünzen, aber es ist reine Glaubenssache, aus diesen generischen Darstellungen achtbarer Oberschichtsfrauen einen Charakter herauslesen zu wollen. Ihre auf den Münzen verkündeten Tugenden könnten gar nicht traditioneller sein: *Concordia*, manchmal auch spezifiziert als „ewig" oder als Band zwischen Augustus und Augusta (*Augg.*), Schamhaftigkeit oder Keuschheit (*Pudicitia*), Gerechtigkeit (*Iustitia*), gerechte Verteilung in Staatsangelegenheiten (*Aequitas publica*), entzückendes Wesen oder Schönheit (*Laetitia*). Ebenso ist es mit den anderen Münzparolen, dem Glück der Zeiten (*Felicitas temporum*) oder des Schicksals (*Fortuna Felicitas*), und auch mit den dargestellten Göttinnen Venus, Juno und Vesta.[349]

Die Ehe endete 220, als Elagabal Paula die Scheidung mitteilte. Der angegebene Grund war ein Makel an ihrem Körper. Das muss ihre aristokratische Familie verstimmt haben. Die nächste von Elagabal ausgesuchte Braut tat mehr, als nur zu verstimmen, und zwar die *ganze* traditionelle römische Gesellschaft. Auch Julia Aquilia Severa kam aus einer Adelsfamilie, wahrscheinlich entweder aus den Aquilii oder den Iulii Severi.[350] Fest steht ihre aristokratische Herkunft: Nur Mädchen mit diesem Hintergrund wurden Vestalinnen. In einem Brief an den Senat rechtfertigte Elagabal seine unerhörte Entscheidung: „Das habe ich getan, damit gottgleiche Kinder aus mir, dem Hohenpriester, und ihr, der Hohenpriesterin, entstehen." (Cass. Dio 80,9,3) Das hat eine Lawine moderner Spekulationen über „östliche Heilige Hochzeiten" losgetreten, der wir im nächsten Kapitel entgegentreten werden. Eine andere Ausrede fügt Herodian hinzu: Der Kaiser habe geschrieben, er sei ein Opfer männlicher Leidenschaft und vom Pfeil der Liebe getroffen, aber das sei nur ein Vorwand gewesen, um einen „Anschein, als benähme er sich, wie es Männer tun", zu erwecken (5,6,2).

Die Vestalinnen waren lebenswichtig für die gute Beziehung zwischen den Römern und ihren Göttern und damit für Roms Sicherheit. Als Kollegium aus sechs Priesterinnen versorgten sie das heilige Herdfeuer Roms und hüteten andere uralte, geheime Kultgegenstände in ihrem Heiligtum am Forum. Sie waren der Göttin geweiht und mussten jungfräulich bleiben – nicht ein Leben lang, wie Herodian behauptet, aber dreißig Jahre. Die Strafe für einen Bruch ihres Gelübdes war, lebendig begraben zu werden. Der Liebhaber wurde auf dem Forum ausgepeitscht, dann in den Kerker geworfen und ebenfalls hingerichtet.[351]

Die Ehen des Kaisers lassen sich ohne viel Präzision nach dem Erscheinen seiner Frauen auf Münzen aus dem ägyptischen Alexandria datieren, da diese außerdem mit seinem Herrscherjahr geprägt sind. Auf diesen Münzen begann das neue Jahr der Herrschaft jeweils Ende August. Damit lief Elagabals Jahr 1 von seinem Herrschaftsantritt am 8. Juni bis zum 29. August 218, Jahr 2 vom folgenden Tag bis zum 29. August 219 und so weiter, bis Jahr 5 mit seinem Tod im März 222 endete. Aus diesen Daten ist errechnet worden, dass Elagabal sich zwischen dem 29. August 220 und dem 28. August 221 von Paula trennte, Aquilia heiratete, sich von ihr scheiden ließ und seine dritte Frau heiratete.[352]

Die Ehe mit der Vestalin Aquilia war kurzlebig. Unsere erzählenden Quellen sagen es zwar nicht ausdrücklich, aber wir können davon ausgehen, dass die öffentliche Empörung die Scheidung beschleunigte. Ein beschädigter, geschwärzter Papyrus, der sich im Steuerarchiv eines niederen Beamten in Ägypten fand, deutet an, dass die Soldaten unzufrieden waren. Es ist ein Brief Elagabals, der wohl ursprünglich an den Senat gerichtet war, dann aber zum öffentlichen Aushang in die Provinzen verschickt wurde. In dem Text, den Papyrologen auf geniale Weise rekonstruiert haben,[353] erklärt der Kaiser auf Latein die Gründe der Scheidung. Die Zeilen 4–8 lassen sich so übersetzen:

Sie, die euch einen Sohn von mir als Princeps schenken und selbst Gefallen durch ihren ehrenhaften Charakter finden wollte und durch die – da es sich für mich schickt, den Rest stillschweigend zu übergehen – meine tapfersten, treuesten Soldaten einschließlich der Prätorianergarde [...] mich [... außerstande gefunden haben, ihnen irgendetwas abzuschlagen, worum sie mich baten?] soll nicht in meinem Schlafzimmer bleiben.

Die folgende, fragmentarische Zeile scheint den Gott Elagabal zu erwähnen.

Der Kaiser behauptet also, er habe Aquilia auf Bitten der Truppen die Scheidung mitgeteilt, da sie ihm keinen Erben geschenkt hat. Sehr wahrscheinlich kündigte er danach an, sein Gott habe diese Entscheidung unterstützt und ihn angewiesen, eine andere zu heiraten.

Hier haben wir einen ganz anderen Elagabal als den verantwortungslosen oder verrückten jungen Mann in unseren erzählenden Quellen. Als der Kaiser zu seinen Untertanen spricht, macht er sich Sorgen um die Thronfolge, hört auf seine treuen Soldaten und folgt fromm den Weisungen des Göttlichen. Er ist diskret und hat seine Exfrau gern.

Aber sind das seine Worte oder die eines kaiserlichen Sekretärs? Im Unterschied zu den Reskripten oder der Antwort an Delphi war dieser Brief eine wichtige öffentliche Äußerung, die an Wände im ganzen Imperium gehängt werden sollte. Es gab viel stärkere Gründe für den Kaiser, dieses Dokument zu lesen und zu billigen – vielleicht gar selbst zu diktieren? –, ehe er seine Unterschrift daraufsetzte und es in die Welt entließ, wo es zu seinen Untertanen über einen Schlüsselaspekt der dynastischen Politik ‚sprach'.

Elagabals dritte Ehe, irgendwann vor dem September 221, wurde mit Annia Aurelia Faustina geschlossen. Noch eine Aristokratin – beide Eltern stammten vom Kaiser Marc Aurel ab. Leider war sie schon verheiratet. Ihr Mann Pomponius Bassus, ein *nobilis* mit vielen Beziehungen aus Italien, war Konsul gewesen und hatte Moesien verwaltet. Ein Schicksalsschlag hatte die Familie getroffen: Der erwachsene Sohn des Bassus war unter Caracalla zu Unrecht angeklagt und hingerichtet worden.[354] Jetzt war der Vater an der Reihe. Der Vorwurf lautete, er missbillige das Handeln des Kaisers. An den Senat schrieb Elagabal, um eine postume Verurteilung zu erreichen: „Die Beweise für das Komplott dieser Leute habe ich euch nicht mitgeschickt, weil es sinnlos wäre, sie verlesen zu lassen, da sie ja schon tot sind." (Cass. Dio 80,5,2) Laut Cassius Dio musste Bassus sterben, weil seine Frau „gut aussah und von guter Herkunft war" (80,5,4). Faustina wurde nicht gestattet, vor ihrer kaiserlichen Wiederverheiratung ihren Verlust zu beweinen.

Pomponius Bassus war nicht das einzige hochrangige senatorische Opfer. Seius Carus, der Enkel eines Stadtpräfekten, wurde hingerichtet, weil er versucht haben sollte, die Loyalität der *Legio II Parthica* in deren Garnison in den Albaner Bergen zu untergraben. Dasselbe Los traf Valerianus Paetus, weil er sein Bild auf Goldmünzen habe prägen lassen, um in Kappadokien, gleich neben seiner Heimatprovinz Galatia, einen Aufstand anzufangen.[355] In Cappadocia standen zwei Legionen – vielleicht war Paetus zum Nachfolger für Theodorus, den Statthalter des Jahres 219, ernannt worden. In den Augen Cassius Dios waren beide Anklagen nur Vorwände. Carus sei getötet worden, weil er vermögend, einflussreich und klug gewesen sei, während Paetus nicht mehr getan habe, als etwas Schmuck für seine Geliebte zu bestellen. So ging das immer. Kaiser, die man nicht mochte, töteten unter an den Haaren herbeigezogenen Anklagen, Kaiser, denen man widerwillig zustimmte, richteten Verräter hin.

Die Ehe Elagabals mit Faustina war kurz. Nur eine alexandrinische Münze mit ihr ist aus dem Jahr 5, September 221 und danach, erhalten. Cassius Dio spricht von zwei bis drei weiteren Ehen (er drückt sich verschwommen aus) mit nicht genannten Frauen, ehe der Kaiser seine letzte Frau heiratet. Vielleicht ist die Rhetorik mit dem Historiker durchgegangen. Im Jahr 5 (September 221 bis März 222) scheint nicht genug Zeit dafür zu sein, ehe Elagabal die öffentliche Meinung wieder schockierte, indem er die Ex-Vestalin Aquilia erneut heiratete.

All diese Frauen – mindestens vier Ehen, die ebenso gut auch sieben gewesen sein können – machen die Heiratsliste Elagabals noch nicht komplett. Wie wir noch (in Kapitel 10) sehen werden, behauptete man außerdem, er habe mindestens einen und womöglich zwei Männer geheiratet.

Die Ehen lassen sich in die Politik der Machtgruppen am Kaiserhof einordnen. Auf der einen Seite unterstützen Maesa und Mamaea Paula und Faustina, um den Adel insgesamt günstig zu stimmen und einige einzelne Familien der Aristokratie an das Regime zu binden. Auf der anderen Seite machen sich Elagabal und Soaemias für Aquilia stark, um sich der Kontrolle durch die Großmutter des Kaisers zu entziehen und zusätzlich vielleicht eine radikal neue, theokratische Legitimation für die Stellung des Kaisers zu fördern. Dieser geniale Plan wurde vor über einem Jahrhundert geschaffen[356] und ist in letzter Zeit mehrmals aufgewärmt worden (manchmal ohne Nennung des Urhebers). Wenn das hier ein Roman wäre und diese elegante Erklärung in den Plot passte, würde ich sie mit Begeisterung verwenden. Doch in einer Biografie muss zugegeben werden, dass sie nicht einmal durch ein Krümelchen an Quellen gestützt wird.

Mindestens vier Kaiserehen in vier Jahren. Eine weit höhere Zahl als bei jedem anderen Kaiser und in vielerlei Hinsicht eine Katastrophe für das Regime. Die Ehen wurden vollzogen. Elagabal erwartete zuversichtlich einen Sohn von Faustina.[357] Laut Cassius Dio heiratete Elagabal sowohl als Bräutigam als auch als Braut „und benahm sich in beiden Rollen in zügellosester Weise" (80,5,5). Die Passage bricht ab, ehe die lasziven Details geschildert werden. Später behauptet der Historiker, der Kaiser habe viele Frauen geheiratet und Sex mit vielen anderen gehabt, um seine Technik bei seinen Liebhabern verbessern zu können.[358] Dieser ganze Sex, ehelich und sonstwie, mit jeder Menge Frauen brachte keinen Erben zustande.

Wie am Hof Heinrichs VIII. muss ein Ehebündnis mit einer Familie die anderen verärgert haben, auf die die Wahl nicht fiel. Ihre Feindseligkeit verblasste gegenüber der jener Familien, deren Frauen die Scheidung traf, besonders wenn sie so gedemütigt wurden wie die *gens Cornelia* („ein Makel an ihrem Körper"), und dem Zorn der Verwandten des Pomponius Bassus, der hingerichtet worden war, um eine Herrscherehe zu ermöglichen.

Der außergewöhnliche Durchsatz an Ehefrauen schuf nicht nur den Eindruck von Instabilität, sondern kostete auch riesige Geldsummen. Geschenke an die oberen Stände, Festmähler für Plebs und Soldaten, Gladiatoren und exotische Tiere – all das wollte bezahlt sein. Allein die Festessen für Plebejer und Soldaten bei der ersten Hochzeit beliefen sich auf rund 132 Millionen Sesterze. Bei jedem Anlass wurden Hochzeitsgeschenke „von all seinen Untertanen" eingesammelt. Dass Elagabals Brief mit den Erklärungen zu seiner Scheidung von Aquilia und zur Hochzeit mit Faustina ins Steuerarchiv wanderte, legt nahe, dass eine Sonderabgabe eingetrieben wurde. Mindestens vier Hochzeiten in vier Jahren – das ist, als müssten die britischen Steuerzahler alle zwölf Jahre eine königliche Hochzeit bezahlen.

Instabilität am Hof, verärgerte Adelsfamilien, erdrückende Kosten und Geldforderungen, alles noch verschlimmert durch das Sakrileg, dass eine vestalische Jungfrau geschändet wurde – und zwar nicht einmal, sondern zweimal, wodurch Roms Sicherheit in Gefahr geriet, wie seine Beziehungen zu den angestammten Göttern bedroht waren.

Von einem römischen Kaiser wurde erwartet, dass er der Plebs von Rom (den gut 200 000, die für die Getreideverteilung registriert waren) zu wichtigen Anlässen Geld schenkte, etwa bei seinem Herrschaftsantritt, zu Geburtstagen und nach Siegen. Diese Schenkungen waren als *congiaria* bekannt, erschienen auf Münzen aber als *liberalitas* („Freigebigkeit"). Auf den Prägungen wurden folgende Geschenke nummeriert: *liberalitas II* und so weiter. Elagabals erstes Congiarium erfolgte 218 zu seinem Amtsantritt und wurde verteilt, während er noch im Osten war. Das zweite gab es im Jahr darauf, entweder zur Feier seines Eintreffens in der Hauptstadt oder seiner Hochzeit, vielleicht auch von beidem auf einmal. Zwei weitere Geldspenden sind durch die Münzprägung belegt. Man hat vorgeschlagen, dass sie Elagabals zweiten und dritten Konsulat 220 und 221 markieren. Vier Schenkungen in vier Jahren – die höchste Verteilungsdichte aller Kaiser. In ihrer Absicht, die Zuneigung der Plebs zu gewinnen, lieferten sie der Elite Munition für Kritik an der ungebremsten Verschwendungssucht des jungen Kaisers.

Erwartet wurde außerdem, dass ein Kaiser Bauten in Rom veranlasste. Teilweise diente das dazu, den Armen bezahlte Arbeit zu verschaffen. Als ein Ingenieur Vespasian ein Gerät anbot, mit dem man riesige Säulen beinahe zum Nulltarif bewegen konnte, belohnte Vespasian den Mann, wies die Erfindung aber ab und sagte: „Man muss mir gestatten, meine kleine Plebs (*plebiculam*) zu füttern." (Sueton, *Vesp.* 18,2)[359] Kaiserliche Bauten wurden weniger nach ästhetischen Kriterien beurteilt als danach, für wen gebaut wurde. Die zum Nutzen der Bevölkerung wurden gebilligt, die dem Kaiser vorbehaltenen angeprangert. Nero wurde dafür verurteilt, eine als Goldenes Haus bekannte Abfolge aus Palästen und Parks für seinen ausschließlichen Gebrauch geschaffen zu haben, Vespasian dafür gelobt, das Areal der Öffentlichkeit zugänglich gemacht und das Kolosseum auf einem Teil des Palastgeländes gebaut zu haben.

An diesen Kriterien gemessen lässt Elagabal zu wünschen übrig. Einige Bauarbeiten waren für die Öffentlichkeit. Das Kolosseum wurde repariert – unter Caracalla hatte ein Blitzschlag ein Feuer ausgelöst, das die oberen Etagen zerstört hatte –, aber das brachte Elagabal wenig Lob ein, da die Arbeiten erst unter seinem Nachfolger abgeschlossen wurden. Ähnlich begann Elagabal mit dem Anbau einer Portikus an die Caracallathermen, doch auch sie vollendete Alexander.[360] Dass er im Palast ein öffentliches Bad einrichtete und allen die Thermen des Plautinus zugänglich machte, vergisst man am besten. Dieses Bad taucht in einer Passage der *Historia Augusta* auf, die die unermüdliche Suche des Kaisers nach Männern mit großen Schwänzen beschreibt.[361]

Der sonst nicht belegte „Plautinus" ist höchstwahrscheinlich nach Severus' Prätorianerpräfekt Plautianus erfunden.

Am anderen Ende des Spektrums errichtete Elagabal eine Goldstatue seiner selbst, „hervorgehoben durch reichhaltigen und vielfarbigen Schmuck" (Cass. Dio 80,12,2²). Herodian behauptet, er habe zahlreiche Wagenrennbahnen und Theater erbaut. In Wirklichkeit scheint es so zu sein, dass er den schon bestehenden Circus in den Gärten der Alten Hoffnung (*Horti Spei Veteris/ ad Spem Veterem*) umbaute, um Türme erweiterte und seinem Privatgebrauch vorbehielt. Nicht lange aufhalten müssen wir uns mit den Thermen in der *Historia Augusta*, die der Kaiser für sich baute, nur einmal verwendete und dann abreißen ließ. Dasselbe, wird uns versichert, habe er mit Häusern, militärischen Hauptquartieren und Sommerhäusern getan.[362] Ebenso fiktiv ist der Fußboden im Palast – grüner und roter Porphyr aus Griechenland und Ägypten –, der „zu unseren Lebzeiten" herausgerissen wurde (HA *Heliog.* 24,6). Die *Historia Augusta* verlegt ihr Entstehungsdatum in die Zeit Konstantins, ist aber fast ein Jahrhundert später geschrieben.

Im nächsten Kapitel werden wir Elagabals wichtigstem Bauprogramm nachgehen, den beiden Tempeln für Elagabal den Gott: einer auf dem Palatin, der andere in den Gärten der Alten Hoffnung. Wie wir uns ihre Aufnahme vorstellen, hängt von unserer Einschätzung der zeitgenössischen Reaktionen auf den Gott des Kaisers ab. Ich verrate nicht so schrecklich viel, wenn ich sage, dass ich behaupte, sie waren nicht positiv.

„Brot und Spiele" waren, so sehr die Oberschicht verächtlich über sie spottete, kaiserliche Vergünstigungen, die kein Kaiser auslassen durfte. Obwohl unsere antiken Quellen auf der Suche nach allem sind, das Elagabal belasten kann, hören wir von keinen Unruhen wegen Getreideknappheit. Die *Historia Augusta* denkt sich aus, dass eine Menge an Staatsgetreide, die dem Tribut eines ganzen Jahres entsprach, an alle Huren, Zuhälter und Stricher innerhalb der Stadtmauern und ein ebenso großes Volumen an die außerhalb verteilt wurde.[363] In Wirklichkeit funktionierten die Getreidespenden unter dem *praefectus an-*

nonae reibungslos – nacheinander Claudius der Barbier (wenn Sie der *Historia Augusta* glauben wollen), auf jeden Fall ...atus und gegen Ende der Herrschaftszeit vielleicht der berühmte Jurist Ulpian.

Was die „Spiele" angeht, war Elagabal nicht knausrig. Er war begeisterter Fan aller Unterhaltungsformen, die die *spectacula* ausmachten. Von den Gladiatorenkämpfen und Tierhetzen zur ersten Hochzeit des Kaisers haben wir schon gehört (51 Tiger erlegt! Mehr als je zuvor!). Ähnliche Veranstaltungen können wir uns bei späteren Hochzeiten und anderen Gelegenheiten vorstellen – ein geiziges Regime war das nicht. Da das Kolosseum in Reparatur war, diente das Stadion Domitians als Arena (die heutige Piazza Navona folgt seinem Umriss). Nebenbei könnte man feststellen, dass keine unserer feindseligen Quellen behauptet, der Kaiser selbst habe als Gladiator trainiert oder gekämpft – das könnte wichtig sein.

Wagenrennen waren eine Leidenschaft Elagabals. Als Fan des grünen Rennstalls – seinem ‚Vater' Caracalla, einem Anhänger der Blauen, folgte er nicht – fuhr er vor ausgewähltem Publikum in seinem Circus in den Gärten der Alten Hoffnung selbst Rennen und achtete genau auf die Profis im Circus Maximus. Hierocles hatte vor der Kaiserloge einen Unfall, sein Helm löste sich und gab sein zerzaustes blondes Haar frei, und schon war der Kaiser verknallt.

In die Herrschaftszeit fällt ein Wunder an Athletik. Bei den Kapitolinischen Spielen in Rom unter dem Vorsitz Elagabals gewann Aurelius Helix aus der Syria Phoenice sowohl den Ringkampf als auch den Pankration (eine Art Kampfsport). Sein Versuch, den Triumph bei den Olympischen Spielen zu wiederholen, scheiterte an der Bosheit der Organisatoren: Nachdem er den Pankration gewonnen hatte, wurde der Ringwettbewerb in letzter Sekunde abgesagt. Helix war ein Superstar, den drei zeitgenössische Werke der Literatur erwähnen und der auf einem Mosaik in Ostia abgebildet ist.[364] Außer seiner phönikischen Herkunft spricht nichts für die moderne Annahme, er sei ein enger Vertrauter des Kaisers gewesen. In Rom setzten sich die athletischen Wettkämpfe nie durch und die Verbindung Elagabals zu Athleten lässt sich übertreiben. Zoticus, der kurzzeitige Kämmerer und unbefriedigende Liebhaber, war zwar Athlet, aber sein Reiz lag in der Schönheit seines Körpers und der Größe seines Penis. Der Athlet Protogenes war eine Erfindung der *Historia Augusta*. Der Athlet, der als Gesandter Thyateiras auftrat, tat das, weil er einer der wenigen Honoratioren in einer unwichtigen Kleinstadt war.

Laut Herodian meinte der Kaiser, „wenn er Wagenrennen und Schauspiele aller Art und jede Menge Unterhaltung veranstaltete und das Volk die ganze Nacht lang bewirtete, werde er ihnen gefallen" (5,6,6). Mit dieser Passage arbeitete die *Historia Augusta* und strich die Andeutung, dass der Plan nicht aufging: „Das alles gefiel dem Volk so sehr, dass es seitdem begeistert war, weil er Kaiser war." (HA *Heliog.* 22,4) Wie so oft irrte sich der unbekannte Biograf – allerdings darf man bezweifeln, ob es ihn gekümmert hätte. Tatsächlich kann er das absichtlich getan haben: *Schaut nur, wie gierig, platt und launisch die Plebs ist!*

Der Kaiser warf Geschenke ins Publikum. Gold- und Silberbecher, Leinengewände und Haustiere (jede Art außer Schweine) von den Türmen des Elagabal-Tempels vor der Stadt zur Sommersonnenwende, sagt Herodian. Es geschah im Januar, als er Konsul wurde, sagt die *Historia Augusta*, und es gab nicht nur Gold- und Silberstücke, Süßigkeiten oder Kleintiere, sondern gemästete Rinder und Kamele und Esel und Sklaven (na ja, das waren eben Tiere mit Stimmen). Statt darauf einzugehen, dass der Kaiser gemeinsam mit seinen Untertanen fröhlich war, versuchen Kommentatoren aus der Oberschicht solche Aktionen immer so zu drehen, dass ein ideologischer Keil zwischen Princeps und Plebs getrieben wird – der Tyrann macht das, um den kleinen Leuten zuzuschauen, wie sie sich balgen.[365] Herodian treibt das mit Elagabal noch einen Schritt weiter: er habe es getan, um sich daran zu weiden, wie sie sich gegenseitig tottrampelten oder auf Soldatenspeeren aufgespießt starben.

Beide Autoren verschweigen mit voller Absicht, dass es nur Gutscheine waren, die da in die Menge geworfen wurden. Die eigentlichen Geschenke konnte man später abholen. Damit bleibt eine finsterhumoristische (falsche) Lesart möglich: Zuschauer, die sich hin- und hergerissen zwischen Furcht und Gier ducken, während massige Tiere auf sie niedergehen.

Das Thema war der *Historia Augusta* kongenial und sie kam unter Zusatz charakteristischer Listen darauf zurück. Bei den Spielen habe der Kaiser Gutscheine oder „Lose" (*sortes*) verteilt, auf denen stand: „zehn Bären oder zehn Siebenschläfer, zehn Salatköpfe oder zehn Pfund Gold" (HA *Heliog.* 22,2). Gut, dass die Gutscheine diesmal erwähnt sind: jeder Leser hätte sich damit schwergetan, an die nötige Logistik zum Bärenwerfen zu glauben. Diesmal bekommen auch die Darsteller Gutscheine. Sie können einen toten Hund, ein Pfund Rindfleisch oder hundert Münzen unterschiedlichen Wertes bekommen. Die Passage zeigt, dass sie fiktiv ist (Raffinesse oder Versehen?): Eine der Münzsorten wurde erst zur Zeit Diocletians (284–305) eingeführt. Wieder wird behauptet, Elagabal habe als Erster „Lose" eingeführt. Jeder gut informierte Zeitgenosse zur Abfassungszeit um 400 – sagen wir, ein Suetonleser – muss gewusst haben, dass die Praxis bis ins 1. Jahrhundert zurückging.

Die *Historia Augusta* kennt viele Geschichten über Elagabals Sozialleben. Die meisten kreisen um Luxusessen. Der Baldachin verschob sich und die Blumen begannen zu fallen. Das war das einzige tödliche Essen. Einige waren furchteinflößend. Gefährliche Tiere wurden ohne Vorwarnung losgelassen. Dass sie zahm waren, wussten die Gäste nicht. Manche waren Demütigungen. Außer dem Kaiser hatte jeder Eingeladene dieselbe körperliche Eigenheit: ein fehlendes Auge, Gicht, Taubheit, dunklere Hautfarbe, große Körperlänge oder Übergewicht.[366] Weil die Dicken nicht auf die Liegen passten, sorgte das für „Lachen bei ihnen allen" (HA *Heliog.* 21,3). Einige waren bloß peinlich – wenn die Luft aus den Liegen gelassen wurde und die Gäste auf den Boden kullerten. Viele waren unbefriedigend. Während Elagabal richtiges Essen bekam, wurden seinen Begleitern Attrappen aus Wachs, Holz, Elfenbein, Keramik, Marmor und Stein serviert; manchmal bekamen sie Speisen aus Glas oder Bilder davon, die in Servietten eingestickt waren oder Gemälde. Wenn das Essen echt war, wurde ebenso viel aus dem Fenster geworfen wie verzehrt. Oft war es überaus exotisch und nicht saisongemäß (Kamelfersen, Nachtigallenzungen und Schnee im Sommer) oder bizarr: nur eine einzige Zutat (jeder Gang war Fasan oder Huhn oder Strauß und so weiter) oder alles in einer Farbe (grün oder blau – das hat die Fantasie später Autoren so richtig angeregt) oder mit ungenießbaren, aber teuren Gegenständen vermischt (Linsen mit Onyx, Bohnen mit Bernstein). Letzteres deutet auf gute Möglichkeiten hin (vorausgesetzt, man erstickte nicht an den Perlen im Reis).[367] Wenn ein Gast eine neue Sauce erfinden konnte, wurde er überreich belohnt. Falls sie nicht gefiel, durfte der Unglückliche nichts anderes essen, bis er eine bessere anrührte. Natürlich gab es „Lose" – zehn Kamele, zehn Fliegen, zehn Pfund Gold, immer zehn irgendwas – und Geschenke: Eunuchen, vierspännige Rennwagen, Pferde, Maultiere, Sänften, Reisewagen und Bargeld. Die Kosten waren ungeheuer, niemals unter 100 000 Sesterzen. Wenn die Abendgesellschaft nicht missgestaltet war, dann war sie verrufen. Die Ehrenplätze neben dem Kaiser gingen an Perverse und nur zweimal ist ausdrücklich von der Anwesenheit der Oberschicht die Rede. Hochrangige Senatoren werden gezwungen, Wagen rund um die Speisesäle zu steuern, und Männer höchsten Ranges werden mit Safranbeilage serviert – dem ihrer Stellung angemessenen „Heu". Die ganze Geschichte konnte mühsam werden. 22 Gänge und in jeder Pause Sex mit einer Frau. Oder je ein Gang im Haus jedes Gastes – ein Sprint vom Kapitol zum Palatin und dann zum Caelius; es müssten neun Veranstaltungsorte sein.[368] Kein Wunder, dass „es schwierig war, das Festmahl innerhalb eines Tages abzuschließen, besonders weil sie zwischen den Gängen badeten und sich an Frauen bedienten". (HA *Heliog.* 30,5). Vielleicht war es ganz gut, dass ältere Senatoren selten eingeladen wurden.

Nach dem Essen, versichert uns die *Historia Augusta*, schickte der Kaiser häufig einen Funktionär los, um den Stadtpräfekten und die Prätorianerpräfekten zu einem Wettsaufen zu zitieren (was darauf hindeutet, dass sie nicht zum Essen eingeladen waren). Bei einer Gelegenheit ließ er auch die einfache Plebs zu. Sein Weinverbrauch war so groß, dass die Leute glaubten, er tränke aus einem seiner Badebecken. Einmal rief er die vornehmen Höflinge (*amicos nobiles*) zu einem Weinlesefest und fragte die ehrwürdigeren Männer aus, ob sie noch Sex hatten. Als sie erröteten, begnügte er sich damit, dass er und die jüngeren Männer sich versaute Geschichten erzählten.[369]

Nur einmal findet sich Elagabal in der *Historia Augusta* im Theater wieder, wo er so laut lachte, dass das Publikum sonst nichts verstehen konnte.[370] Seine Besuche bei Prostituierten zu später Stunde sparen wir uns auf, bis wir zu seinem Sexleben kommen.

Es ist nicht unmöglich, dass manches von all dem auf Tatsachen zurückgeht. Nur ist schwer zu ermitteln, was man mit all diesen Festmählern (*convivia*) der *Historia Augusta* machen soll. Die Folgerung ist wahrscheinlich nicht, dass, wie ein heutiger Forscher es ausdrückt, die „Semiotik des *convivium* [...] es uns erlaubt, Elagabalus' Bankette und Nahrungsverteilung oder *apophoreta* [Geschenke für Essensgäste] als opernhafte Zurschaustellungen der *liberalitas* und Solidarität mit den unteren Ständen und als systematische Inversion traditioneller Hierarchien zu analysieren".[371] In all diesen Geschichten aus der *Historia Augusta* darf das gemeine Volk nur einmal über die Schwelle, und Essen aus dem Fenster zu schmeißen ist ein Beispiel demonstrativer Verschwendung, keine Bekundung von Klassensolidarität. Die jüngeren Männer beim Weinfest sind *nobiles*, ebenso die, denen Häuser in Spitzenlagen wie auf dem Caelius gehören. Alle scheinen dieselbe Gefahr zu laufen, verspottet zu werden – Hoch und Niedrig, sogar die Perversen.

Elagabal veranstaltete Festmähler, massenweise, und sie sind bestimmt üppig gewesen. Soviel ist unstrittig. Aber abgesehen von den Erfindungen der *Historia Augusta* mit ihren Essensobsessionen ist alles, was wir hören, dass sich der Kaiser beim Essen wie eine Geliebte an die Brust von Zoticus lehnte. Cassius Dios und Herodians Augenmerk gilt anderem: den Senatoren respektive der Religion. Vom ganzen Sozialleben des Kaisers haben es nur die Wagenrennen in die Berichte der beiden Historiker geschafft.[372] Die Passage aus Cassius Dio verdient vollständig zitiert zu werden.

Er lenkte nämlich gern einen Wagen und trug dabei die Kleidung der Grünen, und zwar privat und zuhause, wenn man einen Ort ‚zuhause' nennen kann, wo die Wettkampfleitung die anderen wichtigsten Männer aus seiner Umgebung hatten, Ritter wie kaiserliche Freigelassene [d. h. die *familia Caesaris*] *und die Präfekten* [der Prätorianer] *selbst, und dort waren auch seine Großmutter, seine Mutter und die Frauen und dazu andere aus dem Senat und auch Leo, der Stadtpräfekt* [um ihn werden wir uns in Kapitel 11 kümmern], *und sie sahen ihm zu, wie er den Wagenlenker spielte und um Goldmünzen bat wie irgendein Wettkampfteilnehmer und der Rennleitung und den Zuschauern Kusshändchen zuwarf.* (Cass. Dio 80,14,2)

Wagenlenken und Sex scheinen die zwei Hauptentscheidungen Elagabals (außer der Religion) gewesen zu sein. Der junge Kaiser verband laut der *Historia Augusta* beides, indem er schöne nackte Frauen vor seinen Wagen spannte und selber nackt herumfuhr.[373] Das werden wir uns in Kapitel 10 ganz aus der Nähe ansehen, vielleicht als Voyeure. Hier könnte die *Historia Augusta* völlig unerwartet die Wahrheit erzählen. Denn einmal gibt es vielleicht, aber auch nur vielleicht, eine unabhängige Bestätigung dieser unwahrscheinlichen Anekdote.

IV Elagabals Gesicht 2

Elagabal traf Entscheidungen. Er war kein Junge mehr und wurde langsam zum Mann. 221 war er siebzehn und seine Münzen begannen ihn mit Gesichtsbehaarung zu zeigen: immer Koteletten, manchmal auch ein dünner Oberlippenbart, und manchmal wächst alles zu einem kurzen Vollbart zusammen (siehe Bild 13 in Kapitel 8). Nur zwei unveränderte, unbeschädigte Typ-2-Porträtbüsten sind erhalten. Das bekannteste Bildnis des Kaisers steht in den Kapitolinischen Museen.[374]

Zwar sind die Grundzüge des Äußeren noch dieselben wie bei den älteren Typ-1-Porträts (siehe Bild 7 in Kapitel 5), aber das Gesicht des

Kaisers ist schmaler und seine Augen sind etwas größer. Abgesehen von den dicken Koteletten und dem flaumigen Oberlippenbart ist sein Kopfhaar länger und verwuschelter.

Bild 9: Porträttyp 2 Elagabals

Elagabal sieht Caracalla weniger ähnlich als früher – auf jeden Fall ähnelt er kaum dem Bild dieses Kaisers im Erwachsenenalter, das so finster blickt, dass die Falten ein X quer übers Gesicht ziehen. Man hat vermutet, dass die längeren Haare eine Reminiszenz an die antoninischen Kaiser sind und die Strähne auf der Stirn an Augustus erinnern soll.[375]

Manche Forscher wollen in Elagabals Gesicht ein neues, ethnisches syrisches Element erkennen. Andere überzeugt das nicht. Oscar Wilde fand, das Porträt sehe „eher aus wie ein junger Oxford-Student der besonders reizenden Sorte".[376] Wir müssen daran denken, dass das Bild ursprünglich bemalt war. Falls Haar und Hautfarbe dunkel gehalten waren, konnte es syrisch wirken. Falls der Kaiser mit heller Haut und blondem Haar dargestellt war, hätte er überhaupt nicht nahöstlich ausgesehen.

Diese Büste war dazu gedacht, in eine lebensgroße Statue eingepasst zu werden. Diese hätte die Reaktionen der zeitgenössischen Betrachter bestimmt. Entweder hätte die Statue den Kaiser in der üblichen römischen Toga zeigen können oder im Gewand eines Elagabal-Priesters. Jetzt sollten wir uns der letzten, wichtigsten seiner aktiven Entscheidungen zuwenden – der Religion.

KAPITEL 8

Religion

Das Heidentum in Rom ging auf dem Zahnfleisch.[377] Die ganzen Hunderte, vielleicht auch Tausende von Göttern wackelten mit Greisenschritten ihrem Ende entgegen oder verwesten schon auf irgendeinem göttlichen Müllhaufen. Das war die Forschungsmeinung Mitte des 20. Jahrhunderts. Eine leicht verständliche, verführerisch einfache Argumentation, die auf drei Hauptpunkten beruhte. Erstens habe die Rationalität und Logik der griechischen Philosophie seit dem 2. Jahrhundert v. Chr. allmählich den Götterglauben der Elite untergraben. Dann habe der Zustrom östlicher Gottheiten in den ersten drei nachchristlichen Jahrhunderten, besonders von „Mysterienkulten" wie Mithras, klar gezeigt, dass das traditionelle Heidentum die emotionalen und spirituellen Bedürfnisse seiner Anhängerschaft nicht befriedigen konnte. Übriggeblieben seien nur hohle Rituale, die die ungläubige Elite in der Hoffnung organisierte und bezahlte, sie würden den abergläubischen Massen namenloses Grauen und gefügiges Verhalten einflößen. Das Heidentum sei in der Endphase seines Niedergangs gewesen, was es einfacher machte, den Triumph des Christentums im 4. Jahrhundert n. Chr. zu erklären. Natürlich war das, wenn man die Sache umdrehte, zugleich der endgültige Beweis – das Christentum triumphierte, weil mit dem Heidentum etwas grundfalsch gewesen war.

I Die sichtbaren Götter

Nur hat das römische Heidentum der Antike zum Sterben furchtbar lange gebraucht und ist in der modernen Welt wie Lazarus von den Toten zurückgekehrt. In den 1980ern erschienen zwei Bücher, die vor allem in der englischsprachigen Welt den Blick auf das Heidentum veränderten: *Paganism in the Roman Empire* von Ramsay MacMullen 1981 und *Pagans and Christians* von Robin Lane Fox 1986. Vom Einzelfall auf das Allgemeine zu schließen, wenn man über Trends in der Geschichtswissenschaft spricht, ist immer kompliziert, genau wie für die Geschichte selbst. Vielleicht hätte ich auf der Ebene des Spezifischen und Nachweisbaren bleiben sollen: Diese beiden Bücher haben *meine* Ansicht geändert. MacMullen und Lane Fox haben auf elegante Weise gezeigt, dass es überhaupt nicht glaubhaft ist, ganze Generationen der Elite hätten so viel Zeit, Mühe und Energie in etwas gesteckt, an das sie gar nicht glaubten. Wäre die Oberschicht nicht gläubig gewesen, wäre es ihr leicht genug gefallen, andere Wege zu finden, um ihre soziale Dominanz zu erhalten. Ebenso wenig untergrub die griechische Philosophie den Glauben an die Götter. Sicher, es gab den Epikureismus, der teilweise der Ansicht war, es gebe keine Götter. Aber das war eine Schule unter vielen und noch dazu eine Minderheit. Tatsächlich konnte man als Epikureer glauben, dass die Götter real waren – nur hatten sie kein Interesse an der Menschheit. In den Jahrhunderten vor der Herrschaftszeit Elagabals war die einflussreichste Philosophenschule die Stoa. Laut den Stoikern wurde der Kosmos durch ein göttliches Vernunftprinzip (*lógos*) in Gang gehalten. In jedem Sterblichen steckte ein Funke des *lógos* und die einzelnen Gottheiten waren Aspekte dieser göttlichen Vernunft. Die Stoa zerstörte also nicht etwa den Glauben, sie gab den Ritualen der überlieferten Religion im Gegenteil eine tiefere Bedeutung. Zusätzlich lassen sich für die Ausbreitung von Kulten aus dem Osten zwei Erklärungen geben, die ohne die hypothetische Unzulänglichkeit anderer Götter auskommen. Die *pax Romana* machte das Reisen einfacher und etwas sicherer. Alle möglichen Leute waren in Bewegung, Ver-

I Die sichtbaren Götter

waltungspersonal und Soldaten, Pilger und Studenten, Kaufleute und Versklavte – und sie alle nahmen ihre Götter mit. In ein paar Seiten (Abschnitt III) werden wir das miterleben. Augustus, der erste Kaiser, stellte ein stehendes Berufsheer auf. Soldat zu werden bedeutete, dass ein Rekrut eine neue Identität annahm. In der Armee verbreiteten sich zwei der wichtigsten östlichen Kulte, Jupiter Dolichenus (eindeutig) und Mithras (mutmaßlich). Irgendetwas an diesen göttlichen Neuzugängen sprach die neue soziale Gruppe an (nur können wir aus unseren Quellen nicht entnehmen, was). Schließlich sammelten MacMullen und Lane Fox viele schlagende Beweise für Gläubigkeit, die belegen, dass das Heidentum weiterhin lebendig war. Sehen wir uns ein paar ihrer Beispiele an.

Die Apostel Paulus und Barnabas kamen in die kleinasiatische Stadt Lystra in der tiefsten Provinz – oder, offiziell gesagt, in die Colonia Iulia Felix Gemina. Dort heilte Paulus einen von Geburt an verkrüppelten Mann. Die Städter erhoben ihre Stimmen und sagten in der Lokalsprache: „Die Götter sind in Menschengestalt zu uns herabgekommen." (*Apostelgeschichte* 14,11) Barnabas hielten sie für Zeus und Paulus, weil hauptsächlich er das Reden übernommen hatte, für den Götterboten Hermes. Der Priester des Zeus, dessen Tempel vor der Stadt lag, brachte Rinder und Kränze ans Tor, um ihnen dort zu opfern – bis Paulus, der weiterhin das Reden übernahm, die Sache richtigstellte. Natürlich kann die ganze Geschichte fiktiv sein. Reden wir gar nicht von dem Wunder – wieso verstanden die Apostel Lykaonisch, die Sprache dieser Region? Doch die Erzählung wirft ein Licht auf eine Welt, in der die Heiden ihre Götter für Wirklichkeit hielten und dachten, dass sie, wenn sie wollten, unter den Sterblichen wandeln konnten.[378]

Votivgaben nennt man häufig „Prüfsteine der Frömmigkeit". Niemand dankt einer Gottheit öffentlich für eine Wohltat – sagen wir, fürs Gesundwerden oder für die Rettung aus einem Sturm auf dem Meer – wenn er an der Realität dieses Gottes zweifelt. Solche Inschriften finden sich im gesamten Imperium. Die ungewöhnlichsten und zugleich eindrucksvollsten kommen aus zwei Regionen Kleinasiens, aus

Lydien und Phrygien. In ihnen wird stets eine Sünde gegen den betreffenden Gott bekannt, für die die Sprechenden zuerst bestraft werden; anschließend werden sie nach einer Aufklärung über ihre Verfehlung verschont, indem sie die Inschrift weihen. „Stratonikos, Sohn des Euangelos, fällte unwissentlich eine Eiche des Zeus von den Zwillingseichen, und wegen Stratonikos' Mangel an Glauben bot Zeus seine Macht auf." Der Frevler starb beinahe, „erholte sich aus großer Gefahr und nahm zum Dank diese Weihung vor" und verkündete: „Möge niemand je Zeus herabsetzen."[379]

Wie die Christen eine Generation nach Elagabal während der ersten reichsweiten Verfolgungen herausfinden sollten, glaubten die Heiden sehr wohl an ihre überlieferten Götter.

II Kaiser: zwischen Menschen und Göttern

Die Kaiser waren die endgültigen Mittler zwischen der Menschheit und dem Göttlichen. Sie übernahmen das vom Senat, der während der Republik diese Rolle gespielt hatte. Jetzt hatte in der Religion wie in allen anderen Fragen der Kaiser das letzte Wort.

Nehmen wir nur die Sibyllinischen Bücher. Das war eine Orakelsammlung des Gottes Apollo(n), die durch eine Reihe von Prophetinnen, die als Sibyllen bekannt waren (daher der Name), in griechischen Hexametern verkündet wurden. In der Republik kümmerte sich darum im Jupitertempel auf dem Kapitol ein Priesterkollegium, die *quindecimviri sacris faciundis*. Wenn eine Krise oder ein besonders bedrohliches Vorzeichen eintrat, wies der Senat die *quindecimviri* an, diese geheimen Bücher zu befragen und Riten zur Beschwichtigung festzulegen, damit die Götter Rom wieder wohlgesonnen waren. Mit der Einführung der Monarchie ließ Augustus die Bücher in den Tempel des Apollo bringen, der fest mit seinem eigenen Haus auf dem Palatin verbunden war. Der Privatbesitz eines sibyllinischen Orakels war illegal, und Augustus entfernte zahlreiche ‚gefälschte' Orakel aus der amtlichen Sammlung und verbrannte sie. Fortan amtierten die *quin-*

decimviri zwar weiter, doch die Kaiser hatten die Kontrolle über diese göttlichen Verse. Als der Tiber 15 n. Chr. einen Großteil Roms überflutete, schlug einer der Priester vor, die Bücher zu konsultieren, aber Kaiser Tiberius verbot das.[380]

Die religiöse Autorität des Kaisers beruhte teilweise darauf, dass er der *pontifex maximus* war, der Oberpriester Roms, dazu Mitglied in mehreren anderen Priesterkollegien. Gestützt wurde sie außerdem durch seine Verbindungen zum Göttlichen. Der Kaiser war der Stellvertreter der Götter auf Erden, und allgemein meinte man, eine besondere Gottheit sei sein Begleiter und Beschützer. Über Caligulas geflüsterte Unterhaltungen mit der Statue des Jupiter machte man sich lustig. Andere Kaiser gingen raffinierter vor, also war ihre Beziehung auch glaubhafter, etwa die Domitians zu Minerva.[381]

Nicht nur waren die Kaiser Freunde und Untergebene der Götter, sie hatten auch Anteil an deren Natur. In Rom, Italien und den ‚zivilisierteren' Westprovinzen (also Spanien und Südgallien) wurde der *genius* des Kaisers verehrt. Unter dem Genius verstand man entweder etwas Äußerliches, das stark einem Schutzengel ähnelte, oder aber ein göttliches Element, das dem Kaiser innewohnte. Nach dem Tod eines Kaisers konnte sein Nachfolger den Senat anweisen, offiziell die Auffahrt des Verstorbenen als *divus* zum Himmel anzuerkennen. Im ganzen Osten und in den ‚nicht so zivilisierten' Westprovinzen (Britannien, Germanien und dem übrigen Gallien) wurde der Kaiser umstandslos als Gott (griechisch *theós*) verehrt.

Das alles wirft eine Frage auf: Glaubte irgendwer wirklich an die Göttlichkeit des Kaisers? Jedenfalls verhinderte sie nicht, dass sie ermordet wurden. In seinem sehr einflussreichen Buch *Rituals and Power: The Roman Imperial Cult in Asia Minor* (1984) erklärte Simon Price, das sei die falsche Frage, da persönlicher *Glaube* eine zutiefst christliche Vorstellung sei. Vielmehr sollten wir die religiösen Anrufungen in öffentlichen Zeremonien des Kaiserkults untersuchen. Das klingt nicht zufriedenstellend. Das zu schreiben fühlt sich für mich wie ein kleiner Verrat an – Simon Price war einer der Betreuer meiner Doktorarbeit, wir kamen gut miteinander aus und bei *Rituals and Po-*

wer habe ich Korrektur gelesen. Das ist nur ein weiteres Beispiel, dass Historiker nicht in einem Vakuum arbeiten und sich ausschließlich mit Quellen und Forschungsliteratur beschäftigen. Häufig kennen sie die, deren Argumente sie stützen oder kritisieren. Wäre Simon nicht so tragisch früh gestorben, hätte er, glaube ich, die Debatte begrüßt.

Vom in *Rituals and Power* vertretenen Ansatz kann man sagen, dass er das Öffentliche über das Private stellt. Dadurch kommt ein heutiger Historiker in eine Position, die nicht unähnlich der eines antiken christlichen Kritikers wie Lactantius ist, der behauptete, das Heidentum sei „ein Kult, der nur die Finger etwas angeht" und nichts erfordere außer „dem Blut der eigenen Viehherden und Rauch und närrischen Trankopfern" (*Divinae institutiones* 5,19). Das passt nicht zu einigen antiken Belegen. Der Philosoph Dion Chrysostomos riet Kaiser Trajan, Äußerliches genüge nicht – es sei nötig, „im Herzen zu glauben, dass es Götter gibt" (*Reden* 3,51). Wenn wir spezifisch christliche Elemente wie Erlösung und die Unsterblichkeit der Seele beiseitelassen, bleibt es eine berechtigte Frage, ob die Heiden privat an die Göttlichkeit von Kaisern glaubten.

Die Antworten, die wir erhalten, hängen vom jeweiligen Quellentyp ab. Es gibt massenhaft Inschriften zum Kaiserkult. Die aus dem griechischen Osten bezeichnen den Kaiser ausdrücklich als Gott. Aber es ist von vornherein unwahrscheinlich, dass eine öffentliche Inschrift eine Klausel enthalten könnte, die diese Göttlichkeit bezweifelt und damit die Aufrichtigkeit des Auftraggebers dieses Stücks infrage stellt. Wenn Votivgaben die „Prüfsteine der Frömmigkeit" sind, dann ist es aufschlussreich, dass wir keine an einen Kaiser finden. Wenn wir uns den erzählenden Quellen zuwenden, bietet sich ein ganz anderes Bild. Antike Autoren sprechen selten vom Kaiserkult. Falls er erwähnt wird, dann üblicherweise nicht beifällig. In seinem Reiseführer durch Griechenland vermeidet es Pausanias fast ausnahmslos sorgsam, näher auf die Zeugnisse des Kultes einzugehen. Im Zusammenhang mit Herakles sagt er, in alten Zeiten hätten Männer zu Göttern werden können, heute aber täten sie es nur als Schmeichelei für Hochgestellte.[382]

Der Kaiserkult erfüllte viele nützliche Zwecke. Er grenzte die Elite, die für seine Zeremonien zahlte, von der Nichtelite ab, die den Braten, den Wein und die Gladiatorenkämpfe während seiner Feste genoss. Innerhalb einer Stadt bot er den Oberschichtfamilien eine Bühne, um miteinander um den Status zu wetteifern, wer die größeren Wohltäter waren. Ebenso erlaubte er Städten und ganzen Provinzen das Rivalisieren miteinander. Seine Gesandtschaften an den Hof, die um die kaiserliche Erlaubnis baten, Tempel zu bauen, Feste einzurichten oder dem Kaiser Glückwünsche zu diesem oder jenem auszusprechen, waren für Untertanen ein Weg, ihre Loyalität auszudrücken. Sie öffneten einen Kommunikationskanal zum Kaiser, durch den, wie man hoffte, freigebige kaiserliche Großzügigkeit zurückfließen würde.

Es gab gute Gründe, den Kaiser in göttlichen Kategorien zu verstehen. Im Osten hatte er die Rolle der hellenistischen Könige übernommen. Jahrhundertelang waren diese Nachfolger des Alexanderreichs als Götter verehrt worden. Die Macht des römischen Kaisers, die sich über die ganze bekannte Welt erstreckte und jederzeit eingreifen konnte, wo sie wollte, ließ sich nur mit der Macht der Götter vergleichen.

Aber das bedeutet nicht zwangsläufig, dass ein Untertan „aufrichtig glauben" musste, dass ein Kaiser ein Gott sei. Vielleicht waren manche tief gläubig. Andere waren es nicht. Der römische Senator Tacitus verwarf den Kaiserkult als „griechische Schmeichelei" (*Annalen* 6,18). Als der Grieche Cassius Dio seine Ratschläge für die zeitgenössischen Sewererkaiser dem Augustusfreund Maecenas in den Mund legte, empfahl er, die ganze Sache abzuschaffen.[383]

III Der schwarze Stein Elagabals

Um uns ein Bild des Elagabal-Kults zu machen, müssen wir zunächst, so gut wir können, die Schichten der modernen Forschung beiseitelassen und uns darauf konzentrieren, was wir in den antiken Quellen finden können. Die Ergebnisse verraten uns eine Menge über die äußeren Formen des Kultes – Zeremonien und Bilder – und sehr wenig über sein Inneres, etwa Glaubensansichten, Theologie und das Bild vom Kosmos.

Fangen wir mit einer Münze an, die in Emesa zur Zeit Caracallas geprägt wurde.[384]

Bild 10: Elagabal im Tempel von Emesa

Der Gott in seinem Tempel ist ein großer Steinkegel. Davor steht ein Adler mit ausgebreiteten Schwingen. In anderen Bildern sitzt der Adler auf dem Stein. Wie Herodian uns berichtet, war der Stein schwarz und hatte Vorsprünge und Markierungen, von denen die Gläubigen „glauben möchten, dass sie ein grobes Abbild der Sonne sind" (5,3,5).

Manche Münzen zeigen Sterne auf der Oberfläche des Steins. Hinter dem Gott stehen zwei lange Objekte, die wie Sonnenschirme oder Feldzeichen wirken. Unter dem Gott ist auf der Münze ein rechteckiges Objekt zu erkennen. Das könnte eine Basis unterhalb des Steins, ein Altar vor ihm oder eine Schranke rund um ihn sein. Manchmal, wie in diesem Fall, ist das Artefakt verziert, mal ist es glatt und mal überhaupt nicht dargestellt. Der Tempel selbst folgt einem ganz normalen antiken Schema. Er steht auf einem Podium. Eine Reihe schmaler werdender Stufen führt zu einem Eingang hinauf, der beiderseits von je drei Säulen gerahmt ist. Eine andere Münze Caracallas bietet eine Dreiviertelansicht, auf der sich auch Säulen entlang der Seitenwand des Tempels zeigen, genau wie erwartet.[385] Ein dreieckiger Giebel hat

III Der schwarze Stein Elagabals

auf der Vorderseite einen Stern und ein kastenartiges Objekt, das man als Altar gedeutet hat; da es aber in manchen Fällen durch eine Mondsichel ersetzt ist (siehe die Münze in Abbildung 6), ist es wohl eher ein Fenster. Nicht immer erscheint der Stern. Das Dach hat Vorsprünge an den Ecken und ist mit kleinen aufrechten Formen geschmückt.

Eine andere Münze aus Emesa, diesmal mit Domna auf dem Avers, zeigt den Altar Elagabals.[386]

Bild 11: Domna und der Altar Elagabals

Zwei Stufen tragen eine massive Basis mit je einem Pilaster an beiden Enden und einem Gesims entlang der Oberkante. Unterteilt ist die Basis in zwei Register mit je drei Nischen, von denen jede eine Statue enthält, anscheinend in Menschengestalt. Wir haben keine Ahnung, wen diese Figuren darstellen: Priester, Gläubige, andere mit Elagabal verbundene Götter oder die Gottheit selbst in Menschengestalt? Auf einem Altärchen, das auf der Basis steht, brennt ein Feuer.

Jede Menge Münzen zeigen Elagabal auf seinen Reisen.[387]

Bild 12: Elagabal und sein Gott

Der schwarze Stein reist auf einem Wagen, den vier Pferde ziehen. Laut Herodian waren es sechs Pferde, alle in reinem Weiß. War diese Zahl vielleicht ein Problem für einen Stempelschneider, der auf kleiner Fläche arbeiten musste? Mit auf der Münze sind der Adler und die Sonnenschirme/Standarten, die mitreisen dürfen, und der opfernde Kaiser vor dem Wagen. Kaiser Elagabal trägt schicke Stiefel, aber wir müssen uns ein schärferes Bild ansehen, auf dem er ebenfalls sein Priesteramt versieht.

Bild 13: Das ‚Horn' des Heliogabalus

Schauen Sie nach rechts auf das Revers. Das Erste, was auffällt, ist, dass Elagabals Pose normal für einen römischen Priester ist. Er steht still, seine rechte Hand hält eine Opferschale (*patera*), aus der er eine Weinspende in ein Feuer auf einem kleinen freistehenden Altar gießt. Die Haltung seiner linken Hand ist zwar traditionell, vielleicht aber nicht das, was er damit hält: ein Zweig oder eine Keule? Auf anderen Münzen erinnert es eher an ein Zweigbündel. Die Kleidung des Kaisers ist dagegen alles andere als konventionell: keine Toga, sondern eine Hose, ein weites, an der Taille kompliziert gegürtetes Gewand und ein Mantel, der hinter die Schultern zurückgeworfen ist.[388] Herodian beschreibt seine Tracht als golden und purpurn: „seine Erscheinung war ein Mittelding aus der heiligen Tracht der Phöniker und dem Prunk der Meder." (5,5,4)

Zweimal berichtet uns Herodian, dass der Kaiser „einen Kranz in Form einer Tiara trug, der von Gold und Edelsteinen glitzerte" (5,3,6; 5,5,3). Sehen Sie sich links das Porträt auf dem Avers an. Keine Tiara, sondern ein sehr römischer Kranz, der auf der Rückseite mit einem Band gewunden ist. Schauen Sie jetzt noch einmal hin, diesmal auf Elagabals' oberen Stirnbereich. Vom Kranz aus kringelt sich etwas Röhrenförmiges vorwärts. Das ist das berüchtigte „Horn" des Elagabal. Kein anderer Kaiser wird jemals mit einem solchen Zierrat dargestellt. Vermutlich hat es mit Elagabals Rolle als Priester des gleichnamigen Gottes zu tun. Man hat darin je nachdem einen Sonnenstrahl, ein Amulett, einen Zeigefinger oder einen getrockneten Stierpenis gesehen. Letzteres lässt sich ausschließen. Diese Gelegenheit zum Spott hätten sich die feindseligen Zeitgenossen Cassius Dio und Herodian nicht entgehen lassen.

Die Münzen zeigen uns die Erscheinungsform des Kults. Herodian, leicht ergänzt aus Cassius Dio, berichtet uns von seinen Zeremonien.[389] Tiere wurden geopfert – viele Rinder und Schafe, aber niemals Schweine. Man verbrannte Weihrauch und goss Weinopfer aus. Blut und Wein flossen in Strömen und die Luft war duftgeschwängert. Alles ganz normal, außer für die Beteiligten. Die Eingeweide wurden nicht etwa von Dienern oder den unteren Ständen getragen, sondern von Militärpräfekten und wichtigen Würdenträgern. Sie trugen phönikische Kleidung samt Leinenschuhen. Obwohl der Kaiser der Meinung war, dass er damit eine Ehre vergab, müssen diese Angehörigen der Elite das ganz anders gesehen haben. Um ihre Demütigung perfekt zu machen, wurden die Schüsseln mit den Eingeweiden auf dem Kopf getragen.

Es war üblich, dass heidnische Gottheiten mit Musik und Tanz gefeiert wurden. Bei Elagabal waren die Beteiligten auch hierin ungewöhnlich. Der Kaiser selbst, im Priestergewand und geschminkt, tanzte zusammen mit phönikischen Frauen, darunter seine Mutter und seine Großmutter. Sie tanzten nicht nur, sondern sangen auch. Prüde sagte Cassius Dio, die „barbarischen Gesänge" wolle er nicht beschreiben (80,11,1). Laut Herodian war auch die Musik „barbarisch" (5,3,8).

Wie ein moderner Diktator hatte auch ein antiker Gott seinen Spaß an einer dicken Parade. Die für Elagabal war exotisch. Der schwarze Stein fuhr auf seinem Wagen, an dem die Zügel der Schimmel festgebunden waren, als lenkte der Gott ihn. Tatsächlich hielt der Kaiser die Zügel. Als Priester lief er rückwärts über einen mit goldgelbem Sand bestreuten Weg, auf beiden Seiten von Leibwächtern gestützt, damit er nicht hinfiel. Voraus gingen ihm Bilder der anderen Götter, kaiserliche Feldzeichen und Erbstücke sowie die Armee. Eine Menschenmenge rannte beiderseits des Weges mit, schwenkte Fackeln und warf Kränze und Blumen. Zwar waren wichtige Teile der Prozession fremdartig – dass der Stein lenkte und der Kaiser rückwärts lief –, aber andere kamen der speziellen traditionellen Feier eines Triumphes nahe genug, dass sie als Anspielungen darauf verstanden wurden und damit Schaden anrichteten. Wir kommen auf sie noch am Ende dieses Kapitels zurück, wenn wir uns anschauen, was mit den religiösen Neuerungen des Kaisers schiefgegangen ist.

Für seinen Gott arrangierte Elagabal eine Ehe. Herodian zufolge heiratete Emesas Idol zunächst Pallas Athene, deren heiliger Gegenstand, das Palladium, aus dem Tempel der Vesta in seine Unterkunft gebracht wurde. Die Forschung verbindet das mit der ersten von Elagabals zwei Ehen mit der Vestalin Aquilia. Wie wir schon sahen, sagt der Kaiser bei Cassius Dio: „Das habe ich getan, damit gottgleiche Kinder aus mir, dem Hohenpriester, und ihr, der Hohenpriesterin, entstehen." (80,9,3) Bei Herodian fügte der Kaiser hinzu, dass die Ehe zwischen einem Priester und einer Priesterin „passend und heilig" sei (5,6,2). Athene war der Emesener Gottheit am Ende zu kriegerisch. Der schwarze Stein bekam eine zweite Frau, die afrikanische Göttin Urania, deren Statue nach Rom verfrachtet wurde. Laut Herodian war sie eine Mondgöttin, die die Phöniker als Astroarche kannten, und der Kaiser erklärte eine Ehe zwischen Sonne und Mond für angebracht. Cassius Dio erwähnt nur die zweite Götterehe. Heutige Forscher behaupten, der Kaiser habe eine Göttertrias schaffen wollen, die Jupiter, Minerva und Juno als Gipfel der römischen Staatsreligion verdrängen sollte. [390] Wie wir gleich sehen werden, beruht das auf irrelevanten, umstrittenen Belegen, und übergeht Herodians explizite Aussage vom Missfallen des Gottes und die klare Andeutung einer Scheidung. Den Göttern hatte man immer schon Familien zugeschrieben. Ehekrach sorgt für ein paar der besten Szenen bei Homer. Götterehen waren absolut in Ordnung, falls die Götter sie vor langer Zeit geschlossen hatten. Wenn der Kaiser erst jetzt eine arrangierte, war sie eine Zielscheibe der Verachtung. Herodian beschreibt sie als „Verhöhnung" (5,6,3) und Cassius Dio als „äußerste Lächerlichkeit" (80,12,1).

Wir erfahren, dass der Kaiser als Priester Elagabals beschnitten war und kein Schweinefleisch essen durfte. Beides war den römischen Bräuchen fremd und stand wie die Prozession Elagabals überaus feindseligen Interpretationen offen.

Also wissen wir eine ganze Menge über die Äußerlichkeiten der Religion – wie sie aussah und wie ihre Rituale abliefen. Wenn wir uns dem Kernbestand zuwenden – ihren Mythen, Lehren und Glaubensvorstellungen –, finden wir so gut wie nichts. Die Etymologie verrät uns, dass Elagabal „der Gott vom Berg" war, vielleicht auch „der Berggott". Die Gottheit war ein Sonnengott, weshalb sie häufig den Beinamen *Sol* (auf Latein) oder *Helios* (im Griechischen) erhielt. Die Sterne, die manchmal auf dem Stein, seinem Tempel und den Münzen seines Priesterkaisers erscheinen, deuten vielleicht auf größere Zuständigkeit für den Himmel hin. Cassius Dio deutet an, dass Elagabal in Emesa Orakel erteilte. Und das ist auch schon alles.

Nicht aber für die moderne Forschung, die die Lücke mit außerordentlichem Einfallsreichtum zu schließen versucht. Cassius Dio, Herodian und die *Historia Augusta* werden beschuldigt, die östliche Religion nicht verstanden zu haben, und der gehässigen Sünde des ‚Orientalismus' bezichtigt. Man wirft ihnen vor, die Geschichten über Elagabals Sex- und Sozialleben und alles andere von ihrer religiösen Bedeutung entkoppelt zu haben. Das hat den Weg für einen Fischzug bei anderen ‚östlichen' Religionen freigemacht, aus denen Vergleichsstücke importiert und erklärt werden. Die Resultate sind immerhin farbenfroh: berauschte Sexorgien, rituelle Homosexualität, Transvestitismus, Kastration, Tempelprostitution, rituelle Reinheit, Turmgräber und – ein eher niedliches Detail – ein ganzer Zoo Elagabal geweihter Tiere.[391]

Dieser Ansatz beruht natürlich auf der Annahme, dass die heutigen Forscher es besser wissen als die antiken Quellen. Cassius Dio, Herodian und – soweit sich ihr trauen lässt – die *Historia Augusta* betrachteten das Verhalten Elagabals als durch Perversion, Ausschweifungen und andere persönliche Laster motiviert. Nein, sagen Kommentatoren von heute, die Zeitgenossen (und die *Historia Augusta*) irrten sich. Sie haben die östlich-religiösen Praktiken des Kaisers nicht verstanden. In dieser Anklage steckt eine gewisse Ironie, denn der moderne Füllstoff – der alles mit hineinpackt, was aus dem Osten kam – verlässt sich darauf, dass alle östlichen Kulte sich gleichen und ihre Rituale und Glaubensvorstellungen austauschbar waren. Was sie eindeutig nicht waren. Die modernen Forscher sind selbst in die Falle des ‚Orientalismus' gegangen und haben den Osten in westlichen Begriffen fehlinterpretiert, wie sie es den antiken Autoren vorwarfen.

Nehmen wir nur ein Beispiel: heilige Tiere. Verschiedene andere Kulte im Nahen Osten hielten in ihren Tempeln Tiere (allerdings ganz unterschiedliche Arten, häufig Fische), die den Göttern geweiht waren. Erinnern Sie sich an die gefährlichen (eigentlich allesamt zahmen) Tiere, mit denen Elagabal seine Gäste gern beim Essen erschreckte, indem er sie losließ? Das war gar kein Dummejungenstreich, sagen heutige Forscher, sondern ein missverstandener Aspekt der Rituale des Elagabal-Kults. Unwahrscheinlich, da die Viecher, die zwischen den Sofas herumstreichen, eine Erfindung des Autors der *Historia Augusta* sind. Ebenso fiktiv ist die Geschichte bei Cassius Dio über *geheime* Riten, darunter Menschenopfer und das Werfen abgetrennter menschlicher Genitalien in einen Tempel, in dem sich ein Löwe, ein Affe und eine Schlange befanden.

Manchmal geht die Forschung sogar noch weiter und verabschiedet sich komplett von den Quellen. Nehmen wir diese Reliefs vom Forum Romanum.

Bild 14: Relief mit Elagabal

Links kann man gerade noch Elagabals schwarzen Stein erkennen. Tatsächlich ist es leichter, die ausgebreiteten Schwingen des Adlers zu entdecken, der davorsteht. Den Gott flankieren zwei Frauenfiguren. Sie stehen auf Plinthen, also sind es Statuen. Eine weitere Frau, die schwer zu erkennen ist, liegt ausgestreckt rechts auf dem Boden. Auf ihrem Schoß spielt ein ebenso schwer erkennbares Kleinkind. Über ihnen opfert eine andere Frau, diesmal mit Flügeln, einen Stier. An der Oberkante gibt es Spuren dreier zusätzlicher geflügelter Figuren. Und es gibt eine Unmenge herumwirbelnder Vegetation.

Vermutlich sind alle Figuren Gottheiten, auf jeden Fall aber die mit Flügeln. Die Frauen, die Elagabal einrahmen, sind als Athene und Astarte (Astroarche) angesprochen worden. Das ist der einzige Beleg für die Theorie einer neuen Trias an der Spitze der römischen Religion. Die Ikonografie der Figur links macht es so gut wie sicher, dass sie

Athene ist: Sie trägt die Aigis, ein ungewöhnliches Kleidungsstück, das in der Kunst üblicherweise diese Göttin trägt. Die rechte Figur jedoch ist für eine Identifikation viel zu stark beschädigt. Wenn Herodian nicht Astarte erwähnen würde, gäbe es keinen Grund, sie hier abgebildet zu sehen. In den anderen Figuren hat man Gaia (liegend), Eros (spielend), Nike (opfernd) und drei Greifen (oben und fast verschwunden) erkennen wollen.

So weit, so prosaisch, wenn auch ungewiss. Dann aber schaltet die Fantasie in den Overdrive. Die Skulpturen, so erfahren wir, vermittelten Einblicke in „Theologie, Kosmologie und Ritual". Anscheinend dreht sich alles um die Energie. Sie wird durch das Stieropfer freigesetzt, fließt hinab zu Eros und Gaia, dann aufwärts durch das Blätterwerk und die Flügel Nikes und der Greifen und dann wieder hinunter zu Elagabal. „Der schwarze Meteorit, von dieser Energie erwärmt, gewinnt seine ursprüngliche Rot- und dann Weißglut zurück", die flankierenden Göttinnen absorbieren die ausgestrahlte Energie und jede ihrer Statuen „erwacht zum Leben und spricht, glüht, spricht oder bewegt sich". Mit dem Beleben von ein paar Statuen gibt sich die Gottheit nicht zufrieden, sie ergreift von den Anbetenden Besitz, die sich mit rhythmischem Tanz, Festmählern, Trinken, Sex und psychoaktiven Pflanzen oder Pilzen darauf vorbereitet haben. Nach dieser Darstellung raucht der junge Kaiser gern aromatische Kräuter.[392] Es ist beinahe eine Schande, dass dieses Bravourstück von Vision auf keinerlei Quellen beruht.

Da bleiben wir doch lieber bei dem, was unsere antiken Quellen zeigen – eine Menge über das Äußere und fast nichts über das Innenleben der Religion des Kaisers.

Wie verbreitet war der Elagabal-Kult vor Elagabals Herrschaft über die Umgebung von Emesa hinaus? Sehr, sagt eine moderne Studie: „der Kult des Sol Invictus Elagabal nahm schon zur Herrschaftszeit des Commodus (190–192 n. Chr.) großen Umfang und hohe Bedeutung an". Aber zu diesem Schluss kommt es durch eine Methode, die überhaupt nicht überzeugt: „alle Weihungen an Sol Invictus, die nicht Mithras betreffen, beziehen sich auf den syrischen Sol Invictus Elagabal".³⁹³ Das ist nicht hinnehmbar. Elagabal war zwar ein Sonnengott, aber außer Mithras gab es noch viele andere. Nicht alle Sonnengötter waren Elagabal. Nur direkte Verweise auf Elagabal oder Weihungen von Emesenern an Sol Invictus kommen infrage.

Wenn man den Bestand nach diesen Kriterien untersucht, ergibt sich ein ganz anderes Bild. Eine Kohorte aus Emesener Bogenschützen errichtete an ihrem Garnisonsort, Intercisa in Pannonien, einen Tempel für Elagabal. Im ägyptischen el-Kantara weihte eine weitere Einheit aus Emesa Sol Invictus einen Tempel. Gaius Julius Avitus Alexianus, Kaiser Elagabals Großvater mütterlicherseits, baute dem „Gott seiner Ahnen" als Statthalter von Raetia einen Altar (AE 1962,229). Eine Reihe von Inschriften aus dem römischen Bezirk Trastevere nennt einen gewissen Tiberius Julius Balbillus, höchstwahrscheinlich ein Mitglied der Dynastie von Emesa, als Priester Elagabals. Balbillus' letzte Inschrift stammt von 215 n. Chr.³⁹⁴

Also keine Missionare, keine Neubekehrten. Nur Männer aus Emesa, die woanders dienten oder lebten und ihren Gott mitnahmen – mit Ausnahme einer einzigen Quelle. Zur Zeit Hadrians weihte ein gewisser Lucius Terentius Bassus, Feldzeichenträger der Dritten Breukerkohorte, eine Inschrift für Sol (H)Elagabal an seinem Standort in der Germania Inferior. Ursprünglich wurden die Breuker in Pannonien rekrutiert. Falls Terentius kein verirrter Emesener war, der weit weg von zuhause in einer Einheit voller Fremder arbeitete – was möglich ist, aber es gibt nichts, was ihn mit Emesa verbindet –, scheint er die Ausnahme zu sein, die die Regel bestätigt.³⁹⁵

Als Elagabal seinen gleichnamigen Gott nach Rom schaffte, hatte abgesehen von dem einen oder anderen Terentius die übergroße Mehrheit der Bevölkerung des Reichs noch nie vom schwarzen Stein Elagabals gehört.

IV Der allerhöchste Priester der unbesiegbaren Sonne

Schon zu Beginn seines Aufstands war Elagabal Hohepriester seines Gottes. Wie wirkte sich das aus, als er Kaiser wurde? Worin bestanden seine religiösen Innovationen? Was machte der junge Priesterkaiser überhaupt?

Der schwarze Stein wurde zusammen mit dem Adler und den Feldzeichen / Sonnenschirmen in seinem Wagen den ganzen Weg von Emesa nach Rom befördert. Lief ein Priester vor dem Wagen her die ganze Strecke rückwärts? Was es der Kaiser selbst? Selbst wenn das nicht bezeugt ist, einen Gott durfte man nicht hetzen. Das gemessene Tempo sollte mit Maesas Wunsch in Verbindung gebracht werden, den neuen Herrscher den Armeen an der Donau zu zeigen, dann erklärt sich die lange Zeitspanne, ehe der kaiserliche Zug Rom erreichte.

Bei der Überwinterung in Nikomedia vollführte Elagabal die Riten seines Gottes. Der 3. Januar, der Tag der Gelübde, war ein wichtiges Datum im römischen Staatskult.[396] Opfer wurden für das Wohlergehen des regierenden Kaisers und für die Ewigkeit der Herrschaft des römischen Volkes dargebracht. Während Elagabal als Konsul fungierte, trug er nicht das traditionelle Gewand eines Triumphators, berichtet uns Cassius Dio, sondern erschien in seinen Priestergewändern. Von Nikomedia aus schickte der Kaiser das Bild nach Rom voraus, wie er selbst als Priester vor dem schwarzen Stein agierte. Herodian fährt fort: „Außerdem wurde jedem römischen Magistrat und denen, die vielleicht staatliche Opfer darzubringen hatten, vorgeschrieben, dass sie vor allen anderen Göttern, die sie beim Opfer anriefen, nunmehr den neuen Gott Elagabal zu nennen hatten." (5,5,7) Der Kaiser setzte, wie Cassius Dio es ausdrückt, Elagabal vor Jupiter. Im selben Satz lässt er den Kaiser dafür sorgen, dass er per Abstimmung zum Hohenpriester gemacht wird. Durch den Senat, muss das heißen, denn dieser beschäftigt Dio ja am meisten. Offensichtlich ging die Absicht dahin, den Emesener Gott in den römischen Staatskult einzufügen. Manche Forscher setzen den Senatsbeschluss lieber spät auf 220 an,[397] aber sein Platz im Text verweist auf den Winter 218/19 und passt zu den übrigen Anweisungen und dem Bild.

Bei Herodian ist Elagabal in seine Priestergewänder gehüllt, als er Rom erreicht. Kaiser und Gott bezogen Quartier im Kaiserpalast. Für Elagabal, den Gott, wurde der Bau zweier Tempel befohlen – einer auf dem Palatin, der andere am Stadtrand. Archäologische Geduldsarbeit hat den zentralen Tempel bei der Vigna Barberini lokalisiert, links neben dem Hauptaufgang vom Forum und vom Titusbogen her[398]. Heute gibt es dort für die Tausende vorbeikommender Touristen wenig zu sehen. Auf einem Teil des Grundstücks steht eine spätere Kirche für den heiligen Sebastian. In der Antike jedoch war es ein eindrucksvoller Komplex.

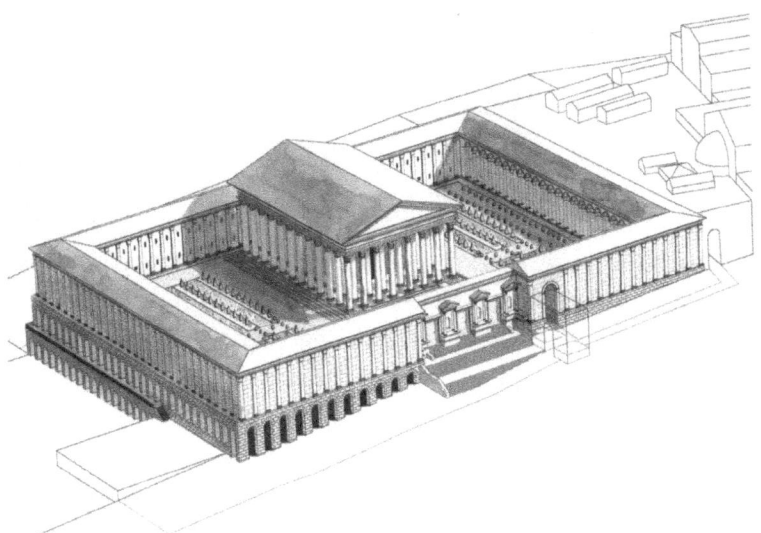

Bild 15: Rekonstruktion des Elagabal-Tempels auf dem Palatin

Eine monumentale Treppenanlage führte zu drei Toren hinauf, die die ringsum laufende Portikus durchbrachen. Drinnen stand der Tempel auf einem hohen Podium, auf das man über weitere monumentale Stufen gelangte, umgeben von Altären und wahrscheinlich mit je einem Garten links und rechts. Zwei späte Quellen nennen unterschiedliche

Daten für seine Weihe, das Jahr 220 oder 221. Da das frühere nur ein Jahr nach der Ankunft des kaiserlichen Gefolges liegt, ist vorgeschlagen worden, man habe einen schon bestehenden Tempel umgewidmet. Vom hypothetischen Vorgängerbau ist kein Beleg erhalten, weder literarisch noch archäologisch. Die Ausmaße des neuen Bauwerks haben die meisten für das spätere Datum plädieren lassen. Das unterschätzt vielleicht die Arbeitskräfte, die ein Kaiser mobilisieren konnte, besonders da Anweisungen zum Baubeginn im Winter 218/19 aus Nikomedia geschickt worden sein können, zusammen mit dem Bild des Gottes und dem Befehl, dass er in öffentlichen Schwüren Vorrang hatte.

Den suburbanen Tempel hat man jenseits des Tiber in Trastevere vermutet, weil dort Tiberius Julius Balbillus, der mutmaßliche Verwandte des Kaisers, Elagabal verehrt hatte. Aber Balbillus war Privatmann und huldigte dem Gott seiner Ahnen im Tempel einer anderen Gottheit. Viel wahrscheinlicher war das kaiserliche Anwesen in den Gärten der Alten Hoffnung (*ad Spem Veterem*). Zwar ist keine Spur des Tempels gefunden worden – später wurde das Gelände mit einer kaiserlichen Basilika und Thermen bebaut –, aber die Archäologie hat Elagabal Umbauten an einem dort gelegenen Circus und die Errichtung eines Amphitheaters zugeschrieben. Interessanterweise behauptet Herodian, dass der Tempel vor der Stadt hohe Türme hatte, von denen der Kaiser Geschenke in die Menge warf, und Türme wurden dem Circus im Rahmen des Umbaus hinzugefügt.

Wir haben die alljährliche Prozession schon gesehen, die den schwarzen Stein zur Sommersonnenwende vom Palatin in die Vorstadt geleitete. Hier lassen sich noch zwei weitere Aussagen treffen. Die Prozession kann nur zweimal stattgefunden haben: Im Mittsommer 219 war Elagabal noch nicht in Rom angekommen und im Frühjahr 222 war er tot. Außerdem muss es noch eine Prozession in die Gegenrichtung gegeben haben – die Wintersonnenwende wäre ein plausibler Vorschlag.

Für seinen Gott arrangierte der Kaiser zwei Ehen: erst mit Athene, dann mit Urania. Herodian vermerkt, dass das Palladion, das Symbol Athenes, in den Kaiserpalast gebracht wurde.[399] In einer eindeutig fiktiven Passage fügt die *Historia Augusta* noch eine Reihe anderer sakraler Gegenstände an – das Symbol der Großen Mutter (Magna Mater), das Feuer der Vesta, die Schilde der Salier und „alles, was die Römer heilig hielten" (HA *Heliog.* 3,4) – während an einer anderen Stelle eine Täuschung durch die ranghöchste Vestalin seinen Raubzug vereitelt. Als die allzu kriegerische Athene weggeschickt worden war, brachte man die Statue der Urania aus Karthago. Laut Herodian wurde sie von allem Gold begleitet, das in ihrem Tempel war, laut Cassius Dio nur von zwei goldenen Löwen, die eingeschmolzen wurden. Die Götterehen wirkten sich direkt auf die Reichsbevölkerung aus. Cassius Dio und Herodian sind sich einig, dass von allen Untertanen Hochzeitsgeschenke eingesammelt wurden. Optimistisch behauptet Dio, unter dem nächsten Kaiser habe man sie zurückerstattet.[400] Abgemildert wurde das Geldeintreiben in Rom und Italien, wo es Feste und Gelage gab. Egal wie sie zu der „Lächerlichkeit" der Hochzeiten standen, bei den meisten Italikern dürften zeitweilig Gratisgetränke und Festbraten über etwaige religiöse Bedenken gesiegt haben.

Komplizierte tägliche Opfer zu Sonnenaufgang wurden eingeführt.[401] Vermutlich brachte man sie immer in dem Tempel dar, wo sich der schwarze Stein jeweils aufhielt. Wie wir gesehen haben, sang und tanzte der Kaiser bei den Feiern zusammen mit Phönikerinnen, darunter seine Mutter und seine Großmutter. Hohe Amtsträger fungierten als Opferdiener und „der gesamte Senat und die Ritter standen rundherum entsprechend der Sitzordnung im Theater" (Herodian 5,5,9). Anzunehmen, dass Letzteres nur bei besonderen Anlässen geschah, unterschätzt vielleicht das persönliche Element der Macht. Die Ehrgeizigen und Ängstlichen hätten teilgenommen. Persönliche Gläubigkeit für den Kult eines Autokraten zu heucheln, konnte eine Beförderung oder Strafmilderung bedeuten.

Zur Halbzeit der Herrschaft, 220, vollzog sich in der Religionspolitik ein dramatischer Wandel, wie behauptet worden ist.[402] Die kaiserliche Förderung des Elagabalkults, die bisher leise und subtil gelaufen war, sei jetzt laut und fordernd geworden. Dafür hat man mehrere Gründe genannt. Elagabal, jetzt 16, riss sich aus dem Zugriff der Frauen der Dynastie los. Oder es gab einen Machtkampf am Hof: Die Soaemias-Elagabal-Gruppe zeigte, dass sie gegenüber Maesa und Mamaea die stärkere war. Oder aber Maesa entfesselte, nachdem sie sorgfältig den Boden dafür bereitet hatte, eine neue Form theokratischer Herrschaft. Als sie merkte, wie unbeliebt sie das machte, habe Maesa den Plan aufgegeben, ihr Enkel aber nicht.

Der Reiz dieser Idee ist offensichtlich. Sie liefert uns Dramatik und vor allem ein Narrativ. Wir haben gute Handlungsstränge vom Ausbruch des Aufstands im Mai 218 bis zur Ankunft des Kaisers in Rom im Oktober 219 und dann wieder von der Adoption Alexanders im Juni 221 bis zum Tod Elagabals im März 222. Dazwischen aber lässt die Quellenlage keine chronologische Rekonstruktion Monat für Monat, geschweige denn Tag für Tag zu. Stattdessen muss man dort thematisch vorgehen. Elagabal entscheidet sich für dies oder verwirft das (so wie im letzten Kapitel), aber das macht er ohne feste Reihenfolge.

Doch so reizvoll die Religionsreform mit all ihren verlockenden Erklärungen ist, sie sollte verworfen werden. Zwar lassen sich viele Münzen nicht genau datieren, aber die heutige Theorie beruht auf einem sichtlichen Wandel der Münztypen, die die Reichsprägestätte in Rom herausbrachte.[403] In den Anfangsjahren Elagabals kam der Kult aus Emesa kaum vor. Wenn auf ihn angespielt wurde, dann mit gelegentlichen Ausnahmen in hellenisierter Form mit einer menschengestaltigen Figur des Sonnengottes Sol und ohne die explizite Bezeichnung Elagabal. Die Münzen konzentrierten sich auf traditionelle Themen: Rom, Heil und Wohlergehen (*Salus*), die Victoria des Kaisers oder des Gottes Mars, die Treue der Armee oder der Soldaten (*Fides exercitus* oder *militum*) und Freigebigkeit oder allgemeine Freude und Treue (*Laetitia* oder *Fides Publica*). Jupiter als Oberhaupt des Staatspantheons erscheint als *Conservator*, wichtigster Bewahrer, des Kaisers. Die späteren Jahre brachten eine Flut von Münzen, die den Kaiser Priester des Sonnengottes Elagabal nannten (*Sacerdos dei Solis Elagabal*), Hohepriester Augustus (*Summus sacerdos Augustus*) oder unbesiegbarer Priester Augustus (*Invictus sacerdos Augustus*). Zwar liefen die meisten traditionellen Typen weiter, aber Iupiter Conservator verschwand und wurde in dieser Rolle von Elagabal dem Gott abgelöst. Ab 221 wurde Elagabal der Kaiser als viel reifere Gestalt mit Barthaaren dargestellt (das so genannte Typ-2-Porträt, vorgestellt in Kapitel 7), der manchmal das rätselhafte ‚Horn' aus dem Kranz wächst.

Wer das als Beleg für einen Wandel in der Religionspolitik sehen will, muss glauben, dass immer der Kaiser die Münztypen aussuchte und sie damit direkten Einblick in sein Denken geben. Im Extremfall wird uns gesagt: „nichts an dieser Variation bleibt dem Zufall oder den Launen des Graveurs überlassen, denn es lässt sich nachweisen, dass Varius [Elagabal] seine eigene Abbildung auf Münzen überwacht und in einigen Fällen Korrekturen in den frühen Prägestadien angeordnet hat".[404] Das ist völlig unglaubwürdig. Ganz gelegentlich verrät uns eine erzählende Quelle, dass ein Kaiser (unter denen aber nicht Elagabal ist) einen Münztyp auswählte: Nero beim Lyraspiel, Konstantin beim Gebet. Die Frage lautet: Stehen diese Fälle für die meist nicht erwähnte Regel oder sind sie gerade deshalb überliefert, weil sie die Ausnahme waren? Fast sicher Letzteres. Falls nicht ein Kaiser intervenierte, blieb die Auswahl, was auf in Rom geprägten Münzen erschien, den *tresviri monetales* überlassen.[405] Das war ein Komitee aus drei niedrigen Magistraten, die am Beginn ihrer Karriere standen und noch keine Senatoren waren. Sie wählten Inhalte aus, mit denen sie dem Kaiser zu gefallen hofften. Was auf Münzen erschien, waren Bilder, die dem Herrscher angeboten wurden. Sicher, wenn der Kaiser sich die Mühe machte, aufs Angebotene zu schauen, und der Münztyp aus einem Jahr ins nächste weiterlief, kann man sagen, dass sie zumindest mit nachträglicher, passiver kaiserlicher Billigung herauskamen.

Versetzen wir uns in die Lage dieser jungen *tresviri monetales* in den Jahren 218/19, ehe Elagabal in Rom eintraf. Was wussten sie vom neuen Kaiser? Es hieß, er sei Caracallas unehelicher Sohn. Im Osten hatte es Aufstände gegeben. Er war Anhänger eines östlichen Sonnengottes. Keine großen Anhaltspunkte, gehen wir mal lieber auf Nummer sicher. Sein Typ-1-Porträt sah aus wie Caracalla und sein Name und seine Titel auf Inschriften waren dieselben. Victoria – Siege sind immer etwas Gutes – konnte für die Schlacht stehen, die ihn auf den Thron gebracht hatte, und die Treue der Heere zu beteuern war nie angebrachter als in Zeiten des Aufruhrs. Für den Rest bleiben wir lieber bei traditionellen Gemeinplätzen – Sicherheit, Freigebigkeit, öffentliches Glück – und machen nur eine kleine Geste gegenüber der Gottheit, die er angeblich am liebsten hatte. Dann erschien der Kaiser im Oktober 219 in der Tracht eines phönikischen Priesters in Rom. Die Morgenopfer wurden eingeführt. Die Arbeiten an zwei Tempeln begannen. Die Luft war erfüllt von Weihrauch, exotischer Musik und Ziegelstaub. Konnte man alles nicht übersehen. Offensichtlich war es Zeit, ein neues Image anzubieten: Priester des Sonnengottes Elagabal.

Selbst als Kaiser Elagabal in Rom seine Religion zur Schau stellte, gingen die *tresviri monetales* oder, genauer gesagt, die Stempelschneider, die deren Anweisungen folgten, bei der Darstellung des Emesener Kults nicht aufs Ganze. Sehen Sie sich noch einmal die Münze mit dem Kaiser als Priester an (Bild 13, S. 226). Rechts, auf der Rückseite, bringt er seinem Gott ein Opfer dar. Zwar ist er in orientalische Tracht gehüllt, aber er tanzt nicht auf phönikische Art, sondern steht auf gemessen-konservative römische Weise da. Links auf der Vorderseite erscheint ein büstenförmiges Porträt. Laut Herodian trug Elagabal eine östliche Tiara. Hier trägt er einen traditionellen römischen Lorbeerkranz. Ungewöhnlich ist allein das ‚Horn', das aus dem Kranz nach vorne ragt. Wahrscheinlich hat es etwas mit Elagabals Emesener Priesterwürde zu tun, aber weitergehende Spekulationen sind fruchtlos. Wir haben keine Ahnung, was es bedeutet. Auf beiden Bildern ist das Exotische stark verdünnt. Warum haben sich die für die Prägestätte Verantwortlichen so zurückgehalten?

Eine offensichtliche und höchstwahrscheinlich die richtige Antwort ist, dass die Münzmeister den fremdartigen Kult durch den Filter ihrer eigenen römischen Vorstellungen sahen: „so opfert ein Priester", „so hat ein Kaiser auszusehen". Sie wollen kein Argument vertreten, sondern das Fremde assimilieren – sie versuchen nur zu verstehen und den Betrachtern beim Verstehen zu helfen. Das ist die so genannte *interpretatio Romana* ... manchmal klingen Begriffe auf Latein autoritativer.[406]

Ein analoger Fall, in dem ein ganz anderes Image an den Kaiser herangetragen wird, liefert eine stärker politische, wenn auch äußerst spekulative Antwort. Ein Panegyricus war eine förmliche Lobrede, etwa auf einen Kaiser. Das einzige aus dem Prinzipat erhaltene Beispiel ist die publizierte Version der Rede, die Plinius der Jüngere im Jahr 100 auf Trajan hielt. Heute ist weithin anerkannt, dass die Panegyrik nicht nur Lob spendete, sondern auch indirekte Ratschläge. Wo sich der Herrscher in Einzelheiten des Lobes wiederfand, lautete die unausgesprochene Ermahnung: „Benimm dich weiter so!" Wo er es umgekehrt nicht tat: „Ändere dein Verhalten!"[407] So gedacht gaben die Bilder auf den Münzen Elagabal zumindest möglicherweise den Rat, das Nichtrömische in seiner Kultpraxis zu dämpfen. Natürlich könnte man einwenden, dass die *tresviri monetales* sehr niedrigstehende Magistrate waren – und die sollten so dreist sein, den Kaiser zu ermahnen? Aber die Jungen sind in ihren Ansichten oft härter als die Älteren, und hier wendeten sie sich an einen Kaiser, der noch jünger war als sie selbst.

Es gab keine Religionsreform im Jahr 220 oder irgendeinem anderen Jahr seiner Herrschaft. Elagabal hatte sich zum Kult seines Gottes bekehrt, als er nach Emesa gegangen war. Er war schon vor Ausbruch des Aufstands Hohepriester des schwarzen Steins. Von Anfang an feierten ab 218 im Osten geprägte Reichs- wie Städtemünzen diese Rolle. Im Westen wussten die Gutinformierten – vielleicht die, die von einer Gesandtschaft an den neuen Kaiserhof heimgekehrt waren – fast von Beginn der Herrschaft an, wie sie den Kaiser nennen mussten. Eine Inschrift aus dem Amphitheater des spanischen Tarraco (Tarragona) beschrieb ihn schon in der zweiten Jahreshälfte 218 als *Sacerdos amplissimus dei invicti Solis Elagabali*, „allerhöchsten Priester des unbesiegbaren Sonnengottes Elagabal" (*CIL* II 921 = *AE* 1990, 654).

V Der Stein des Anstoßes – was ging schief?

Die alten Römer glaubten an ihre Götter. Davon hatten sie zwar viele, waren aber üblicherweise nicht dagegen, neue Gottheiten anzunehmen. So funktionierte ja der Polytheismus. Manche alten Götter verblassten und wurden vergessen. Neue traten an ihre Stelle. Oft wurden die Neuen mit schon bekannten Gottheiten gleichgesetzt. Was war dann falsch daran, dass der Kaiser in Rom seinen Gott Elagabal einführte?

Auf den ersten Blick wirkt vieles nicht kritikwürdig. 433 v. Chr. war in Rom Apollo(n) eingeführt worden. Einer seiner Aspekte war der eines Sonnengottes, wie es sonst der griechische Helios war. Kaiser Augustus (31 v. Chr.–14 n. Chr.) hatte sich einer besonderen Beziehung zu Apollo gerühmt und ihm einen Tempel auf dem Palatin erbaut. 204 v. Chr., während des Krieges gegen Hannibal, hatte der römische Senat die Göttermutter Kybele aus Asia nach Rom gerufen. Der neuen Gottheit wurde ein Tempel auf dem Palatin gebaut. Ihr Kultbild war ein unbehauener Stein, der vom Himmel gefallen war. Kybele kam mit einem Anhang feminin wirkender, häufig selbstkastrierter Priester, die exotische Kleider trugen und die Göttin mit östlicher Musik, wilden Schreien und ekstatischen Tänzen verehrten. Im Jahrhundert vor Elagabal hatte sich die Anbetung des persischen Sonnengottes Mithras, *Deus Sol invictus Mithras*, dessen Priester in markant östlichen Kostümen steckten, im ganzen Römischen Reich verbreitet, Rom selbst eingeschlossen.[408]

Diese Gottheiten und andere wie Isis oder Jupiter Dolichenus scheinen Präzedenzfälle für Elagabal zu sein. Doch es gab entscheidende Unterschiede. Apollo war nicht östlich im Sinn von „syrisch" oder „phönikisch", sondern griechisch. Die persischen Mithrasriten waren auf Eingeweihte beschränkt und privat. Den Kybelekult kontrollierte der römische Staat streng. Die Bürger verehrten sie auf traditionelle Weise mit Opfern und Spielen unter der Aufsicht eines ranghohen Magistrats. Die exotischen Elemente – die ganze fremdartige Musik, das Herumhüpfen und der Sprechgesang in komischen Trachten, von der Kastration zu schweigen – blieben einer fremden Priesterschaft überlassen, in die einzutreten Römern verboten war. Für sich genommen wären die einzelnen Elemente des Elagabalkults vielleicht unproblematisch gewesen, nicht aber, wenn sie kombiniert und in aller Öffentlichkeit vom Kaiser praktiziert wurden, während Angehörige der römischen Oberschicht zusehen und teilnehmen mussten.

Besonders negativ mussten zwei Aspekte an Elagabals Priestertum aufgenommen werden. Der Kaiser war beschnitten und aß kein Schweinefleisch. Beides verband man mit dem Judentum. Es kursierten dunkle antisemitische Geschichten: Menschenhass, Betrug, sexuelle Ausschweifungen, Magie, Kannibalismus, Grausamkeit und Ritualmord. Cassius Dio behauptet, Elagabal habe Knaben bei unheiligen Geheimritualen geopfert. Die stets einfallsreiche *Historia Augusta* baut das noch aus, indem der Kaiser Kinder edler Herkunft aus ganz Italien einsammelt, die noch zwei lebende Eltern haben, um das Leid zu steigern.[409] Mehreren Kaisern, darunter Elagabals ‚Vater' Caracalla, hatte man Nekromantie vorgeworfen. Es war allgemein bekannt, dass die Phöniker in ferner Vergangenheit tatsächlich Kinder geopfert hatten. Elagabal stammte aus (der Provinz) Phönikien. Seine ethnische Herkunft floss mit den jüdischen Assoziationen seiner Beschneidung und Schweinefleischscheu zusammen und verstärkte so die finsteren Gerüchte, die ihn umgaben. Wie die anderen beschuldigten Kaiser war auch er so gut wie sicher unschuldig.

Notorisch waren die Juden in der ganzen römischen Welt, weil sie die Existenz aller Götter außer dem ihren bestritten. Auch Elagabal warf man Monotheismus vor.

Aber sobald er die Stadt betrat, kümmerte er sich nicht um das, was in den Provinzen geschah, machte Heliogabalus [Elagabal] *als Gott auf dem Palatin nahe beim Kaiserpalast ansässig und baute ihm einen Tempel, in den er das Bild der* [Großen] *Mutter, das Palladium, die* ancilia [die Schilde der Salierpriester] *und alles, was den Römern heilig war, übertragen wollte, denn er arbeitete darauf hin, dass in Rom kein Gott außer Heliogabalus verehrt werden sollte. Außerdem sagte er, auch die*

Religion der Juden und Samaritaner und die Riten der Christen müssten dorthin übertragen werden ... (HA *Heliog.* 3,4–5)

Auf dieses Herzensthema kam die *Historia Augusta* später zurück: *Nicht nur die religiösen Bräuche der Römer wollte er abschaffen, sondern auch die in der ganzen Welt, denn sein einziges Ziel war, dass überall der Gott Heliogabalus verehrt werde ...* (6,7) Natürlich sind beide Passagen komplett erfunden – der Name Heliogabalus ist ein Hinweis, ebenso die Juden, Samaritaner und Christen. Unsere beiden zeitgenössischen Autoren sprechen nicht von Monotheismus. Wie wir gleich sehen werden, sagt Cassius Dio etwas ganz anderes. Andere Götter außer Elagabal waren in Emesa verehrt worden und wurden es auch weiterhin in Rom. Werfen Sie einen schnellen Blick zurück auf das Relief im Unterkapitel III (Bild 14). Wer auch immer die beiden Figuren genau sind, die den schwarzen Stein einrahmen, es besteht kein Zweifel, dass sie Göttinnen sind. Der Kaiser war Mitglied im traditionellen Priesterkollegium der Arvalbrüder. Wenn er aufgeregt war, sagt Cassius Dio, rief er: „Bei Jupiter!" (80,18,4) Der Monotheist Elagabal war eine Erfindung des späten 4. Jahrhunderts n. Chr., als das Christentum zur römischen Staatsreligion geworden war. Es ist ein Rätsel, warum einige heutige Forscher sich dieser Idee angeschlossen haben.[410]

Den wichtigsten Hinweis zum Verständnis der zeitgenössischen Empörung, die Elagabals Religion auslöste, gibt Cassius Dio.

Das Vergehen bestand nicht darin, dass er einen ausländischen Gott in Rom einführte und ihn auf die absonderlichste Art verherrlichte, sondern dass er ihn über Jupiter selbst stellte. (80,11,1)

Wenn wir die schon entzauberte Ansicht beiseitelassen, dass das römische Heidentum in seinen unglaublich ausgedehnten letzten Zuckungen lag und niemand mehr an die Götter glaubte, dann können wir begreifen, wie schwer das Vergehen war. In der *Aeneis* hatte Jupiter

"Herrschaft ohne Ende" (*imperium sine fine*) versprochen, ohne Grenzen in Zeit und Raum (*Aen.* 1,278f.). Vergils Bedeutung kann man gar nicht übertreiben. Die *Aeneis* war ein Nationalepos, eingebrannt ins römische Bewusstsein. Jeder Schuljunge lernte schreiben, indem er Auszüge daraus kopierte und häufig auch auswendig lernte. Elagabal muss das getan haben, aber bei ihm war die Lektion nicht haften geblieben.

Alle römischen Anhänger der traditionellen Götter wussten, dass Jupiters Verheißung unter dem Vorbehalt menschlichen Wohlverhaltens stand. Das war die *pax deorum*, der Friede der Götter, der als „Pakt mit den Göttern" vielleicht eher verständlich ist.[411] Wenn die Römer sich gegenüber den Göttern korrekt benahmen, benahmen sich auch die Götter gut gegenüber ihnen. Jupiter von der Spitze des Pantheons durch einen schwarzen Stein aus Emesa zu verdrängen, war nicht der richtige Umgang mit den Göttern. Jeden Tag konnte es passieren, dass Jupiter Optimus Maximus („der Beste, Größte") von seinem Tempel auf dem Kapitol Ausschau hielt und feststellte, dass sich auf dem Palatin das Haus der phönikischen Gottheit erhob, die seine Herrschaft an sich gerissen hatte. Eine größere Bedrohung der *pax deorum* lässt sich kaum vorstellen. Bestenfalls würde sie dazu führen, dass die Götter ihre Gunst entzogen. Schlimmstenfalls setzte sie Rom göttlicher Vergeltung aus. Roms schiere Existenz stand auf dem Spiel.

Die Mittsommerprozession, die Elagabal von seinem Tempel auf dem Palatin zu dem in der Vorstadt brachte, stand symbolisch für den Sturz Jupiters. Vor dem schwarzen Stein in seinem Wagen gingen „Bilder aller Götter her und das eine oder andere hochgeschätzte und kostbare Weihgeschenk" (Herodian 5,6,8). Vor ihnen wiederum zogen die kaiserlichen Feldzeichen, die Kavallerie und die Infanterie her. Für Zeitgenossen ließ das an die Umkehrung eines römischen Triumphs denken. Elagabal fuhr an der Stelle des Feldherrn, der den Triumph feierte (des Triumphators), der Jupiter darstellte. Dagegen nahmen Jupiter selbst und die anderen Götter die Plätze der gefangenen Barbaren ein und ihre Tempelschätze die der Kriegsbeute. Sogar der Zugweg lief verkehrt herum. Elagabal kam vom Palatin herab zum Titusbogen und bog nach rechts auf die Heilige Straße (die Via Sacra) zu seinem Tempel *ad Spem Veterem* ab, nicht nach links zum Jupitertempel auf dem Kapitol. Sicher vergaß niemand, dass, wenn ein Triumph seinen Zielpunkt erreichte, die wichtigsten Gefangenen hingerichtet wurden.[412]

Kein Wunder, dass man nach Kaiser Elagabals Tod seinen Gott heim nach Emesa verfrachtete und seinen Tempel auf dem Palatin nun Jupiter Ultor weihte – Jupiter dem Rächer.[413]

KAPITEL 9

In den Provinzen

219–222

Am 29. Oktober 219 traf der Kaiser in Rom ein.[414] Nie wieder besuchte Elagabal die Provinzen. Im Dienst seines Gottes pendelte er zwischen dem Palatin und dem kaiserlichen Anwesen *ad Spem Veterem* am Stadtrand. Manchmal entfernte er sich vielleicht noch etwas weiter und hielt sich in Villen gleich vor der Stadt auf. Damals wie heute verließ die Oberschicht häufig Rom, um der drückenden Augusthitze zu entgehen. Ein Wasserrohr aus Alsium, einem wunderschönen Örtchen an der Küste Etruriens rund 35 Kilometer westlich von Rom, trägt die Inschrift *dei Solis invicti Magni Elagabal*, „des unbesiegbaren Sonnengottes, des großen Elagabal".[415] Dass der lateinische Genitiv verwendet wird – Elagabals (Eigentum) –, lässt auf ein Heiligtum in der Villa schließen. Vielleicht war sie ein kaiserliches Landgut oder gehörte einem Mitglied der Oberschicht, das entweder aus Überzeugung oder um sich lieb Kind zu machen zum Anhänger des Gottes aus Emesa geworden war (nicht, als müssten beide Motive sich gegenseitig ausschließen). Und wie wir schon gesehen haben, hatte Elagabals Vater – Sextus Varius Marcellus, nicht Caracalla – eine Villa in Velitrae in den Albaner Bergen, rund 40 Kilometer südwestlich von Rom.[416] Ob Elagabal je so weit reiste, wissen wir nicht. Womöglich war das Suburbium weit genug. Das Römische Reich hatte eine Bevölkerung von vielleicht 54 Millionen Menschen;[417] rund eine Million davon lebte in Rom selbst. Draußen in den Provinzen hatte außer der winzigen Minderheit, die entlang der Route Elagabals von Emesa nach Rom lebte, niemand den jungen Kaiser je gesehen.

Die Selbstdarstellung des jungen Kaisers verbreitete das Regime durch Dekrete und Reskripte, Büsten, Bilder und Münzen. Letztere helfen uns am meisten, weil sie in großer Zahl erhalten sind. Wir haben bereits gesehen, dass Kaisermünzen ihrem Ursprung nach Bilder waren, die einige rangniedrige Oberschichtsmitglieder dem Herrscher anboten.[418] In den Provinzen wurden sie ganz anders ‚gelesen'. Von einem Kaiser wurde erwartet, dass er sich in jeden Aspekt seiner Herrschaft einschaltete. Eine beliebte Anekdote wurde gleich von mehreren Herrschern erzählt: Eine alte Frau trat an den Kaiser mit einer Bitte heran. Er habe keine Zeit, sagte er. Da sagte sie ihm, dann sollte er nicht länger Kaiser sein. Der Kaiser hörte sich ihr Anliegen an.[419] Diese Erwartung persönlicher Beteiligung führte zu der Vorstellung, alles, was im Namen des Kaisers geschehe, werde durch den Kaiser selbst gemacht. Wenn Provinzialer auf Münzen des Reiches blickten, dachten sie wie manche heutigen Forscher, der Kaiser spreche direkt zu ihnen.

I Über Gott sprechen in Anazarbos

Was sagte Elagabal? Hier haben wir ein Tortendiagramm, das die Reverse (Rückseiten) seiner in Hortfunden entdeckten Silbermünzen zeigt.[420]

Viel davon war völlig alltäglich. Fast die Hälfte zeigte die gewohnten Personifikationen und Tugenden: die Treue des Heeres, Freiheit, das Glück der Zeit, Friede, Sicherheit, Überfluss und so fort. Roms Stadtgöttin, Jupiter und Mars waren weiterhin vertreten. Aber fast ein Viertel war neu und exotisch: der Kaiser als Hohepriester Elagabals und manchmal auch ein Auftritt des Emesener Gottes selbst. Wie reagierten die Provinzialen auf dieses ungewöhnliche Gesprächsthema?

Ein Wort der Warnung, ehe wir fortfahren. Die 54 Millionen Menschen vom heutigen Schottland bis in den Irak, mit verschiede-

I Über Gott sprechen in Anazarbos

nen kulturellen Hintergründen und verschiedenen Sprachen, waren allesamt in ganz verschiedenem Maß romanisiert oder hellenisiert. Fast alle unsere Quellen stammen von erwachsenen griechischen und römischen Männern aus der Oberschicht und die überwältigende Mehrheit der folgenden Aussagen aus dem griechischsprachigen Osten. Wenn wir über das Denken „der Provinzialen" sprechen, begeben wir uns in eine Sphäre gröbster und schwammigster Verallgemeinerungen.

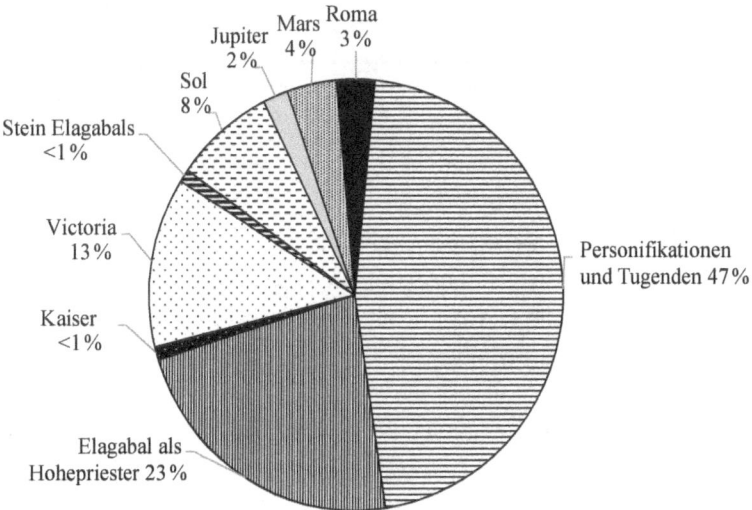

Bild 16: Reverse von Silbermünzen Elagabals aus Hortfunden

Einige Provinzbewohner nahmen den neuen kaiserlichen Gesprächsfaden gut auf. Eine Reihe von Provinzstädten prägte eigene Münzen. Was darauf erschien, entschieden Mitglieder der städtischen Oberschicht.[421] In Elagabals Zeit erschien der schwarze Stein seines Gottes auf erhaltenen Münzen aus sieben Städten: Alexandria in Ägypten, Neapolis in Samaria, Aelia Capitolina (Jerusalem), Laodikeia am Meer in Syrien, Hierapolis (Kastabala) und Anazarbos in Kilikien sowie Juliopolis in Bithynien.

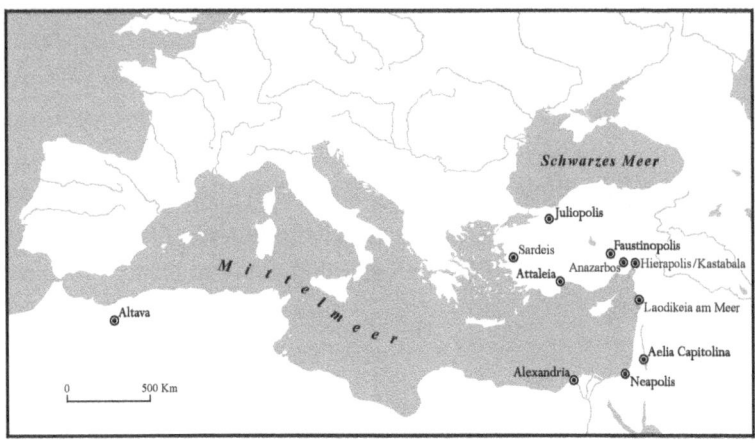

Elagabal in den Provinzen

Der Gedanke ist verlockend, diese Münzen seien geprägt worden, um die Ankunft von Gott und Kaiser auf der Reise nach Rom zu feiern. Aber drei Städte – Alexandria, Aelia Capitolina und Neapolis – lagen weitab vom Weg. Außerdem wurden einige Münzen emittiert, nachdem das kaiserliche Gefolge Rom erreicht hatte. Viel wahrscheinlicher verkündeten die Münzen die Einführung des Elagabalkults durch diese Städte.

Eine weitere Münze nennt ein Fest namens *Elagabalia* für Sardeis in der Provinz Asia. Das Fest war mit der Einführung des Kultes für den Emesener Gott verbunden.

Durch Inschriften kommen zwei weitere Städte auf die Liste. Im pamphylischen Attaleia weihten Stadtrat und Volk Elagabal eine Inschrift – ein offizieller Akt, der wahrscheinlich Teil einer religiösen Verehrung war. Am anderen Ende des Imperiums – unser einziges Beispiel aus dem lateinischsprachigen Westen – errichteten 221 im mauretanischen Altava die „Grundbesitzer" (*possessores*) einen Elagabaltempel mit Geld, das sie gesammelt hatten.

Ein elftes und letztes Beispiel liefert eine erzählende Quelle. Leider handelt es sich um die *Historia Augusta*. Faustina, die Frau Marc Aurels, war in Kappadokien gestorben. Laut der *Historia Augusta* machte der Kaiser „das Dorf, wo Faustina gestorben war, zur Kolonie und baute ihr dort einen Tempel. Der wurde später aber Heliogabalus geweiht" (HA *Marc.* 26,9). Auf das Thema kam der Autor in seiner Caracalla-Biografie zurück: dieser „hat ein Salierkollegium, hat die Priesterschaft der *sodales Antoniniani*, er, der Faustina nicht nur ihren Tempel weggenommen hat, sondern auch den Namen einer Göttin! Jedenfalls den Tempel, den ihr Mann ihr am Fuß des Taurus erbaut hatte und in dem später der Sohn dieses Mannes, Heliogabalus Antoninus, für sich oder den syrischen Jupiter oder den Sonnengott – das ist unsicher – einen Tempel baute" (HA *Carac.* 11,6–7). Wie immer schmückt Erfindungsreichtum die Tatsachen aus. Es gab wirklich einen Tempel Faustinas in der Kolonie, die ihren Namen trug. Caracalla hatte nie Priesterkollegien zu seiner Verehrung, die *Salii* oder *sodales Antoniniani* hießen. Wenn Elagabal das Heiligtum überhaupt umwidmete, dann nicht auf sich oder den „syrischen Jupiter", sondern auf Elagabal den Gott.

Nicht alle Reaktionen in den Provinzen waren positiv. Wir wissen nur von elf Städten, die den Elagabalkult einführten, und das in einem Imperium, das über tausend griechische Poleis vorweisen konnte, dazu all die Städte im Westen. Wir sollten besser nicht annehmen, dass Quellenlücken viele andere verstecken oder dass sie es bis zum Tod des Kaisers bloß noch nicht geschafft hatten. Vier Jahre Herrschaft waren mehr als genug, um einen städtischen Kult zu etablieren. Als das Andenken des Kaisers verdammt wurde, erstreckte sich das manchmal auch auf seinen Gott, verwischte aber nicht zwangsläufig alle Spuren. Auf der Inschrift aus Attaleia ist versucht worden, den Namen des Gottes auszulöschen, doch er bleibt lesbar. Das Wichtigste ist, dass wir für alle elf Städte mit zwei Ausnahmen sehr spezifische Gründe nennen können, wieso sie den Kult einführten, Gründe, die für viele andere Städte nicht galten.

Hierapolis, Anazarbos, Faustinopolis und Juliopolis lagen auf dem Weg von Emesa nach Rom. Später hatten diese vier zweitklassigen Städte jeden Grund der Welt, den flüchtigen Moment zu feiern, für den die Ankunft des Kaisers und seines Gottes sie zum Mittelpunkt der römischen Welt gemacht hatte. Im hinterwäldlerischen Altava war die Geldsammlung für die Baukosten des Tempels vielleicht ein Dankeschön der *possessores* für eine Schenkung des Kaisers, die ihnen erst die *possessio*, den Besitz, ihres Landes übertragen hatte. Etwas Ähnliches geschah vielleicht in der wichtigen Stadt Sardeis. Die großen Städte des griechischen Ostens wetteiferten miteinander um prestigeträchtige Titel. Einer davon war „Tempelhüterin" (*neokoros*): Die Stadt ersuchte den Kaiser um Erlaubnis, einen Tempel für den Kaiserkult zu bauen – je mehr, desto besser. Unter Elagabal bekam Sardeis seine dritte Neokorie. Das Fest der *Elagabalia* war vielleicht eine Dankgeste dafür. Der Hinweis ist angebracht, dass Anazarbos von Elagabal das Recht erhalten hatte, sich „die erste, größte und schönste" Stadt Kilikiens zu nennen. In zwei Städten, Neapolis und Laodikeia am Meer, fügte sich die Verehrung Elagabals nahtlos in bestehende Stadtkulte ein. Neapolis feierte bereits einen Berggott: der Hausberg Garizim erschien neben Elagabal auf den Stadtmünzen. Laodikeia fügte auf Münzen mit Bildern Elagabals eine Mondsichel hinzu, da eine lokale Mondgöttin das perfekte Paar mit dem Sonnengott aus Emesa bildete. Alexandria in Ägypten war immer ein Sonderfall – seine Münzstätte wurde von der stadtrömischen aus kontrolliert. Nur zwei Städte, Jerusalem und das obskure Attaleia in Pamphylien, stehen ohne speziellen Grund für die Kultübernahme da. Der Kaiser konnte ‚reden', soviel er wollte, die Aufnahme seines Gottes im Reich war ausgesprochen gering.

Wenn wir uns auf den griechischen Osten und jene sieben Städte konzentrieren, die Münzen mit dem neuen Gott herausbrachten, stellen wir etwas überaus Wichtiges bei ihrer Haltung zur Religion Emesas fest. Die reichsweite Prägestätte in Rom konzentrierte sich auf Interpretationen oder vielleicht Ratschläge zur (sichtlich problematischen) Rolle des Kaisers als Hohepriester. Weniger als ein Prozent ihrer Münzen zeigte den Gott. Ins Gegenteil verkehrt ist die Situation in den griechischen Städten. Alle stellten den Stein des Gottes dar, aber keine zeigte jemals den Kaiser beim Opfer und in seine phönikischen Gewänder gehüllt. Während Elagabal der Gott akzeptabel war, herrschte Unbehagen, wenn man sich mit der Auffassung des Kaisers als ‚orientalischer' Hohepriester auseinandersetzen sollte.

Soweit auf den Stadtprägungen das Bild des Kaisers auf der Vorderseite erschien, zeigte sich niemals eine markante Einzelheit, die zu seiner Ikonografie in Rom gehörte: das mysteriöse ‚Horn' Elagabals. Vielleicht mied man dieses Anhängsel, weil sein (unbekannter) Symbolgehalt, der so gut wie sicher etwas mit dem Priestertum des Kaisers zu tun hatte, für die griechischen Städte inakzeptabel war. Oder vielleicht standen die örtlichen Honoratioren ja auch so ratlos wie wir vor diesem röhrenförmigen Etwas, das am Kranz des Kaisers steckte.

Wenn wir uns den Inschriften zuwenden,[422] verstärkt sich nicht nur das Widerstreben des griechischen Ostens, sich den Kaiser als Elagabals Hohepriester zu denken, sondern ein ähnlicher Widerwille erscheint in allen Provinzen des Imperiums. *Sacerdos amplissimus dei invicti Solis Elagabali* – Höchster Priester des unbesiegbaren Sonnengottes Elagabal – nannte sich der Kaiser seit Beginn seiner Herrschaft. Von Nikomedia aus hatte er im Winter 218/19 nach Rom geschrieben und den Senat angewiesen, ihm den Titel förmlich zu verleihen. Elagabal beabsichtigte, dass ihn jedermann als Hohenpriester kannte. Aus seiner Herrschaftszeit sind 153 datierte Inschriften erhalten (139 lateinische und 14 griechische). Davon nennen nur 13 ganz oder teilweise den Priestertitel, allesamt auf Latein. Fast die Hälfte davon sind Militärdiplome, die im Namen des Kaisers für Veteranen ausgestellt wurden, wenn man sie aus der Armee entließ. So klein die Zahl an Beispielen ist, in der griechischen Welt wird der Titel nie verwendet. Interessanterweise gebraucht ihn nicht einmal der Statthalter von Arabia,[423] was andeutet, dass dieser Beamte wusste, wie die Gefühlslage in der Region war.

Herodian berichtet uns, von Nikomedia aus habe der Kaiser „jedem römischen Magistrat und denen, die vielleicht staatliche Opfer darzubringen hatten, vorgeschrieben, dass sie vor allen anderen Göttern, die sie beim Opfer anriefen, nunmehr den neuen Gott Elagabal zu nennen hatten" (5,5,7). Dieser Befehl spiegelt sich in keiner erhaltenen Inschrift. In nicht einer der neun, die Jupiter erwähnen, geht ihm

Elagabal voraus. Um dieses Problem zu umgehen, hat man behauptet, Herodian irre sich – entweder sei dieser Befehl nie erlassen worden oder er habe nur für Rom und Italien gegolten. Nichts spricht dafür, dass der Zeitgenosse einen Fehler gemacht hat, besonders da Cassius Dio sagt, der Kaiser habe gewünscht, dass Elagabal über Jupiter gesetzt werde. Besser nimmt man zur Kenntnis, dass der kaiserliche Befehl weithin missachtet wurde.

Wie konnten Untertanen einen Befehl des Kaisers einfach ignorieren? Damit kommen wir zu einem Paradoxon der Kaisermacht. Theoretisch war der Kaiser allmächtig. Niemand bezweifelte das und die Rechtsexperten bestanden darauf, dass sein Wille Gesetz war. In den schrägeren Randgebieten der griechischen politischen Philosophie – da, wo Zauberer und Vegetarier hausten, die sich Pythagoreer nannten – galt er als leibhaftiges Recht oder „lebendes Gesetz" (*nomos émpsychos*).[424] Praktisch aber war die Macht des Kaisers beschränkt. Zwingen oder eingreifen konnte er nur in Bereichen, von denen er wusste. Das war das, was er sehen konnte und wovon ihm erzählt wurde. Manchmal konnte man sich selbst dann über seine Macht hinwegsetzen. Das wird aus einer Anekdote über einen Statthalter und Marc Aurel deutlich.

Der spätere christliche Historiker Eusebius berichtet von einer Christenverfolgung in Gallien unter Marc Aurel. Einige dieser Christen waren wohlhabende Leute, die Diener und das römische Bürgerrecht besaßen. Wir befinden uns etwa im Jahr 177, eine Generation, ehe Caracalla 212 fast allen Bewohnern des Reiches das Bürgerrecht verlieh. Unter diesen Wohlhabenden war Attalus, „ein angesehener Mann" (Euseb. *hist. eccl.* 5,1,43). Als er im Amphitheater zur Schau gestellt wurde, ehe man ihn den wilden Tieren zum Fraß vorwerfen wollte, informierte man den Statthalter, Attalus sei römischer Bürger. Der Statthalter ließ ihn zusammen mit anderen Inhabern dieses Rechts einkerkern und bat den Kaiser schriftlich um Anweisungen. Der Kaiser antwortete, die ohne Bürgerrecht gehörten vor die Bestien, die Bürger aber sollten geköpft werden, wie es ihnen gesetzlich zustand. Trotzdem warf der Statthalter Attalus den Tieren vor, und zwar diesmal mit Todesfolge, „um dem Pöbel zu gefallen" (5,1,50). Hier sehen wir, wie ein hoher Regierungsbeamter einen direkten, persönlichen Befehl des Kaisers missachtet.

Bisher hat sich dieses Kapitel fast gequält vorsichtig und zurückhaltend ausgedrückt. Die Provinzialen zeigten „Unbehagen", sich mit der von Elagabal eingeführten neuen Religion auseinanderzusetzen, oder empfanden „Widerstreben", über sie nachzudenken. Es ist Zeit, ihre Haltungen und Empfindungen in stärkere Worte zu fassen. Allen kaiserlichen Befehlen und Mitteilungen zum Trotz begannen die meisten Städte nicht damit, den schwarzen Stein aus Emesa zu verehren. Die wenigen, die es doch taten, hatten sehr klare und normalerweise eigennützige Gründe dafür. Im griechischen Osten wurde der Gott zwar an ein paar Orten verehrt, der Kaiser als ‚orientalischer' Hohepriester aber war nirgendwo akzeptabel. Ebenso lehnte die Mehrheit im lateinischen Westen die Priesterrolle ihres Kaisers ab. Das kaiserliche Gebot, Elagabal vor allen anderen Göttern anzurufen, wurde in allen Provinzen des Imperiums offen und durchgängig missachtet. Elagabals Versuch, seine Religion einzuführen, war unwillkommen und erlitt Schiffbruch an den Klippen passiven Widerstands der Provinzen.

Wenn sie sich seiner Religion widersetzten, welche Auswirkungen hatte Elagabal dann auf das Leben seiner Provinzuntertanen?

II Geld, ein Daimon und ein Schreiber

Am 24. Juni 222, drei Monate nach seinem Herrschaftsantritt, schrieb der neue Kaiser Severus Alexander an seine Untertanen.[425]

> *... damit sie durch ihren Wunsch, der Freude Ausdruck zu verleihen, die sie über den Beginn meiner Herrschaft empfinden* [am 13. März 222 war er alleiniger Kaiser geworden], *nicht zu größeren Beiträgen gezwungen sind, als sie sich leisten können, [...] hätte ich, wenn mich die Armut der Regierung in diesen Zeiten nicht abgehalten hätte, einen viel ansehnlicheren*

Beweis meiner Großmut gegeben und nicht gezögert, außerdem das zu erlassen, was aus der Vergangenheit noch an ausstehenden Geldern für derlei Beträge geschuldet wurde, und alle Summen, die von den Städten unter der Rubrik „Kranzgold" für meine Proklamation zum Caesar bereits gelobt worden sind [am 26. Juni 221 war er von Elagabal adoptiert und zum Erben gemacht worden] *oder aus demselben Grund noch gelobt werden sollten. Doch obwohl ich fürchte, dass ich diese aus den Gründen, die ich eben angeführt habe, nicht erlassen kann, ist mir dennoch nicht entgangen, dass sie, soweit ich sehen, unter den gegenwärtigen Umständen alles ist, was die Städte zahlen können. Darum mögen alle Menschen in allen Städten, in Italien wie in allen anderen Gebieten wissen, dass ich ihnen die Summen erlasse, die sie anlässlich des Beginns meiner Herrschaft anstelle goldener Kränze schuldig sind, die ich im Einvernehmen mit den Wünschen und Gebeten aller ergriffen habe, und dass ich dies nicht wegen eines Überflusses an Reichtum tue, sondern gemäß meiner eigenen politischen Linie, da ich die Notwendigkeit schon erkannt hatte, seit ich zum Caesar gemacht worden war – obwohl ich ohnmächtig war – unseren Wohlstand wiederherzustellen, nicht durch das Erpressen von Steuern, sondern allein aus Sparsamkeit, indem ich Ausgaben zu meinen privaten Zwecken vermied.* (P. Fay. 20)

Im ganzen Imperium wurden Abschriften des Briefes in jeder Stadt dort angeschlagen, wo sie am sichtbarsten waren. Sicher sammelten sich Menschenmengen davor – es ging ja um einen Steuererlass. Unsere Abschrift stammt von einem Papyrus aus Ägypten.

Der Brief nennt zwar keinen Namen, aber er ist ein impliziter Angriff auf den letzten Kaiser Elagabal. Die Städte sind zur Ader gelassen worden. Sie schulden dem Staat Steuern und können neue nicht bezahlen. Trotz der herausgepressten Gelder ist die kaiserliche Schatzkammer leer, ausgeräumt, um Elagabals persönliche Verschwendungssucht zu bezahlen.

Natürlich war Alexander – oder der kaiserliche Sekretär, der den Brief eigentlich verfasst hat; Alexander war dreizehn – kein unvoreingenommener Zeuge. Er traf eine ideologische Aussage: Ich bin anders als mein Vorgänger. Beachten Sie die Art, wie Alexander in seiner Zeit als Caesar aus den Handlungen des letzten Regimes herausgehalten wird: „obwohl ich ohnmächtig war". Aber nicht alles war hohle politische Meinungsmache. Die Geldforderungen und Schulden müssen allgemein bekannt gewesen sein, ebenso vielleicht auch der ärmliche Zustand der kaiserlichen Finanzen.

Kranzgoldzahlungen waren ursprünglich tatsächlich Goldkränze, die Städte und Provinzen dem Kaiser zu besonderen Anlässen wie Herrschaftsbeginn und Siege freiwillig darbrachten. Mit der Zeit hatten sie sich in verpflichtende Bargeldzahlungen verwandelt, die für eine Vielzahl von Situationen verlangt wurden. Dabei ging es um große Summen. 29 v. Chr. lehnte Augustus Goldkränze im Gewicht von nicht weniger als 35 000 römischen Pfund (rund 11.450 kg) ab, die ihm die Städte Italiens anboten. Das war ein ganz besonderer Anlass gewesen: ein dreifacher Triumph. Üblicher war vielleicht der Kranz im Gewicht von 15 Pfund, den die Provinz Tarraconensis in Spanien Galba überreichte. Als der knausrige Kaiser ihn einschmelzen ließ, erwies er sich als zu leicht; Galba forderte die Tarraconensis auf, die paar fehlenden Unzen auszuspucken. Fünfzehn Pfund klingen nicht nach viel, aber multiplizieren Sie das einmal erst mit den über 30 Provinzen und dann mit dem (unbekannten) Durchschnittsgewicht der Kränze aus vielleicht 2000 Städten, schon wird aus jeder Kranzgoldzahlung eine beträchtliche Summe.[426]

Alexander erließ lediglich jenes Kranzgold, das für seinen Machtantritt als Augustus fällig war. Alle Zahlungsrückstände, die Elagabal eingefordert hatte, mussten weiterhin bezahlt werden. Offensichtlich hatte Elagabal nichts erlassen. Seinem Herrschaftsantritt 218 waren drei Geburtstage gefolgt (219–221, denn im Mai 222 war er schon tot). Alexanders im Brief genannte Erhebung zum Caesar bedeutete eine fünfte Zahlung. Doch das war weniger als die Hälfte der Zusatzabgaben, die Städte und Provinzen zur Zeit Elagabals zahlen mussten.

Als Elagabal seinen Gott mit der karthagischen Himmelsgöttin Urania (Tanit) vermählte, befahl er, wie uns Herodian berichtet, „außerdem, dass eine riesige Geldsumme der Göttin gegeben wurde, angeblich als Mitgift" (5,6,5). Von Cassius Dio erfahren wir, dass dies kein Einzelfall war: „er sammelte Hochzeitsgeschenke für sie von allen Untertanen ein, wie er es auch schon für seine Frauen getan hatte" (80,12,1). Zum Kranzgold für Amtsantritte und Geburtstage können wir also Forderungen für zwei göttliche und vier kaiserliche Ehen addieren, was insgesamt elf macht.[427] Vielleicht gab es noch mehr, falls Cassius Dio Recht damit hat, dass der Kaiser zwischen seiner dritten namentlich bekannten Frau Faustina und der Wiederheirat der Vestalin Aquilia drei weitere Ehen unterbekam. Dem Wechsel zu einem erwachseneren Porträttyp (Typ 2) des Kaisers im Jahr 220 nach zu schließen, opferte Elagabal im üblichen Alter von 16 die Bartstoppeln seiner ersten Rasur und legte die Erwachsenentoga an.[428] Wieder einmal wurde von seinen Untertanen so gut wie sicher erwartet, anlässlich der Zeremonie ihre Loyalität finanziell unter Beweis zu stellen.

In einer nur vier Jahre langen Herrschaftszeit gab es mindestens elf, vielleicht sogar 15 Sonderabgaben – ein Durchschnitt von knapp drei bis vier pro Jahr. Sie wurden zusätzlich zu den normalen Steuern fällig, direkten (Kopf- und Grundsteuer) und indirekten Abgaben (Umsatzsteuer, Einfuhrzölle, Abgaben auf Sklavenfreilassungen und so weiter). Elagabal brachte nicht nur eine beunruhigende neue Religion, er bürdete seinen Provinzialen auch drastische Geldforderungen auf.

Wo landete das ganze Geld? Zweimal klagt Alexander über die Armut der Schatzkammer. Der Fairness halber sei gesagt, dass sie schon knapp bei Kasse gewesen sein kann, als Elagabal auf den Thron kam. Sowohl Septimius Severus als auch Caracalla hatte den Sold der Armee erhöht. Der Partherkrieg Caracallas wollte bezahlt sein, ebenso Macrinus' demütigender Friedensvertrag. Elagabal hatte schon Glück, dass er keinen Krieg zu finanzieren brauchte. Aber er fand viele andere Methoden, die Staatskasse zu leeren.

Einmal all diese Hochzeiten, menschliche und göttliche – mindestens sechs, vielleicht bis zu neun. Manchmal waren die verschwenderischen Festmähler und Schauspiele mit ihnen verknüpft, die er zur Unterhaltung der Bevölkerung Roms gab. Dann seine Bauten: der Tempel auf dem Palatin und der *ad Spem Veterem*, dazu der Umbau des dortigen Circus, Reparaturarbeiten am Kolosseum, Anbauten an die Caracallathermen, dazu eine Goldstatue des Kaisers. Hinzu kamen die offiziellen Bargeldgeschenke an die stadtrömische Plebs, die Congiaria. Wie viel jeder Einzelne von Elagabal bekam, wissen wir nicht. 222 hatte Elagabals ‚Großvater' Septimius Severus für jedes seiner zehn Herrschaftsjahre ein Goldstück gegeben. Egal wie hoch der Betrag war, wie alle Congiaria wurden auch die Elagabals an die 200 000 Personen auf der Liste für Gratisgetreide verteilt. Münzen verkünden diese Anlässe mit dem Wort *Liberalitas* und zählen bis IV durch. Vier Spenden in vier Jahren – 800 000 Empfänger – bedeutete die größte Dichte in der Geschichte der Kaiserzeit.[429] Congiaria für die Zivilisten, Donative für die Soldaten. Wir sahen schon, wie Elagabal jedem Soldaten in der Armee, die in Antiochia einzog, 2000 Sesterze gab. Es gab sicher weitere Geschenke, als er die Donau entlang zog, und danach mit einem Schwerpunkt auf den rund um Rom stationierten Truppen. Zu einem späteren Zeitpunkt sagte Elagabal zu den Senatoren: „Ja, *ihr* liebt mich und ebenso, bei Jupiter, lieben mich das Volk und die Armeen auswärts. Aber den Prätorianern, denen ich so viel gebe, gefalle ich nicht." (80,18,4) Zumindest mit der Haltung der Prätorianer hatte Elagabal recht. Schließlich waren da die in Alexanders Brief angedeuteten Privatausgaben Elagabals: all die Abendessen, Seidenstoffe, exotischen Tiere und Geschenke an Favoriten. Und, wenn wir der *Historia Augusta* trauen, Edelsteine auf den kaiserlichen Schuhsohlen. Tatsächlich haben die Erfindungen der *Historia Augusta* das Herunterspielen des Themas in der Moderne vorangetrieben: „das ist stark übertrieben" oder „das ist nichts als nachträgliche Rhetorik". Das Leben in einer modernen Demokratie macht es schwer, richtig einzuschätzen, was für Summen ein Autokrat zu seinem Privatvergnügen ausgeben kann. 1977 hätten die Einwohner des Zentralafrikanischen Kaiserreichs dieses Problem nicht gehabt. Da hatte Jean-Bédel Bokassa gerade – nach der allerniedrigsten Schätzung –

bei seiner Kaiserkrönung ein Drittel des Jahresbudgets des Landes sowie die gesamte französische Entwicklungshilfe ausgegeben: unter anderem für einen zwei Tonnen schweren vergoldeten Thron, eine Flotte aus sechzig neuen Mercedes, 24 000 Flaschen Moët & Chandon nebst 40 000 anderen Weinflaschen einschließlich Château Lafite und Mouton Rothschild.[430]

Nachdem Elagabal Rom erreicht hatte, setzte er nie wieder einen Fuß in die Provinzen. Dennoch wirkte sich das Regime des abwesenden Kaisers dort auf zwei Arten massiv aus: endlose Geldforderungen und der Versuch, den Kult des schwarzen Steins von Emesa bei ihnen einzuführen. Beides war unerwünscht und verstörend. Wie eine außergewöhnliche Geschichte bei Cassius Dio nahelegt, waren Unruhen die Folge.

Irgendwann vor dem Sommer 221 sei an der Donau ein Daimon erschienen. Er erklärte Alexander der Große zu sein, dem er in Aussehen und Kleidung ähnelte, und scharte ein Gefolge aus 400 Mann um sich, die mit den Thyrsosstäben und Rehfellen von Dionysosanhängern ausgestattet waren. Dann zog er durch die Provinzen Moesia Superior und Thrakien zur Stadt Byzantion und feierte unterwegs bacchische Riten. Täglich schickte er wie ein Kaiser Boten voraus, die sein Kommen ankündigten. Auf jeder Etappe wurden auf Kosten der Allgemeinheit Quartier und Vorräte bereitgestellt. „Und niemand, weder Stadtbeamter noch Soldat noch Prokurator noch die Statthalter der Provinzen, wagte gegen ihn zu sprechen oder etwas gegen ihn zu unternehmen" (80,18,2). Von Byzantion aus fuhr der Daimon über den Bosporus, „setzte ins Gebiet von Chalkedon über, führte dort bei Nacht gewisse Riten aus, baute ein hölzernes Pferd, vergrub es und war dann nicht mehr zu sehen" (80,18,3).

Um diesem bizarren Vorfall etwas Sinn abzugewinnen, müssen wir es in einen doppelten Kontext setzen, einen speziellen und einen allgemeineren.[431] Erstens deckt sich die Route des Daimons stark, wenn nicht gar vollständig mit der, die Kaiser Caracalla rund sieben oder acht Jahre zuvor auf seiner letzten Reise in den Osten genommen hatte. Auf jener Reise hatte Caracalla Alexander den Großen zu imitieren begonnen „oder vielmehr Dionysos", sagt Cassius Dio an einer Stelle (78,7,4). Damit betrieb der Daimon eine Art doppelten Identitätsdiebstahl: er imitierte Caracalla beim Imitieren Alexanders. Zweitens waren ‚falsche Prinzen' im Römischen Reich nichts Unbekanntes. Es hatte mindestens drei „falsche Neros" und zwei falsche Mitglieder des Kaiserhauses gegeben, je einen Agrippa Postumus und Drusus. Sie folgten einem gleichen Schema. In Zeiten politischer Unsicherheit nutzte ein Mann niederer Herkunft, manchmal ein Sklave, sein ähnliches Aussehen für die Ankündigung, er sei ein verstorbenes Mitglied des Kaiserhauses und auf diese oder jene Art dem Tod entronnen. Der ‚falsche Prinz' legte die entsprechende Kleidung an, scharte ein eindrucksvolles Gefolge um sich und reiste auf feierliche Weise einem symbolträchtigen Ziel entgegen – Rom oder den Armeen oder der Ostgrenze. Nach einem Anfangserfolg endet das Abenteuer stets mit einer Gefangennahme, dem Bekanntwerden der wahren Identität und der Hinrichtung.

Der Daimon passt in mehrfacher Weise ins Modell des ‚falschen Prinzen' – passendes Aussehen und Kostüm, großes Gefolge, feierlicher, ‚offiziell' anerkannter Zug, symbolisches Ziel (das hölzerne Pferd weist darauf hin, dass Chalkedon als Ersatz für Troja diente), letztendliches Scheitern –, aber fügt wichtige Einzelheiten hinzu. Mit einem kürzlich verstorbenen Mitglied des römischen Kaiserhauses hatte der Daimon nur eine implizite Verbindung. Stattdessen behauptete er, der große Makedonenkönig zu sein, der schon über ein halbes Jahrtausend tot war. Der Daimon brachte eine neue religiöse Dimension ins Spiel: Thyrsos und Rehfell, bacchische Zeremonien, nächtliche Riten in Chalkedon. Und sein ‚Scheitern' war ungewiss. Er wurde nicht gefangen genommen, entlarvt und getötet, sondern verschwand einfach. Letztendlich hatte Cassius Dio keinen Zweifel: Das war kein Mensch, sondern ein Daimon.

Die seltsame Geschichte zeigt, wie sehr das Leben in den Provinzen zur Zeit Elagabals in Unruhe versetzt war. Kaiserliche Beamte – Soldaten, Finanzbeamte des Ritterstandes, sogar senatorische Statthalter – schreiten nicht ein, städtische Beamte und Stadträte leisten

Hilfe und Hunderte Einheimische strömen dem Gefolge des Daimons zu. Die Kontrolle der Zentralregierung über alle Ebenen der Provinzgesellschaft war dürftig. ‚Falsche Prinzen' erschienen nur in Momenten politischer Ungewissheit. Der Zustrom außergewöhnlicher religiöser Neuerungen vom Kaiserhof ermutigte das Erscheinungsbild, das Verhalten und die Aufnahme der Erscheinung.

In den Provinzen war Elagabal unbeliebt. Im März 220 verfasste im ägyptischen Kaff Oxyrhynchos ein Schreiber einen Bericht, wie viel Erde aus den Dämmen der Kanäle des Städtchens vom 12. bis zum 16. des Monats bewegt worden war, Kubikmeter für Kubikmeter. Der nach dem Herrschaftsjahr des Kaisers datierte Bericht wurde pflichtgemäß zu den Akten genommen. Zwei Jahre später erreichte die Nachricht Oxyrhynchos, dass Elagabal tot war. Irgendwer (derselbe Schreiber?) ging die Akten durch, stieß auf den Bericht und strich den Namen des Kaisers schwarz durch. Diese Arbeit brauchte man sich gar nicht zu machen. Kein durchreisendes Mitglied der griechisch-römischen Oberschicht, niemand, der mit dem neuen Regime Alexanders zu tun hatte, würde die Archive der Deichaufseher in der obskuren Stadt des Spitznasigen Fisches durchforsten. So weit ging die Bürokratie selten. Die Tilgung spricht nicht für Effizienz, sondern für Abscheu.[432]

Moment mal, denkt sich die schlaue Leserin jetzt vielleicht, zu Beginn dieses Kapitels standen ein paar kluge Worte über die Gefahren der Verallgemeinerung und jetzt, gegen Ende hin, steht ein anonymer Schreiber irgendwo im Nirgendwo in Ägypten für die Gefühle von so um die 54 Millionen Provinzialen. Was soll ich sagen? Geschichte ist eine Kunst, keine Wissenschaft. Manchmal muss man seinen Instinkten trauen, wenn man die Lücken in unseren Quellen füllt. Wenn Sie das etwas beruhigt: Nachdem Elagabals Tod in der großen bithynischen Stadt Nikaia verkündet worden war, fischte ein Mann eine Münze aus dem Geldbeutel und machte seinen Gefühlen mit einem Meißel quer durch das winzige geprägte Gesicht des Kaisers Luft.[433]

Im allgemeinen Geschichtsbild von Oxyrhynchos lebte Elagabal weiter. Manchmal reichte es nicht, seinen Namen durchzustreichen und so zu tun, als hätte es ihn nie gegeben. Die Astrologie benötigte exakte Daten. Ein paar Jahrzehnte nach seinem Tod erscheint der Kaiser in zwei Papyri.[434] In einer Tabelle mit Planetenständen heißt er „der unheilige kleine Antoninus" (*P. Oxy.* 3299). Eine Reihe von Horoskopen verwendete das lokale Dialektwort *koryphos*, das entweder „Lustknabe" oder „Vergewaltiger von Jungfrauen" heißt. Die Provinzialen erinnerten sich an Elagabal und verabscheuten ihn – wegen seiner Religion und seiner Sexualität.

Wenden wir uns seiner Sexualität zu.

KAPITEL 10

Sex

Sex im alten Rom war eine einzige große Orgie, bei der man alles mit jedem machen konnte. So stellt sich das die heutige Populärkultur gern vor. Ganz und gar nicht, sagt ein bedeutender französischer Gelehrter – *pas du tout*. Vielmehr „konnten sich die Heiden vor Verboten kaum retten".[435] Wie wir sehen werden, geht das viel zu weit. Die römische Sexualität hatte ihre Normen und Grenzen – die hat jede Kultur –, nur waren sie ganz anders als die in der westlichen Welt der Gegenwart.[436] Von Elagabal dachte man, dass er praktisch jede Grenze übertreten hatte.

I Gelähmt vor lauter Verboten?

Zuerst müssen wir akzeptieren, dass die Grundbegriffe unseres Denkens über Sex nicht universell sind. „Heterosexuell", „homosexuell" und „bisexuell" sind keine Konzepte oder Selbstbeschreibungen, die auf die Sexualität männlicher Oberschichtsangehöriger im römischen Kaiserreich passen. Kein lateinischer oder griechischer Begriff ist ein genaues Pendant dieser unserer Wörter. Die Geschlechterrolle der Menschen, mit denen römische Männer gern Sex hatten, war kein Kernelement bei der Konstruktion ihres Selbstverständnisses. Viele (vielleicht die meisten?) hatten Vergnügen am Sex mit männlichen wie weiblichen Personen. Stattdessen lag die Hauptunterscheidung darin, ob man aktiv oder passiv war – ob man penetrierte oder penetriert wurde. Beim Sex zwischen Mann und Mann galt der passive

Partner, selbst wenn er nur ein einziges Mal im Leben penetriert wurde, als seiner Männlichkeit beraubt und wurde Zielscheibe der Verachtung. Eine Wiederherstellung des guten Rufs gab es nicht, das Stigma war permanent. Das war einer der Vorbehalte gegen Freigelassene – sie waren Sklaven gewesen, waren also für die Penetration durch ihre einstigen Herren verfügbar gewesen. Ein Oberschichtsmann durfte Sklaven und Angehörige der niederen Stände aus beiden Geschlechtern penetrieren, andere Kategorien waren dafür ausgeschlossen. Von seiner eigenen Frau abgesehen waren weibliche Eliteangehörige tabu (die ja theoretisch entweder jungfräuliche Töchter oder keusche Frauen anderer Oberschichtsmänner waren), ebenso natürlich alle Männer der Oberschichten.

Dennoch hatten die Römer mit Sex zwischen Männern immer gewisse Schwierigkeiten. Sie stellten sich gern vor, dass das ein Import von den Griechen sei,[437] genau wie beispielsweise Luxus, zu viel reden, sich hinsetzen bei Schauspielen und unsolides Finanzgebaren. Sex mit einem anderen Soldaten war in der römischen Armee illegal – darauf stand die Todesstrafe.[438] Häufig wird angenommen, die Feindseligkeit gegenüber „griechischer Liebe" habe während der ersten drei nachchristlichen Jahrhunderte zugenommen, im Zuge einer Haltung, die nicht normative sexuelle Aktivitäten nun generell schärfer verurteilte. In einer giftigen, ausführlichen Attacke auf moralisch verderblichen und damit „schlechten" Sex nannte der Philosoph Dion Chrysostomos die Päderastie neben Prostitution, Ehebruch und vorehelichem Sex.[439] Wenn wir diesen Wandel zu einer strikteren und stärker normativen Moral erklären wollen, müssen wir uns ins Reich abgehobener Theoriebildung begeben. Es gibt zwei moderne Erklärungen, die einander nicht zwangsläufig ausschließen. Beide suchen die Antwort im Wandel der politischen und sozialen Macht der Oberschichten.

Eine Hypothese (französisch und hochtheoretisch, aufgestellt von Paul Veyne und gestützt durch Michel Foucault) entdeckt die Ursache im Übergang von der freien Republik zur Kaiserherrschaft. Da sich die Elite Roms nicht länger über den offenen politischen Wettbewerb im Senat und auf dem Forum definieren kann, wendet sie sich nach innen zu Familie, Ehe und Selbstdisziplin. Nur eine Handvoll radikaler Philosophen sprach sich für die sexuelle Treue des Ehemanns aus, aber der neue Akzent auf der Ehe und damit auf Sex zwischen Mann und Frau habe die gesamte Elite dazu gebracht, den Sex zwischen Mann und Mann immer weiter an den Rand zu drängen.[440]

Die andere Theorie (englischer Herkunft und pragmatisch von den Quellen ausgehend) stellt fest, dass die Mehrzahl der Belege für den Einstellungswandel nicht von römischen Senatoren, sondern von Männern der griechischen Oberschicht stammt – Männern wie Plutarch und Dion Chrysostomos. Solche Elitegriechen hatten ihre politische Autonomie eben nicht verloren. Sie hatten während der Republik nicht über das Imperium geherrscht und taten das auch nicht unter dem Prinzipat. Eins hatte sich allerdings geändert, nämlich dass sie mit der Rückendeckung der von den Kaisern erzwungenen *pax Romana* ihre eigenen griechischen Städte nun fester unter Kontrolle hatten. Diese *poleis* hießen zwar Demokratien, waren tatsächlich aber Oligarchien. Um Magistrat oder Ratsherr zu werden, musste man Gebühren entrichten. Nur die Reichen konnten Ämter versehen. Jeder wusste, dass das keine Demokratien im Sinn des klassischen Athen waren. Für ihre exklusive Herrschaft musste die griechische Elite andere Rechtfertigungen finden. Sie blickten auf die Vergangenheit des klassischen Griechenland. Sie investierten massiv in Wissen über die griechische Klassik. Sie sprachen und schrieben das attische Griechisch des 5. und 4. Jahrhunderts v. Chr., um sich von der *Koine*, dem Alltagsgriechischen, abzusetzen, das die Nicht-Eliten ihrer Zeit sprachen. Sie kolonisierten die Vergangenheit durch die Erfindung des griechischen Romans, der zeitgenössische Einstellungen und Werte der Elite in ein klassisches Szenario zurückprojizierte. Und sie behaupteten, direkte Nachfahren der großen Gestalten der Klassik zu sein und fälschten zum Beweis munter ihre Stammbäume. Letzteres verband sich mit den Auswirkungen einer weiteren Veränderung, nur dass das keine zum Besseren war. Die Durchsetzung römischer Herrschaft und besonders der Erwerb des römischen Bürgerrechts gaben Frauen mehr rechtliche und soziale Freiheiten. Um die Kontrolle über ihre Gattinnen zu behalten, investierten die Männer der griechischen Eliten mehr kulturelles Kapital in ihre Abstammung und in eheliche Treue, und deshalb begannen sie sonstige sexuelle Aktivitäten zu missbilligen, darunter den Sex zwischen Männern.[441]

II „Nenn mich nicht Herr, denn ich bin eine Herrin"

Elagabal preschte mit dem Rennwagen mitten durch das akzeptable Sexualverhalten seiner Zeit (vielleicht sogar wortwörtlich, wie wir noch sehen werden). Das war einer der Gründe, warum er später getötet wurde.

Die Emesener Familie hat vielleicht keinen großen Wert auf konventionelle Sexualmoral gelegt. Maesa stempelte ihre beiden Töchter ganz offen zu Ehebrecherinnen, um Caracalla als Vater ihrer beiden Enkel reklamieren zu können. Soaemias und Mamaea spielten bei der Behauptung mit. Ein Anspruch auf den Thron war wichtiger als der Ruf der Sittsamkeit. Und von Soaemias' Affäre mit Eutychianus, einem der Freigelassenen der Familie, wussten alle. Zwar machte erst viel später die *Historia Augusta* daraus, dass sie sich mit mehreren Partnern wie eine Hure aufgeführt habe, aber schon Zeitgenossen hätten die Sache derart aufbauschen können. Dennoch waren die Normen sexueller Aktivität der Familie nicht unbekannt. Wenn es wahr ist, dass Domna des Ehebruchs angeklagt wurde, dann überzeugte das ihren Mann Septimius Severus nicht. In einer Rede, die zu einem erhaltenen Fragment aus Iamblichos' Roman *Babylonische Geschichten* aus dem 2. Jahrhundert n. Chr. gehört, klagt ein Mann, der seine Frau verdächtigt, ihm Hörner aufgesetzt zu haben, sie des „unerträglichen Verbrechens" des Ehebruchs an, das desto „schändlicher" sei, weil es mit einem Sklaven der Familie verübt worden sei.[442] Sollte Iamblichos zu einer älteren Generation des Emesener Hauses gehören (wie in Kapitel 2 vertreten), bildet das einen ironischen Kontrast zu Soaemias und Eutychianus. Außerdem zeigt es, dass ein Familienmitglied die konventionelle Sexualmoral vertrat oder zumindest einer Romanfigur in den Mund legte. Oder etwa nicht? Der Mann ist aufgeblasen und abergläubisch, sein einziger Beweis sind die Träume seiner Frau. Den Sklaven findet er eindeutig selbst sexuell attraktiv. Vielleicht sollen wir über ihn lachen.

Elagabals Sexualität ist für unsere Quellen unterschiedlich interessant. Herodian schreibt zum Thema Sex alles in allem wenig. Maesa macht sich Sorgen, die Bevölkerung Roms könnte Elagabals Priestertracht „passend nicht für Männer, sondern für weibliche Wesen" finden (5,5,5). Die Soldaten stößt seine Schminke ab, die raffinierter als die einer anständigen Frau ist.[443] Elagabal, so wird angedeutet, interessiert sich nur für Sex mit Männern. Die Verliebtheit in eine Vestalin habe er vorgetäuscht, um einen „Anschein, als benähme er sich, wie es Männer tun", zu erwecken (5,6,2).

Bei Cassius Dio hat Elagabal eine Menge Sex mit Frauen. Er heiratet viele Male, darunter zweimal die Vestalin Aquilia, und hat „ohne irgendeine rechtliche Grundlage" (80,13,1) Verkehr mit zahlreichen anderen Frauen. In seinen Ehen benahm er sich in zügellosester Weise" (80,5,5). Was bedeutet das? Von einer Frau erwartete man Schamhaftigkeit im Bett. Sex bei Tageslicht war nur für Frischvermählte sozial akzeptabel. Zum Sex das Licht anzulassen, war ziemlich verrucht. Erotische Dichter brachen bewusst die ‚Regeln', wenn sie schilderten, wie ihre Sexualpartnerinnen aussahen. Die verschiedenen Positionen beim Liebesakt, die die römische Kunst zeigt, wurden von Prostituierten oder Sklavinnen eingenommen, nicht von einer züchtigen Ehefrau. Selbst Prostituierte ließen manchmal ihre Brüste bedeckt. Wenn Elagabal mit seinen Frauen gegen diese Sitten verstieß, wie konnten andere davon wissen? Die Antwort liegt im (für uns) ungeheuren Mangel der antiken Welt an Privatsphäre. In vielen Liebesszenen der antiken Kunst ist das Paar beim Sex nicht allein. Eine Dienerin schaut von der Tür aus zu oder wartet schon mit einer Erfrischung im Zimmer.

Aber dieser ganze Sex zwischen Mann und Frau, sagt Cassius Dio, erweist sich am Ende als bloßes Mittel zum Zweck, um besseren Sex zwischen Mann und Mann zu haben, indem Elagabal die nötigen

Techniken erlernte, um für Männer die Rolle der Frau zu spielen. Zu diesem Zweck schickte der Kaiser zahlreiche Agenten aus (vermutlich die *frumentarii*), um die zu finden, die ihn am besten befriedigen konnten. Eine Passage bei Cassius Dio deutet an, sie hätten Orte abgesucht, wo Männer nackt waren – die Thermen, das Gymnasion und athletische Stadien – und die entscheidende Anforderung sei ein sehr großer Penis gewesen.[444]

Schon für sein Interesse an großen Penissen konnte Elagabal verworfen werden. Von den Griechen hatten die Römer eine ganz andere Einstellung zur Penisgröße übernommen als die heutige westliche. Ein kleiner Penis war gut: Er stand für Selbstbeherrschung, Rationalität und Zivilisiertheit. Ein großer Penis zeigte das Gegenteil an, wildes, irrationales Barbarentum. Nur glaubten die Römer selbst nicht ständig daran. Der Dichter Martial schrieb, wenn man aus den Thermen eine Runde Applaus kommen höre, gelte der dem Anblick eines Mordsschwanzes.[445]

Doch seinem berüchtigtsten Liebhaber begegnete Elagabal durch einen Zufall. Hierocles war ein Sklave aus Karien in Kleinasien, den sein Herr Gordius zum Wagenlenker ausgebildet hatte. Bei einem Rennen fiel er genau vor Elagabal vom Wagen. Sein Helm löste sich und zum Vorschein kam sein bartloses Gesicht mit einem blonden Haarschopf. Der Kaiser schleppte ihn hastig in den Palast. Falls der Unfall im Circus Maximus geschah, war das ein kurzer Weg, denn der Kaiserpalast lag oberhalb der Rennbahn. Hierocles' nächtliche Leistungen beeindruckten den Kaiser, der ihn zum Mann nahm. Transgressive Ehen ohne Rechtsgrundlage waren in der Oberschicht nichts Unbekanntes. Nero soll bei seinem Freigelassenen Pythagoras die Rolle der Braut und bei einem Jungen namens Sporus die des Bräutigams gespielt haben. Messalina vollzog eine Trauzeremonie mit ihrem Geliebten Silius, noch während sie mit Kaiser Claudius verheiratet war.[446] Vermutlich erhöhte gerade das Transgressive des Schrittes den sexuellen Reiz. Hierocles wurde so einflussreich, dass seine Mutter, die noch Sklavin war, eine Militäreskorte nach Rom erhielt und in den Status der Frau eines ehemaligen Konsuls erhoben wurde. Elagabal ging noch weiter und wollte seinen Mann zum Caesar ernennen. Als Maesa sich dem widersetzte, bedrohte der Kaiser seine Großmutter, doch Caesar wurde Hierocles nicht.

Den anderen wohlbekannten Liebhaber Elagabals fanden die Agenten. Aurelius Zoticus war ein Athlet aus Smyrna. Sein Vater war Koch gewesen, aber Zoticus war freigeboren. Sein perfekter Körper und die enorme Größe seines Schwanzes empfahlen ihn. Man brachte ihn nach Rom; sein Gefolge wäre eines orientalischen Prinzen würdig gewesen. Noch vor seinem Eintreffen erhielt er das Amt des Kammerherrn (*a cubiculo*) und den Namen von Elagabals Großvater Avitus. Letzteres ist verwirrend. Moderne Arbeiten haben darin einen Beweis gesehen, dass Zoticus ein Freigelassener der Emesener Familie sei. Aber Exsklaven durften keine Athleten sein, die Familie hat keine Verbindung zu Smyrna und Cassius Dio sagt ausdrücklich, Elagabal habe Zoticus den Namen gegeben. Was machte er da? Was es ein perverses Sexspielchen – die Vorbereitung, um Sex mit seinem Opa zu haben? Oder war es wie die Behandlung Eutychianus' als Vater ein weiterer grotesker Versuch, eine vom Tod dezimierte Familie wieder zu erweitern?

Bekränzt und im Schein vieler Fackeln zog Zoticus in den Palast ein und sprach den üblichen Gruß: „Herr Kaiser, sei gegrüßt!" Elagabal sprang unter rhythmischen Bewegungen auf, beugte den Hals auf feminine Weise, heftete einen schmelzenden Blick auf Zoticus und sprach: „Nenn mich nicht ‚Herr', denn ich bin eine Herrin." (Cass. Dio 80,16,4) Sie badeten zusammen – ausgezogen hielt Zoticus' Körper, was sein Ruf versprach –, dann aßen sie zu Abend und zogen sich anschließend ins Schlafzimmer zurück. Und dann ging alles schief.

Hierocles sah in Zoticus zu Recht einen Rivalen und eine potenzielle Gefahr. Nebenbuhler in Affären unter Männern galten als besonders gehässig. Da Hierocles sich inzwischen fest im Palast eingerichtet hatte, standen einige aus der *familia Caesaris* auf seiner Seite. Er brachte die Mundschenke dazu, dem Neuen ein Präparat zu verabreichen, das, wie Cassius Dio es ausdrückte, „ihm die Mannheit nahm" (80,16,6). Verschiedene Speisen galten als Antaphrodisiaka: die Samen von Hanf und Keuschlamm, Raute, Kresse und Salat. Auch Wein, in dem man eine Rotbarbe ertränkt hatte, galt als effektiv.[447] Welche Droge es auch war, „nach einer ganzen Nacht der Peinlichkeit, in der er keine Erektion zustandebrachte, wurde Zoticus aller Ehren beraubt" (80,16,6). Man verbannte ihn aus dem Palast, dann aus Rom und schließlich aus Italien. Das geschah, wie Cassius Dio erklärt, um sein Leben zu retten. Man hat Zoticus mit einem Athleten auf einem Mosaik aus Puteoli identifiziert, ebenso mit einem Mitglied der *familia Caesaris* des nächsten Kaisers.[448] Vielleicht kehrte er ja zurück, aber der Name ist nicht ungewöhnlich.

Treue war nichts für Elagabal. Er sorgte dafür, dass Hierocles ihn mit anderen Männern erwischte, und ließ zu, dass sein Mann ihn schlug. Es gewährt uns einen bestürzenden Einblick in die häusliche Gewalt der Antike, dass Elagabal ihn nur noch mehr liebte, weil die blauen Augen, mit denen er herumlief, bewiesen, dass er wirklich die Rolle einer Ehefrau spielte.

Der Abscheu gegenüber Hierocles und Zoticus passt nicht zu der Vorstellung, dass es im Sex zwischen Männern immer akzeptabel war, der Penetrierende zu sein. Entweder werden sie wegen ihrer Verbindung mit Elagabal verurteilt oder der Tadel drückt die sich verhärtende Einstellung gegenüber jeglicher Sexualität zwischen Männern aus.

Zwar behauptet Cassius Dio, dass Elagabal sich viele Sexakte gönnte, die niemand aussprechen oder mitanhören könne, aber trotzdem könne „niemand verheimlichen", dass er nachts mit einer Perücke den Palast verließ, durch Kneipen und Bordelle zog, die Sexarbeiter:innen verjagte und deren Platz einnahm (80,13,2). Ebenso habe er einen Raum im Palast als Bordell einrichten lassen. Dort stand er nackt hinter einem Vorhang und lockte Passanten an. Die Freier waren eigens dafür ausgesuchte Männer. Hinterher prahlte er mit seinen Einnahmen und der Zahl seiner Liebhaber.

Ähnliche Geschichten waren über andere ‚schlechte' Kaiser erzählt worden, darunter Caligula, Nero und Otho. Üblicherweise werden sie als Topoi abgetan, als literarische Klischees – reine Erfindung nach dem Tod des Herrschers. Aber wie wir gleich sehen werden, verkennt das vielleicht die Rolle des Topos in der römischen Welt.

Bei Cassius Dio kleidet und verhält sich Elagabal wie eine Frau – er trägt Schminke und ein Haarnetz und verarbeitet Wolle. Es wird behauptet, er habe über das Crossdressing noch hinausgehen wollen und eine Geschlechtsumwandlung angestrebt: Er wollte kastriert werden und fragte Ärzte, ob es möglich sei, durch einen Schnitt eine Vagina zu bekommen.[449] Ausdrücklich sagt Dio, der Kastrationswunsch habe nichts mit Elagabals Religion zu tun gehabt, sondern sei nur von seiner „Weichlichkeit" gekommen (80,11,1).

Die Standardreaktion der heutigen Forschung auf viele dieser Geschichten ist, sie als bloße Topoi abzutun, als konventionelle Anklagen, die postum gegen vom nächsten Regime missbilligte Kaiser gerichtet wurden, also kann man bestenfalls nicht wissen, ob sie wahr sind, oder aber sie sind völlig erfunden. Aber wenn das der Fall gewesen wäre, müssten sie wahllos verwendet werden. So werden sie aber nicht eingesetzt. Manche werden abgeändert. Von Caligula und anderen heißt es, sie hätten Bordelle als Freier aufgesucht oder Frauen aus Oberschichtfamilien zur Prostitution gezwungen. Elagabal prostituiert sich selbst. Manche vermeintlichen Topoi sind neu. Kein anderer Kaiser wird beschuldigt, die Möglichkeiten sondiert zu haben, sich eine Vagina einsetzen zu lassen. Und was am wichtigsten ist: Einige Topoi werden nicht verwendet. Man beschuldigte Kaiser des Inzests – Caligula mit seinen Schwestern, Nero mit seiner Mutter. Soaemias hatte einen schlechten sexuellen Ruf, Ehebruch mit Caracalla und Sex mit dem Freigelassenen Eutychianus. Wären Topoi bedeutungslos und wahllose Invektiven gegen Tote, würden wir erwarten, dass Elagabal wegen Inzests mit seiner Mutter verdammt wird. Aber selbst die grellen Erfindungen der *Historia Augusta*, denen wir uns gleich zuwenden werden, behaupten das nicht. Topoi spielten in der Ökonomie der römischen Vorstellungskraft eine mächtige symbolische Rolle. Man wählte sie nach Eignung aus, nach Plausibilität. Sie wurden so modelliert, dass sie zur gefühlten Wahrheit passten. Topoi waren machtvolle konzeptionelle Instrumente, die schnelle und einfache, aber keineswegs irreführende Orientierung boten.

Aus der Rückschau über gut zwei Jahrhunderte behauptet die *Historia Augusta*, viele schmutzige Anekdoten über Elagabal seien aufgeschrieben worden, aber da sie eine Überlieferung nicht verdienten, werde sich die Biografie auf seine Maßlosigkeit konzentrieren.[450] Diese Verzichtserklärung ist unehrlich – das Thema ist für den Autor wie geschaffen und der Text erreicht beim Sexleben Elagabals kreative Höhenflüge. Wie ein guter historischer Romancier bedient er sich bei zeitgenössischen Quellen. Für dieses Thema half Herodian der *Historia Augusta* nicht, also wandte sie sich Cassius Dio zu. (Halten wir uns nicht bei Marius Maximus auf, dessen mutmaßliche Elagabal-Vita nur im Zerrspiegel der *Historia Augusta* selbst existiert.) Sie spielt mit dem bei Dio gefundenen Material, fügt ganze Schichten einfallsreicher Details hinzu und verwendet Dio als Anstoß für Amüsantes und frei Erfundenes.[451]

Die Idee, dass kaiserliche Agenten Männer mit großen Schwänzen jagten, gefällt dem Autor. Sie durchkämmen die ganze Stadt und die Hafenanlagen. Eine Thermenanlage wird gebaut, die die gut Bestückten anlocken soll. Man gibt ihnen einen Kollektivnamen: *Onobeli*, „Eselspimmel". Der Kaiser verleiht Massen von ihnen hohe Ämter. Im Palast verbreiten verbitterte Männer mit kleineren Schwänzen schädliche Gerüchte.

Weiter wird erzählt, dass Zoticus erhöht wird, um die Rolle von Hierocles als Gatte des Kaisers einzunehmen. Viel wird über seinen Einfluss berichtet, sogar seine eigenen Worte. Die Vorstände von Ministerien, die in Wirklichkeit erst ein Jahrhundert nach Elagabal entstanden, behandeln ihn als offiziellen Gemahl. An Erektionsproblemen leidet er nicht. Während er penetriert wird, schreit Elagabal: „Zerleg mich, Koch!" (HA *Heliog.* 10,5) Wahrscheinlich erklärt dieser Witz den Personentausch; zwar wird Hierocles aus der Starrolle verdrängt, darf aber am Kaiser eine Fellatio verrichten.

Nebenbei gesagt: Oralsex zu bekommen war gut, ihn aktiv zu praktizieren ganz schlecht, ob Fellatio oder Cunnilingus.[452] Wie wir schon

II „Nenn mich nicht Herr, denn ich bin eine Herrin"

gesehen haben, drückte der Dichter Martial häufig seinen Abscheu aus, solche Leute bei sozialen Kontakten küssen zu müssen. Zusammen mit analer Penetration steckt der Oralsex hinter einer verschlüsselten Bemerkung Cassius Dios, Elagabal „tat [...] viele ungewöhnliche Dinge mit seinem Körper oder ließ sie über sich ergehen" (80,13,2). Klar tat er das, müssen viele gesagt haben – er war Phöniker und auf Griechisch wie Latein heißt „den Phöniker spielen" Cunnilingus vollziehen.[453]

Elagabal und die Prostituierten bekommen in der *Historia Augusta* eine ganz neue Bandbreite an Interaktionen. Er zieht durch die Bordelle, um sie zu beschenken, kauft eine für eine Riesensumme, fasst sie aber nicht an, kauft andere, um ihnen die Freiheit zu geben, ruft männliche und weibliche Prostituierte zu sich, hält ihnen eine ermutigende Rede und nennt sie „Kameraden".

Der Tod seiner Favoriten wird symbolischer gestaltet: Man tötet sie vor dem Kaiser, reißt ihnen die Eingeweide heraus oder pfählt sie durch den Hintern.

Die Szene mit dem nackt hinter dem Vorhang wartenden Kaiser bei Cassius Dio wird so umgebaut, dass Elagabal auf die Knie fällt und die Pobacken vorschiebt, als er auf der Bühne als Venus auftritt. Da der Kaiser befohlen hat, dass jeglicher im Theater dargestellte Sex echt zu sein hat, wissen wir schon, was der Schauspieler, der den Mars spielt, als Nächstes tun wird.

Jetzt gehört es außerdem zu Elagabals seltsamer Religion, dass er eine Infibulation an sich vornimmt (er hält seine Vorhaut mit einer Metallspange über der Eichel verschlossen wie antike Sänger oder Athleten [*genitalia sibi devinxit*, so die *Historia Augusta*, kann jedoch auch „wegbinden" bedeuten, was hier wahrscheinlich erscheint, da Elagabal beschnitten gewesen sein soll]). während er unter den kastrierten Priestern tanzt, um die Große Mutter zu verehren.

Spöttische Erfindungen ranken sich um die Philosophen. Nachdem Zoticus ihn durchgefickt hat, fragt der Kaiser Philosophen, ob sie diese Art Lust erlebt haben. Um sich bei Elagabal einzuschmeicheln, beginnen einige Philosophen Haarnetze zu tragen und prahlen, auch sie hätten Ehemänner.

Die vielleicht schönste Kreation der *Historia Augusta* – vielleicht noch besser als die Blumen, die die Essensgäste ersticken – ist, wie Elagabal die schönsten Frauen nackt vor seinen Wagen spannt, mal zwei, mal drei, mal vier oder mehr, und anschließend herumfährt, wobei er häufig selbst nackt ist.

Oder ist das vielleicht wirklich historisch? Das ist bei der *Historia Augusta* immer die bohrende Frage. In diesem Fall macht ein Kameo, eine geschnittene Gemme, aus der Pariser Bibliothèque Nationale sie besonders akut.[454]

Bild 17: Ein Kameo mit Elagabal?

Ein nackter junger Mann fährt einen Wagen, den zwei bis auf Brustbänder ebenfalls nackte Frauen ziehen. Die Zügel hält er in der linken Hand, eine Peitsche in der rechten. Er trägt eine Form der Krone, die häufig mit der Sonne verbunden ist, hat einen kurzen Bart und prunkt mit einer Prachterektion (er ist ithyphallisch, wie die Kunsthistoriker sagen). Die rätselhafte griechische Inschrift lautet ΕΠΙΞΕΝΙ ΝΕΙΚΑΣ, was „Der Fremde siegt" heißen könnte.

Keiner anderen Person der Antike wird diese exzentrische Fortbewegungsweise nachgesagt. Der Kameo scheint sich auf Elagabal zu beziehen. Aber wie? Mehrere Interpretationen stehen zur Wahl (das ist eine der Sachen, die ich an der Alten Geschichte so liebe!). Erstens: Ist das eine moderne Fälschung? Kameen ohne gesicherte archäologische Provenienz lassen sich aus Materialgründen nicht naturwissenschaftlich datieren. Stilistisch hat man diesen als „mittelseverisch" eingestuft. Aber wäre das auch ohne die Verbindung zu Elagabal so gewesen? Selbst wenn, Stil lässt sich kopieren. Der Kameo tauchte in der zweiten Hälfte des 19. Jahrhunderts auf. Damals bediente sich die Bewegung der Dekadenzdichtung in Frankreich bei der *Historia Augusta*, um das Bild Elagabals neu zu deuten (wie wir im letzten Kapitel sehen werden). Natürlich könnte das Zufall sein.

Zwei Deutungen, die den Kameo für echt antik halten, binden ihn direkt an die *Historia Augusta*. Der Kameo – oder eher andere, ähnlich, die nichts mit dem Kaiser zu tun hatten – habe die Erfindung in der Biografie angeregt. Da es sich um ein einmaliges Stück handelt, überzeugt diese Erklärung nicht. Besser funktioniert das Argument wohl, wenn man es umdreht: Die Passage in der *Historia Augusta* könnte einen antiken Gemmenschneider angeregt haben.

Gemäß einer anderen Sicht stellt der Kameo „vielleicht irgendeinen Ritus dar, der mit der Anbetung des Sonnengottes Elagabal verbunden ist". Nicht die Spur eines Belegs stützt diese Idee, also verdient sie auch nicht mehr Glauben als die Tempelprostitution, die halluzinogenen Drogen und anderes Zeug, das heutige Forscher dem Kult andichten.

Die letzten beiden Deutungsmöglichkeiten verhalten sich wiederum spiegelbildlich zueinander. Sie verbinden den Kameo mit Elagabal, lösen ihn aber von der *Historia Augusta*. „Er ist vielleicht nach dem Tod des Kaisers als eine Art postume Verunglimpfung seines Andenkens geschaffen worden." Ein Kameo war sehr teuer und dabei sehr klein. Nach dem Tod des Kaisers wollten sich wohl viele von seinem Regime distanzieren – ein Beispiel war Cassius Dio. Wozu so ein teures, ineffizientes Medium wählen, um seine öffentliche Ablehnung des toten Kaisers kundzutun? Und wo steckt auf dem Kameo die Verunglimpfung? Nicht in dem herausragenden großen Schwanz – denken Sie an Martial und den Applaus in den Thermen. Eher fand der reiche Auftraggeber wohl das Bild amüsant und/oder erregend und bestellte den Kameo, um die ungewöhnliche Sexualität des Kaisers zu feiern: *Der Fremde siegt!*

Diese positive Lesart des Kameo eröffnet die Möglichkeit, dass nicht nur diskrete Einzelne im Privatleben die konventionellen Einstellungen zum Sex über Bord warfen. Womöglich gab es Gruppen in der römischen Gesellschaft, die offen zur Schau trugen, was allgemein als sexuelle Normabweichung betrachtet wurde. Schauen wir uns ein paar weitere Belege an.

Bild 18: Elagabal in Carnuntum

Das Foto zeigt eine Statue des Kaisers, die Teil eines Paares ist. Aufgestellt waren sie in Carnuntum, der Provinzhauptstadt der Pannonia Superior und dem Standort der *Legio XIV Gemina*, vielleicht zur Erinnerung eines Besuchs Elagabals, als er auf der Reise nach Rom die Donauarmee abtourte. Die andere Statue zeigt den Kaiser in traditioneller Militärkleidung, diese aber präsentiert ihn in seinen Gewändern als „allerhöchster Priester des unbesiegbaren Sonnengottes Elagabal". Die östliche Kleidung suggerierte für traditionelle westliche Betrachter Effeminiertheit und damit die passive Rolle im Sex unter Männern. Man hat die Theorie aufgestellt, dass die Statue absichtlich noch weitergeht. Die Pose und das durchscheinende Gewand betonen gemeinsam die exponierten Oberschenkel; man hat vermutet, dass sie das Bild sexuell auflüden. Im antiken Sex unter Männern waren die Oberschenkel ein Gebiet regen erotischen Interesses.[455]

Wenn diese Auffassung zutrifft, muss der Auftraggeber der Statue geglaubt haben, dass diese Evozierungen nicht alle ihre Betrachter abstoßen würden – dass es in Carnuntum mehr als nur ein paar verstreute Einzelne gab, denen das Bild des Kaisers als passiver Partner im Sex unter Männern zusagte. Zu dieser Gruppe können Soldaten und Zivilisten gleichermaßen gehört haben. Herodian berichtet uns, dass es den Soldaten in Emesa vor Ausbruch des Aufstands gefiel, wie Elagabal in dieser Kleidung tanzte. Dass die Statue nach seinem Tod absichtlich geköpft wurde, schließt diese Lesart nicht aus – ebenso erging es der anderen, die ihn in Feldherrenkleidung zeigte.

Ausgerechnet in Carnuntum finden wir interessanterweise eine Inschrift, die als einziger Beleg für eine offene Zurschaustellung einer gleichgeschlechtlichen Beziehung unter Soldaten gewertet worden ist. Einer heißt *Fututor*, „der Penetrierende" – womit der andere als passiver Partner markiert wäre. Leider war *fututor* höchstwahrscheinlich nicht mehr als ein grober militärischer Spitzname: er war ein „Popper". Nichts anderes an der Inschrift deutet auf eine sexuelle Beziehung hin.[456]

Wenden wir uns schließlich einem Brief des Philostratos zu.

Du bietest dich zum Verkauf an – ja, und Söldner tun dasselbe. Du gehörst jedem, der den Preis für dich bezahlt – ja, und das machen auch Lotsen. Wir trinken von dir wie aus den Bächen, wir betasten dich wie die Rosen. Deine Liebhaber mögen dich, weil du nackt dastehst und dich willig erkunden lässt – was ein Vorrecht der Schönheit allein ist, Schönheit, die das Glück der Handlungsfreiheit hat. Bitte schäme dich nicht deiner Gefügigkeit, sondern sei stolz auf deine Bereitwilligkeit, denn auch Wasser ist Gemeineigentum und Feuer gehört keinem Einzelnen und die Sterne gehören allen und die Sonne ist ein gemeinsamer Gott. Dein Haus ist eine Festung der Schönheit, alle, die eintreten, sind Priester, die, die sich Kränze aufsetzen, sind heilige Gesandte, ihr Silber ist ein Tribut. Regiere deine Untertanen gnädig und nimm an, was sie darbieten – und nimm außerdem ihre Anbetung entgegen. (Philostr. *ep.* 19)

Philostratos „von Athen" war das prominenteste Mitglied einer griechischen Intellektuellenfamilie und schrieb in vielen Literaturgattungen. Heute kennt man ihn hauptsächlich wegen seiner *Sophistenviten* (in denen er den Begriff „Zweite Sophistik" erfand, den man heute für die gesamte griechische Kulturrenaissance der ersten drei nachchristlichen Jahrhunderte verwendet) und seines historischen Romans *Leben des Apollonios von Tyana*. Als Mitglied des severischen Kaiserhofs behauptete er, Domna habe ihn dazu gebracht, über Apollonios zu schreiben, und sein brillanter *Heroikos*, eine Homer-Nacherzählung in Romanform, war von den Sorgen des Regimes unter Severus Alexander geprägt. Wie der zitierte Brief andeutet, war er am Hof Elagabals aktiv.[457]

Der Sonnengott und die Priester, die Gesandten und der Tribut, das Königtum und die Anbetung, die passive Rolle im Sex zwischen Männern – es kann kein Zweifel bestehen, dass es um Elagabal geht. Wenn die moderne Forschung den Brief selten einmal erwähnt, wird er als Verspottung des schon toten jungen Kaisers gesehen. Aber lesen Sie ihn noch einmal ohne Vorannahmen.

Richtig, das Gedicht beginnt damit, dass der Adressat sich als Junge prostituiert, und die gezogenen Vergleiche sind negativ: Söldner und Lotsen waren gleichermaßen schlecht konnotiert. Aber dann verschiebt sich die Bildersprache auf Bäche, Rosen und Schönheit, auf Wasser, Feuer, Sterne und Sonne – alles gut. Sein Haus ist eine Festung, seine Kundschaft Priester oder heilige Gesandte, ihre Zahlungen Tribute. Der negative Ton ist positiv geworden. Der Prostituierte ist zum König geworden (kein Autokrat, geschweige denn Tyrann, sondern ein *basileus*), der gedrängt wird, gnädig zu herrschen und sich die Anbetung durch seine Untertanen gefallen zu lassen.

Wenn Sie sich Ihre Meinung nicht schon vor dem Lesen gebildet haben, „verspottet" der Brief Elagabal nicht einfach. Vielmehr spielt er ein cleveres literarisches Spiel. Er beginnt so, als wolle er verurteilen und einen Verhaltenswandel herbeizwingen. Aber er erwischt den Leser auf dem falschen Fuß. Der Brief wechselt zu Bewunderung und Lob und drängt den Kaiser am Ende, seinen farbenfrohen, unkonventionellen Lebensstil beizubehalten. Er zeigt, dass ein Zeitgenosse Elagabals Sexleben ins Positive drehen konnte.

Natürlich sollte ein publizierter literarischer Brief nicht allein von seinem Empfänger gelesen werden. Philostratos war ein kreativer Autor. Sein Brief bildet ein Tandem mit einem an eine Prostituierte. Zwar teilte er Elagabals Interessen vielleicht nicht, aber er konnte für die schreiben, die solche Sexualität bewunderten und genossen.

Niemand kann daran zweifeln, dass die Mehrheit der Untertanen des Kaisers seine sexuellen Aktivitäten nicht billigte. Wie wir im nächsten Kapitel sehen werden, trugen sie laut den antiken Historikern zu seinem Tod bei. Aber zusammengenommen legen der Kameo, die Statue und der Brief nahe, dass eine Minderheit begeistert auf das reagierte, was die meisten als äußerste Dekadenz Elagabals sahen.

KAPITEL 11
Tod

26. Juni 221–13. März 222

Im Frühjahr 221 machte Maesa sich Sorgen. Gut achtzehn Monate, nachdem die kaiserliche Entourage Rom erreicht hatte, hatte sie den Verdacht, dass sich die verschiedenen Gruppen, die einen Kaiser stürzen konnten, allmählich gegen Elagabal wendeten. Herodian nennt die Soldaten, die von den religiösen Praktiken des Kaisers „abgestoßen" gewesen seien (5,8,1), ebenso von seiner *levitas* beim Geschenkeverteilen an die Plebs, seinen Auftritten als Wagenlenker und seiner Effeminiertheit. Laut Cassius Dio war er wegen seiner Sexualität, besonders der Ehe mit Hierocles, bei der Plebs so „verhasst" wie bei den Soldaten (80,17,1). Wir dürfen annehmen, dass auch der Senat und die *familia Caesaris* sich durch „diese Art Verhalten" (Herodian 5,7,1) von Elagabal entfremdeten, vielleicht besonders angesichts des Einflusses des Wagenlenkers Hierocles.[458]

Damit stellt sich die Frage, woher Maesa das wusste. Die Frauen des Kaiserhauses lebten im Palast nicht von der Welt abgeschnitten – er war nicht der Harem der Osmanen in Istanbul. Maesa war von der *familia Caesaris* umgeben. Wie wir gleich sehen werden, konnte sie sich die Personen aussuchen, die ihr dienten. Als Augusta verfügte Maesa über eine Wache aus Prätorianern. Neben ihren ebenso zeremoniellen wie praktischen Aufgaben konnten sie auch als Kommunikationskanal dienen. Eine Frau sollte den Senat nicht betreten, aber als am Hof mächtige Person, die man vielleicht für die Macht hinter dem Thron hielt, suchten Senatoren sie bestimmt auf. Dünner waren

Maesas Kontakte zur *plebs urbana*. Aber häufig äußerte die Plebs ihre Ansichten bei den öffentlichen Schauspielen. Sie schrie dazwischen und skandierte Sprechchöre. Weil sie sich auf die Sicherheit der großen Zahl verließ, sprach sie sich offener aus als jede andere soziale Gruppe. Anders als von anderen Kaisern hören wir nichts über öffentliche Kundgebungen unter Elagabal. Die Beziehung des Kaisers zum Volk der Stadt ist eine der faszinierendsten in seinem Leben und wir werden im nächsten Kapitel auf sie zurückkommen.

Maesa hatte den Herrschaftsantritt ihres Enkels nicht eingefädelt, nur damit er durch sein Verhalten alles aufs Spiel setzte. Wenn irgendein Außenseiter Elagabal stürzte, würde sie bestenfalls in den Status einer Privatbürgerin absinken. Das hatte sie schon nach Caracallas Ermordung in Emesa erlebt. Es passte nicht zu ihr. Falls es zu einem Umsturz kam, würde sie höchstwahrscheinlich getötet werden. Also schmiedete sie einen Plan.

I Ein Sohn wird gefunden

Sie hatte noch einen Enkel. Alexianus, der Sohn Mamaeas, war zwölf und erschien fügsamer als sein Cousin. Elagabal musste überzeugt werden, Alexianus zu adoptieren und zum Caesar zu ernennen, was ihn zusammengenommen zum Thronerben machte. Maesa machte sich das Argument zunutze, das bei Elagabal am ehesten verfangen würde – die Religion. Wenn Alexianus Caesar war, konnte er die weltlichen Zeremonien übernehmen, die mit der Kaiserrolle verknüpft waren, und Elagabal war frei, sich dem höheren Dienst seines Gottes zu widmen. Der Kaiser willigte ein. Ein „leichtsinniger junger Mann" war er in Herodians Augen (5,7,1). Jedenfalls war er Maesa nicht gewachsen.

Der 26. Juni war in Rom ein warmer Tag. Gegen Monatsende erreichen die Temperaturen oft Werte jenseits der 25 °C.[459] Auf den dichtgefüllten Bänken in der Kurie schwitzten die „versammelten Väter", wie die Senatoren offiziell angeredet wurden, in den üppigen

Falten ihrer Togen. Die Türen standen offen, damit Nichtsenatoren von der Schwelle aus das Geschehen verfolgen konnten. Das ließ den schwachen Luftzug herein. Offen standen auch die hoch oben in den Wänden angebrachten Fenster. Häufig flogen Vögel herein. Während öder Sitzungen konnten die Gelangweilten sie beobachten. Heute versuchten sich die Abergläubischen vielleicht als Auguren – manche von ihnen gehörten tatsächlich zu diesem Priesterkollegium – und versuchten aus dem Vogelflug den Willen der Götter zu lesen.[460]

Elagabal erschien nicht nur in Begleitung von Alexianus, sondern auch von Maesa und Soaemias. Seine Mutter und Großmutter setzten sich und nahmen ihn in die Mitte. Das war ein massiver Bruch der Etikette. Selbst Maesas Schwester Domna hatte niemals den Senat besucht. Einst in den dunklen Tagen Neros hatte Agrippina nur hinter einem Wandschirm zugesehen. Soaemias und Maesa saßen auf den Plätzen der Konsuln.[461] Welche Empörung das auslösen würde, musste Maesa wissen. Vielleicht hielt sie es für wichtiger, kaiserliche Einigkeit zu demonstrieren, vorzuführen, dass es ältere, klügere Köpfe in der Dynastie gab, nicht nur einen siebzehnjährigen Jugendlichen und einen zwölfjährigen Jungen. Vielleicht war sie auch nur entschlossen, die Sache durchzuziehen. Schließlich hatte sie die Ausrufung in Raphaneai überwacht und persönlich in die Schlacht bei Immae eingegriffen.

Alexianus wurde förmlich adoptiert, legte die Männertoga an, nahm den Namen Alexander an und wurde zum Caesar erklärt. Obwohl Elagabal feststellte, „er brauche kein anderes Kind, damit sein Haus ohne Betrübtheit bestehe" (Cass. Dio 80,17,2), zerstörte er den Ernst der Zeremonie durch einen Witz, der die Falschheit sichtbar machte, die in der römischen Sitte der Adoption steckte, und gratulierte sich, „dass er auf einmal der Vater eines so großen Kindes geworden sei" (80,17,2).[462]

Laut Cassius Dio behauptete Elagabal damit den Weisungen seines Gottes zu folgen. Davon glaubte der Historiker zwar kein Wort, aber trotzdem sah er das Göttliche am Werk. Jahre später deutete er den rätselhaften Daimon, der durch Moesien und Thrakien gezogen war, als Vorzeichen der Adoption.[463] Der modernen Theorie, Maesa habe für den Daimon gesorgt,[464] brauchen wir keinen Glauben zu schenken. Falls andererseits der „jemand", der Elagabal weissagte, „ein Alexander werde aus Emesa kommen und ihm nachfolgen" (Cass. Dio 80,17,3), einer der Elagabalpriester war, die mit dem Kaiser nach Rom gekommen waren, könnte sich darin die Hand Maesas zeigen. Wir können davon ausgehen, dass sie bei Ausbruch des Aufstands hinter den günstigen Orakeln steckte, die die Gottheit aussprach, und wie wir gerade gesehen haben, war die Religion ihr Mittel, Elagabal zu überzeugen.

Alexander bekam einen merkwürdigen Titel. Eine einsame unbeschädigte Inschrift nennt ihn vollständig, kürzt aber einige Wörter ab: NOBILISSIMUS CAES IMPERI ET SACERDOTIS COS. Das kann man als „Vornehmster Caesar des Kaisers – *imper(ator)i(s)* –, Priester (d. h. des Kaisers) und Konsul" oder aber als „Vornehmster Caesar, Gefährte – *co(n)s(ors)* – im Imperium und im Priesteramt" auflösen.[465] Unsere Unsicherheit spiegelt die der Zeitgenossen. Kein anderer Caesar hat je einen solchen Titel geführt. Die übergroße Mehrheit der Einwohner des Reiches muss unschlüssig gewesen sein, was genau er bedeutete. Der einmalige Titel verweist auf die Anomalie, die die ganze Regierungszeit darstellte. Über die Alexander verliehenen gesetzlichen Kompetenzen lässt sich streiten. Je nachdem, welcher der beiden Rekonstruktionen man folgt, bekam er ein *imperium* oder auch nicht. Die spätere Zählung der Jahre mit tribunizischer Amtsgewalt auf den Münzen Alexanders scheint zu zeigen, dass er als Caesar nicht die *tribunicia potestas* besaß. Aber man sollte sich nicht zu sehr auf verfassungsrechtliche Feinheiten kaprizieren. Eindeutig war der zwölfjährige Caesar Erbe und zugleich Untergebener des siebzehnjährigen Kaisers.

Schon bald begann Elagabal die Adoption zu bereuen – aber nicht sofort. Am 1. Juli wurde Alexander gemeinsam mit Elagabal zum *consul ordinarius* für das Folgejahr designiert.[466] Ihr Amt würden sie am 1. Januar 222 übernehmen und nach ihnen würde dieses Jahr benannt werden. Am 10. Juli wurde Alexander ins Priesterkollegium der *So-*

dales Antoniniani kooptiert.⁴⁶⁷ Noch etwas anderes geschah im Sommer 221: Vielleicht im Juni, zur selben Zeit wie Alexanders Adoption, wurde Elagabals unbeliebte Ehe mit der Vestalin Aquilia Severa beendet. Wir haben den Brief schon gelesen, in dem der Kaiser seinen Untertanen die Gründe dafür erklärte (Kapitel 7, Unterkapitel III): Es geschehe auf Bitten der Prätorianer zum Wohl der Öffentlichkeit, weil Aquilia ihm keinen Erben schenken konnte. Wenn das ein Schritt war, die öffentliche Zustimmung zum Regime wiederzugewinnen, und vielleicht eine Initiative Maesas, ging er vollkommen daneben. Umgehend suchte sich Elagabal eine neue Frau, Annia Aurelia Faustina. Wie wir schon gesehen haben, war sie bereits mit dem Aristokraten Pomponius Bassus verheiratet, der kurzum hingerichtet wurde. Ein derartiges Verhalten musste nicht nur den Senat, sondern auch die Öffentlichkeit insgesamt abschrecken. Das war die Handschrift eines Tyrannen.

Elagabal wendete sich gegen seinen Cousin und „misstraute allen", so Cassius Dio (80,19,1²), als er erfuhr, dass Alexander nun allgemein beliebter zu werden begann. Herodian nennt einen weiteren Grund. Elagabal habe seinen Cousin im Priestertum von Emesa ausgebildet sehen wollen.⁴⁶⁸ Schon als Herodian die beiden Jungen in Emesa vorstellt, behauptet er, sie seien dem Gott bereits geweiht gewesen. Unsere Quellen sagen nichts davon, dass Alexander an irgendwelchen Ritualen teilnahm. Vielleicht war er zu jung oder seine Mutter hielt ihn davon ab. Jetzt entzog ihn Mamaea – die zum ersten Mal in dieser Geschichte in einer aktiven Rolle erscheint – allen solchen Kontakten und ernannte Lehrer für die konventionelle griechische und römische Kultur.⁴⁶⁹

Elagabal war rasend vor Wut, jagte Alexanders Lehrer vom Hof, verbannte einige und ließ andere hinrichten. Namen nennt Herodian nicht. Die *Historia Augusta* liefert eine lange falsche Liste, auf der entweder echte Intellektuelle stehen, die schon lange tot waren, oder frei erfundene. Nur einer davon könnte den jungen Caesar tatsächlich unterrichtet haben, da Kaiser Alexander den prominenten Juristen Domitius Ulpianus „meinen Vater (*parens*)" nannte (*Codex Iustinianus* 4,65,42). Aber das war bloß ein respektvoller Ausdruck gegenüber einem älteren Mann. Um die Figur Ulpians spann die *Historia*

Augusta gern ihre Geschichten. In den letzten Monaten der Herrschaft Elagabals war er vermutlich als *praefectus annonae* für die Getreideversorgung Roms zuständig. Dass er gleichzeitig auch noch die Rolle eines Hoflehrers spielte, ist unwahrscheinlich.

An Herodians religiösen Motiven darf man zweifeln. Die Geschichte passt genau zum Leitprinzip seines Geschichtswerks – Kaiser an ihrer Haltung zur griechischen Bildung und Kultur (*paideia*) zu messen.[470] Weil Elagabal sich der fremdartigen Kultur seines Gottes verschrieben hat, ist er der Feind der üblichen *paideia*. Als Alexander Kaiser wird, stellt der Historiker ihn als einen Fall vereitelter *paideia* vor, weil seine Mutter, die sie zu vermitteln versucht, diese Eigenschaft selbst nicht hat. Dass Herodian sein Material umformt, beweist aber noch nicht, dass er es verfälscht. Vielmehr könnte die tatsächliche Beziehung zwischen Elagabal und Alexander Herodian überhaupt erst dazu gebracht haben, das *paideia*-Schema zu schaffen.

Vor Sonnenaufgang am 1. Januar 222 folgten die Senatoren, weiße Nachtfalter in ihren schimmernden Togen, ihren Fackelträgern durch Roms düstere Straßen zur Kurie. Alle öffentlichen Handlungen mussten bei Tageslicht erfolgen. Die Einführung der Konsuln am Neujahrstag war eine langwierige Angelegenheit. Bis zur Abenddämmerung waren es nur neun Stunden.[471]

Wie sich zeigte, mussten die Senatoren lange warten. Elagabal weigerte sich, zu dem Staatsakt zu erscheinen. Maesa und Soaemias redeten ihm zu – es ist das letzte Mal, dass wir davon hören, wie Mutter und Tochter einmütig handeln. Diesmal argumentierten sie nicht mit der Religion, sondern mit dem Selbsterhaltungstrieb: Die Soldaten drohten Elagabal zu töten, wenn sie keine Eintracht zwischen ihm und seinem Cousin sähen. Zuletzt legte Elagabal die offizielle *toga praetexta* an und betrat den Senat in der sechsten Stunde des Tages (nach unserer Zeit gegen Mittag). Der Kaiser lud Maesa zur Sitzung ein und geleitete sie auf einen Platz.

Es war üblich, dass ein *consul ordinarius*, wenn er am 1. Januar sein Amt antrat, eine Dankrede an den Kaiser richtete. Wenn wir solche Anbiederei im Gewand der Redefreiheit erleben wollen, brauchen wir nur den *Panegyricus* des jüngeren Plinius zu lesen. Es ist nicht überliefert, ob für den zwölfjährigen Alexander das Halten einer Rede angesetzt war. Vielleicht fehlte die Zeit.

Die neuen Konsuln sollten eigentlich nach Verlassen der Kurie nach rechts durch den Septimius-Severus-Bogen gehen und aufs Kapitol steigen, wo sie vor dem Tempel des Jupiter Optimus Maximus ihren Amtseid leisteten und dem Gott opferten. Wieder weigerte sich Elagabal. Wenn der Kaiser nicht hinging, konnte auch sein Caesar nicht. Ein Prätor, der nächsthöhere Magistrat in der Ämterlaufbahn, musste die Zeremonie auf dem Kapitol abhalten.

Wieso weigerte sich Elagabal? Diese Frage wird selten gestellt. Die Antwort ist scheinbar so offensichtlich – er wollte nicht zusammen mit seinem Cousin auftreten. Sehr richtig, aber es lässt sich noch ein weiterer Grund finden. Der allerhöchste Priester Elagabals hatte nicht die Absicht, an einer Zeremonie teilzunehmen, die den Vorrang Jupiters an der Spitze des römischen Pantheons symbolisch bestätigte.

Die Religion führte zu Alexanders Adoption, brachte einen neuartigen, verwirrenden Ton in die Titulatur des Caesars, bewirkte den Bruch zwischen den Cousins und verkürzte das Programm ihrer Einführung in den Konsulat. Während der Herrschaftszeit Elagabals ragte hinter jeder Frage der große schwarze Stein seines Gottes auf.

Hatte sich Maesa bereits zu einem zweiten Umsturz entschieden, als sie Elagabal im Juni 221 überredete, Alexander zu adoptieren? War sie bereit, noch einmal alles für einen weiteren Regimewechsel zu riskieren? Wahrscheinlich nicht. Im Januar darauf handelte sie immer noch zur Rettung Elagabals. Einstweilen war Alexander nur eine Rückversicherung. Bald schon sollte Maesa umdenken.

II Frauenmacht

Eine Frau in Rom konnte keine zivilen oder militärischen Ämter bekleiden. Sie konnte nicht Magistrat, Senatorin oder – so sehr die Mitgliedschaft auf persönlicher Einladung beruhte – Angehörige des kaiserlichen *consilium* sein. Schon gar nicht konnte sie aus eigener Macht als Kaiserin regieren. Wenn eine Frau politische Macht besaß, handelte es sich um informellen Einfluss, den sie auf dem Umweg über die Männer ihrer Familie als Gattin, Mutter oder Großmutter ausübte.[472]

Römisch war nicht die einzige Identität, die Maesa und den anderen Frauen ihrer Familie zur Verfügung stand. Emesa war eine griechische Stadt. Hierin liegt ein Paradoxon. Ehe Caracalla fast allen das römische Bürgerrecht verlieh, betrachteten die Griechen römische Frauen als weniger eingeschränkt als in ihrer eigenen Kultur. Doch anders als in Rom finden wir Frauen in griechischen Städten der Kaiserzeit in Ämtern. In einer modernen Studie von Beamtennamen auf Münzen des Ostens sind 17 der 231 genannten Personen Frauen.[473] Dieses Paradoxon ist eher scheinbar als real. Die Poleis, in denen diese Frauen Ämter bekleideten, waren meist kleine Nester. Vermutlich führte der Bedarf an entsprechend wohlhabenden Amtsträgern zu einer Lockerung der üblichen Regeln, so wie wenn man Exsklaven Beamte werden ließ.

Außerdem stammten die Frauen aus Emesa von einer Königsdynastie der hellenistischen Welt ab. Schon vor der Zeit Alexanders des Großen hatten Frauen im monarchisch regierten Makedonien unter besonderen Umständen als Regentinnen fungiert, ja sogar Heere geführt.[474] Aus späthellenistischer Zeit blieb Kleopatra (VII.) aus dem ptolemäischen Ägypten für den ganzen Rest der Antike ein gefährliches Beispiel.

Emesa war von Arabern gegründet worden. Zwar scheint seine Dynastie sich lieber eine phönikische oder syrische Identität zugeschrieben zu haben, aber man sollte darauf hinweisen, dass die arabische Kultur der offenen politischen Macht von Frauen aufgeschlossener gegenüberstand als die römische – das zeigt die berühmte Zenobia von Palmyra, eine Generation nach Maesa, oder Königin Mauia im folgenden Jahrhundert.[475]

Aus diesen anderen Teilen ihres Kulturerbes – dem städtisch-griechischen und dem monarchischen makedonisch-arabischen – schöpfte Maesa vielleicht Mut, aber Tatsache war dennoch, dass ihr einziger

Weg zur Macht in der römischen Reichspolitik darin bestand, ihre männlichen Familienmitglieder zu beeinflussen.

Manche Forscher haben geleugnet, dass Maesa und die anderen Frauen der severischen Dynastie überhaupt nennenswerten politischen Einfluss besaßen. Diese Sichtweise beruht auf zwei Argumentationssträngen. Der erste davon betrachtet förmliche Statusbekundungen. Maesa und ihren Töchtern wurden keine Titel verliehen, die nicht schon ihre Vorgängerinnen besessen hatten. Maesa war „Mutter des Lagers und des Senats und Großmutter unseres Augustus". Soaemias war „Mutter des Lagers und des Augustus", anscheinend aber nicht des Senats. All diese Titel hatte unter Septimius Severus auch Domna gehabt. Ebenso bewegte sich der Anteil an Münzen, die in ihrem Namen geprägt wurden, im normalen Bereich (rund 17 % der Reichsprägung), und was auf diesen Münzen hauptsächlich zu sehen war, war vollkommen konventionell.[476] Das zweite Argument lautet, dass Cassius Dio den Einfluss Maesas nicht betont, also sei er eine Erfindung Herodians, den die *Historia Augusta* später in den Einfluss von Soaemias verwandelt habe.[477]

Das Argument, Maesas Einfluss sei eine literarische Erfindung, überzeugt nicht. Wir haben schon gesehen (Kapitel 1.I), dass Cassius Dio mehr Gründe hatte, Maesa und Mamaea aus seiner Geschichte herauszuschreiben, als Herodian, etwas über ihre Rollen zu erfinden. Ebenso verkennt eine Argumentation, die politische Macht in Rom am offiziellen Status misst, die Lebenswirklichkeit unter den Kaisern. Heutige Forscher, die in sicheren westlichen Demokratien schreiben, vergessen leicht, dass Macht unter einer Autokratie nicht von wichtigen Titeln herrührt, sondern vom Zugang zum Herrscher – erinnern Sie sich an den Sklaven, der dem Kaiser den Pisspott hinhält. Dennoch gibt es eine öffentliche Äußerung eines Kaisers, die sehr wohl die zeitgenössische Wahrnehmung ausdrückt, wie stark der Einfluss der Frauen aus Emesa war. Während des Aufstands ließ Macrinus den Senat nicht nur Elagabal und seinem Cousin als *hostes* (Staatsfeinden) den Krieg erklären, sondern auch Maesa und ihren Töchtern.[478]

Wann machte Maesa ihren Einfluss geltend? Bei welchen Gelegenheiten hatten sie oder ihre Tochter Soaemias Zugang zu Elagabal? Nicht im Senat (mit wenigen Ausnahmen) oder bei Hof, nicht wenn er Gesandtschaften empfing oder im *consilium*. Natürlich war Elagabal auf keine dieser Aktivitäten versessen. Er fuhr gerne Wagen. Wir wissen zwar, dass seine Großmutter und seine Mutter im Publikum saßen, aber die Rennstrecke selbst war eine Männerdomäne. Die Kaiserloge bei den Spielen war ein zu öffentlicher Ort. Beim Essen könnte es aussichtsreicher scheinen. Auf Alma-Tademas Bild liegen Maesa und vier andere Frauen zusammen mit Elagabal am Kaisertisch und sehen zu, wie die anderen Gäste unter Rosenblütenblättern ersticken.

In Wirklichkeit scheinen die Frauen des Kaiserhauses normalerweise getrennt gespeist zu haben. Als Caracalla die Ermordung des Prätorianerpräfekten Plautianus veranlasste, riss jemand ein Haarbüschel aus dem Bart des Toten. Er brachte es in den Raum, wo Domna und Plautilla, die Tochter des Präfekten, gerade aßen, schwenkte die Haare vor Plautillas Nase und rief: „Schaut, da ist euer Plautianus!" (Cass. Dio 77,4,4) Viel Zeit verbrachte Elagabal mit Sex. Das war nicht da, wohin die Frauen aus seiner Familie gingen. Wir haben schon überlegt, was es bedeutet, dass der Standard-Tyrannentopos des Inzests auf Elagabal *nicht* angewendet wurde. Ebenso wird der junge Kaiser seine Großmutter nicht mit eingeladen haben, wenn er sich nachts aus dem Palast schlich und Bordelle besuchte. Damit bleibt nur die Religion übrig. Kein Wunder, dass die betagte Maesa in Rom weiterhin zu Ehren Elagabals des Gottes tanzte und sang, lange, nachdem ihr in Nikomedia erste Zweifel daran gekommen waren, wie politisch klug diese Zeremonien seien.

Annähernd genau den Grad eines verborgenen Einflusses am Hof eines Autokraten einzuschätzen, ist immer schwierig bis unmöglich.[479] Das Beste, was wir tun können, ist in chronologischer Reihenfolge eine Checkliste der belegten Interventionen Maesas zu erstellen. In Nikomedia misslang es ihr, Elagabal zum Tausch seiner Priestergewänder gegen die übliche römische Kleidung zu bewegen. In Rom verhinderte sie trotz Drohungen ihres Enkels erfolgreich, dass dieser

Hierocles zum Caesar ernannte. Stattdessen überzeugte sie ihn, Alexander zu adoptieren. Am 1. Januar 222 brachte sie Elagabal dann mithilfe von Soaemias dazu, die *toga praetexta* anzulegen und den Senat aufzusuchen, konnte ihn aber anschließend nicht zum Opfer für Jupiter auf dem Kapitol bringen. Macht drei Treffer in fünf Versuchen. Maesa gewann öfter, als sie verlor – keine überwältigende Kontrolle, aber eine sehr einflussreiche Stimme. Bald sollte sie noch größeren Erfolg mit einem noch gefährlicheren Versuch haben.

III In den Tiber

Wenn wir Elagabals letzte Monate erreichen, stellen wir fest, dass sich bei den normalen Grundannahmen der Forschung eine sonderbare Umkehr vollzieht. Auf einer Skala relativer Zuverlässigkeit wird Cassius Dio normalerweise höher als Herodian eingeordnet und die *Historia Augusta* landet abgeschlagen auf dem dritten Rang. Für den Großteil von Elagabals Herrschaft vertauschen einige Forscher die Plätze Herodians und Dios, aber das Schlusslicht ist weiterhin die *Historia Augusta* ... bis wir zum Endspiel kommen. Da stellen wir plötzlich fest, dass der Bericht der *Historia Augusta* „eine kohärente, anscheinend korrekte Erzählung darstellt", die „schon lange als exzellent gilt".[480] Dieser faszinierende Umschwung beruht auf der Ansicht, dass die *Historia Augusta* an dieser Stelle dicht am Bericht des zeitgenössischen Biografen Marius Maximus bleibt. Zu den Kaiserviten, die er schrieb, gehörte wahrscheinlich auch ein *Leben Elagabals*, aber gesichert ist das nicht. Das Werk des Marius Maximus ist nur aus Zitaten bei späteren Autoren bekannt – alle bis auf eins stammen aus der *Historia Augusta*. Wenn wir uns ansehen, wie diese Herodian verwendet, stehen wir vor einem Meisterstück der Verdrehung. Herodians Nachrichten werden verändert, ebenso seine historischen Deutungen. Sachen werden ihm zugeschrieben, die er nie geschrieben hat. Herodian-Fragmente dienen als Startpunkte für völlig fiktive Passagen.[481] Wenn wir bedenken, wie die *Historia Augusta* mit einem Text umgeht, für den wir es kontrollieren können, ist die Annahme naiv, dass sie zu Elagabals Sturz einen anderen akkurat wiedergibt, bei dem wir es nicht können.

Die *Historia Augusta* bietet eine ausführliche Erzählung der letzten Monate Elagabals samt Personen- und Ortsnamen. Einiges davon ist wahrscheinlich historisch und kann durchaus von Marius Maximus stammen. Doch andere Passagen sind offensichtlich erfunden. Sehen wir uns ein paar Beispiele an.

Elagabal befahl dem Senat, Rom zu verlassen. „Auch alle, die keine Fahrzeuge oder Sklaven hatten, bekamen den Befehl, sofort aufzubrechen." (HA *Heliog.* 16,1) Da Sabinus, dem Ulpianus einige seiner Bücher gewidmet hatte, zurückblieb, flüsterte Elagabal einem Zenturio zu, ihn zu töten. Sabinus hatte Glück, denn der Zenturio, der ziemlich taub war, missverstand die Anweisung und warf ihn bloß aus der Stadt. Selbst wenn wir glauben könnten, dass es Senatoren gab (Mindesteigentum eine Million Sesterze), die keine Wagen und Sklaven hatten, das haarscharfe Entkommen dank des tauben Zenturios verrät die Fiktion. Ulpians *ad Sabinum* war übrigens keinem zeitgenössischen Senator gewidmet, sondern ein 51 Bücher langer Kommentar zum Werk eines Juristen des 1. Jahrhunderts namens Sabinus. Enorm großer Fehler oder raffinierter Witz?

Eine andere Erfindung betrifft den Senat: Elagabal rief die Senatoren zusammen und befahl ihnen, Alexander den Caesartitel zu entziehen. Die Senatoren weigerten sich und setzten dem Kaiser Schweigen entgegen.[482] Wenn das stimmte, wäre es in der römischen Geschichte einmalig. Und wenn es wahr wäre, hätte Cassius Dio es nicht unterlassen, den Mut seines Standes über den grünen Klee zu loben. Herodian war zwar kein Senator, hatte aber seltene Gesten senatorischer Unabhängigkeit im Blick, als er über die spätere Herrschaft des Maximinus Thrax berichtete. Auch dieses Vorspiel dazu hätte einen Platz in seiner Geschichte gefunden.

Bei der Rekonstruktion von Elagabals letzten Monaten ist es unklug, die *Historia Augusta* unkritisch für bare Münze zu nehmen. Vielmehr sollte man alle drei Hauptquellen befragen, die von ihnen gebotenen Informationen[483] prüfen und bei jedem Schritt auf den Untergrund achten wie ein Bergsteiger beim Überqueren von Geröllfeldern.

Alle drei Quellen sind sich einig, dass der Bruch zwischen den Cousins entstand, weil Elagabal gegen Alexander vorging, und dass seine Schritte in zwei Phasen erfolgten. Den ersten Mordplan verlegt die *Historia Augusta* vor den gemeinsamen Konsulat. Obwohl diese Datierung allgemein akzeptiert wird, gibt es Probleme. Im Text Cassius Dios unternimmt Elagabal den ersten Versuch, als die Cousins schon Konsuln sind. Hätte Maesa die Soldaten wohl am 1. Januar davon abhalten wollen, Elagabal zu töten, wenn sie gewusst hätte, dass der Kaiser schon Alexander zu beseitigen versuchte? Eher spielten sich beide Mordkomplotte Anfang 222 ab, zwischen dem 1. Januar und dem 13. März.

Zur Art des ersten Mordanschlags bleibt Cassius Dio quälend vage: Als der Kaiser Alexander „zu vernichten versuchte, bewirkte er nicht nur nichts, sondern geriet selbst in Gefahr, getötet zu werden" (80,19,1²). Alexander sei durch Maesa, Mamaea und die Soldaten beschützt worden. Als die Prätorianer von dem Anschlagsversuch hörten, stifteten sie Aufruhr. Elagabal nahm Alexander mit in ihr Lager und die Prätorianer verlangten die Auslieferung einiger „Spießgesellen der Ausschweifungen" des Hierocles. Hierocles selbst bettelte der Kaiser behalten zu dürfen: „Schenkt mir diesen einen, egal weswegen ihr ihn im Verdacht zu haben geruht – oder aber tötet mich." (80,19,3) Einstweilen waren die Prätorianer beschwichtigt, zumindest teilweise. Das Schicksal der anderen „Spießgesellen der Ausschweifungen" wird nicht berichtet.

Wo uns Cassius Dio nichts an Details über Elagabals Anfangskomplott erzählt, da liefert die *Historia Augusta* viel zu viele Varianten. Der Kaiser schickte Meuchelmörder aus, um Alexander zu töten, überstellte den Soldaten einen schriftlichen Befehl, Alexander den Rang als Caesar zu entziehen, sandte Männer ins Prätorianerlager, um Dreck auf die Inschriften an Alexanders Statuen zu schmieren, und sagte Alexanders „Erziehern" (*nutritores*), wenn sie auf Belohnungen und Auszeichnungen hofften, sollten sie den Jungen auf jede ihnen mögliche Art ermorden – im Bad, durch Gift oder mit dem Schwert.

Entweder hielt sich Elagabal alle Optionen offen oder der Autor der *Historia Augusta* hatte seinen Spaß dabei, sich Methoden auszudenken, wie man einen Caesar beseitigt.

Zu den Folgen des Mordplans bietet die *Historia Augusta* eine andere Geschichte als Cassius Dio. Elagabal habe sich *ad Spem Veterem* zurückgezogen mit der Erklärung, er brauche Abgeschiedenheit, um einen Jugendlichen zu verführen; dort wartete er den Ausgang des Mordversuchs ab. Als die Prätorianer den Schlamm auf Alexanders Inschriften sahen, waren sie hellauf empört. Zwar blieben die meisten im Lager, wo Aristomachus, ein elagabaltreuer Tribun, die Feldzeichen unter Verschluss hielt, aber eine Gruppe Soldaten zog zum Palast. Dort nahmen sie Alexander, Maesa und Mamaea unter Bewachung und brachten sie zurück ins Lager. Soaemias, die um das Leben ihres Sohnes fürchtete, folgte ihnen zu Fuß. Inzwischen machten sich einige unzufriedene Prätorianer zur *Spes Vetus* auf. Als sie ankamen, versteckte sich Elagabal, der sich auf ein Wagenrennen vorbereitet hatte, hinter einem Vorhang. Der Kaiser schickte Antiochianus los, einen der Prätorianerpräfekten, um die anwesenden Soldaten zu beruhigen, und sandte den anderen quer durch Rom ins Lager. Antiochianus hatte Erfolg und erinnerte die Truppen an ihren Soldateneid. Im Lager sagten die Soldaten dem ungenannten Präfekten, sie wollten Elagabals Leben verschonen, falls er seine „unreinen Männer" wegschicke und „zu einem anständigen Lebensstil zurückkehre" (HA *Heliog.* 15,1). Am Ende entließ der Kaiser Hierocles, Cordius, Mirissimus und zwei weitere Favoriten, bat aber weiterhin um die Rückkehr des Hierocles.

Einige Details des Berichts sind verdächtig. Dass es Cordius oder Mirissimus je gegeben hat, ist unwahrscheinlich, und Cassius Dio zufolge wurde Hierocles nicht weggeschickt. Wie sich Elagabal hinter einem Vorhang versteckt, erinnert an Kaiser Claudius. Etwas später schickt die *Historia Augusta* Elagabal schon wieder ins Versteck, diesmal an einem angemessen würdelosen Ort, womit sie wahrscheinlich absichtlich etwas bei Cassius Dio ändert.

Aber es ist wichtig, gegenüber der *Historia Augusta* nicht in Hyperkritik zu verfallen. Andere beiläufige Details an dieser Stelle sind plausibel. Es gab auf dem Landgut *ad Spem Veterem* wirklich einen Circus für Wagenrennen. Antiochianus und Aristomachus sind in dieser Zeit ziemlich gängige Namen. Der Autor neigte bei seinen Erfindungen zur Wiederverwendung und spielte öfter mehrmals mit denselben Namen, und keiner der beiden Namen erscheint in anderen Biografien in einem fiktiven Kontext.

Bei Herodian taucht das erste Komplott kaum auf. Als die Soldaten erkannten, dass der Kaiser einen Anschlag auf seinen Cousin plante, bewachten sie ihn. Dann aber fügt der Historiker ein wichtiges Detail hinzu: Mamaea wollte Alexander weder Speisen noch Getränke probieren lassen, die der Kaiser schickte. Vielleicht wählte Elagabal anfangs Gift, um sich seines ungewollten Caesars zu entledigen.

Wie auch immer Elagabals erster Anschlag auf Alexander verlief, die Soldaten hatten sich nun von ihm abgewendet und er hatte Glück, dass er mit dem Leben davongekommen war. Aber aufgeben wollte er nicht.

„Denn nun hasste ihn sogar seine eigene Großmutter wegen dessen, was er tat, so als sei er doch nicht der Sohn des Antoninus [Caracalla], und sie begab sich auf die Seite Alexanders, als sei der in Wirklichkeit von ihm (= Caracalla) gezeugt", so Cassius Dio (80,19,4).

Zu Beginn des Aufstands hatte Maesa den Soldaten erzählt, ihre beiden Enkel seien Caracallas leibliche Kinder. Herodians entsprechende Aussage wird dadurch wahrscheinlich, dass der Senat beide Jungen zu Staatsfeinden erklärte. Von Anfang an hatte Maesa Alexander als potenziellen Thronkandidaten gesehen.

Alexander hatte mehr Wechsel in Sachen Vaterschaft durchlaufen als sein Cousin. Erst war er der Sohn des syrischen Ritters Gessius Marcianus, dann Caracallas, nach der Adoption dann Elagabals, dann wieder Caracallas. Das hieß gleichzeitig, dass der Dynastiegründer Septimius Severus, wie es nur die bemerkenswerte Fluidität einer römischen Oberschichtsfamilie zuließ, von Alexanders Großvater zu seinem Urgroßvater und dann wieder zum Großvater geworden war.

War einer von beiden wirklich Caracallas leibliches Kind? Die Frage wirkt vielleicht längst überfällig und ist in gewisser Weise unwichtig. Aber sie lässt sich schnell und mit hoher Wahrscheinlichkeit beantworten.[484] Soaemias wie Mamaea hatten während der Zeit des Septimius Severus am Hof gelebt. Sowohl Caracalla als auch Soaemias lassen sich 204, in Elagabals Geburtsjahr, in Rom nachweisen. Zwei späte Quellen erklären, Elagabal sei der Sohn Caracallas gewesen. Andererseits sagte der Zeitgenosse Herodian, man wisse nicht, „ob sie (= Maesa) es erfunden hatte oder ob sie die Wahrheit sagte" (5,3,10), und in Raphaneai hätten die Soldaten eine Familienähnlichkeit bemerkt, weil „sie sahen, was sie sehen wollten" (5,4,4). Cassius Dio glaubte kein einziges Wort davon – Elagabals Vater war für ihn Varius Marcellus. Was Alexander anging, gebe es das Gerücht, Caracalla sei in seinen letzten Jahren impotent gewesen. Es ist extrem unwahrscheinlich, dass Caracalla einen der beiden gezeugt hat. Maesa behauptete das aus politischen Gründen. Die Wahrheit war unwichtig – ohne diese Vaterschaft gab es keinen Grund, weswegen einer der beiden Kaiser werden sollte.

In den Wochen und Monaten zwischen dem ersten Komplott und dem 13. März war der Kaiserhof zweifellos in zwei Lager gespalten: eins um Elagabal und Soaemias, das andere um Alexander, Maesa und Mamaea. Vielleicht können wir davon ein paar flüchtige Eindrücke gewinnen, aber für eine gründliche Rekonstruktion fehlt uns das Material.

Unter Elagabal gab es einen abnorm hohen Wechsel der Stadtpräfekten. Der Versuch einer Liste könnte wie folgt aussehen (allerdings sind alle Daten außer dem ersten und letzten unsicher und ob Censorinus und Sacerdos dazugehören, ist hochspekulativ): [485]

218	Marius Maximus
218–19	Censorinus
219	Tineius Sacerdos
220	Valerius Comazon
220–21	Leo
221–22	Valerius Comazon II
222	Fulvius

III In den Tiber

Aus den Ereignissen am 13. März können wir ableiten, zu welcher Gruppe sich einige Personen schlugen. Comazon, der vom einfachen Soldaten Aufgestiegene und ein gewiefter Überlebenskünstler, war ein Unterstützer Maesas. Ihn ersetzte Fulvius, ein Elagabal-Anhänger. Höchstwahrscheinlich handelt es sich um den freimütigen Fulvius Diogenianus, der während des Aufstands von 218 in den Senat geschrieben hatte, alle wünschten sich Macrinus' Tod. Verbunden mit seiner Treue zu Elagabal könnte das erklären, wieso ihn Cassius Dio Jahre später als „gewaltig nicht bei Trost" beschrieb (79,37,1).

Die Identität von vier Prätorianerpräfekten Elagabals kennen wir.[486] Mit einiger Wahrscheinlichkeit waren das alle, die zu seiner Zeit im Amt waren. Comazon wurde 218 ernannt. Auf der Reise nach Rom hatte er Julius Flavianus zum Kollegen bekommen. Beide waren Maesa-Anhänger. Als Comazon 220 erstmals zum Stadtpräfekten ernannt wurde, gab er seine Prätorianerpräfektur auf. Vielleicht wurde er damals durch ...atus ersetzt, der Elagabals *a studiis* (Studienleiter) gewesen war und bis zum Ende ein Vertrauter des Kaisers blieb. Irgendwann, vielleicht in der angespannten Atmosphäre der ersten Monate des Jahres 222, ersetzte Antiochianus, ein weiterer Elagabal-Loyalist, Flavianus.

Manche ziehen die Verbannung von Zoticus und Ulpian in den Parteienkampf hinein – zwei weitere Maesa-Unterstützer, die Elagabal und Soaemias entfernt hätten. Das ist nicht gerechtfertigt. Ulpians Verbannung war eine Erfindung der *Historia Augusta* und Zoticus war, wie wir gesehen haben, kein Freigelassener Maesas und wurde wegen seines Unvermögens, eine Erektion hinzubekommen, weggeschickt. Wie so oft versuchen moderne Forscher der aberwitzig willkürlichen Politik eines Autokratenhofs ein ‚rationales' Motiv überzustülpen.

Inmitten der folgenreichen Manöver der Machtgruppen Anfang 222 beschloss Elagabal seine Scheidung von Annia Aurelia Faustina und heiratete erneut die Ex-Vestalin Aquilia Severa. Da das Motiv des Kaisers für seine erste Ehe mit der Priesterin gewesen war, „gottgleiche Kinder" hervorzubringen, können wir das so verstehen, dass Elagabal sich auf seine Religionspolitik noch versteifte und Alexanders Position als Caesar bedrohte. Als einige Anwälte oder vielleicht auch Klienten (das griechische Wort kann beides bedeuten) bemerkten, welches Glück Elagabal habe, dass er mit seinem Sohn Konsul sei, erwiderte der Kaiser: „Noch glücklicher werde ich nächstes Jahr sein, wenn ich mit einem echten Sohn Konsul sein werde." (Cass. Dio 80,19,1a).

Der Einfluss von Soaemias auf all das ist ungewiss. Die *Historia Augusta* behauptet, sie habe Elagabal während seiner gesamten Herrschaftszeit dominiert. Echte Beispiele dafür liefert sie nicht. Stattdessen verallgemeinert sie, ausgehend von Soaemias' Anwesenheit bei Alexanders Adoption im Senat, und erfindet vieles – samt antiquarischen Details, die der Autor so liebt, und einer überlangen Liste, diesmal aus verschiedenen Transportmitteln bestehend – rund um einen „Frauensenat", der angeblich auf dem Quirinal geschaffen wurde. Eindeutig wird Soaemias' Rolle übertrieben. Bei Herodian spielt sie hinter Maesa die zweite Geige. Maesa ist es, die ihren Enkel auf den Thron bringt und sein Verhalten in Nikomedia zu verändern sucht. Bei Cassius Dio ist es Mamaea, die es dem Kaiser ausredet, Hierocles zum Caesar zu machen. Selbst in der *Historia Augusta* nimmt Elagabal, als Soaemias ihn am 1. Januar zusammen mit ihrer Mutter dazu bringt, seiner Amtseinführung als Konsul beizuwohnen, nur Maesa mit in die Kurie.

Auf Soaemias' Münzen erscheint etwas sehr Ungewöhnliches. Die im Namen der anderen Frauen des Kaiserhauses während der Zeit Elagabals geprägten Stücke tragen eine Reihe gängiger Aussagen. Die Münzen für Soaemias dominiert eine einzige Göttin. Nie zuvor war Venus Caelestis auf römischen Münzen erschienen – aber rund 96 % der Soaemias-Münzen aus Hortfunden tragen das Bild der Göttin.[487] Man hat vermutet, Venus Caelestis sei entweder mit Urania gleichgesetzt worden, der aus Afrika zur Ehe mit dem Gott Elagabal gebrachten Göttin, oder aber sie sei eine weibliche Gottheit, die in Emesa verehrt wurde. Wenn eins von beidem die Absicht der für die Prägestätte verantwortlichen Beamten war, dann handelte es sich um eine öffentliche Aussage von Soaemias, dass sie zur Religion ihres Sohnes stand. Nur muss man sagen, dass die Aussage nicht explizit war und wahrscheinlich vielen entging, denen die Münzen in den Provinzen durch die Hände gingen.

Soaemias hatte keine Wahl, welcher der Gruppen sie sich anschließen wollte. Als Augusta und „Mutter des Augustus" verfügte sie über Status und potenziellen Einfluss zugleich. Falls Elagabal gestürzt würde, musste beides drastisch reduziert werden, selbst wenn sie überlebte und vielleicht ihren Augustatitel behielt. Soaemias' Schicksal war unentrinnbar an das ihres Sohnes gebunden. Ihren Liebhaber Eutychianus hatte Elagabal in aller Öffentlichkeit erstochen. Unkompliziert waren Soaemias' Gefühle wohl nicht.

Mamaea spielt in unseren Quellen erst dann eine aktive Rolle, als Elagabal gegen ihren Sohn Pläne zu schmieden beginnt. Anfangs ist sie passiv, ein Spielball der Ereignisse. Maesa nahm sie und Alexander nach Raphaneai mit, wobei sie mehrere von Mamaeas engsten Verwandten opferte – ihre Tochter mit ihrem Schwiegersohn, höchstwahrscheinlich auch ihren älteren Sohn und ihren Mann. Maesa verkündet, Mamaea habe mit Caracalla Ehebruch begangen. Der Senat erklärt sie zur Staatsfeindin. Danach verschwindet Mamaea. Im Senat ist sie zu keinem Zeitpunkt belegt, nicht einmal, als ihr Sohn zum Caesar ernannt wird. Sie taucht wieder auf, um Alexander zu verteidigen, entscheidet sich für moralisch vorteilhafte Erzieher und wählt Köche und Mundschenke sorgsam aus, „die die vertrauenswürdigsten zu sein schienen" (Herodian 5,8,2). Beides zeigt, dass die Frauen des Kaiserhauses innerhalb des Palasts eine gewisse Unabhängigkeit besaßen. Nach der Vereitelung von Elagabals erstem Mordplan unternahm Mamaea einen kühnen Schritt. Sie „gab heimlich Geld, das unter der Hand an die Soldaten verteilt werden sollte", um deren „Wohlwollen" zu gewinnen (5,8,3). Wem sie das Geld übergab, erfahren wir nicht – wahrscheinlich einigen der „vertrauenswürdigsten" Personen der *familia Caesaris* – aber das Wohlwollen, das sie bei den Soldaten erzeugen wollte, galt Alexander. Das war die Taktik, die Maesa vor dem Aufstand gegen Macrinus angewandt hatte. Es war Verrat – hier in Rom desto gefährlicher, da der Kaiser anwesend war. Einen Rückzug gab es nicht; entweder Elagabal oder Alexander musste sterben.

Für den Anlauf zum letzten Showdown am 13. März erzählen Cassius Dio und Herodian praktisch dieselbe Geschichte.[488] Der ausführlichere Bericht bei Herodian lässt sich mit Details aus Cassius Dio ergänzen. Die kurze Version der *Historia Augusta* weicht ab und besteht, wie wir sehen werden, aus einer fiktionalisierenden Überarbeitung dessen, was der Autor bei Herodian fand.

Elagabal entdeckte, dass Mamaea den Soldaten Geld gab. Irgendwer muss es ihm verraten haben – ein Soldat oder eins jener Mitglieder der *familia Caesaris*, denen Mamaea vertraute. Nicht jeder hatte sich gegen den Kaiser gewandt. Doch nach seinem letzten Erlebnis mit den Prätorianern fehlte Elagabal offensichtlich das Selbstvertrauen, die Verhaftung und Hinrichtung seiner Tante und seines Cousins zu befehlen. Stattdessen, sagen uns Herodian und Cassius Dio, plante er erneut Alexanders Ermordung. Wie, sagt keiner der beiden Historiker. Tiberius war Gerüchten zufolge mit einem Kissen erstickt worden, Commodus im Bad erwürgt, Magie war eine der gegen den Prinzen Germanicus eingesetzten Methoden und die meisten ermordeten Kaiser hatten ihr Ende durch das Schwert gefunden – aber vielleicht versuchte Elagabal erneut jemanden im Umfeld Alexanders zu einer Vergiftung anzustiften. Maesa vereitelte den neuerlichen Anschlag. „Ihr entging nichts von dem, was Antoninus [Elagabal] plante, weil er sich von Natur aus einfältig benahm und rücksichtslos alles, was er plante, offen sagte und tat." (Herodian 5,8,4) Einen mörderisch gespaltenen Kaiserhof hatte Maesa schon einmal erlebt, den von Caracalla und Geta. Natürlich war auch Elagabal dort gewesen, aber er war damals ein Kind. Offensichtlich hatte er anders als seine Großmutter in dieser hinterhältigen, tödlichen Umgebung nicht die nötigen Lektionen an Diskretion gelernt.

Als dieser neue Anlauf scheiterte, probierte Elagabal eine andere Taktik. „Alexander war nicht mehr bei öffentlichen Reden oder an der Spitze von Festzügen zu sehen." (Herodian 5,8,4) Der Kaiser hatte nicht vollständig die Kontrolle verloren. Obwohl die Soldaten wütend waren, gab es keine unmittelbare Revolte. Zusätzlich testete Elagabal ihre Reaktionen, indem er das Gerücht verbreitete, Alexander liege im Sterben.

Damit hatte er sich schwer verrechnet. Die Prätorianer weigerten sich, zu ihrer üblichen Wache für den Kaiser aufzuziehen. Sie igelten sich in ihrem Lager ein und forderten Alexanders Anwesenheit in ihrem Heiligtum. Das war der Tempel des Mars, in dem die Feldzeichen der Prätorianer und die Statuen der vergöttlichten Kaiser untergebracht waren. Damit war die Forderung eine symbolische Bekräftigung der traditionellen Religion und eine Ablehnung des Gottes aus Emesa.

Das war eine Herausforderung, die sich nicht ignorieren ließ. Elagabal schnappte sich Alexander. Gemeinsam reisten sie in der kaiserlichen Sänfte vom Palatin zum Lager. Im Schritttempo braucht der Weg Zeit: ein in die Länge gezogenes, widerwilliges Zusammensein, mit extremer Spannung aufgeladen.

Zur Stützung seiner *auctoritas* wurde der Kaiser von einem Gefolge aus den höchsten Würdenträgern begleitet, darunter der Stadtpräfekt Fulvius und die beiden Prätorianerpräfekten Antiochianus und ...atus. Da Elagabal sich in der Stimmung seiner Untertanen vollkommen täuschte, nahm er Hierocles und Aurelius Eubulus mit, den Finanzbeamten aus Emesa. Auch Soaemias und Mamaea gingen zum Lager. Von Maesas Anwesenheit sprechen unsere Quellen nicht. Angesichts der Entscheidungssituation und von Maesas Eingreifen in alle anderen Schlüsselmomente dieser Herrschaftszeit ist es unvorstellbar, dass sie nicht da war.

Das Lager war befestigt. Die Prätorianer öffneten die Tore für das kaiserliche Gefolge. Alexander wurde mit begeisterten Rufen des Wohlwollens begrüßt. Elagabal ignorierte man. Wütend zog sich der Kaiser ins Heiligtum zurück, wo er die Nacht „voller Ärger und im Zorn auf die Soldaten" verbrachte (Herodian 5,8,7).

Zwar hatten die Soldaten ganz absichtlich den Marstempel genannt, aber der Ort war Elagabal recht. Hierhin hatte sich sein ‚Vater' Caracalla in der Nacht nach Getas Ermordung zurückgezogen. Am

Morgen hatten die Prätorianer Caracalla zugejubelt. Aus diesem Vorbild konnte Elagabal Mut schöpfen. Außerdem hatte er so gut wie sicher einen Teil der Nacht vor seiner eigenen Ausrufung zum Kaiser im Lagerheiligtum der *III Gallica* verbracht. Im Tempel der Prätorianer waren sein Bild und das seines Cousins auf den Feldzeichen befestigt. In jungen Jahren hatte er gesehen, wie man Getas Bilder herunterriss. Elagabal hoffte, dasselbe werde bald mit den Bildern eines anderen Juniorpartners der Kaisergewalt passieren.

Wie vor vier Jahren in Raphaneai verbrachten die Frauen aus Emesa die Nacht mit Ansprachen an die Truppen, um sie auf ihre Seite zu ziehen. Nur waren sie dieses Mal, sagt uns Cassius Dio, uneinig: „die Mütter der beiden lagen deutlicher als bisher im Streit miteinander und stachelten die Soldaten auf" (80,20,1), Maesa sprach offensichtlich für Alexanders Sache.

Wo war der dreizehnjährige Alexander während dieser langen, angstvollen Nacht? Versteckte er sich im Heiligtum oder zeigten seine Mutter und Großmutter ihn der Soldateska?

Am Morgen gab Elagabal Befehl, jene Soldaten zu verhaften, die Alexander am lautesten zugejubelt hatten. Die Anklage lautete auf Aufruhr und Unruhestiftung. Zunächst ging alles gut. Die Befehle wurden ausgeführt und die Rädelsführer in Gewahrsam genommen. Für einen Moment sah es so aus, als könne der Kaiser seine Autorität wahren.

Der Moment war nicht von Dauer. Die Prätorianer, die ja schon gegen Elagabal eingestellt waren, „meinten, sie müssten den Verhafteten helfen", sagt Herodian (5,8,8).

Wann dämmerte die furchtbare Wahrheit? In welchem Augenblick begriff Elagabal, „dass er unter Bewachung stand, um hingerichtet zu werden"? (Cass. Dio 80,20,1) Vielleicht, als er sah, wie die ersten Verhafteten freigelassen wurden. Jetzt war Flucht aus dem Lager seine einzige Hoffnung.

Nicht alle hatten ihn verlassen. Der junge Kaiser wurde „in eine Kiste gepackt" und sollte so aus dem Tor geschmuggelt werden. Eine beengte Reise voller Stöße und Rucke, die im Scheitern endete – die

III In den Tiber

Kiste wurde geöffnet, der Flüchtling entdeckt. Soaemias „umarmte ihn und drückte ihn fest an sich" (Cass. Dio 80,20,2).

Die Szene konnte die Herzen der Prätorianer nicht erweichen. „Weil sie die Gelegenheit für günstig und ihre Sache für gerecht hielten", sagt Herodian (5,8,8), töteten sie Mutter und Sohn. Wer den ersten Schlag führte und ob der tödlich war, erfahren wir nicht. Auch wissen wir nicht, ob sich jemand von beiden wehrte. Unsere Quellen erledigen Elagabal und Soaemias kurz und knapp. Sie interessiert eher, was anschließend geschah.

Es sollten noch mehr sterben. Die Prätorianer schlachteten den Stadtpräfekten Fulvius und ihre beiden Kommandeure ab, die Präfekten Antiochianus und ...atus. Dass Aristomachus überlebte, der Tribun, der beim ersten Aufstand die Feldzeichen zurückgehalten hatte, ist unwahrscheinlich. Hierocles und Aurelius Eubulus wurden zusammen mit dem Kaiser getötet, der letztere „vom Volk und von den Soldaten in Stücke gerissen" (Cass. Dio 80,21,1). Entweder waren die Tore geöffnet worden oder Eubulus hatte es aus dem Lager geschafft und die Jagd auf die „Gehilfen und Komplizen" des Kaisers (Herodian 5,8,8) weitete sich auf die ganze Stadt aus.

In der *Historia Augusta* sterben die „Komplizen" des Kaisers zuerst. Die Prätorianer bilden eine Verschwörung, „um die *res publica* zu befreien" (HA *Heliog.* 16,5). In dieser Geschichte, die offenbar im Palast spielt, sind die Todesarten symbolisch: „manche töteten sie, indem sie ihre Eingeweide herausrissen, andere durchbohrten sie vom hintersten Ende her, sodass ihr Tod zu ihrem Leben passte. Danach stürzte man auf ihn selber los und er wurde in einer Latrine getötet, in die er sich geflüchtet hatte." (16,5–17,1)

Den Kaiser und seine Mutter nur zu töten, genügte nicht. Die Köpfe wurden abgeschnitten und die Leichen ausgezogen. Laut Herodian übergab man die Körper „denen, die sie durch die Gegend schleifen und schänden wollten. Nachdem man sie lange durch die ganze Stadt geschleift und verstümmelt hatte, wurden sie in die Kloaken geworfen, die in den Tiber führen" (5,8,9). Cassius Dio lässt Soaemias' Leiche „irgendwohin geschleudert" und die Elagabals direkt in den Fluss geworfen werden (80,20,2). Die *Historia Augusta* schmückt aus, was ihr Autor bei Herodian gefunden hatte: Der Weg durch die Straßen habe auch zum Circus Maximus geführt; der Abwasserkanal war zu klein, also zog man Elagabals Leiche wieder heraus und brachte sie zum Pons Aemilius, ehe man sie mit einem Gewicht von der Brücke in den Tiber stieß, damit sie nie begraben werden konnte. Der Pons Aemilius ist eine echte Brücke, aber der Name Aemilius kommt anderswo in fiktiven Passagen der *Historia Augusta* vor.[489]

„Ihre Köpfe wurden abgeschnitten und ihre Körper, nachdem man sie nackt ausgezogen hatte, durch die ganze Stadt geschleift." (Cass. Dio 80,20,2) Nur eine besondere Art Frau konnte zusehen, wie das mit ihrer Tochter oder Schwester geschah. Aber Maesa und Mamaea hatten gesiegt. Jetzt mussten sie Alexander die Herrschaft sichern.

KAPITEL 12

Die Abrechnung

13.–14. März 222

I Insignien und Titel eines Kaisers

Während die Leiche seines Cousins noch durch Roms Straßen geschleift wurde, riefen die Soldaten Alexander zum Kaiser aus. In der allgemeinen Verwirrung verlieh ihm der Senat vielleicht erst am folgenden Tag die nötigen Vollmachten, das *maius imperium* und die *tribunicia potestas*. Jedenfalls wurde unter Alexander später der 14. März als der Tag gefeiert, an dem er *pontifex maximus* geworden war.[490]

Der neue Kaiser regierte als Marcus Aurelius Severus Alexander. Er war dreizehn. Laut Herodian besaß er „Insignien und Titel eines Kaisers, aber die Verwaltung der öffentlichen Angelegenheiten und die Politik des Reiches lagen in den Händen der Frauen" (6,1,1). Maesa und Mamaea gingen an die Sicherung des Regimes. Loyale Männer wurden in die wichtigsten Positionen gebracht.[491] Der geborene Überlebende Comazon kehrte ein beispielloses drittes Mal als Stadtpräfekt zurück. Die Prätorianer bekamen zwei neue Präfekten. Julius Flavianus hatte dieses Amt schon einmal bekleidet, als Comazons Kollege zu Beginn von Elagabals Herrschaft, als jener Kaiser seiner Großmutter das Regieren überlassen hatte. Ähnlich war auch Geminius Chrestus 219 von Maesa als Präfekt Ägyptens ausgewählt worden. Höchstwahrscheinlich waren alle drei am 13. März schon anwesend und standen bereit. Gemeinsam kommandierten sie nun alle relevanten Truppen in Rom: die Stadtkohorten, die Prätorianer, die Gardekavallerie (*equites singulares Augusti*) und den gefürchteten Geheimdienst (die *frumentarii*). Bei der ersten Getreideknappheit würde es Aufruhr unter der römischen Plebs geben. Der Jurist Ulpian wurde entweder zum Präfekten der Getreideversorgung (*praefectus annonae*) ernannt oder blieb in diesem Amt.

Die erste Reform des neuen Regimes war ein wichtiges Stück Polittheater: Der Senat durfte aus seinen Reihen 16 Ratgeber für den Kaiser aussuchen. Laut Herodian waren es Männer, „die an Alter die würdevollsten und in ihrer Lebensweise die besonnensten zu sein schienen" (6,1,2). Natürlich hatte diese Gruppe auch nicht mehr Macht als das normale kaiserliche *consilium* (das weiterhin bestand, da es ein Gremium aus Ad-hoc-Mitgliedern war),[492] aber es handelte sich um eine starke politische Aussage: Dieses Regime ist nicht wie das letzte, die traditionelle Elite wird geehrt und respektiert, ihre Ansichten werden berücksichtigt werden.

Auch Strafmaßnahmen setzten Alexanders Herrschaft weiter von der seines Vorgängers ab. Elagabals Andenken wurde offiziell verdammt und das Publikum reagierte mit Begeisterung. Wir sahen schon, dass jemand in Nikaia das Bild des Kaisers auf einer Münze mit einem Meißel entstellte. Viele griechische Städte ergriffen auch offizielle Maßnahmen und versahen ihre Ortsprägungen mit Gegenstempeln, sodass Elagabal entweder mit dem Buchstaben A oder einer kleinen Männerbüste erschien, was die Münze jeweils für Alexander ‚reklamierte'.[493] Im ganzen Reich wurde Elagabals offizielle Titulatur ganz oder teilweise aus den Inschriften getilgt. An manchen Statuen wurden die Sinnesorgane seines Gesichts – Augen, Nase, Mund und Ohren – entstellt. Diese Statuen warf man entweder um oder ließ sie stehen, ähnlich dem Leichnam eines verurteilten Verbrechers, der am Kreuz hängenblieb. Andere blieben zwar unversehrt, wurden aber abgebaut und eingelagert, um sie später in einen anderen Kaiser umzuarbeiten. Nicht immer wurde diese Absicht in die Tat umgesetzt, etwa im Fall der berühmten Typ-2-Büste vom Kapitol (Bild 9).

Für eine wohlbekannte Statue können wir deren ‚Biografie' rekonstruieren und eine ungewöhnliche Variante des Verdammungsprozesses in Aktion sehen.[494]

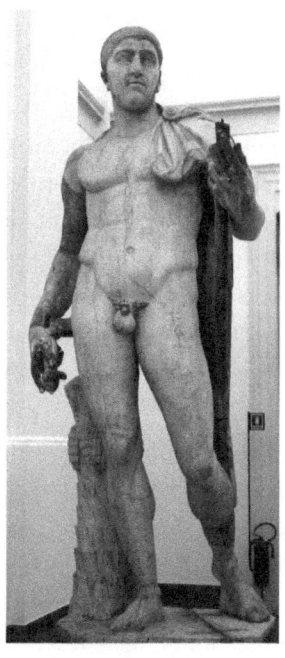

Bild 19: Eine zu Alexander umgearbeitete Elagabal-Statue

Mit dieser Statue des Severus Alexander, heute im Museo Nazionale Archeologico in Neapel, stimmt einiges nicht. Die Gesichtszüge passen nicht richtig auf die Haltung des Kopfes, der seinerseits im Profil unnatürlich breit wirkt. Die üppigen Haarlocken am Hinterkopf stehen im Kontrast zu den kurzen Strähnen vorn. Wenn man genau hinsieht, lässt sich erkennen, dass eine Fuge unter dem Kinn, vor den Ohren entlang und über den Scheitel verläuft.

Alexanders Gesichtszüge haben die seines Vorgängers ersetzt. Gefunden wurde die Statue in den Caracallathermen, an die Elagabal eine Portikus angebaut hatte. Ursprünglich stand sie sicher auf einem Sockel in einer Nische. Das aus einem einzigen Marmorblock gemeißelte Bild zeigte Elagabal in Überlebensgröße mit kräftigen Muskeln in heroischer Nacktheit, nur mit dem kurzen Mantel eines Feldherrn bekleidet und mit dem Stab eines militärischen Amtes in der Hand. Der Palmbaum, der das rechte Standbein des Kaisers stützt, war ein Siegessymbol. Dieses hypermaskuline Bild – stoßen Sie sich nicht an dem scheinbar winzigen Penis, denn das Original ist entfernt worden, wahrscheinlich, damit jemand irgendwann leichter ein züchtiges Feigenblatt anbringen konnte – ist vielleicht als Gegengewicht zu zeitgenössischen Geschichten über Elagabals Effeminiertheit geschaffen worden. Obwohl: Angesichts der Gerüchte, dass er die *frumentarii* einsetzte, um gut bestückte Männer aufzustöbern und zu seinem Vergnügen in den Palast zu bringen, kann die Begegnung mit einer nackten Elagabalstatue in den Thermen ein gewisses Unbehagen ausgelöst haben. Na ja, zumindest bei denen, die von sich dachten, dass sie die Kriterien erfüllten.

Nach der Tötung Elagabals stieg jemand auf eine Leiter und ging mit Hammer und Meißel auf seine Gesichtszüge los. Augen, Nase und Mund wurden beschädigt. Die Ohren sind unversehrt. Mindestens drei Jahre lang blieb die Statue in ihrem verstümmelten Zustand aufgestellt. 225 oder irgendwann danach kletterte ein Bildhauer hoch und machte aus den Überresten von Elagabals Gesicht eine glatte Fläche. Ein zweites Stück Marmor wurde in eine Maske mit Alexanders Gesicht verwandelt, inklusive Ansätzen zu einem Oberlippenbart und üppigeren Koteletten. Erstmals wurde Alexander 225 mit Gesichtsbehaarung dargestellt, was uns das früheste Datum für die Umgestaltung liefert. Die Maske wurde an den Kopf angesetzt und ein Kaiser löste den anderen ab. Den Zeitgenossen fielen die Ungenauigkeiten der Kombination weniger ins Auge, weil sie die Statue nur von unten her und aus der Frontalansicht sehen konnten. Zusätzlich war sie sicher bemalt, was die Fuge verdeckte.

Ironischerweise passte das harte martialische Bild zu Alexander auch nicht besser. 235 verhöhnten die Soldaten ihn als schwachen kleinen Jungen am Gängelband seiner Mutter – da war er ungefähr 27! – und töteten ihn anschließend, weil er nicht gegen die Germanenstämme kämpfen wollte. Auch Alexanders Andenken wurde verdammt. Diesmal wurde die Statue abgebaut und kam vermutlich in irgendeinen Lagerraum des Thermenkomplexes, wo sie auf eine weitere Umnutzung wartete, zu der es nie kommen sollte.

Die Entwürdigungen, die man der Leiche von Soaemias antat, waren beispiellos. Schon früher waren Frauen des Kaiserhauses hingerichtet, ja sogar geköpft worden, aber keine hatte man jemals nackt durch die Straßen Roms geschleift. Das Andenken von Elagabals Mutter wurde verdammt. So gründlich war die Vernichtung ihrer Bilder, dass es von Soaemias keine sicher identifizierbaren plastischen Porträts gibt. Im griechischen Osten wurden ihre Münzen ebenso wie die ihres Sohnes gegengestempelt. Auf nur drei erhaltenen Inschriften ist ihr Name unversehrt. Auf dem Forum stand eine Statuenbasis zu Ehren von Soaemias, ihrer Mutter und ihres Sohns. Als Elagabal stürzte, wurde das Monument entfernt. Dreizehn Jahre später, als auch Alexander getötet worden war und die Dynastie endete, wurden die Namen aller drei getilgt. Als zusätzliche Schmach wurde der Stein mit der Schriftseite nach unten hinter der Kurie als Trittstein wiederverwendet.[495]

Aquilia Severa, die einstige Vestalin, Elagabals Frau, wurde wohl zusammen mit ihrem Mann getötet. Auch ihr Name ist auf Inschriften radiert und ihre östlichen Münzen tragen Gegenstempel. Ein als Aquilia angesprochenes Bronzeporträt aus Sparta wurde in der Antike verstümmelt, doch war das wahrscheinlich Teil der späteren Vandalismuskampagne christlicher Bilderstürmer gegen heidnische Kunstwerke.[496] Elagabal hatte geprahlt, nächstes Jahr werde er Konsul mit einem leiblichen Sohn sein. Maesa und Mamaea waren gnadenlos. Falls das Risiko bestand, dass Aquilia schwanger war, durfte man sie nicht leben und einen potenziellen Erben des ermordeten Kaisers zur Welt bringen lassen.

Erhalten ist eine Inschrift, auf der der Name von Annia Faustina getilgt wurde. Sie war Elagabals vorletzte Frau gewesen und er hatte sich von ihr geschieden, um wieder Aquilia heiraten zu können. Es ist unwahrscheinlich, dass ihr Andenken zusammen mit dem des Kaisers verdammt wurde – so weit gingen die Repressalien nicht. Es gibt zwei andere Möglichkeiten. Einmal waren die Provinzialen nicht immer gut über den Kaiserhof informiert. Als die Nachricht von Elagabals Tod eintraf, wurde Annia Faustinas Inschrift von Personen attackiert, die nichts von der Scheidung wussten. Oder vielleicht wurde sie während des intensiven Machtkampfes am Kaiserhof während Elagabals letzter Monate nicht nur geschieden, sondern auch auf Befehl ihres Exmannes hingerichtet.

Elagabal und all seine prominenten Getreuen waren tot, ihr Andenken verdammt. Mit einer Ausnahme – der Gott Elagabal. Jeder Gott, selbst wenn man ihn nicht mochte, war definitionsgemäß unsterblich. Nach heidnischer Auffassung konnten Sterbliche eine Gottheit weder töten noch die Erinnerung an sie auslöschen. Sehr wohl konnte man aber ihre Verehrung in Rom und Italien verbieten. Zwar wurde von einigen Inschriften der Name des Emesener Gottes entfernt, aber ob es ein offizielles Kultverbot gab, ist unsicher.[497] Es kam nicht infrage, dass der Kaiser oder Senat eine förmliche *damnatio memoriae* aussprachen – ihnen fehlte die Vollmacht dazu. Kontrollieren konnte man dagegen die Bewegungen einer Gottheit. Ein Gott ließ sich an einer Stelle festsetzen. Zwei Städte in Asien hatten Statuen des Kriegsgottes Ares in Ketten bestellt, damit er ihren Feinden, dem Stamm der Isaurier in den Bergen, nicht zu Hilfe kommen konnte.[498] Und ein Gott ließ sich auch herbeirufen. Die Römer besaßen ein *evocatio* genanntes Ritual, mit dem sie die Götter ihrer Feinde und anderer Völker auf ihre Seite holen konnten.[499] Ebenso wie man einen Gott nach Rom bringen konnte, ließ er sich auch wegschicken. Der große schwarze Stein wurde zurück in seine Heimat Emesa gesandt. Den Elagabaltempel auf dem Palatin widmete man auf Jupiter Ultor um, *Jupiter den Rächer*.

In Emesa ging der Elagabalkult weiter, ebenso der lokale Einfluss der erweiterten Dynastie. Eine Generation später zeigte Uranius Antoninus, ein kurzlebiger Usurpator aus der Stadt, der so gut wie sicher zum Königshaus gehörte, den schwarzen Stein auf seinen Münzen. Ein halbes Jahrhundert nach Elagabals Tod brachte Kaiser Aurelian, der seinen Sieg in einer Schlacht bei Emesa göttlicher Hilfe zuschrieb, die Gottheit erneut nach Rom, jedoch ohne den riesigen schwarzen Stein und nicht unter dem Namen Elagabal, sondern unter dem allgemeineren und akzeptableren Titel Sol Invictus, „die unbesiegbare Sonne".

Das alles lag noch weit in der Zukunft. Jetzt, im März 222, war Elagabal tot und sein Gott weg. Alexander saß sicher auf dem Thron, Maesa und Mamaea kontrollierten den gefügigen jungen Kaiser. Die Normalität war wiederhergestellt und Jupiter hatte seine *Rache* bekommen.

II Der Hass aller

Kaiser zu sein war ein schwindelerregender Balanceakt. Man musste versuchen, die widersprüchlichen, heftig miteinander konkurrierenden Wünsche von Senat, Armee, *familia Caesaris* und römischer Plebs zu erfüllen. Kein anderer Kaiser versagte dabei so spektakulär wie Elagabal. Fast zweihundert Jahre später fasste es der Autor der *Historia Augusta* (ohne das Palastpersonal zu erwähnen, dem er besonders feindselig gegenüberstand) in folgender Sentenz zusammen: „Wer sich nicht die Liebe von Senat, Volk und Soldaten verdient, verdient sich auch nicht das Recht auf eine Bestattung." (HA *Hel.* 17,7)

Der Senat hatte keinen Grund, Elagabal zu lieben. Er zeigte der altehrwürdigen Institution keinen Respekt – er führte die Kaisertitel, noch ehe sie ihm verliehen waren, brachte bei mindestens zwei Gelegenheiten Frauen ins Hohe Haus und ließ die Senatoren am 1. Januar 222 sechs Stunden lang warten. Er beförderte Personen jenseits der traditionellen Elite in hohe Ämter: Dem Ex-Zenturio Claudius Pollio verlieh er den Senatsrang eines Exkonsuls und verwendete ihn zwischen zwei prestigereichen Statthalterschaften als Sprachrohr des Regimes im Senat, und zweimal ernannte er den ehemaligen einfachen Auxiliarsoldaten Comazon zum Stadtpräfekten. Wie wir schon sahen, glaubte man, er habe erst den Freigelassenen Eutychianus und dann den Wagenlenker Hierocles zum Caesar ernennen wollen. Kein Versuch wurde unternommen, den *civilis princeps* zu spielen. Statt seine Zeit mit den „besonnensten" und „würdevollsten" Senatoren zu verbringen, war Elagabal lieber in Gesellschaft junger Wagenlenker und Athleten wie seine Sexpartner Hierocles und Zoticus. Der Kaiser gab sich unangemessen locker – er warf der Plebs persönlich Geschenke zu und fuhr in Wagenrennen mit, wo er den Spielgeber begrüßte und wie ein gewöhnlicher Rennfahrer um Goldmünzen bat. Elagabal wurde auch gefürchtet, nicht nur verachtet. Während seiner ganzen Herrschaft wurden Senatoren hingerichtet und ihr Vermögen enteignet. Aus senatorischer Sicht hatten viele Opfer nichts getan; es waren Männer wie Claudius Attalus, der der Rache Comazons verfallen war, oder Pomponius Bassus, der wegen der Schönheit seiner Frau starb. Für Männer, die ein so übergenaues Gefühl für ihre *dignitas* hatten, waren die Erniedrigungen wohl schlimmer als die Angst vor einer Hinrichtung. Laut der *Historia Augusta* zwang Elagabal betagte Senatoren, als Unterhaltung nach dem Abendessen Wagen zu lenken, und machte bei einem Weinfest Witze über ihre Manneskraft. Selbst wenn man solchen Geschichten nicht glaubt, befanden sich mehrere Senatoren im Publikum, während der Kaiser Rennen fuhr, und der gesamte Senat musste zu den Morgenritualen und der alljährlichen Prozession für Elagabal den Gott erscheinen. Die Teilnahme an der Emesener Religion war nicht nur eine tiefe Erniedrigung, sondern auch eine Gefahr für die *pax deorum*. Sie bedrohte die schiere Sicherheit oder Gesundheit (*salus*) Roms und damit dessen nackte Existenz. Dass der Kaiser Elagabal über Jupiter stellte, hob Cassius Dio als die schlimmste seiner vielen Missetaten hervor.

Zwischen Elagabal und der Armee ging alles gut los. Als junger Caracalla gekleidet hielt er in Raphaneai eine zündende Rede an die Truppen. Zu Pferd und ein Schwert schwingend sammelte er seine fliehende Armee bei Immae. Großzügige Donative wurden während seiner Herrschaftszeit häufig verteilt. Aber schon während des ersten Winters in Nikomedia, wenn nicht sogar im gleichen Herbst in Antiochia, ging etwas schief. Vor Elagabals Aufbruch gab es eine Welle von Soldatenaufständen im Osten. Die Dritte Gallische Legion, die als erste zu ihm übergetreten war und die am stärksten auf den Elagabalkult eingestimmte Einheit war, wurde nach ihrer zweiten Erhebung aufgelöst. In Nikomedia, wo Elagabal den Soldaten die Tötung des Eutychianus befahl, gehorchten sie erst, als der Kaiser persönlich den ersten Schlag geführt hatte. Auf dem Weg nach Rom machte Elagabal eine Rundreise durch die Garnisonen an der Donau, obwohl die stark sexualisierte Statue aus Carnuntum vielleicht darauf hinweist, dass seine Selbstdarstellung als Hohepriester Elagabals nicht allgemein gern gesehen wurde. Nachdem der Kaiser in Rom eingezogen war, hören wir nie, dass er die Garnison der Stadt besucht oder zu ihr spricht, bis die Krisen der letzten Herrschaftsmonate ihn zum Gang ins Prätorianerlager zwangen. Während der ersten Unruhen wollte er es anfangs den Präfekten überlassen, die Prätorianer zu besänftigen. Dass die Soldaten die Auslieferung der „Spießgesellen der Ausschweifungen" des Kaisers forderten, zeigt, dass sie mit seinem Sexleben nicht einverstanden waren. Die Forderung, Alexander müsse im Marstempel des Lagers erscheinen, steht symbolisch für ihre Bindung an die traditionellen Götter und ihren Abstand zum schwarzen Stein aus Emesa.

Wie stets lassen sich die Gefühle der *familia Caesaris* nur indirekt erschließen und nicht durch explizite Quellenbelege beweisen. Das kaiserliche Personal muss das Eindringen von Außenseitern wie Hierocles und (kurzfristig) Zoticus in einflussreiche Stellungen auf dem Palatin missbilligt haben. Wenn es stimmt, dass er im Palast ein Bordell eröffnete, muss auch das ihre Vorstellung würdevollen Anstands tief verletzt haben, der die Person des Kaisers umgeben sollte. Entsetzt gewesen sein werden sie, als sich Elagabal aus dem Palast schlich, ihrer Aufsicht entging und nachts durch die Straßen streifte. Am wichtigsten war, dass die Zeremonien, über die sie die Kontrolle hatten, etwa die morgendliche *salutatio*, bei der sie den Zutritt zum Kaiser sorgfältig choreografierten, nun von denen Elagabals des Gottes in den Schatten gestellt wurden, bei denen der Kaiser selbst und die Priester, die er aus der Phoenice mitgebracht hatte, Regie führten.

Die stadtrömische Plebs hätte Elagabal lieben sollen. Er machte alles, was eigentlich ihre Gunst gewinnen konnte. Erstens – das ist so offensichtlich, dass man es leicht übersieht – blieb er in Rom. Die Plebs wollte, dass ihr Kaiser da war, nicht durch die Provinzen tourte, die Armeen an den Grenzen inspizierte oder Kriege in fernen Barbarenländern führte. Sie wollte, dass er da war und ihnen etwas schenkte – mehr als bloß das übliche „Brot und Spiele". Elagabal tat ihnen den Gefallen. Vier Geldspenden (*congiaria*) in vier Jahren, eine größere Dichte als unter jedem anderen Kaiser. „Er führte Feste aller möglichen Arten ein", sagt Herodian, „baute Wagenrennbahnen und Theater, denn er meinte, wenn er für Rennen und Schauspiele und Unterhaltungen jeder Art sorgte und das Volk die ganze Nacht lang bewirtete, werde er beliebt sein" (5,6,6). Ein später Autor, Hydatius, dessen Quellenwert fraglich ist, behauptet, Elagabal habe die Schuldregister der kaiserlichen Schatzkammer verbrennen lassen. Es heißt, sie seien so zahlreich gewesen, dass die Feuer dreißig Tage lang brannten. Wenn das stimmt, war es überaus willkommen – die Plebs scheint ständig hochverschuldet gewesen zu sein. Elagabals Bauprogramm – besonders der Tempel auf dem Palatin, die Reparatur des Kolosseums und die Renovierung der Caracallathermen – sorgte für dringend benötigte Arbeitsplätze.

Die Wünsche der Plebs waren ebenso sehr ideologischer wie materieller Art. Sie wollten, dass ihr Kaiser in ihre Vergnügungen eintauchte, dass er eine populäre *levitas* zeigte. Elagabal fuhr einen Wagen in den Farben des grünen Circusrennstalls, warf bei den Schauspielen Gutscheine in die Menge, schlich sich vom Palatin herab, um Bordelle zu besuchen, und richtete vielleicht eins im Palast ein. Die Plebs mochte einen Kaiser, der aus den Protokollen der *familia Caesaris* ausbrach, die Soldaten ignorierte und den Senat demütigte.

Aber nach Elagabals Tod gab es kein Anzeichen der Trauer. Anders als im Fall Neros sammelte kein Sklave, der ihm ähnlich sah, eine Anhängerschaft mit der Behauptung, er sei der wiedergekehrte, irgendwie dem Tod entgangene Kaiser. Ebenfalls anders als bei Nero legte ihm niemand Blumen aufs Grab. Zugegeben, das wäre auch schwer gewesen, weil Elagabal kein Grab hatte, aber irgendwo hätten sie Blumen hinlegen können, sagen wir, sie auf die Fluten des Tiber streuen oder zu Füßen der verstümmelten Riesenstatue in den Caracallathermen.

Statt Trauer scheint die städtische Plebs vielmehr wilde Freude empfunden zu haben. Nachdem der Kaiser getötet war, wurde der Partner seiner Exzesse, der Emesener Aurelius Eubulus, dessen Auslieferung man schon vorher verlangt hatte, „vom Volk und den Soldaten" in Stücke gerissen. (80,21,1) Die Prätorianer überließen die Leichen des Kaisers und seiner Mutter „denen, die sie durch die Gegend schleifen und schänden wollten" (Herodian 5,8,9). Es war die *plebs urbana*, die sie an Haken durch die Straßen zerrte und verstümmelte und die Elagabals Leiche in den Abwasserkanal zum Tiber schleuderte.

Was war schiefgegangen? Vielleicht hatte er es mit der *levitas* überzogen. Wenn wirklich Menschen im Gedränge zu Tode kamen, als Elagabal Gutscheine in die Menge warf, konnte man leicht annehmen, dass er es genau darauf angelegt hatte. Elagabals Sexleben stieß die Plebs ab – seine Freude an einer passiven Rolle im Geschlechtsakt zwischen Männern und seine Neigung zum transgressiven Rollenspiel. Ein Kaiser, der als Freier in Bordelle ging, war eine Sache, aber die Funktionen der Sexarbeiter zu übernehmen war etwas ganz anderes. Ähnlich hatte die Plebs gleich doppelt ihren Spaß, als Caligula ein Bordell im Palast mit Frauen aus Oberschichtsfamilien besetzte: Sex und dazu die Herabwürdigung der Reichen. Es war ein himmelweiter Unterschied, wenn stattdessen der Kaiser selbst entwürdigt wurde. Dann war da noch die Religion. Die Plebs war den traditionellen Göttern ergeben, wie die Christen während der Verfolgungen im weiteren Verlauf des Jahrhunderts am eigenen Leib erfahren sollten. In Rom hatte sie besondere Achtung vor Jupiter Optimus Maximus. Am 14. September 217, während Wagenrennen zu Ehren des Geburtstags von Diadumenianus liefen, rief die Plebs Jupiter an und erklärte, er allein solle ihr Führer sein. Als die Senatoren und Ritter Lobrufe auf Macrinus und seinen Sohn anstimmten, fiel die Plebs nicht etwa ein, sondern erhob die Hände zum Himmel und rief: „Der dort ist der Augustus der Römer – wenn wir ihn haben, haben wir alles!" (Cass. Dio

79,20,2) Wie alle anderen Wählergruppen hatte sich auch die Plebs von Elagabal abgekehrt, weil er seinen Gott über Jupiter gestellt hatte. Der letzte Faktor war das Gerechtigkeitsgefühl der Plebs. Ein Kaiser, der es verletzte, indem er ein Mitglied der eigenen Familie angriff, das bei der Plebs beliebt war, machte sich verhasst.[500] Niemals verzieh es die Plebs Augustus, dass er seine Tochter Julia verbannt hatte, und sie forderte immer wieder ihre Rückkehr. Tiberius wurde dafür gehasst, dass er die Familie Agrippinas der Älteren, der Tochter Julias, verfolgt hatte. Die Verstoßung, spätere Verbannung und Hinrichtung seiner Frau Octavia trieben zeitweise einen Keil zwischen Nero und die Plebs. Alexander war beliebt, heißt es, und solange Elagabal „seinen Cousin liebte, war er sicher" (Cass. Dio 80,19,1[1]). Die Angriffe des Kaisers auf seinen Cousin und Adoptivsohn waren es, die ihn in den Tiber schleiften.

Der Senat, die Armee, die *familia Caesaris* und die Plebs von Rom – Elagabal hatte sich alle vier entscheidenden „Wählergruppen" entfremdet. Jede einzelne Entscheidung des Kaisers ging nach hinten los. Doch passiv war Elagabal nie, jedenfalls nicht außerhalb des Schlafzimmers oder des Bordells. Seine Innovationen, besonders die religiösen, entziehen der heutigen Mehrheitsmeinung der Forschung den Boden, die Rolle eines Kaisers sei im Wesentlichen passiv gewesen. Das Leben kosteten sie ihn aber auch.

KAPITEL 13

Das Nachleben Elagabals

Tyrann, Schöngeist, queere Ikone, Modepapst, Objekt der Kunstkritik und eine römische Dame – 222–2022 n. Chr.

Bald nach Elagabals Ermordung las der Sophist und Historiker Ailianos laut vor. Das war nichts Ungewöhnliches. Fast jeder bewegte beim Lesen zumindest die Lippen. Ailianos aber klang wütend und heftig. Als sein Mitsophist Philostratos von Lemnos fragte, erklärte Ailianos: „Ich habe *Eine Anklage des Gynnis* [,der Weibische'] verfasst, denn diesen Namen gebe ich dem Tyrannen, der gerade hingerichtet worden ist, weil er das Römische Reich durch jede Art lüsterne Boshaftigkeit entehrt hat." Der Lemnier erwiderte: „Dafür würde ich dich bewundern, wenn du ihn angeklagt hättest, als er noch lebte." (Philostratos, *Sophistenviten* p. 625)

Sobald Elagabal sicher tot war, stellten die Zeitgenossen ihn als tyrannisches Ungeheuer dar. Aber es gibt keinen Grund zu der Annahme, dass Ailianos oder auch Philostratos von Lemnos ein ‚offizielles Narrativ' oder Propaganda des neuen Regimes herleiterten. Jetzt konnten sie offen Gefühle ausdrücken, die unter Elagabal zu äußern gefährlich gewesen war. Philostratos von Athen, der Großonkel und Schwiegervater des Lemniers, nahm die Anekdote vielleicht nicht nur auf, um Schlagfertigkeit und Scharfsinn seines Verwandten vorzuführen, sondern auch, um implizit seine eigene Rolle zur Zeit des toten Kaisers zu verteidigen: *alle hatten Angst und niemand traute sich, den*

Mund aufzumachen, also haltet mir das Gedicht nicht vor, mit dem ich Elagabal gerühmt habe.[501]

Nachdem Cassius Dio 229 zusammen mit Kaiser Severus Alexander den Konsulat bekleidet hatte, zog er sich auf seine Ländereien bei Nikaia in Bithynien zurück, um seine *Römische Geschichte* abzuschließen, ein Monumentalwerk in 80 Büchern von der Frühzeit bis in Dios Gegenwart. Cassius Dio war ganz ähnlich wie Tacitus, nur ohne Scharfblick und literarisches Genie: ein Senator, der die Notwendigkeit des Kaisertums hinnahm – *bete, dass wir gute Kaiser haben, aber diene dem, der gerade da ist* – und doch wehmütig auf die Unabhängigkeit des Senats während der freien Republik zurückschaute.[502] Beide übergingen glatt die Tatsache, dass sie mit ihrer Provinzherkunft zur Zeit der Republik nicht einmal römische Bürger geworden wären, geschweige denn Senatoren.

Wie wir gesehen haben, hielt Cassius Dio Elagabal für den allerschlechtesten Kaiser. So sehr er erklärte, der schlimmste Regelbruch sei es gewesen, den schwarzen Stein aus Emesa über Jupiter zu stellen, gab er der Verurteilung von Elagabals Sexualität und seiner schlechten Behandlung des Senats mehr Raum – all den Traditionsbrüchen und Hinrichtungen aus fadenscheinigen Gründen. Irgendeiner offiziellen Linie musste man dafür nicht folgen: Cassius Dio hatte einen ganz persönlichen Grund, sich von Elagabals Regime zu distanzieren.

Dio selbst sagt deutlich, dass er während des Aufstands, der Elagabal auf den Thron brachte, im Frühjahr 218 in Rom war – auf seinem Platz im Senat, wo er den Depeschen aus dem Osten zuhörte. Wie er betont, war es Macrinus, der ihn zum *curator* der Städte Pergamon und Smyrna ernannt hatte. Danach wird er wortkarg und übergeht den Umstand, dass er den Posten selbst unter Elagabal bekleidete. Im weiteren Verlauf des Jahres 218 reiste Dio in die Provinz Asia. Am Jahresende hatte Elagabal sich in Nikomedia in der Nachbarprovinz Bithynia eingerichtet, nahe an Dios Heimatstadt Nikaia. Wenn es einen Besuch des Senators am Kaiserhof gab, erwähnt er das nicht.

Eine Zusammenfassung seiner späteren Karriere liefert Cassius Dio nach der Beschreibung von Elagabals Tod: *nachdem ich aus Asia nach Bithynien gegangen war, wurde ich krank, und von dort eilte ich zu meiner Statthalterschaft in Africa; dann wurde ich sozusagen gleich bei meiner Rückkehr nach Italien als Statthalter nach Dalmatia und von dort nach Pannonia Superior geschickt, und obwohl ich anschließend nach Rom und Kampanien zurückkehrte,* [und zwar, wie er uns ein paar Absätze später verriet, als er den Konsulat von 229 bekleidete] *kehrte ich sofort heim.* (80,1,2) Der Leser soll annehmen, dass Cassius Dio nach seiner Abreise aus Asia den Rest von Elagabals Herrschaftszeit mit Gesundheitsproblemen in seiner Heimatstadt verbrachte und dass alle Posten ab Africa unter Alexander fielen. Ausdrücklich gesagt wird das aber nicht und die normalen Amtszeiten sprechen gegen diese Annahme. Der Prokonsulat von Africa war technisch gesehen ein vom Senat verliehenes Amt und dauerte deshalb ein Jahr. Die Statthalter von Dalmatia und Pannonia Superior dagegen waren Legaten (Beauftragte) des Kaisers, die üblicherweise drei Jahre im Amt blieben. Nur füllten diese drei Posten unter normalen Umständen mehr als sieben Jahre, weil man nur selten ohne amtsfreie Zeit von einer Statthalterschaft zur anderen überging und der sofortige Schritt von dort in eine dritte praktisch beispiellos war. Von Elagabals Tod im März 222 bis Ende Dezember 228 (ehe Cassius Dio am 1. Januar 229 Konsul wurde) waren es nicht ganz sieben Jahre.

Gleich vor seinem Kurzlebenslauf scheint sich der Historiker verraten zu haben: *Bisher* (bis zu Elagabals Tod) *habe ich die Ereignisse so genau geschrieben, wie ich jeweils konnte, aber für den Rest habe ich nicht exakt berichten können, weil ich nicht viel Zeit in Rom verbrachte.* (80,1,2) So sehr er den Eindruck erwecken möchte, dass die Ämter, die er später aufzählt, alle in die Zeit Alexanders fielen, sieht das wie ein ungewolltes Geständnis aus, dass Dio länger in Rom war als nur die ersten paar Monate der Zeit Elagabals, als der Kaiser noch abwesend war. So gut wie sicher vergab Elagabal Africa an ihn und sehr wahrscheinlich gilt dasselbe für Dalmatia. Cassius Dio hatte gute Gründe, sich von einem Regime zu distanzieren, das er verabscheut hatte und über das er nun den Stab brach, unter dem er aber hohe Ämter bekleidet hatte und in das er tief verstrickt war.

Einigen mutigen modernen Behauptungen zum Trotz ist das Leben Herodians ein Rätsel.[503] Die Alpen, schreibt er, seien größer als „alles in unserem Teil der Welt" (2,11,8). Also stammte er, wie wir uns schon denken konnten, aus der griechischen Hälfte des Imperiums, aber weiter konkretisieren lässt es sich nicht. Der einzige Beleg für seine Karriere ist ein einziger Satz über seinen „kaiserlichen und öffentlichen Dienst" (1,2,5). Dasselbe Wort „Dienst" verwendet er anderswo für Personen mit relativ niedrigem Rang. Daraus ist die moderne Lehrmeinung entstanden, er sei ein Exsklave gewesen.[504] Für ein einziges Wort ist das eine Menge Beweislast – und natürlich könnte Herodian auch tiefgestapelt haben. Sein geringes Interesse am Senat deutet an, dass er kein Senator war. Darüber hinaus wissen wir im Grunde nichts, und wie wir gleich sehen werden, entsprach Herodians Weltsicht sehr stark jener der griechischen Oberschicht. Sicher ist jedenfalls das Datum, *nach* dem er schrieb. Er kündigt an, die Geschichte von siebzig Jahren schreiben zu wollen. Da sein Werk 180 n. Chr. einsetzt, bringt uns das ins Jahr 250. Nach diesem Datum schrieb Herodian jene Worte. Der erhaltene Text endet tatsächlich nach 58 Jahren im Jahr 238. Das hat heutige Forscher zu unglaublichem Erfindungsreichtum veranlasst, um die „siebzig Jahre" wegzuerklären und aus Gründen, die ich nicht nachvollziehen kann, die Abfassung seiner *Geschichte nach Kaiser Marcus* in die 240er oder sogar die 230er Jahre zu verlegen.

Herodian baute seine *Geschichte* nach einem interessanten Prinzip auf. Die römischen Kaiser wurden nach ihrer Einstellung zur griechischen Kultur (*paideia*) beurteilt. Elagabal habe Alexanders Lehrer in *paideia*-Dingen wegschicken und seinen Cousin in seinen eigenen Spring- und Tanzkünsten zu Ehren Elagabals des Gottes unterweisen wollen.[505] In Herodians Augen war Elagabal der Feind der griechischen *paideia*, der Anhänger einer fremdartigen, barbarischen Kultur. Auch hier gibt es keinen Grund zu der Annahme, dass er mit dieser Interpretation, die der griechischen Oberschicht so sehr zusagte und mindestens 15 Jahre nach Alexanders Tod niedergeschrieben wurde, ein ‚offizielles Narrativ' des Regimes auftischte, das auf Elagabal folgte.

Herodian stand einem heutigen Autor von Geschichtsromanen viel näher als einem modernen Historiker. Das heißt nicht, dass ihm die historische Wahrheit egal war oder er einem Geschichtsverständnis folgte, das radikal von unserem abwich. Stattdessen arbeitete er wie ein Romancier mit einem System der Glaubhaftigkeit.[506] Er änderte, verschwieg oder erfand unbedenklich etwas, wenn es zu der Geschichte passte, die er gerade erzählte. Denken Sie an Macrinus' aufregenden Fluchtversuch per Schiff – der fliehende Kaiser schafft es bis in Sichtweite von Byzantion, dann kommt ein Gegenwind auf und weht ihn seinem Schicksal entgegen.

Normalerweise übersehen wird ein weiterer Beinahe-Zeitgenosse, der Autor des *12. Sibyllinischen Orakels* (in diesem Buch taucht er damit ja das erste Mal auf!).[507] Die überlieferten Sibyllinischen Orakel darf man nicht mit denen verwechseln, die Priester in Rom befragten. Unsere Texte sind populäre Geschichtserzählungen, die sich als Weissagungen der Zukunft in Orakelform geben. Sie entstanden in Versform, in häufig nicht besonders guten Hexametern, in der Osthälfte des Reiches. Ihr Tonfall, so gewollt verrätselt er auch klingt, ist insgesamt antirömisch. Sie sind Texte der Widerstandsliteratur, die häufig die Perspektiven gleich mehrerer unzufriedener Gruppen – heidnischer, jüdischer und christlicher – im selben Orakel vereinen.

Die letzte historische Figur im *12. Sibyllinischen Orakel* ist Severus Alexander, also ist es irgendwann nach dessen Tod im Jahr 235 geschrieben. Seine Hauptbotschaft wirkt jüdisch – „sei kein Götzendiener" – und feindlich gegenüber Rom, das „für alles büßen wird, das es einst allein in vielen Kriegen getan hat" (*Or. Sib.* 12, 227–28). Elagabal ist hier ein Priester mit barbarischer Lebensweise, der sich gegenüber dem kleinen Caesar hinterlistig verhält. Als er im Krieg getötet wird, zerreißt das Volk seine Leiche. Der Kaiser war ein komplett schlechter Herrscher – als „Tempelhüter" muss er ja ein eifriger Götzenanbeter gewesen sein – und bekommt seine verdiente Strafe. Sein Tod im Kampf ist ein merkwürdiger Fehler – die Erinnerung an Elagabal begann bereits außer Kontrolle zu geraten –, aber genauso irrt sich das *12. Sibyllinische Orakel* beim Tod der Kaiser Tiberius, Vespasian, Titus, Domitian, Nerva und Lucius Verus.

Die spätere Antike sah Elagabal ebenfalls als abscheulichen Tyrannen. So erscheint er auch in den drei knappen und häufig unzuverlässigen Geschichtsabrissen Eutrops, Aurelius Victors und der anonymen, unter Victors Werken überlieferten *Epitome de Caesaribus* aus dem späten 4. Jahrhundert.[508] Doch es war ihr Zeitgenosse, der Autor der *Historia Augusta*, der den monströsen Ausbund an Verkommenheit schuf, der fortan zum vorherrschenden Bild des Kaisers wurde.

Eine Serie aus Kaiserbiografien, die so tut, als sei sie von sechs Männern um das Jahr 300 herum verfasst, in Wirklichkeit aber rund ein Jahrhundert später von einem einzigen Mann geschrieben wurde – so weit sind sich alle vernünftigen, gut informierten Forscher über die *Historia Augusta* einig.[509] Die Zeit bestätigen die Anachronismen und die Personennamen aus der Spätantike; für den Einzelautor übernehmen das die gleichbleibenden Interessen, der durchgängige Tonfall und die Querverweise. Es ist ein langer Text, drei Bände in der Loeb-Ausgabe, und muss Zeit gekostet haben. Wozu dieser Aufwand? Niemand weiß es. Meine Lieblingserklärung, deren Raffinesse ihres Themas würdig ist, stammt von Sir Ronald Syme. Danach war der Autor ein Lehrer – der infantile Humor passt dazu, die pedantischen Belehrungen auch –, der den Spott seiner Schüler und die Verachtung der Welt insgesamt satt hatte und beschloss, sich mit einer einfallsreichen literarischen Hochstapelei zu rächen.

Die *Vita Heliogabali* spielt für die literarische Entwicklung eine wichtige, häufig übersehene Rolle. Einteilen lassen sich die Biografien in zwei Typen. Einmal gibt es die „Hauptviten" wichtiger Kaiser, die auf wirklich Historischem beruhen, das mit erfundenen Einschüben angereichert ist. Und dann gibt es die „Nebenviten" der Nebenkaiser und häufig kurzlebiger Usurpatoren, die abgesehen von vereinzelten Tatsachen völlig fiktiv sind. Alle Hauptviten kommen vor Elagabal, danach gibt es, qualitativ gesehen, eigentlich nur noch „Nebenviten". Der Umschwung passiert auf halbem Weg durch die *Vita Heliogabali* – genauer gesagt mit Paragraph 18,1 von 35,7.

Das kann man auf zwei verschiedene Arten deuten. Erstens: die pessimistische Sicht. Elagabal war zu viel für den Autor. Angesichts dieses bizarren Kaisers kapitulierte er. Wozu sollte er sich noch die Mühe machen, nachzuforschen und seine Biografien auf historischen Tatsachen aufzubauen, wenn er bei solchem Zeug endete? Zweitens: die positive Sicht. Elagabal entfesselte den Autor. Mit den Überspanntheiten, ja dem Wahnsinn des Kaisers entdeckte er seine wahre Berufung – aberwitzig einfallsreiche Alternativgeschichten. Kein Leser kann an der übermütigen Kreativität der Viten nach Elagabal zweifeln. Stückchen aus den Autobiografien der ‚sechs Autoren' schaffen einen Rahmen für die Biografien, amtliche Dokumente und Kaiserbriefe sorgen für Beglaubigung, gelehrte Exkurse führen Quellendiskussionen, während Gedichteinlagen und Witze diese Geschichten auflockern, in denen ein Ensemble aus Dutzenden von Höflingen, Generälen und Kaiserverwandten agiert ... die fast alle erfunden sind. Sogar einige Kaiser sind die Produkte der Fantasie des Autors: Celsus, der von Hunden gefressen wird, aber einmalig ist, weil er mit Christus gemeinsam hat, dass sein Bild auf einem Kreuz erscheint,[510] oder Firmus, der enorme Trinker, der mit Krokodilen schwimmen geht und „auf riesigen Straußen sitzend herumritt und sozusagen zu fliegen schien" (HA *Quadriga tyrannorum* 6,2).

Nachdem der Westen Roms im 5. Jahrhundert gefallen war, blieb die Erinnerung an Elagabal in der überlebenden Osthälfte des Imperiums lebendig, die man meist als Byzantinisches Reich kennt. Er tauchte in den Geschichtswerken von Zosimos (um 500) und Zonaras auf (im 12. Jahrhundert).[511] Doch inzwischen war er eine Nebenfigur aus sehr ferner Vergangenheit. Es kam zu Fehlern. Der Chronist Theodoros Skutariotes im 13. Jahrhundert muss ihn mit einem anderen Antoninus verwechselt haben, vielleicht mit Marc Aurel, denn er beschreibt ihn als „wortgewaltig, ein ausgezeichneter Mann, hitzig im Kampf, weise, schnell, ein Diener aller und zu Recht von allen geliebt" (*Synopsis chronikē* 33,31–34,2).[512]

Im Mittelalter war Elagabal im lateinischen Westen völlig vergessen. Zurück kehrte er mit der Wiederentdeckung antiker Texte in der

Renaissance und der Erfindung des Buchdrucks. Das Bild des Kaisers in der *Historia Augusta* beherrschte die Szene: Sie wurde zuerst verlegt (1475, gefolgt von Herodian, während die einschlägigen Bücher Cassius Dios erst 1551 herauskamen).[513] Ihren lateinischen Originaltext konnten mehr Menschen lesen als das Griechisch der anderen, obwohl bald Übersetzungen aller drei in die Landessprachen herauskamen. Vor allem aber waren ihre Erfindungen besonders in der zweiten Hälfte der Biografie (die alle für wahre Münze genommen wurden) viel verlockender und sensationeller.

Vom verbreiteten Bild des Tyrannen in der Renaissance, das die *Historia Augusta* prägte, lässt sich eine direkte Linie zum heutigen ziehen. Nehmen Sie nur *Being an Account of the Life and Death of the Emperor Heliogabolus*, einen Online-Comic, den Neil Gaiman 1992 binnen 24 Stunden schrieb und zeichnete (vielleicht schreibt er den Namen des Kaisers deshalb so).[514] In wenige Seiten wird eine Riesenmenge *Historia Augusta* hineingequetscht – die von Blumen erstickten Gäste, die wilden Tiere beim Essen, die aufgetischten Flamingohirne, die Schuljungen, die ihn Varius nennen, die wie Esel bestückten Männer, die Ehe mit Zoticus, der Wagen mit vorgespannten nackten Frauen und Hunden und Hirschen und Löwen ... Es kommen sogar ein paar neue Sachen dazu: Heliogabolus (*sic*) macht sein Pferd zum Konsul, wird beim Sex unter Männern der Penetrierende und fügt der Liste aus Zugtieren für seinen Wagen noch Krokodile hinzu. Zum letzten Punkt sagt Gaiman: „Allerdings kann ich hierauf nirgends einen Verweis finden." Was genau die Art Witz ist, wie sie der Autor der *Historia Augusta* liebte.

Zum Verurteilen des Tyrannen gibt es eine Alternative. In der zweiten Hälfte des 19. Jahrhunderts entstand eine eher andere Version Elagabals. Die Verachtung des Kaisers für Konventionen, seine Androgynität und Perversion, ja Grausamkeit, sie alle hatten ihre Reize für die Bewegung der Décadence mit ihrer tiefsitzenden Antipathie gegen bürgerliche Moralvorstellungen.[515] Vorwiegend unter Rückgriff auf die *Historia Augusta* dachten sie Elagabal neu als einen der Ihren, einen sinnenfrohen Hedonisten und Ästheten. Zwar wird er in Joris-

Karl Huysmans' ultimativem Dekadenzroman *À rebours* (meist mit *Gegen den Strich* übersetzt) von 1884 nur einmal erwähnt, dafür gesellt er sich zum real existierenden Grafen Robert de Montesquiou, der hinter dem Helden des Esseintes steckt: all das Trickreiche, Gekünstelte – jede Menge Sachen, die als etwas ganz anderes verkleidet sind –, all die Farbobsessionen, vom Ablehnen sozialer Normen ganz zu schweigen.

Vor dem Hintergrund der Neuerfindung Elagabals durch die Décadence malte Alma-Tadema *The Roses of Heliogabalus*. Damit kommen wir kurz vor dem Ende dieses Buches da an, wo wir aufgebrochen sind – beim Blick auf Leute, die unter Blütenblättern begraben werden. Alma-Tadema war ein durchdachter Maler, der Unmengen an Recherchen durchführte. Wenn Gegenstände auf seinen Bildern erscheinen, dann aus gutem Grund. Ein genauer Blick lohnt sich.[516]

Fangen wir mit der Statuengruppe aus Bronze an, die zwar im Hintergrund steht, aber dafür an der höchsten Stelle in der Bildmitte. Häufig brachte Alma-Tadema die Betrachter auf den Gedanken: „Worauf soll ich mich konzentrieren, wer ist die Hauptperson?", indem er seine menschlichen Sujets außerhalb der Mitte anordnete. Die Statue zeigt den Gott Bacchus mit einem Faun und einem Panther – sie verrät eindeutig, dass dies eine klassisch-antike Szene ist, keine biblische oder orientalische. Aber sie hat noch eine weitere Bedeutung. Alma-Tadema kopierte hier eine reale Skulptur aus den Vatikanischen Museen, von der er ein Foto in seiner großen Sammlung besaß. Das Marmororiginal zeigt Dionysos / Bacchus mit seinem Geliebten Ampelos. Diese Version hier ist eine codierte Anspielung auf die Homosexualität des Kaisers.

Die Statue einzusetzen ist raffiniert, aber ganz direkt. Unsicherer und spekulativer, also auch interessanter wird es, wenn wir uns den Menschen zuwenden. Nicht denen, die erstickt werden – das sind bloß Statisten –, sondern jenen am Kaisertisch bei Elagabal. Eine jüngere Studie will zwei Männer und zwei Frauen erkennen. Mit Verweis auf eine Zeile in der *Historia Augusta*, die behauptet, der Kaiser habe beim Essen gern Perverse neben sich gehabt, spricht sie den Mann neben dem Herrscher als Zoticus an. Nur ist das kein junger, schöner Athlet, sondern jemand Älteres, Unscheinbares. Die Figur trägt baumelnde goldene Frauenohrringe. Na ja, Elagabal trägt kleine Goldohrringe, ist das also vielleicht noch ein – nicht so subtiler – Fingerzeig Richtung Homosexualität? Aber vergleichen Sie das Gesicht dieser Figur einmal mit dem des Kaisers. Sie ähneln einander – vielleicht genug, dass man an eine Familienähnlichkeit denkt? Elagabal hatte nur einen einzigen lebenden männlichen Verwandten. Das hier ist nicht der zwölfjährige Alexander. Offensichtlich wird die Ähnlichkeit, wenn wir die Figur mit einem anderen Bild derselben Familie von Alma-Tadema vergleichen, mit *Caracalla and Geta* von 1907.

Bild 20: *Caracalla and Geta* von Lawrence Alma-Tadema (1907)

Schauen Sie sich auf diesem Bild die älteste Frau an, jene, die neben Septimius Severus sitzt und sich zu uns umdreht – Julia Domna. Ihr strenges Gesicht mit der langen Nase ähnelt stark der Person neben Elagabal in *The Roses of Heliogabalus*, denn die ist gar kein Mann, sondern Domnas Schwester Julia Maesa, die Großmutter des Kaisers. Eine jüngere, hübschere Maesa steht in *Caracalla and Geta* mit der Hand auf Getas Schulter da, eine Anspielung auf ihre künftige Rolle als Kaisermacherin für Jugendliche. Wenn Sie noch mehr Beweise wollen, vergleichen Sie das antike Porträt Maesas in Bild 3. Alma-Tadema hat vorher die Gesichter der Kaiserfrauen nach ihren Münzen abgezeichnet.

Wenn diese Figur Maesa ist, wer um Himmels willen ist dann die nächste? Erhobener Becher, fettes gerötetes Gesicht, keine Ohrringe – das ist ein Betrunkener, der seine Jugend lange hinter sich hat. Dann ja wohl weder Zoticus noch Hierocles. Da auf dem Bild drei Personen aus Emesa zu sehen sind (zur dritten kommen wir sofort), ist es verlockend, zu Cassius Dio zu greifen und Aurelius Eubulus vorzuschlagen, den Finanzbeamten seines Kaisers und „Spießgesellen in seinen Ausschweifungen". Aber Alma-Tadema hielt sich hauptsächlich an die *Historia Augusta*. „Häufig lud er den Stadtpräfekten nach einem Essen zu einem Trinkgelage ein und zog auch die Prätorianerpräfekten hinzu." (HA *Heliog.* 20,2) Dort genau befinden wir uns: das Obst ist auf dem Tisch, das Essen vorbei, alle am besten Tisch haben einen Becher in der Hand. Dies ist einer der drei Präfekten, die Elagabals Schicksal teilen werden, am ehesten der Stadtpräfekt Fulvius Diogenianus.

Unter den vier Frauen auf der rechten Seite, wenn wir Richtung Tisch blicken, ist die uns nächste älter als die anderen und ähnelt dem Kaiser ebenfalls. Wahrscheinlich ist es seine Mutter Soaemias. Auch sie erscheint vielleicht in *Caracalla und Geta* als die jüngere Frau auf der von uns aus linken Seite. Wenn das sie ist, lädt sie das Bild sexuell auf. Während sie sich unschuldig oder scheinunschuldig über die Brüstung lehnt, starrt ihr Caracalla auf die deutlich sich abzeichnenden Pobacken. Der Ehebruch, dessen Frucht Elagabal war, liegt in der Luft. Wenn die dunkelhaarige Frau in *The Roses of Heliogabalus* Soaemias ist, wer sind dann die übrigen? Höchstwahrscheinlich die drei namentlich bekannten Frauen Elagabals.

Falls diese Identifikationsversuche zutreffen, hat uns Alma-Tadema mit seinem Gemälde eine symbolische Skala der realen Machtverhältnisse unter Elagabal gegeben. Dem Kaiser am nächsten ist seine Großmutter Maesa, beherrscht und raffiniert, dann die Würdenträger, vertreten durch einen betrunkenen, korrupten Präfekten, und schließlich seine frivole, unfähige Mutter und seine Frauen, für die dasselbe gilt.

Es fällt leicht, sich Elagabals Frauen als Opfer zu denken: je nach seinen Launen geheiratet und wieder geschieden, ja sogar gedemütigt – denken Sie an sein „unanständiges" Benehmen in seinen Ehen. So stellt Alma-Tadema sie nicht dar. Auf dem Bild sehen sie sich das Sterben interessiert an: Zwei von ihnen verdrehen sich, um besser sehen zu können, und eine lächelt. Aber mit blasser Haut und rosigen Wangen sehen sie wie Schönheiten der viktorianischen Gesellschaft aus. Vielleicht sind sie eine Warnung vor – oder eine Lektion zu – verdorbener Unschuld?

Bei Bildern ist es oft wichtig, wohin die Personen blicken. Alle am Kaisertisch schauen auf die von der Decke fallenden Rosen oder die erstickenden Gäste. Nur nicht der Kaiser, der eine ganz ungewöhnliche Figur unten rechts anstarrt. (Genau genommen scheint auch eine der ‚Ehefrauen' um die Säule herum dorthin zu gucken.) Dieser Mann – ihm droht keine Gefahr, nur ein paar Blütenblätter sind bis zu ihm geflattert – erwidert den Blick. Keiner von beiden zeigt deutlich Gefühle. Der Mann ist barbarisch-prunkvoll gekleidet und trägt mehrere Goldketten um den Hals. Wegen seiner blonden Haare hat man ihn als Hierocles angesprochen, den Wagenlenker aus der kleinasiatischen Landschaft Karien, der der Mann des Kaisers wurde. Aber Hierocles war noch ganz jung und hatte glatte Wangen, das hier ist ein reifer Mann mit vollem Bart. Einen Hinweis liefert seine exotische Frisur. Alma-Tadema hatte viel Althistorisches gelesen und war sehr bewandert in der Archäologie. Er muss gewusst haben, dass dies ein „Suebenknoten" war, wie ihn germanische Krieger der Antike trugen. Tacitus erwähnt ihn und er hat sich an einigen der „Moorleichen" gefunden, die man im 19. Jahrhundert in Skandinavien entdeckte.

Keine unserer antiken Quellen erwähnt einen Barbaren aus dem Norden am Hof Elagabals. Die einzige Verbindung nach Germanien ist die Erfindung der *Historia Augusta*, der Kaiser habe es unterlassen,

II Der Hass aller

einen Krieg mit den Markomannen zu führen. Vielleicht war das für Alma-Tadema schon Anregung genug. Denken Sie an das Originalpublikum mit seiner (und unserer) Sichtweise. Erstmals gezeigt wurde *The Roses of Heliogabalus* 1888 in der Londoner Royal Academy. Das britische Empire blickte gern auf das Römische Reich zurück – oft als bewundernswerten Vorgänger, manchmal als heilsame Warnung. Zugleich betonten die Engländer des 19. Jahrhunderts gern die guten moralischen Eigenschaften, die sie dank ihrer angelsächsischen und damit nordgermanischen Abstammung geerbt haben wollten. Für gut informierte englische Zeitgenossen hatte Alma-Tadema einen ihrer fernen Ahnen in *The Roses of Heliogabalus* ins Herz der Dekadenz des Römischen Reichs gesetzt. Das könnte als Anstoß zum Nachdenken über beide Imperien gemeint gewesen sein – besonders weil, wer das Bild betrachtete, noch tiefer hineingezogen wurde. Sie sehen die Rosen von einem höheren, sicheren Standpunkt gegenüber dem Kaisertisch, an dem Elagabal liegt, herabfallen. Und das tun wir natürlich auch.

Schauen Sie zuletzt noch über den Speisesaal hinaus. Die Geschichte in der *Historia Augusta* muss man sich in Rom vorstellen. Warum hat Alma-Tadema sie dann aufs Land verlegt? Wenn das nicht nur daran lag, dass er gern Landschaftshintergründe malte und gut darin war, dann kann man sich zweierlei zu dieser Hügellandschaft denken. Vielleicht hat Elagabals Korruption sich schon über die Stadt hinaus ausgebreitet und gefährdet selbst die Natur. Doch die dargestellten Hügel sind unberührt von Menschenhand. Vielleicht ist das eine positive Botschaft: Die Hügel gibt es immer noch, aber die Dekadenz im Vordergrund ist längst vergangen.

Für das später gängige Geschichtsbild des Kaisers lässt sich die Bedeutung von *The Roses of Heliogabalus* gar nicht überschätzen. Wo immer in der Welt von heute Elagabals Bild auftaucht, stets ist es das der *Historia Augusta*, gesehen durch den (mit 132 × 214 Zentimeter gigantischen) Filter von Alma-Tademas Gemälde.

Im Spanischen ist ein *heliogábalo* zwar ein Hedonist, aber das heutige Elagabalbild ist äußerst begrenzt. Den meisten Menschen der englischsprachigen Welt sagt der Name nichts. Aus der Mainstreamkultur ist der Kaiser verschwunden; er hat sich an die Ränder zurückgezogen. Ab und zu allerdings kann man ihn an unerwarteten Stellen entdecken.

Ganz unerwartet ist Elagabal in einigen Teilen der LGBT+-Community zur Kultfigur oder „queeren Ikone" geworden.[517] Geben Sie einmal *Heliogabalus gay* (oder *trans*) *hero* in eine Suchmaschine ein. Neben dem endlosen Pornoangebot – Romane, Videos und Bilder – stoßen Sie auch auf seriöse Websites, die ihn beispielsweise als „eine der prominentesten und kultiviertesten Transfrauen der Antike" bezeichnen. Worin seine Attraktivität liegt, ist teilweise ganz klar: seine Lust daran, penetriert zu werden, sein Tragen von Frauenkleidern und seine Erkundigung, ob sich sein körperliches Geschlecht verändern lasse. Aber einen Helden aus ihm zu machen, setzt voraus, dass man alles andere an seinem Charakter ausblendet oder komplett ignoriert: die Verantwortungslosigkeit und das Übertriebene, die politischen Morde und vor allem den religiösen Fanatismus. Ein Forscher hat einmal gesagt: „Wenn queere Ikonen eins sind, dann formbar."

Gelegentlich wird Elagabal (stets *à la Tadema*) auch von der platten Publicity der Modehäuser heraufbeschworen. So klingt der Creative Director einer von Elagabal inspirierten Kollektion: *Jedes Rosenblatt erinnert einen Punkt und ordnet sich miteinander auf dem Stoff zu geometrischen Mustern an, ganz genau wie das Bild lebhafte Kontraste zwischen den Farben, den romantischen Ideen und den Narrativen herausstellt.* All die Kontraste, romantischen Ideen und Narrative sind ein bisschen verwirrend. Direkter ist da schon folgender Kommentar über eine Modenschau, in der ein mit Blütenblättern bestreuter Laufsteg vorkam: *Die Earthly Paradise Collection wurde inspiriert durch* The Roses of Heliogabalus *von Sir Lawrence Alma-Tadema, 1888. Die Üppigkeit eines Bettes aus Rosen ... was könnte romantischer sein.*[518]

Aber Modehäuser können der modernen Kunstkritik nicht das Wasser reichen, wenn es um aufgeblähte, sinnlose Prosa geht. Hier eine Deutung eines Baldachins namens *The Roses of Heliogabalus*, der dafür gedacht war, über den Ponte Sisto in Rom gespannt zu werden und Blütenblätter auf Passanten zu streuen.[519]

Unter Gebrauch ‚des Schönen' zur Etablierung der Dynamik des Anziehens und Abstoßens wird eine Textur (das Blütenblatt) aus der Ubiquität gepflückt und sättigt die Szenerie als Exzess ... Indem sie das Proszenium des Alltäglichen aufzehrt, muss das Missverhältnis der Gelegenheiten zum ‚Schönen' unweigerlich die ordinären Skripte der Brücke unterwandern und beliebig viele mögliche, verspielte Ausgänge hervorbringen, vielleicht sogar präexistente Gefühle aus den Angeln heben – Verärgerung wird Freude, Flirt wird Einsamkeit.

So etwas hat kein Mensch verdient, nicht einmal Elagabal.

Aber vielleicht lacht der Kaiser ja trotzdem zuletzt. Verborgen in einer unwichtigen Sammlung auf Newby Hall in Yorkshire findet sich ein antikes Bildnis mit der Bezeichnung „Büste einer römischen Dame. Römische Kaiserzeit".[520]

Bild 21: „Eine römische Dame"?

Die Büste ist im 18. Jahrhundert stark restauriert worden. Original und unverändert ist nur die zentrale ‚Maske' von der Zone unterhalb des Haaransatzes bis oberhalb der Nase. Dieser Bereich und die Form der Augen entsprechen Typ-2-Porträts Elagabals wie dem in den Kapitolinischen Museen. Nach 1500 Jahren hat Elagabal endlich seinen Wunsch bekommen: „Nenn mich nicht ‚Herr', denn ich bin eine Herrin."

Nachwort des Autors

Die Anfänge dieses Buches reichen sehr weit zurück. Zuerst begegnet bin ich Elagabal in Alfred Duggans Historienroman *Family Favourites*, als ich in meinen ersten Studiensemestern an der Universität Lancaster war. Meine Masterarbeit an der Universität Manchester war ein Kommentar zu Herodians Beschreibung des Kaisers. „Sie möchten also für Elagabal den Sueton spielen?" Der Dozent in Cambridge, der diese Frage stellte, hatte durchaus Verständnis, stellte aber klar, dass eine Biografie keine passende Doktorarbeit darstelle. Die Arbeit für meine Oxforder Promotion führte mich in andere Richtungen, doch mein Interesse an Elagabal blieb bestehen. Mit den Jahren führte es zu mehreren Aufsätzen zu Herodian und Cassius Dio. Für einen Althistoriker, der gern Karriere machen wollte, war es angebrachter, über die Quellen statt den Kaiser selbst zu schreiben.

Vierzig Jahre nach meiner ersten Begegnung mit Elagabal gab Sam Carter von Oneworld bei mir eine Biografie des Kaisers in Auftrag. Im Lauf der Jahrzehnte hatten sich meine Vorstellungen geändert. Jetzt wollte ich nicht mehr nur das außergewöhnliche Leben des Emesener Jugendlichen nacherzählen, der das Römische Reich regierte, sondern am Beispiel von Georges Dubys *Der Sonntag von Bouvines* erkannte ich, dass sich ein konkretes Ereignis als Fenster für Einblicke in die großen Themen der Geschichte verwenden ließ. Eine Elagabal-Biografie war der ideale Startpunkt, um Fragen wie politische Macht, Religion, ethnische Zugehörigkeit und Sex nachzugehen. Elagabals Normübertretungen in all diesen Bereichen zeigten deutlich, was als normal galt. Das ist unentbehrlich, wenn wir das antike Rom verstehen wollen, und all diese Themen finden noch immer ein großes Echo.

Im ganzen Buch wird dem Leser die Forschung demonstriert, nicht nur erklärt. Die Quellen – erzählende, materielle und bildliche – werden in ihren Kontext gesetzt und aus verschiedenen Perspektiven betrachtet, verschiedene Interpretationen für sie werden angeboten. Das Ziel dabei ist, vorzuführen, *was Althistoriker eigentlich tun* und was ihre Arbeit so schön macht.

Einen zusätzlichen Antrieb zum Schreiben lieferte die Unzufriedenheit mit zwei Trends in der aktuellen Forschung.

Biografien haben unter Wissenschaftlern lange einen schlechten Ruf gehabt, besonders die zur Antike. „Die Biographie bietet den leichten Weg zur Geschichte und manche kommen nicht weiter als bis zur Biographie", so sagte es 1958 Sir Ronald Syme, der Camden Professor for History in Oxford. Das ignoriert die verschiedenen Vorzüge des Genres. Biografien vermitteln ein Gefühl für menschliche Maßstäbe, für die durchlebten Ereignisse eines einzelnen Lebenslaufes, inmitten der oft überwältigenden *longue durée* der Vergangenheit, in der Generationen, ja ganze Jahrhunderte zu ein, zwei Kapiteln oder bloß ein paar Seiten zusammenschrumpfen und die Erfahrungen des Individuums verschwinden.

Wie ein Roman sorgt die Biografie für erzählerischen Schub und packt den Leser gleichzeitig bei den Emotionen. Oft wird der Ausspruch nachgeplappert, wir wüssten von nur zwei Menschen der Antike genug, um eine echte Biografie über sie vorzulegen. Diese Maxime ist Defätismus. Lücken im Leben derer, die nicht gerade Cicero oder Augustinus heißen, sind dazu da, um mit gewissenhaft als solcher gekennzeichneter Vorstellungskraft gefüllt zu werden – mit dem, was die Anthropologie „dichte Beschreibung" nennt. Und um große Themen hat die Biografie noch nie einen Bogen machen müssen. Plutarch und Sueton nutzten ihre Hauptpersonen, um das zu untersuchen, was sie für universelle Charakterzüge hielten. Eine heutige Elagabal-Biografie bietet die perfekte Möglichkeit zum Nachdenken über Fragen wie Sex, ethnische Herkunft, Macht und Religion, die heute so bedeutsam sind wie in der Antike.

Meine andere Unzufriedenheit ist jüngeren Datums – sie betrifft den Rückzug vieler Altertumswissenschaftler aus der Realität in die

Rhetorik. Im Fall ‚schlechter' Kaiser, etwa Elagabals, geht das so. Alle erzählenden Quellen stammen aus der Zeit nach seiner Herrschaft und tun nichts anderes, als das vom nächsten Regime verbreitete „offizielle Narrativ" zu wiederholen. Damit sei die Wahrheit schwer oder unmöglich zu ermitteln. Alles, was geschrieben wurde, sind Topoi, literarische Gemeinplätze, abgelöst von der Realität. Wenn einem anderen Kaiser vorgeworfen wird, etwas Ähnliches getan zu haben, ist das irgendwie der *Beweis*, dass keiner von beiden es getan hat. Jede irrational wirkende Handlung wird als eindeutig fiktiv abgetan, vermutlich aus dem einfachen Grund, weil sich ein Forscher von heute nie so benehmen würde. Derartiges Denken macht das Rehabilitieren ‚schlechter Kaiser' einfach, wenn nicht sogar zur Pflicht. In ganz extremen Fällen endet die Geschichte damit, nichts weiter zu sein als bloß die Rhetorik von Historikern.

Dieser Ansatz hat zwei große Schwächen. Erstens waren Topoi, wie wir schon gesehen haben, in der antiken Literatur keine willkürlichen Zeichen ohne jede Beziehung zur Wirklichkeit, die man auf jeden Kaiser anwenden konnte. Wäre das so gewesen, hätte man Elagabal als inzestuösen Säufer dargestellt, der spielsüchtig war und als Gladiator kämpfte. Topoi wurden sorgfältig ausgewählt und abgestuft, sodass sie die gefühlte Wahrheit spiegelten. Sie waren Kurzformeln als Verständnishilfe, die eine schnelle, einfache Orientierung erleichterten. Dass sie formelhaft waren, heißt nicht zwangsläufig, dass sie nicht zutrafen.

Zweitens gab es kein „offizielles Narrativ". Das ist eine moderne Erfindung. Einige wenige Anekdoten zeigen Herrscher oder deren Vertraute dabei, wie sie Autoren zum Verfassen von Werken bringen wollten, die die öffentliche Meinung beeinflussen könnten. Nicht alle Autoren folgten diesen Vorschlägen. Soweit sie es taten, scheinen sie selten geschaffen zu haben, was die Mächtigen wollten. Maecenas hoffte vielleicht auf proaugusteische Propaganda, was Vergil aber schrieb, war die zutiefst doppeldeutige *Aeneis*. Antike Autoren waren viel weniger bereit, sich an die offizielle Linie zu halten, als Forscher von heute, obwohl der Einsatz für sie doch viel höher war – Reichtum und Einfluss oder Bücherverbrennungen, Exil oder Tod, nicht etwa von der Universität verordnete Zwangsevaluationen.

Das Konzept „Geschichte als Rhetorik der Historiker" ist faul: Um die harte Arbeit des Forschens zu vermeiden, wirft man sich in schicke methodologische Kleider. Es ist defätistisch: Der Wahrheit auch nur nahezukommen ist schwer, also versuch's gar nicht erst. Es ist aber auch arrogant – es setzt voraus, dass wir ach so viel besser Bescheid wissen als diese zeitgenössischen Autoren. Das Schlimmste aber ist, dass es für ein völliges Versagen historischer Vorstellungskraft und Empathie steht, indem es das Verhalten antiker römischer Autokraten mit den Maßstäben der kuscheligen Rationalität westlicher Akademiker von heute misst.

Geschichte war nicht bloß die Rhetorik von Historikern – sie ist gelebt worden. Die, die dabei waren, hatten ein Leben voller Taten und Gedanken. Sie durchliefen das volle Spektrum an Emotionen: Liebe und Hass, Angst und Lust, Ehrgeiz und Enttäuschung. Manchmal kommen sie uns ganz ähnlich vor, ein andermal vollkommen fremd. Die Vergangenheit ist ein anderes Land gewesen, aber es lohnt den Versuch, sich vorzustellen, wie sie es dort wohl gemacht haben.

Danksagungen

Ein Buch zu schreiben ist eine einsame Tätigkeit, aber ich habe das Glück, eine Menge Unterstützung zu haben. Es macht mir Freude, folgenden Personen zu danken: James Gill bei United Agents für die Hilfe, die Anfangsidee in ein vernünftiges Projekt zu verwandeln. Bei Oneworld waren Sam Carter und Holly Knox unermüdlich. Leonardo de Arrizabalaga y Prado und Consuelo Ruiz Montero waren so freundlich, mir Digitalkopien ihrer Arbeiten zu schicken, als die Lockdowns den Bibliothekszugang unterbrachen. Sehr dankbar bin ich Luke Pitcher, dass er sich die Zeit nahm, den Text zu lesen – nicht dass er unbedingt mit jeder Einzelheit übereinstimmt.

Wie stets gilt meine Hauptschuld meiner Familie. Deshalb widme ich das Buch meiner Frau Lisa, meiner Mutter Frances und meiner Tante Terry.

Zum Weiterlesen

Ausführliches Material findet sich in den Endnoten und der Bibliografie. An dieser Stelle möchte ich nur auf einige der wichtigsten antiken und modernen Werke hinweisen.*

Unentbehrlich für jede Beschäftigung mit der Alten Geschichte ist S. Hornblower/A. Spawforth/E. Eidinow (Hgg.), *The Oxford Classical Dictionary*. Oxford ⁴2012 (eine volldigitale 5. Auflage des *OCD* ist bereits teilweise zugänglich), H. Cancik/H. Schneider (Hgg.), *Der Neue Pauly. Enzyklopädie der Antike*. 12 Bände 1996–2002 und fünf Teilbände zur Rezeptions- und Wissenschaftsgeschichte 1999–2003, sowie der von R. J. A. Talbert herausgegebene *Barrington Atlas of the Greek and Roman World*. Princeton/Oxford 2000.

Die mit Abstand unterhaltsamste und informativste Adresse, mit dem Nachdenken über Quellen und Methoden zu beginnen, ist L. Pitcher, *Writing Ancient History: An Introduction to Classical Historiography*. London/New York 2009.

Den besten Überblick dieser Epoche der antiken Geschichte – und jeder anderen – bietet der einschlägige Band der *Cambridge Ancient History (CAH)*; in diesem Fall ist das Band XII: A. K. Bowman/P. Garnsey/A. Cameron (Hgg.), *The Crisis of the Empire, AD 193–337*. Cambridge ²2005. Daneben gibt es unter anderem D. S. Potter, *The Roman Empire at Bay AD 180–395*. London/New York 2004; O. Hekster/N. Zair, *Rome and its Empire, AD 193–284*. Edinburgh 2008; C. Ando, *Imperial Rome AD 193 to 284: The Critical Century*. Edinburgh 2012. [Das maßgebliche deutsche Handbuch ist H. Brandt,

---

* Für die Übersetzung ist die Originalliste um deutschsprachige Standardtitel ergänzt worden. (A. d. Ü.)

Die Kaiserzeit. Römische Geschichte von Octavian bis Diocletian 31 v. Chr.–284 n. Chr. München 2021. Als ‚Lesegeschichte' konzipiert ist A. Eich, *Die römische Kaiserzeit. Die Legionen und das Imperium.* München ²2018. Ausführlicher und sehr lesefreundlich K. Christ, *Geschichte der römischen Kaiserzeit. Von Augustus bis Konstantin.* München 1988, ⁷2023.]

Die drei antiken Hauptquellen für Elagabal liegen in der Loeb Classical Library (Cambridge, Mass./London) als zweisprachige Ausgaben mit englischer Übersetzung vor: Cassius Dio (Buch 79 und 80) in Band IX, übersetzt von E. Cary 1927, Herodian (Buch 5) in Band II von C.R. Whittaker 1970 und die *Vita Heliogabali* der *Historia Augusta* in Band II der dreibändigen Ausgabe (Erstauflage 1924 als *Scriptores Historiae Augustae* von D. Magie 1924 [jetzt grundlegend überarbeitet als *Historia Augusta* von D. Rohrbacher 2022]). Besser als Magie übersetzt A.R. Birley in den *Lives of the Later Caesars* in der Reihe *Penguin Classics* (Harmondsworth 1976), der außerdem eine ausgezeichnete Einführung in die seltsame Biografienserie gibt. Einführungen in Cassius Dio und Herodian bietet H. Sidebottom, „Severan Historiography: Evidence, Patterns, and Arguments", in: S. Swain/S. Harrison/J. Elsner (Hgg.), *Severan Culture.* Cambridge 2007, 52–82. [Für Cassius Dio findet sich eine deutsche Übersetzung in Band V der einsprachigen Ausgabe von O. Veh (Zürich/München 1987), zur *Historia Augusta* haben E. Merten und A. Rösger die Übersetzung E. Hohls überarbeitet und mit Kurzkommentaren vorgelegt (*Historia Augusta. Römische Herrschergestalten. Vita Heliogabali* in Band I, Zürich/München 1976).]

Ein hilfreicher Kommentar zu den einschlägigen Büchern Dios ist A. G. Scott, *Emperors and Usurpers: An Historical Commentary on Cassius Dio's Roman History.* Cambridge 2018, ausführlich zur *Historia Augusta* orientiert S. C. Zinsli, *Kommentar zur Vita Heliogabali der Historia Augusta.* Bonn 2014. Whittakers Herodian-Ausgabe ist reichhaltig kommentiert.

Die wegweisende Arbeit war F. Millar, *A Study of Cassius Dio.* Oxford 1964. Zwei wichtige Sammlungen neuerer Aufsätze sind J. M.

Madsen / C. H. Lange (Hgg.), *Cassius Dio: Greek Intellectual and Roman Politician*. Leiden / Boston 2016 und diess., *Cassius Dio the Historian: Methods and Approaches*. Leiden / Boston 2021. Einen – wenn auch polemisch gefärbten – Überblick, der sich an Nichtspezialisten richtet, bietet J. M. Madsen, *Cassius Dio: Ancients in Action*. London / New York 2019. Vgl. jetzt M. O. Lindholmer, „The Time of Composition of Cassius Dio's ‚Roman History': A Reconsideration". *Klio* 103 (2021), 133–159.

Die späten 1990er brachten ein Neuerwachen des Interesses am lange nicht beachteten Herodian: H. Sidebottom, „Herodian's Historical Methods and Understanding of History", in: *Aufstieg und Niedergang der römischen Welt* II 14.4. Berlin / New York 1998, 2775–2836; M. Zimmermann, *Kaiser und Ereignis: Studien zum Geschichtswerk Herodians*. München 1999; T. Hidber, *Herodians Darstellung der Kaisergeschichte nach Marc Aurel*. Basel 2006; L. V. Pitcher, „Herodian", in: I. J. F. de Jong (Hg.), *Space in Ancient Greek Literature*. Leiden / Boston 2012, 269–282; A. M. Kemezis, *Greek Narratives of the Roman Empire under the Severans: Cassius Dio, Philostratus and Herodian*. (Greek Culture in the Roman World.) Cambridge 2014; L. V. Pitcher, „Herodian", in: T. de Koen / E. van Emde Boas (Hgg.), *Characterization in Ancient Greek Literature*. Leiden / Boston, 2017, 236–250; A. G. Scott, „Conspiracy as Plot Type in Herodian's Roman History". *Mnemosyne* 71 (2018), 434–459; S. Chrysanthou, „Herodian and Cassius Dio: A Study of Herodian's Compositional Devices". *GRBS* 60 (2020), 621–651.

1889 stellte Hermann Dessau, aufgeschreckt durch die vielen anachronistischen Namen und Titel im Text, die These auf, dass die *Historia Augusta* nicht, wie sie behauptet, von sechs Männern um 300 n. Chr. verfasst war, sondern rund hundert Jahre später von einem einzelnen Unbekannten: „Ueber Zeit und Persönlichkeit der Scriptores historiae Augustae". *Hermes* 24 (1889), 337–392. Über ein Jahrhundert Forschung hat Dessaus Thesen bestätigt. Im englischsprachigen Bereich sind die zwei Monografien von Sir Ronald Syme am einflussreichsten geworden: *Ammianus and the Historia Augusta*.

Oxford 1968 und *Emperors and Biography.* Oxford 1971. [Reichhaltige Forschungsliteratur, jedoch in einer unglücklichen Kombination zweier gegensätzlicher Extremansichten zu Charakteristik und Entstehung der *HA*, bietet R. Herzog / P. L. Schmidt, J.-P. Callu, *Handbuch der lateinischen Literatur der Antike* 6: *Die Literatur im Zeitalter des Theodosius (374–430 n. Chr.).* München 2020,1,643–679 § 639.2; methodisch Trag- und Konsensfähiges erschließt Zinsli 2014.]

Zwei jüngere wissenschaftliche Monografien behandeln Elagabal mit grundverschiedenen Ansätzen. L. de Arrizabalaga y Prado, *The Emperor Elagabalus: Fact or Fiction?* Cambridge 2010, enthält viele neue Erkenntnisse, nimmt aber eine extrem eigenwillige Haltung zu historischen Quellen und zur Frage der Wahrheit ein. M. Icks, *The Crimes of Elagabalus: The Life and Legacy of Rome's Decadent Boy Emperor.* London 2011, liefert eine glänzende Analyse des Nachlebens Elagabals, folgt aber (wie auch Scotts Kommentar) der herrschenden Meinung, die Geschichte dieser Herrschaft lasse sich unmöglich auch nur annähernd genau rekonstruieren, da unsere Quellen nichts als nachträgliche literarische Gemeinplätze seien.

Beiträge zahlreicher Autoren zum Kaiser und seinem Nachleben sammelt L. de Arrizabalaga y Prado (Hg.), *Varian Studies.* (3 Bde.) Newcastle-upon-Tyne 2017.

Den historischen Hintergrund schildern zwei hervorragende Biografien: A. R. Birley, *Septimius Severus: The African Emperor.* Abingdon ²1988 und B. Levick, *Julia Domna: Syrian Empress.* Abingdon, 2007. Hinzu kommt die Doktorarbeit von A. G. Scott, *Change and Discontinuity within the Severan Dynasty: The Case of Macrinus.* State University of New Jersey 2008.

Emesa und Elagabal den Gott erschließt F. Millar, *The Roman Near East 31 BC–AD 337.* Cambridge, Mass. / London 1993, und auf exzentrischere Weise W. Ball, *Rome in the East: The Transformation of an Empire.* London / New York 2000.

Kommen wir zu den Hauptthemen.

Die Belege für den römischen Rassismus sammelte J. P. V. D. Balsdon, *Romans and Aliens.* London 1979, jetzt erweitert in B. Isaac, *The*

Invention of Racism in Classical Antiquity. Princeton/Oxford 2004, aber bestritten von E. S. Gruen, *Rethinking the Other in Antiquity.* Princeton 2011.

In der Machtfrage dominiert F. Millar, *The Emperor in the Roman World (31BC–AD337).* London 1977, ²1992, die heutige Forschung; vgl. aber K. Hopkins, „Rules of Evidence". *JRS* 68 (1978), 178–186.

Den grundlegenden Wandel in den Ansichten zur römischen Religion lösten R. MacMullen, *Roman Paganism.* New Haven/London 1981, und R. Lane Fox, *Pagans and Christians in the Mediterranean World from the Second Century AD to the Conversion of Constantine.* Harmondsworth 1986, aus. Auf andere Weise ebenfalls wichtig war S. R.F. Price, *Rituals and Power: The Roman Imperial Cult in Asia Minor.* Cambridge 1984.

J. R. Clarke, *Looking at Lovemaking: Constructions of Sexuality in Roman Art 100 BC–AD 250.* Berkeley/Los Angeles/London 1998, ist eine brillante Einführung in antike Einstellungen zum Sex wie in modernes Kunstdenken und noch dazu ein Lesevergnügen. Laut P. Veyne (Hg.), *Geschichte des privaten Lebens 1. Vom Römischen Imperium zum Byzantinischen Reich.* (dt. Übs.) Frankfurt a. M. 1989, konnten sich die Römer „vor Verboten kaum retten".

Zu den weiteren besonders nützlichen Arbeiten gehören B. Campbell, *The Emperor and the Roman Army 31BC–AD235.* Oxford 1984; E. R. Varner, *Mutilation and Transformation: Damnatio Memoriae and Roman Imperial Portraiture.* Leiden/Boston 2004; M. Gleason, „Identity Theft: Doubles and Masquerades in Cassius Dio's Contemporary History". *CA* 30.1 (2011), 33–86; I. Mennen, *Power and Status in the Roman Empire, AD193–284.* Leiden/Boston 2011; C. Rowan, „The Public Image of the Severan Women". *PBSR* 79 (2011), 241–273; C. Rowan, *Under Divine Auspices: Divine Ideology and the Visualisation of Imperial Power in the Severan Period.* Cambridge 2012; C. Davenport, „The Provincial Appointments of the Emperor Macrinus". *Antichthon* 46 (2012), 184–203; D. Okon, *Imperatores Severi et Senatores: The History of the Imperial Personnel Policy.* Szczecin 2013, 77–105.

Vergleichsmaterial stammt aus R. Kapuściński, *The Emperor* (engl. Übs.). London 1983; C. Coughlin, *Saddam: King of Terror.* New York 2002; B. Titley, *Dark Age: The Political Odyssey of Emperor Bokassa.* Quebec 2002; D. Kalder, *Dictator Literature: A History of Bad Books by Terrible People.* London 2018.

R. J. Barrow, *Lawrence Alma-Tadema.* London 2001, ist eine hervorragende Einführung in den Maler und sein Werk. Eine Detailstudie, die zu anderen Ergebnissen kommt als ich, ist D. Watkin, „Sir Lawrence Alma-Tadema's Painting The Roses of Heliogabalus", in: L. de Arrizabalaga y Prado (Hg.), *Varian Studies. Volume Three: A Varian Symposium.* Cambridge 2017, 105–124.

Literatur

Abkürzungen:
Abgekürzt zitierte Zeitschriften folgen den Konventionen der Fachbibliografie *L'année philologique*.
BHAC: A. Alföldi / J. Straub / K. Rosen (Hgg.), *Bonner Historia-Augusta-Colloquium*. 13 Bde. (1963–1989), nicht fortlaufend nummeriert. Bonn 1964–1991.

Adams 1982: J. N. Adams, *The Latin Sexual Vocabulary*. London 1982.

Alföldy 1971: G. Alföldy, „Herodians Person". *Ancient Society* 2 (1971), 204–233 (jetzt in Alföldy 1989, 240–269, mit Addenda 269–272).

Alföldy 1989: ders., *Die Krise des Römischen Reiches: Geschichte, Geschichtsschreibung und Geschichtsbetrachtung*. Stuttgart 1989.

Aliquot 2019: J. Aliquot, „Phoenicia in the Roman Empire", in: Doak / López-Ruiz 2019, 111–124.

Ando 2012: C. Ando, *Imperial Rome AD 193 to 284: The Critical Century*. Edinburgh 2012.

de Arrizabalaga y Prado 1999: L. de Arrizabalaga y Prado, „Pseudo-eunuchs at the court of Elagabalus: The Riddle of Gannys, Eutychianus, and Comazon", online unter: www.cambridge.org/9780521895552.

de Arrizabalaga y Prado 2010: ders., *The Emperor Elagabalus: Fact or Fiction?* Cambridge 2010.

de Arrizabalaga y Prado 2017a: ders., *Varian Studies. Volume One: Varius*. Cambridge 2017.

de Arrizabalaga y Prado 2017b: ders. (Hg.), *Varian Studies. Volume Three: A Varian Symposium.* Cambridge 2017.

Austin/Rankov 1995: N. J. E. Austin/N. B. Rankov, *Exploratio: Military and Political Intelligence in the Roman World from the Second Punic War to the Battle of Adrianople.* London/New York 1995.

Badaracco 2017: E. Badaracco, *Il Culto del Elagabalus dal I da III Secolo a. c. attraverso le Testimonianze.* Rom 2017.

Baldus 1989: H. R. Baldus, „Das ‚Vorstellungsgemälde' des Heliogabal: Ein bislang unerkanntes numismatisches Zeugnis". *Chiron* 19 (1989), 467–476.

Balestrazzi 1985: E. di F. Balestrazzi, „La pompa del magistrato e il dio di Emesa". *Aquileia Nostra* 56 (1985), 337–360.

Ball 2000: W. Ball, *Rome in the East: The Transformation of an Empire.* London/New York 2000.

Balsdon 1960: J. P. V. D. Balsdon, *„Auctoritas, Dignitas, Otium ".* CQ 54 (1960), 43–50.

Balsdon 1969: ders., *Life and Leisure in Ancient Rome.* London 1969.

Balsdon 1979: ders., *Romans and Aliens.* London 1979.

Balty 1988: J. Ch. Balty, „Apamea in Syria in the Second and Third Centuries AD". *JRS* 78 (1988), 91–104.

Barnes 2019: J. Barnes, *The Man in the Red Coat.* London 2019.

Barnes 1972: T. D. Barnes, „Ultimus Antoninorum". *BHAC* 1972, 53–74.

Barrow 2001: R. J. Barrow, *Lawrence Alma-Tadema.* London 2001.

Bartl/al-Maqdisi 2014: K. Bartl/M. al-Maqdisi (Hgg.), *New Archaeological Prospections in the Middle Orontes Region.* Rahden in Westfalen 2014.

Bartman 2001: E. Bartman, „Hair and the Artifice of Roman Female Adornment", *AJA* 105.1 (2001), 1–25.

Batty 2000: R. Batty, „Mela's Phoenician Geography". *JRS* 90 (2000), 70–94.

Beard 1980: M. Beard, „The sexual status of Vestal Virgins". *JRS* 70 (1980), 12–27.

Beard 2007: dies., *The Roman Triumph.* Cambridge, Mass. / London 2007.

Beard 2020: dies., „How to be an emperor". *Times Literary Supplement* 6121 (2020), 1.

Beard / Crawford 1985: M. Beard / M. Crawford, *Rome in the Late Republic: Problems and Interpretations.* London 1985.

Beck 2007: R. Beck, *A Brief History of Ancient Astrology.* Maldon, Mass. / Oxford 2007.

de la Bedoyere 2017: G. de la Bedoyere, *Praetorian: The Rise and Fall of Rome's Imperial Bodyguard.* New Haven / London 2017.

van Berchem 1939: D. van Berchem, *Les distributions de blé et d'argent á la plèbe romaine sous l'empire.* Genf 1939.

van Berchem 1974: ders., „Les itinéraires de Caracalla et l'Itinéraire Antonin", in: D. M. Pippidi (Hg.), *Actes du IX-e Congrès international d'études sur les frontières romaines.* Bukarest 1974, 301–307.

Berger 1953: A. Berger, *Encyclopedic Dictionary of Roman Law.* Philadelphia 1953.

Bertelli / Cardini / Zorzi 1986: S. Bertelli / F. Cardini / E. G. Zorzi (Hgg.), *Italian Renaissance Courts.* London 1986.

Birley 1981: A. R. Birley, *The Fasti of Roman Britain.* Oxford 1981.

Birley 1988: ders., *Septimius Severus: The African Emperor.* London 1971; 2. Aufl. Abingdon 1988.

Birley 1997: ders., „Marius Maximus: The Consular Biographer", in: *ANRW* II.34.3 (1997), 2678–2757.

Bishop / Coulston 1993: M. C. Bishop / J. C. N. Coulston, *Roman Military Equipment.* London 1993.

Bowie 1990: E. L. Bowie, „Greek Poetry in the Antonine Age", in: D. A. Russell (Hg.), *Antonine Literature.* Oxford 1990.

Bowie / Elsner 2009: E. Bowie / J. Elsner (Hgg.), *Philostratus.* Cambridge 2009.

Braund 1984: D. Braund, *Rome and the Friendly King: The Character of Client Kingship.* London 1984.

Brunt 1974: P. A. Brunt, „The Roman Mob", in: Finley 1974, 74–102.

Brunt 1977: ders., „Lex de Imperio Vespasiani". JRS 67 (1977), 95–116.
Brunt 1979: ders., „Divine elements in the imperial office". *JRS* 79 (1979), 168–175.
Bruun 1997: C. Bruun, „Kaiser Elagabal und ein neues Zeugnis für den Kult des Sonnengottes Elagabalus in Italien". *Tyche* 12 (1997), 1–5.
Butler 1910: O. F. Butler, *Studies in the Life of Heliogabalus.* London 1910.
Caldelli 2008: M. L. Caldelli, „Un atleta dimenticato e gli amore di Elagabalo: Nota su un mosaico di Puteoli". *MEFRA* 120 (2008), 469–474.
Campbell 1984: B. Campbell, *The Emperor and the Roman Army 31 BC–AD 235.* Oxford 1984.
Campbell 1993: ders., „War and diplomacy: Rome and Parthia, 31 BC–AD 235", in: Rich / Shipley 1993, 213–240.
Campbell 1994: ders., *The Roman Army 31 BC–AD 337: A Sourcebook.* London / New York 1994.
Campbell 2002: B. Campbell, *War and Society in Imperial Rome 31 BC–AD 284.* London / New York 2002.
Carney 2010: E. Carney, „Macedonian Women", in: Roisman / Worthington 2010, 409–427.
Carriker 2016: J. Carriker, *The World of Elagabalus.* (Diss. University of Texas 2016.) Online als: „The World of Elagabalus" by Jay Carriker unter uttyler.edu.
Casson 1974: L. Casson, *Travel in the Ancient World.* Baltimore / London 1974. (dt.: *Reisen in der Alten Welt.* München 1976.)
Casson 1995: ders., *Ships and Seamanship in the Ancient World.* Baltimore / London ²1995. (dt.: *Die Seefahrer der Alten Welt.* München 1979.)
Chad 1972: C. Chad, *Les dynastes d'Émése.* Beirut 1972.
Cheesman 1914: G. L. Cheesman, *The Auxilia of the Roman Imperial Army.* Oxford 1914.

Chrysanthou 2020: S. Chrysanthou, „Herodian and Cassius Dio: A Study of Herodian's Compositional Devices". *GRBS* 60 (2020), 621–651.

Claridge 2010: A. Claridge, *Rome: An Archaeological Guide.* Oxford ²2010.

Clarke 1998: J. R. Clarke, *Looking at Lovemaking: Constructions of Sexuality in Roman Art 100BC–AD250.* Berkeley / Los Angeles / London 1998.

Cleve 1988: R. L. Cleve, „Relatives of the Severan Women". *Historia* 37 (1988), 196–206.

Cooley 2009: A. Cooley, *Res Gestae Divi Augusti: Text, Translation, and Commentary.* Cambridge 2009.

Cornell 1995: T. J. Cornell, *The Beginnings of Rome: Italy and Rome from the Bronze Age to the Punic Wars (c.1000–264 BC).* London/ New York 1995.

Coughlin 2002: C. Coughlin, *Saddam: King of Terror.* New York 2002. (dt.: *Saddam Hussein.* München 2002.)

Coulston 2000: J. C. N. Coulston, „‚Armed and belted men': the soldiery in imperial Rome", in: Coulston / Dodge (2000), 76–118.

Coulston / Dodge 2000: J. C. N. Coulston / H. Dodge (Hgg.), *Ancient Rome: The Archaeology of the Eternal City.* Oxford 2000.

Crook 1955: J. A. Crook, *Consilium Principis: Imperial Councils and Counsellors from Augustus to Diocletian.* Cambridge 1955.

Dalby 2003: A. Dalby, *Food in the Ancient World from A to Z.* London / New York 2003.

Davenport 2012: C. Davenport, „The Provincial Appointments of the Emperor Macrinus". *Antichthon* 46 (2012), 184–203.

Davies 1974: R. W. Davies, „A report of an attempted coup". *Aegyptus* 54.1/4 (1974), 179–196.

Davis 1983: N. Z. Davis, *The Return of Martin Guerre.* Cambridge, Mass. / London 1983.

Dessau 1889: H. Dessau, „Über Zeit und Persönlichkeit der Scriptores historiae Augustae". *Hermes* 24 (1889), 337–392.

Dilke 1957: O. A. W. Dilke, „The Literary Output of the Roman Emperors". *G&R* 4.1 (1957), 78–97.

Dixon 1992: S. Dixon, *The Roman Family.* Baltimore / London 1992.

Doak / López-Ruiz 2019: B. R. Doak / C. López-Ruiz (Hgg.), *The Oxford Handbook of the Phoenician and Punic Mediterranean.* Oxford 2019.

Domaszewski 1895: A. von Domaszewski, *Die Religion des römischen Heeres.* Trier 1895.

Downey 1961: G. Downey, *A History of Antioch in Syria from Seleucus to the Arab Conquest.* Princeton 1961.

Drogula 2011: F. Drogula, „Controlling travel: deportation, islands and the regulation of senatorial mobility in the Augustan principate". *CQ* 61.1 (2011), 230–266.

Duncan-Jones 1994: R. Duncan-Jones, *Money and Government in the Roman Empire.* Cambridge 1994.

Dušanić 1964: S. Dušanić, „Severus Alexander as Elagabalus' associate". *Historia* 13 (1964), 487–498.

Erelle 2015: A. Erelle, *In the Skin of a Jihadist: Inside Islamic State's Recruitment Networks.* London 2015.

Fears 1977: J. R. Fears, *Princeps a diis electus: The divine election of the emperor as a political concept at Rome.* Rom 1977.

Finley 1974: M. I. Finley (Hg.), *Studies in Ancient Society.* London / Boston 1974.

Fittschen / Zanker 1985: K. Fittschen / P. Zanker, *Katalog der römischen Porträts in den Capitolinischen Museum und den anderen kommunalen Sammlungen der Stadt Rom.* (2 Bde.) Mainz 1985.

Foucault 1979: M. Foucault, *The History of Sexuality.* (engl. Übs. New York 1979. Dt.: *Sexualität und Wahrheit. Band 1: Der Wille zum Wissen.* Frankfurt a. M. 1977.)

Frey 1989: M. Frey, *Untersuchungen zur Religion und zur Religionspolitik des Kaisers Elagabal.* Stuttgart 1989.

Friedlaender o. D.: L. Friedlaender (/G. Wissowa), *Darstellungen aus der Sittengeschichte Roms.* (4 Bde.) Leipzig 9.–10. Aufl. 1921–23 (Ndr. Darmstadt 2016).

Fuhrmann 2012: C. J. Fuhrmann, *Policing the Roman Empire*. Oxford 2012.
Gallia 2012: A. B. Gallia, *Remembering the Roman Republic: Culture, Politics, and History under the Principate*. Cambridge 2012.
Gardner / Lieu 2009: I. Gardner / S. N. C. Lieu (Hgg.), *Manichaean Texts from the Roman Empire*. Cambridge 2009.
Gilliver 1999: C. M. Gilliver, *The Roman Art of War*. Stroud 1999. (dt.: *Auf dem Weg zum Imperium. Eine Geschichte der römischen Armee*. Stuttgart 2003.)
Girard 1981: J.-L. Girard, „Domitien et Minerve: une prédilection impériale", in: *ANRW* II 17.1 (1981), 233–245.
Gleason 2011: M. Gleason, „Identity Theft: Doubles and Masquerades in Cassius Dio's Contemporary History". *CA* 30.1 (2011), 33–86.
González García 2013: A. González García, „¿Fue Baalbek el templo de Heliogábalo?: nuevas evidencias". *El futuro del pasado* 4 (2013), 315–338.
Graham 1974: A. J. Graham, „The limitations of prosopography in Roman imperial history (with special reference to the Severan period)", in: *ANRW* II 1 (1974), 136–157.
Gruen 2011: E. S. Gruen, *Rethinking the Other in Antiquity*. Princeton 2011.
Gschwind et al. 2009: M. Gschwind / H. Hasan / A. Grüner / W. Hübner, „Raphaneae: Report on the 2005 and 2006 Survey". *ZOrA* 2 (2009), 234–289.
Gschwind / Hasan 2014: M. Gschwind / H. Hasan, „The Legionary Fortress and Roman City Raphaneae: Topographical, Archaeological and Geophysical Survey Work conducted in 2005–2007", in: Bartl / al-Maqdisi 2014, 119–129.
Halsberghe 1972: G. H. Halsberghe, *The Cult of Sol Invictus*. Leiden 1972.
Hammond 1957: M. Hammond, „The composition of the Senate, AD 68–235". *JRS* 47 (1957), 74–81.
Hannestad 1988: N. Hannestad, *Roman Art and Imperial Policy*. Aarhus 1988.

Harl 1981: K. W. Harl, „Caracalla or Elagabalus? The Imperial Imago at the Greek Mint of Magnesia ad Maeandrum". *ANSMN* 26 (1981), 163–184.

Harl 1987: ders., *Civic Coins and Civic Politics in the Roman East AD 180–275.* Berkeley 1987.

Hartmann 2017: U. Hartmann, „The Rise of the Sasanids and the Battle of Hormizdagan", in: Whitby / Sidebottom 2017, 1043–1046.

Hekster / Zair 2008: O. Hekster / N. Zair, *Rome and its Empire, AD 193–284.* Edinburgh 2008.

Hidber 2006: T. Hidber, *Herodians Darstellung der Kaisergeschichte nach Marc Aurel.* Basel 2006.

Holmes 1985: R. Holmes, *Firing Line.* London 1985.

Honoré 1979: T. Honoré, „‚Imperial' Rescripts AD 193–305: Authorship and Authenticity". *JRS* 69 (1979), 51–64.

Honoré 1981: ders., *Emperors and Lawyers.* London 1981; ²1994.

Hope 2009: V. M. Hope, *Roman Death: The Dying and the Dead in Ancient Rome.* London / New York 2009.

Hopkins 1965: K. Hopkins, „Contraception in the Roman Empire". *Comparative Studies in Society and History* 8 (1965), 124–151.

Hopkins 1974: ders., „Elite Mobility in the Roman Empire", in: Finley 1974, 103–120.

Hopkins 1978: ders., „Rules of Evidence". *JRS* 68 (1978), 178–186.

Hopkins 1983: ders., *Death and Renewal: Sociological Studies in Roman History 2.* Cambridge 1983.

Howe 1942: L. L. Howe, *The Praetorian Prefect from Commodus to Diocletian.* Chicago 1942.

Howgego 2005: C. Howgego, „Coinage and Identity in the Roman Provinces", in: Howgego / Heuchert / Burnett 2005, 1–17.

Howgego / Heuchert / Burnett 2005: C. Howgego / V. Heuchert / A. Burnett (Hgg.), *Coinage and Identity in the Roman Provinces.* Oxford 2005.

Hubbard 2003: T. Hubbard, *Homosexuality in Greece and Rome.* Berkeley 2003.

Icks 2011: M. Icks, *The Crimes of Elagabalus: The Life and Legacy of Rome's Decadent Boy Emperor.* London / New York 2011. (dt.: *Elagabal. Leben und Vermächtnis von Roms Priesterkaiser.* Darmstadt 2014.)

Isaac 2004: B. Isaac, *The Invention of Racism in Classical Antiquity.* Princeton / Oxford 2004.

Jardé 1925: A. Jardé, *Études critiques sur la vie et le règne de Sévère Alexandre.* Paris 1925.

Johnston (1982): A. Johnston, ‚Caracalla or Elagabalus? A Case of Unnecessarily Mistaken Identity'. *ANSMN* 27 (1982), 97–147

Jones 1998: C. P. Jones, „The Pancratists Helix and Alexander on an Ostian Mosaic". *JRA* 11 (1998), 293–298.

Kaldellis 2019: A. Kaldellis, „Neo-Phoenician Identities in the Roman Empire", in: Doak / Lopez-Ruiz 2019, 685–696.

Kalder 2018: D. Kalder, *Dictator Literature: A History of Bad Books by Terrible People.* London 2018.

Kapuściński 1983: R. Kapuściński, *The Emperor* (engl. Übs. London 1983. Dt.: *König der Könige. Eine Parabel der Macht.* Köln 1984.)

Keegan 1976: J. Keegan, *The Face of Battle: A Study of Agincourt, Waterloo, and the Somme.* London 1976. (dt.: *Das Antlitz des Krieges. Die Schlachten von Azincourt 1415, Waterloo 1815 und an der Somme 1916.* Düsseldorf 1978; Frankfurt a. M. ²2007.)

Kemezis 2014: A. M. Kemezis, *Greek Narratives of the Roman Empire under the Severans: Cassius Dio, Philostratus and Herodian.* (Greek Culture in the Roman World.) Cambridge 2014.

Kemezis 2016: A. M. Kemezis, „The Fall of Elagabalus as Literary Narrative and Political Reality". *Historia* 65 (2016), 348–390.

Kettenhofen 1979: E. Kettenhofen, *Die syrischen Augustae in der historischen Überlieferung: Ein Beitrag zum Problem der Orientalisierung.* Bonn 1979.

Kleiner 1992: E. D. D. Kleiner, *Roman Sculpture.* Yale 1992.

Kondoleon 2000: C. Kondoleon (Hg.), *Antioch: The Lost Ancient City.* Princeton 2000.

Knapp 2011: R. Knapp, *Invisible Romans: Prostitutes, Outlaws, Slaves, Gladiators, Ordinary Men and Women ... The Romans History Forgot.* London 2011. (dt.: *Römer im Schatten der Geschichte. Gladiatoren, Prostituierte, Soldaten: Männer und Frauen im Römischen Reich.* Stuttgart 2012.)

Krengel 2017: E. Krengel, „Varius' Vestments", in: de Arrizabalaga y Prado 2017b, 43–57.

Lambert 2005: M. Lambert, Rezension zu Isaac 2004, in: *CR* 55 (2005), 658–662.

Lane Fox 1986: R. Lane Fox, *Pagans and Christians in the Mediterranean World from the Second Century AD to the Conversion of Constantine.* Harmondsworth 1986.

Lane Fox 2015: ders., *Augustine: Conversions and Confessions.* London 2015. (dt.: *Augustinus. Bekenntnisse und Bekehrungen im Leben eines antiken Menschen.* Stuttgart 2017.)

Le Bohec 1994: Y. Le Bohec, *The Roman Imperial Army.* (engl. Übs. London/New York 1994. Dt.: *Die römische Armee. Von Augustus zu Konstantin d. Gr.* Stuttgart 1993.)

Lefkowitz/Fant 2005: M. Lefkowitz/M. B. Fant (Hgg.), *Women's Life in Greece & Rome: A source book in translation.* London ³2005.

Levick 1999: B. Levick, *Vespasian.* London/New York 1999.

Levick 2007: dies., *Julia Domna: Syrian Empress.* Abingdon 2007

Lindholmer 2021: M. O. Lindholmer, „The Time of Composition of Cassius Dio's ‚Roman History': a Reconsideration", *Klio* 103 (2021), 133–159.

Luttwak 1976: E. N. Luttwak, *The Grand Strategy of the Roman Empire from the First Century AD to the Third.* Baltimore/London 1976.

McHugh 2017: J. S. McHugh, *Emperor Alexander Severus: Rome's Age of Insurrection, AD222–235.* Barnsley 2017.

MacMullen 1966: R. MacMullen, *Enemies of the Roman Order: Treason, Unrest and Alienation in the Empire.* Cambridge, Mass./London 1966.

MacMullen 1974: ders, *Roman Social Relations 50 BC to AD 284.* New Haven/London 1974.

MacMullen 1980: „Women in Public in the Roman Empire". *Historia* 29 (1980), 208–218, jetzt in: MacMullen 1990a, 162–168.

MacMullen 1981: ders., *Roman Paganism.* New Haven/London 1981.

MacMullen 1982: ders., „Roman Attitudes to Greek Love". *Historia* 31 (1982), 484–502, jetzt in: MacMullen 1990a, 177–189.

MacMullen 1986: ders., „Women's Power in the Principate". *Klio* 68 (1986), 434–443, jetzt in: MacMullen 1990a, 169–176.

MacMullen 1990a: R. MacMullen (Hg.), *Changes in the Roman Empire: Essays in the Ordinary.* Princeton 1990.

MacMullen 1990b: R. MacMullen, „How to Revolt in the Roman Empire", in: MacMullen 1990a, 198–203.

Mader 2005: G. Mader, „History as Carnival, or Method and Madness in the *Vita Heliogabali*". *CA* 24.1 (2005), 131–172.

Madsen 2019: J. M. Madsen, *Cassius Dio: Ancients in Action.* London/New York 2019.

Madsen/Lange 2016: J. M. Madsen/C. H. Lange (Hgg.), *Cassius Dio: Greek Intellectual and Roman Politician.* Leiden/Boston 2016.

Madsen/Lange 2021: J. M. Madsen/C. H. Lange (Hgg.), *Cassius Dio the Historian: Methods and Approaches.* Leiden/Boston 2021.

Matthews 1984: J. F. Matthews, „The Tax Law of Palmyra: Evidence for Economic history in a City of the Roman East". *JRS* 74 (1984), 157–180.

Megow 1987: W. R. Megow, *Kameen von Augustus bis Alexander Severus.* Berlin 1987.

Mennen 2011: I. Mennen, *Power and Status in the Roman Empire, AD 193–284.* Leiden/Boston 2011.

Millar 1964: F. Millar, *A Study of Cassius Dio.* Oxford 1964.

Millar 1984: ders., „State and Subject: The Impact of Monarchy", in: F. Millar/E. Segal (Hgg.), *Caesar Augustus: Seven Aspects.* Oxford 1984, 37–60.

Millar 1992: ders., *The Emperor in the Roman World (31 BC–AD 337)*. London 1977, ²1992.

Millar 1993: ders., *The Roman Near East 31 BC–AD 337*. Cambridge, Mass. / London 1993.

Millar 1998: ders., *The Crowd in Rome in the Late Republic*. Ann Arbor 1998.

Momigliano 1975: A. Momigliano, *Alien Wisdom*. Cambridge 1975.

Morgan 2006: G. Morgan, *69 A. D.: The Year of the Four Emperors*. Oxford 2006.

Nugent 2008: M. Nugent, „From ‚Filthy Catamite' to ‚Queer Icon': Elagabalus and the Politics of Sexuality (1960–1975)". *Helios* 35.2 (2008), 171–196.

Nutton 1971: V. Nutton, „L. Gellius Maximus, Physician and Procurator". *CQ* 31 (1971), 262–272.

Ogden 2008: D. Ogden, *Night's Black Agents: Witches, Wizards and the Dead in the Ancient World*. London / New York 2008.

Okon 2013: D. Okon, *Imperatores Severi et Senatores: The History of the Imperial Personnel Policy*. Szczecin 2013.

Okon 2017: dies., *Album senatorum, vol. I: Senatores ab Septimii Severi aetate usque ad Alexandrum Severum (193–235 AD)*. Szczecin 2017.

Okon 2018: dies., *Album senatorum, vol. II: Senators of the Severan Period (193–235 AD). A Prosopographic Study*. Szczecin 2018.

Oliver 1946: J. H. Oliver, „ Aquilius Felix". *AJPhil* 67 (1946), 311–319.

Opper 2008: T. Opper (Hg.), *Hadrian: Empire and Conflict*. Ausst.-Kat. London 2008.

Optendrenk 1969: T. Optendrenk, *Die Religionspolitik des Kaisers Elagabal im Spiegel der* Historia Augusta. Bonn 1969.

Parker 1958: H. M. D. Parker, *The Roman Legions*. Cambridge / New York ²1958.

Parsons 2007: P. Parsons, *City of the Sharp-Nosed Fish*. London 2007.

Perry 1964: B. E. Perry, *Secundus, The Silent Philosopher: The Greek Life of Secundus*. New York 1964.

Pflaum 1960–61: H.-G. Pflaum, *Les carrières procuratoriennes équestres sous le Haut-Empire romain.* (4 Bde.) Paris 1960–61.

Phang 2008: S. E. Phang, *Roman Military Service: Ideologies of Discipline in the Late Republic and Early Principate.* Cambridge 2008.

Pikoula 2001: E. K. Pikoula, „The bronze portrait statue NM 23321 from Sparta". *Annual of the British School at Athens* 96 (2001), 425–429.

Pitcher 2009: L. V. Pitcher, *Writing Ancient History: An Introduction to Classical Historiography.* London / New York 2009.

Pitcher 2012: ders., „Herodian", in: I. J. F. de Jong (Hg.), *Space in Ancient Greek Literature.* Leiden / Boston 2012, 269–282.

Pitcher 2017: ders., „Herodian", in: T. de Koen / E. van Emde Boas (Hgg.), *Characterization in Ancient Greek Literature.* Leiden / Boston 2017, 236–250.

Plassart 1970: A. Plassart, *Fouilles de Delphes* III. Epigraphie 4. Paris 1970.

Platner / Ashby 1926: S. B. Platner / T. Ashby, *A Topographical Dictionary of Ancient Rome.* Oxford 1926.

Pollard 2000: N. Pollard, *Soldiers, Cities, & Civilians in Roman Syria.* Ann Arbor 2000.

Pomeroy 1999: S. B. Pomeroy (Hg.), *Plutarch's Advice to Bride and Groom and Consolation to his Wife.* New York / Oxford 1999.

Potter 1994: D. S. Potter, *Prophets and Emperors: Human and Divine Authority from Augustus to Theodosius.* Cambridge, Mass. 1994.

Potter 2004: D. S. Potter, *The Roman Empire at Bay AD 180–395.* London / New York 2004.

Price / Trell 1977: M. J. Price / B. Trell, *Coins and their Cities: Architecture on the Ancient Coins of Greece, Rome, and Palestine.* London 1977.

Price 1979: S. R. F. Price, Rezension zu Fears 1977, in: *CR* 29 (1979), 277f.

Price 1984: S. R. F. Price, *Rituals and Power: The Roman imperial cult in Asia Minor.* Cambridge 1984.

Quinn 2019: J. C. Quinn, „Phoenicians and Carthaginians in Greco-Roman Literature", in: Doak / Lopez-Ruiz 2019, 671–683.

Rea 1993: J. Rea, „A Letter of Emperor Elagabalus". *ZPE* 96 (1993), 127–132.

Reardon 1989: B. P. Reardon (Hg.), *Collected Ancient Novels in Greek.* Berkeley / Los Angeles / London 1989.

Rich / Shipley 1993: J. Rich / G. Shipley (Hgg.), *War and Society in the Roman World.* London / New York 1993.

Richardson 1992: L. Richardson, *A New Topographical Dictionary of Ancient Rome.* Baltimore / London 1992.

Robert 1937: L. Robert, *Études anatoliennes: recherches sur les inscriptions grecques de l'Asie Mineure.* Paris 1937.

Roisman / Worthington 2010: J. Roisman / I. Worthington (Hgg.), *A Companion to Ancient Macedonia.* Chichester 2010.

Romano 2007: I. B. Romano, *Classical Sculpture: Catalogue of the Cypriot, Greek, and Roman Stone Sculptures in the University of Pennsylvania Museum of Archaeology and Anthropology.* Philadelphia 2007.

Roth 2017: J. R. Roth, „Trajan's Parthian War"; „Lucius Verus and the East"; „The Severan Campaigns", in: Whitby / Sidebottom 2017, 1023–1025; 1028f.; 1038–1042.

Rowan 2011: C. Rowan, „The public image of the Severan women". *PBSR* 79 (2011), 241–273.

Rowan 2012: dies., *Under Divine Auspices: Divine Ideology and the Visualisation of Imperial Power in the Severan Period.* Cambridge 2012.

Roxan 1994: M. M. Roxan, *Roman Military Diplomas 1985–1993.* London 1994.

Russell / Wilson 1981: *Menander Rhetor.* Oxford 1981.

Sabin / van Wees Whitby 2007: P. Sabin / H. van Wees / M. Whitby (Hgg.), *The Cambridge History of Greek and Roman Warfare. Volume II: Rome from the Late Republic to the Late Empire.* Cambridge 2007.

Şahin / Schwertheim / Wagner 1977: S. Şahin / E. Schwertheim / J. Wagner (Hgg.), *Studien zur Religion und Kultur Kleinasiens* Bd. 2. Leiden 1977.

Said 1978: E. Said, *Orientalism.* New York 1978. (dt. *Orientalismus.* Frankfurt a. M. 1981; Neuübers. 2009.)

de Ste. Croix 1981: G. E. M. de Ste. Croix, *The Class Struggle in the Ancient Greek World.* London 1981.

Salway 1997: B. Salway, „A Fragment of Severan History: The Unusual Career of ....atus, Praetorian Prefect of Elagabalus". *Chiron* 27 (1997), 127–153.

Satterfield 2012: S. Satterfield, „Intention and Exoticism in Magna Mater's Introduction to Rome". *Latomus* 71.2 (2012), 373–391.

Schöpe 2014: B. Schöpe, *Der römische Kaiserhof in severischer Zeit (193–235 n. Chr.).* Stuttgart 2014.

Scott 2008: A. G. Scott, *Change and Discontinuity within the Severan Dynasty: The Case of Macrinus.* Diss.The State University of New Jersey 2008.

Scott 2018a: ders., *Emperors and Usurpers: An Historical Commentary on Cassius Dio's Roman History.* Cambridge 2018.

Scott 2018b: ders., „Conspiracy as Plot Type in Herodian's Roman History". *Mnemosyne* 71 (2018), 434–459.

Sebag Montefiore 2003: S. Sebag Montefiore, *Stalin: The Court of the Red Tsar.* London 2003.

Selinger 2018: R. Selinger, „Homo- oder heterosexuell? Noch einmal zum Fututor aus Carnuntum (AE 1969/70, 502)". *Glotta* 94 (2018), 264–272.

Sherwin-White 1973: A. N. Sherwin-White, *The Roman Citizenship.* Oxford ²1973.

Sidebottom 1990: H. Sidebottom, *Studies in Dio Chrysostom On Kingship.* Diss. University of Oxford 1990.

Sidebottom 1993: ders., „Philosophers' attitudes to warfare", in: Rich / Shipley 1993, 241–264.

Sidebottom 1998: ders., „Herodian's historical methods and understanding of history", in: *ANRW* II 14.4 (1998), 2775–2836.

Sidebottom 2004: ders., *Ancient Warfare: A Very Short Introduction.* Oxford 2004.
Sidebottom 2005: ders., „Roman imperialism: the changed outward trajectory of the Roman empire". *Historia* 54 (2005), 315–330.
Sidebottom 2006: ders., „Dio Chrysostom and the development of *On Kingship* literature", in: Spencer/Theodorakopoulos 2006, 117–157.
Sidebottom 2007a: ders., „Severan historiography: evidence, patterns, and arguments", in: Swain/Harrison/Elsner 2007, 52–82.
Sidebottom 2007b: ders., „International relations", in: Sabin/van Wees/Whitby 2007, 3–29.
Sidebottom 2009: ders., „Philostratus and the symbolic roles of the sophist and philosopher", in: Bowie/Elsner 2009, 69–99.
Smallwood 1961: M. E. Smallwood, *Philonis Alexandrini Legatio ad Gaium: edited with an introduction, translation and commentary.* Leiden 1961.
Smith 1998: R. R. R. Smith, „Cultural Choice and Political Identity in Honorific Portrait Statues in the Greek east in the Second Century AD". *JRS* 88 (1988), 56–93.
Snowden 1983: F. M. Snowden, *Before Color Prejudice: The Ancient View of Blacks.* Cambridge, Mass. 1983.
Sommer 2010: M. Sommer, *The Complete Roman Emperor: Imperial Life at Court and on Campaign.* London 2010.
Spencer/Theodorakopoulos 2006: D. Spencer/E. Theodorakopoulos (Hgg.). *Advice and its Rhetoric in Greece and Rome.* Bari 2006.
Starcky 1975–76: J. Starcky, „Stèle d'Elahagabal", *MUSJ* 49 (1975–76), 501–520.
Stein 1927: A. Stein, *Der römische Ritterstand.* München 1927.
Stone 1971: L. Stone, „Prosopography". *Daedalus* 100 (1971), 46–79.
Stoneman 1992: R. Stoneman, *Palmyra and Empire: Zenobia's Revolt against Rome.* Ann Arbor 1992.
Sundermann 2009: W. Sundermann, „Mani", online unter www.iranicaonline.org/articles/mani-founder-manichism.

Sullivan 1977a: R. D. Sullivan, "The Dynasty of Emesa", in: *ANRW* II 8 (1977), 198–219.

Sullivan 1977b: ders., "Priesthoods of the Eastern Dynastic Aristocracy", in: Şahin / Schwertheim / Wagner 1977, 914–939.

Sullivan 1990: ders., *Near Eastern Royalty and Rome, 100–30 BC*. Toronto 1990.

Swain 1996: S. Swain, *Hellenism and Empire: Language, Classicism, and Power in the Greek World, AD50–250*. Oxford 1996.

Swain 1999a: S. Swain (Hg.), *Oxford Readings in The Greek Novel*. Oxford 1999.

Swain 1999b: S. Swain, "Plutarch's Moral Program", in: Pomeroy 1999, 85–96.

Swain / Harrison / Elsner 2007: S. Swain / S. Harrison / J. Elsner (Hgg.), *Severan Culture*. Cambridge 2007.

Swift 1923: E. H. Swift, "*Imagines* in imperial portraiture". *AJA* 27 (1923), 286–301.

Syme 1939: R. Syme, *The Roman Revolution*. London / Oxford / New York 1939. (dt.: *Die römische Revolution. Machtkämpfe im antiken Rom*. Stuttgart 2003.)

Syme 1958: ders., *Tacitus*. (2 Bde.) Oxford 1958.

Syme 1968: ders., *Ammianus and the Historia Augusta*. Oxford 1968.

Syme 1971: ders., *Emperors and Biography. Studies in the* Historia Augusta. Oxford 1971.

Syvanne 2017: I. Syvanne, *Caracalla: A Military Biography*. Barnsley 2017.

Talbert 2000: R. J. A. Talbert (Hg.), *The Barrington Atlas of the Greek and Roman World*. Princeton / Woodstock 2000.

Talbert 2010: R. J. A. Talbert, *Rome's World: The Peutinger Map Reconsidered*. Cambridge 2010.

Thirion 1968: M. Thirion, *Le monnayage d'Élagabale (218–222)*. Amsterdam 1968.

Titley 2002: B. Titley, *Dark Age: The Political Odyssey of Emperor Bokassa*. Quebec 2002.

Varner 2004: E. R. Varner, *Mutilation and Transformation: damnatio memoriae and Roman imperial portraiture.* Leiden / Boston 2004.

Veyne 1987: P. Veyne (Hg.), *A History of Private Life: From Pagan Rome to Byzantium.* (engl. Übs. Cambridge, Mass. / London 1987. Dt.: *Geschichte des privaten Lebens. Band 1:Vom Römischen Imperium zum Byzantinischen Reich.* Frankfurt a. M. 1991.)

Veyne (1990): ders., *Bread and Circuses: Historical Sociology and Political Pluralism* (gekürzte englische Übs. London 1990. Dt.: *Brot und Spiele. Gesellschaftliche Macht und politische Herrschaft in der Antike.* Frankfurt a. M. 1988.)

Wallace-Hadrill 1981: A. Wallace-Hadrill, „The Emperor and his Virtues". *Historia* 30 (1981), 298–323.

Wallace-Hadrill 1982: ders. „*Civilis Princeps*: Between Citizen and King". *JRS* 72 (1982), 32–48.

Wallraff et al. 2007: M. Wallraff / U. Roberto / K. Pinggera / W. Adler (Hgg.), *Iulius Africanus, Chronographiae: The Extant Fragments.* Berlin / New York 2007.

Wallraff et al. 2012: M. Wallraff / C. Scardino / L. Mecella / C. Guignard / W. Adler (Hgg.), *Iulius Africanus, Cesti: The Extant Fragments.* Berlin / Boston 2012.

Watkin 2017: D. Watkin, „Sir Lawrence Alma-Tadema's Painting *The Roses of Heliogabalus*", in: de Arrizabalaga y Prado 2017b, 105–124.

Watson 1982: A. Watson, Rezension zu Honoré 1981, in: *Legal History Review* 50 (1982), 409–414.

Weaver 1972: P. R. C. Weaver, *Familia Caesaris: A Social Study of the Emperor's Freedmen and Slaves.* Cambridge 1972.

Webster 1985: G. Webster, *The Roman Imperial Army of the First and Second Centuries A. D.* London ³1985.

Weiss 2005: P. Weiss, „The Cities and their Money", in: Howgego / Heuchert / Burnett (2005), 57–68.

Wellesley 2000: K. Wellesley, *The Year of the Four Emperors.* London / New York ³2000.

Whitby / Sidebottom 2017: M. Whitby / H. Sidebottom (Hgg.), *The Encyclopedia of Ancient Battles.* (3 Bde.) Chichester 2017.

Whittaker 1964: C. R. Whittaker, „The revolt of Papirius Dionysius AD 190". *Historia* 13 (1964), 348–369.

Whittaker 1969–70: C. R. Whittaker, *Herodian in Two Volumes.* Cambridge, Mass. 1969–70.

Williams 2010: C. Williams, *Roman Homosexuality.* Oxford ²2010.

Winterling 1999: A. Winterling, *Aula Caesaris: Studien zur Institutionalisierung des Kaiserhofes in der Zeit von Augustus bis Commodus (31 v. Chr.–192 n. Chr.).* München 1999.

Wirszubski 1968: Ch. Wirszubski, *Libertas as a Political Idea at Rome during the Late Republic and Early Principate.* Cambridge 1968.

Wood 1986: S. Wood, *Roman Portrait Sculpture, 217–260 AD.* Leiden 1986.

Woolf 1993: G. Woolf, „Roman peace", in: Rich / Shipley 1993, 171–194.

Yavetz 1988: Z. Yavetz, *Plebs and Princeps.* New Brunswick / Oxford 1988.

Young 2003: G. K. Young, „Emesa and Baalbek: Where is the Temple of Elagabal?" *Levant* 35 (2003), 159–162.

Zimmermann 1999: M. Zimmermann, *Kaiser und Ereignis. Studien zum Geschichtswerk Herodians.* München 1999.

Zinsli 2014: S. C. Zinsli, *Kommentar zur Vita Heliogabali der Historia Augusta.* Bonn 2014.

Endnoten

Einleitung: Die Rosen des Heliogabalus

[1] Nero: Suet. *Nero* 31; Tiberius: Tac. *Ann.* 6,7,5.
[2] Siehe unten Kap. 13.
[3] Vgl. Varner 2004.
[4] Vgl. Bruun 2003, 95.
[5] Namen: Birley 1988, 224; Varius: de Arrizabalaga y Prado 2010, 25–27.
[6] Dios einschlägige Bücher 79 und 80 liegen als englische Übersetzung in Band IV der Loeb-Ausgabe von E. Cary 1927 vor, deutsch in Band V der Übersetzung von O. Veh 1987. Einen nützlichen Kommentar bietet Scott 2018. Für die heutige Forschung wegweisend war Millar 1964; zwei wichtige Sammlungen jüngerer Aufsätze stammen von Madsen/Lange (Hgg.) 2016 und 2021. Einen, wenn auch polemisch gefärbten, Überblick für Fachfremde liefert Madsen 2019; zum Entstehungsdatum siehe nun Lindholmer 2021, 133–159.
[7] Die englische Übersetzung mit hervorragenden Anmerkungen von C. R. Whittaker 1969–70 liegt in zwei Bänden der Loeb-Edition vor; im Deutschen gibt es lediglich Reprints von A. Stahrs längst veralteter *Herodian's Geschichte des römischen Kaiserthums seit Marc Aurel* (1858). In den 1990ern erwachte das Interesse am lang übersehenen Herodian neu: Sidebottom 1998, 2775–2836; Zimmermann 1999; Hidber 2006; Pitcher 2012, 269–282; Kemezis 2014; Pitcher 2017, 236–250; Scott 2018b, 434–459 und Chrysanthou 2020, 621–651.
[8] Die Übersetzung der *Vita Heliogabali* findet sich im zweiten Band der Loeb-Ausgabe von D. Magie (*Scriptores Historiae Augusta* 1924), künftig zu benutzen in der grundlegenden Überarbeitung von D. Rohrbacher (*Historia Augusta* 2022). Eine bessere Übersetzung als Magie bieten die *Lives of the Later Caesars* von A. R. Birley 1976, der außerdem eine ausgezeichnete Einführung in diese merkwürdige Biografieserie bietet. In der deutschen Übersetzung von E. Hohl, überarbeitet von E. Merten und A. Rösger, findet sich Elagabal im ersten Band 1976, jetzt zu benutzen mit dem eingehenden Kommentar von S. C. Zinsli 2014. Hermann Dessau stellte, aufgeschreckt durch die vielen anachronistischen Namen und Titel im Text, 1889 die These auf, dass die *Historia Augusta* nicht, wie sie behauptet, von sechs Männern um 300 n. Chr. verfasst war, sondern rund hundert Jahre später von einem einzelnen Unbekannten.

Über ein Jahrhundert Forschung hat Dessaus Thesen bestätigt. Im englischsprachigen Bereich sind die zwei Monografien von Sir Ronald Syme 1968 und 1971 am einflussreichsten geworden.

9   Der mit Abstand unterhaltsamste Einstieg ins Nachdenken über Quellen und Methoden ist Pitcher 2009.

Kapitel 1: Der Aufstand

10 Verschworene: Cass. Dio 80,33, 3–4; Herodian 5,3,9–12. Frauen bei Herodian: Kettenhofen 1979.
11 Emesa: siehe unten Kap. 4. Römisch-parthische Kriege: Campbell 1993, 213–240; Roth 2017, 1023–25; 1028f.; 1038–42.
12 Nekropole: Hope 2009, 154–166. Prostituierte: Knapp 2011, 236–264. Spukgeschichten: Ogden 2008. *Lemuria*: Balsdon 1969, 69.
13
14 Orakel: Cass. Dio 80,33,2; junge Männer: Erelle 2015.
15 Andere Verschwörer: Cass. Dio 80,3,2f.; Herodian 5,3,12. Festus: Cass. Dio 80,32,4; Eubulus: 80,21,1f.
16 Reise: Talbert 2000, Karte 68. *Tabula Peutingeriana*: Talbert 2010, online einsehbar unter peutinger.atlantides.org; Temperatur: https://en.climatedata.org/asia/syria/homs/homs-4951/, letzter Zugriff 2.7.2019. Reisen: Casson 1974; Ansichten zum Landleben: MacMullen 1974, 1–27.
17 Übernatürliche Wesen: Ogden 2008; Apollonios: Philostrat. *Vita Apollonii* 2,4.
18 Namen: Birley 1988, 221–224.
19 Septimius Severus und Julia Domna: Thema hervorragender Biografien von Birley 1988 und Levick 2017. Caracallas Partherfeldzüge schildert (auf etwas exzentrische Weise) Syvanne 2017, 190–281. Kaiserkorrespondenz über Domna: Cass. Dio 79,4,2f.
20 Domna in Antiochia: Cass. Dio 79,23,1–6; Herodian 4,13,8.
21 Ermordung Caracallas: Cass. Dio 79,5,1–5; Herodian 4,13,1–7; HA *Carac.* 6,6–7,2
22 Scott 2018a, 242f.
23 Statusangst: Cass. Dio 79,23,1–4.
24 Kaiserstadt Antiochia: Downey 1961.
25 Levick 2017, 106.
26 Elagabals Familie: vgl. unten Kap. 2.
27 Maesa bei Hof: Herodian 5,3,2; Cass. Dio 79,3,3; nach Emesa befohlen: Herodian 5,3,2.
28 Rechtsformen: Berger 1953 s. v. *Deportatio* und *Relegatio*; Folgen: Drogula 2011, 230–266.
29 Vgl. auch Cass. Dio 78,1,1; Herodian 3,13,2f.
30 Verurteilung zwecks Konfiskation: Sidebottom 2005, 315–330; Dion Chrys. *or.* 7,11.

Der Aufstand

31 Sullas Epitaph: Plut. *Sulla* 38,4; Lob: Cass. Dio 76,8,1f.; HA *Carac.* 2,2 (Grab: a. a. O. 13,7).
32 *Dignitas*: Balsdon 1960, 43–50; Caesar, *civ.* 1,9,2.
33 Armee: Cass. Dio 79,28,1–29,2; Herodian 5,3,2–5,1; vgl. HA *Macr.* 12.
34 MacMullen 1990b, 198–203; 354–357.
35 Priester: Lukian, *Alex.* 32.
36 Caracalla wurde im April ermordet. Ehe die Nachricht Rom erreichte und Berichte über die dortigen Reaktionen nach Antiochia drangen, müssen drei Monate vergangen sein, dann ein weiterer, in dem Domna sich zu Tode hungerte und Maesa nach Emesa reiste.
37 Elagabalkult: siehe Kap. 8. Emesener Dynastie: vgl. Kap. 2. Opfer und Soldaten: Herodian 5,3,4–9.
38 Cass. Dio 79,31,1f.
39 Rekonstruktion: Davies 1974, 179–196; allerdings votiert Davies nicht für das Scheitern der Rebellion (a. a. O. 191f.).
40 Marius Secundus: Davenport 2021, 192f.; Briefe: Cass. Dio 79,34,6–8.
41 Julianus: Howe 1942, 73 Nr. 27.
42 McHugh 2017, 47.
43 Fuhrmann 2012, 152–55.
44 Raphaneai: Gschwind et al. 2009; Gschwind / Hasan 2014.
45 Parker 1958, 264f.; Bedriacum, stolze Geschichte: Tac. *Hist.* 3,24f. Rekruten: Campbell 2002, 25–32.
46 Sofort begrüßt: Herodian 5,3,12. In Cass. Dio 79,31,1–4 wird Elagabal nachts eingelassen, aber bei Tagesanbruch zum Kaiser ausgerufen; vgl. HA *Macr.* 9,6.
47 Kommandokette: Webster 1985, 112–118.
48 Cass. Dio 80,7,1.
49 Totale Institution: Pollard 2000. Beispiele: Dion Chrys. *or.* 12,18–20; Tac. *Ann.* 1,69; Cass. Dio 60,19,2f.
50 Vgl. Tac. *Ann.* 1,41 zu Caligula.
51 HA *trig. tyr.* 29, eine Erfindung, die die echte Praxis illustriert.
52 Cass. Dio 79,38,4.
53 Campbell 1984, 19–32.
54 Holmes 1985, 32–34.
55 Praktische Tabelle bei Luttwak 1976, 85.
56 Geldgier: Herodian 3,8,4f.; Cass. Dio 80,4,1f.
57 Beschreibung und gute Illustrationen der Büste bei Romano 2007, 210–212, die wie die meisten heutigen Forschenden zu Zweifeln an der Ansprache als Maesa neigt.
58 Münztypen Maesas: Rowan 2011, 265–267.
59 Entfernung: Talbert 2000, Karte 68. Dios Version ist glaubhafter als Herodian 5,4,2, der Julianus aus Antiochia entsandt werden lässt.
60 Rolle der Präfekten: ausgezeichneter Überblick bei Mennen 2011, 159–187. Populärhistorische Einführung zur Prätorianergarde: de la Bedoyere 2107. „Quis…": Iuv. *sat.* 6,347f.

Die Vorgeschichten

61 Julianus: Howe 1742, 73 Nr. 27; Nestor: a. a. O. 74 Nr. 28.
62 Mamaeas Tochter: Cass. Dio 79,31,4. Gessius Marcianus: vgl. Kap. 2 und Stammbaum.
63 Cass. Dio 79,32,1.
64 Angriff: Cass. Dio 79,32,1–33,2; Herodian 5,4,3f.
65 McHugh 2017, 47f.
66 Dio missbilligt Julianus: 79,15,1.
67 Zu Kaiserbildern allgemein Swift 1923, 286–301.
68 Tondo: Hannestad 1988, 259f.
69 Kot: Gleason 2011, 33.
70 Begriffsraum: Gleason 2011, 71 Anm. 193.
71 Dixon 1992; S. M. Treggiari, OCD^4 (2012), 566f. s. v. „family, Roman" mit weiterer Literatur.
72 Papyrus in Übersetzung: Lefkowitz/Fant 2005. Aussetzung: OCD^4 (2012), 735 s. v. „infanticide".
73 Empfängnisverhütung: Hopkins 1965, 124–151.
74 S. M. Treggiari, OCD^4 (2012), 13. s. v. „adoption". Severus: Birley 1988, 117.
75 Identitätsdiebstahl: Gleason 2011, 33–86; Augustus' „Neffe": Val. Max. 9,15,2; falsche Neros: Millar 1964, 217f.
76 Brillant nacherzählt von Natalie Zemon 1983 und hervorragend mit Gérard Depardieu in der Hauptrolle 1982 verfilmt. Eine weniger erfolgreiche Adoption namens *Sommersby* mit Richard Gere spielt im US-amerikanischen Bürgerkrieg.
77 Romane: übersetzte Sammlung bei Reardon 1989; gute Einführung und Auswahl wichtiger Artikel bei Swain 1999. [Die erhältlichen deutschen Romanübersetzungen gehen teils auf das 18. Jh. zurück, ehe das neue Interesse am Genre ab dem frühen 20. Jh. dauerhaft einsetzte.]
78 Ereignisverlauf: Cass. Dio 79,32,3–33,2; Herodian 5,4,3f.
79 Festus' Identitätsdiebstahl: Gleason 2011, 71 Anm. 194; *a cubiculo* Caracallas: Cass. Dio 79,32,4; Herodian 4,8,4f.
80 Rede: Cass. Dio 79,32,4–33,3. Laut Scott 2018a, 91 richtete sich der Abschnitt 79,33,1f. über Soldaten und Verbannte in der Textlücke nicht an die Soldaten, sondern an Senat und Ritterstand. Das scheint unwahrscheinlich, weil Elagabals spätere Briefe an Provinzen und Legionen (79,34,6–8) und den Senat (80,1,2) so beschrieben werden, als seien es die jeweils ersten Nachrichten.

Kapitel 2: Die Vorgeschichten

81 Cornell 1995, 57–73.
82 Das Standardwerk zum uferlosen, komplizierten Thema Bürgerrecht ist Sherwin-White 1973; einen knappen Überblick liefert Crawford, OCD^4 (2012), 321 s. v. „citizenship, Roman".
83 Militärdiplome: Roxan 1994. Zahlen: 130 000 nach Cheesman 1914, 49f., 220 000 nach Campbell 2002,48.

Die Vorgeschichten

[84] Quellen: Cass. Dio 78,9,4f.; *P. Giss.* 40, col. 1, Z. 1–12, übs. Hekster/Zair 2008, II.20, S.123.
[85] Jüngste Diskussionen: Potter 2004, 138f.; Hekster/Zair 2008, 47–55; Ando 2012, 93–97.
[86] *P. Dura* 98.
[87] Hopkins 1983, 31–200.
[88] Hammond 1957, 74–81.
[89] Grundlegend zur Dynastie ist Sullivan 1977a, 198–219; vgl. auch Chad 1972; Birley 1988, 221–224; Levick 2007, 6–22.
[90] Sohaemus: *IGLSyr* 2760; *contra* Millar 1993, 119–20; 302.
[91] Sampsigeramus / Silas: *IGLSyr* 2212.
[92] Östliche Königsfamilien: Sullivan 1990; Klientelkönige: Braund 1984.
[93] Millar 1993, 303.
[94] Vgl. HA *Comm.* 8,3 (in der Alexander einen engen Verwandten tötet); Birley 1988, 223 Nr. 44.
[95] *Digesten* 32,38,4; Birley 1988, 223 Nr. 43.
[96] Alexianus: Birley 1988, 223 Nr. 45.
[97] Unbekannter: *Dig.* 1,9,12; Gessius Marcianus: Birley 1998, 221f. Nr. 26; M. Julius Gessius Marcianus: a. a. O. 223 Nr. 44.
[98] Photios, *Bibl.* 94; *Suda s. v.* Iamblichos, Übersetzung von G. N. Sandy in Reardon 1989, 783–797; Überblicksartikel von E. L. Bowie, *OCD*[4] (2012), 721f., *s. v.* Iamblichus (1). Siehe auch Millar 1993, 489–492 mit einer (bei Sandy fehlenden) Übersetzung der Randnotiz (zu ihr weiter unten).
[99] Philosoph Iamblichos, Sampsigeramos: Photios, *Bibl.* 181. Dieselbe Passage zählt einen ganzen Schwung Nachkommen des Sampsigeramos auf – Flavianus, Eusebios, Diogenes – und kommt dann zur philosophisch gebildeten Theodora. Einleitend D. O'Meara, *OCD*[4] (2012), 722 *s. v.* Iamblichus (2).
[100] Heliodoros: Einleitend E. L. Bowie, *OCD*[4] (2012), 654f. *s. v.* Heliodorus (4); Romanübersetzung von J. R. Morgan in Reardon 1989, 349–588; deutsch N. Holzberg, *Die Abenteuer der schönen Chariklea* (2001). Papinian: HA *Carac.* 8.2; einleitend T. Honore, *OCD*[4] (2012), 21 *s. v.* Aemilius Papinianus.
[101] So z. B. Whittaker 1970, 19 Anm. 5: „the cult was administered by the priest-kings".
[102] Josephus, *Ant. Jud.* 20,139; Cass. Dio 80,11,1.
[103] Erstbelege: Starcky 1975/76, 501–520; Name: Millar 1993, 300f.
[104] Elagabal in Emesa: Levick 2007,16. Julius Bassianus: *Epit. de Caes.* 21,1; 23,2; Birley 1988, 223 Nr. 46; Datum: Levick 2007, 19. Tempel unter Caracalla: a. a. O. 21. Massen: Herodian 5,3,4–10.
[105] Horoskop: HA *Sev.* 3,9; Propaganda: Levick 2007, 29–31.
[106] Astrologie: Ein Lesevergnügen ist der Überblick bei MacMullen 1966, 128–162; vgl. jetzt Beck 2007. Orakel: Cass. Dio 79,8,6; Deckenbild: 77,11,1; Anklage: HA *Sev.* 4,3.
[107] Severus als Legat: Birley 1988, 68–73; Domna / *Domina*: Levick 2007,18; 29.
[108] Smith 1998, 70–73.
[109] Bowie 1990, 61–63.

Die Schlacht

110 Dynastische Priesterämter im Osten: Sullivan 1977b, 914–939.

Kapitel 3: Die Schlacht

111 Weitere Vorzeichen in Rom: Cass. Dio 79,25,1–26,1. Am 12. April gab es eine Sonnenfinsternis und 218 war der Halleysche Komet sichtbar: Scott 2018a, 83. Kleinere Aufstände zählen die Schriftquellen oft auf, um die Instabilität ‚schlechter' Kaiser hervorzuheben (vgl. unten Kapitel 5). Der Verdacht liegt nahe, dass sie aus dem entgegengesetzten Grund für Kaiser, die der Autor billigte, nicht berichtet wurden.
112 HA *Macr.* 4,1–8.
113 Herkunft und Karriere: Scott 2008, 48–71. Der Name von Macrinus' Sohn Diadumenianus deutet an, dass Macrinus' Frau die Tochter des Ritters Haius Diadumenianus gewesen sein könnte, der rund 15 Jahre zuvor Prokurator Mauretaniens gewesen war: Birley 1988, 191. Die *Historia Augusta* erfindet für Macrinus eine Frau namens Nonia Celsa (HA *Diad.* 7,5); Celsus ist ein Lieblingsname in ihren Fiktionen (z. B. HA *trig. tyr.* 2). Plautianus: Cass. Dio 79,11,2f.
114 Integrität: Cass. Dio 79,11,1–3; Truppenprivilegien: 79,28,2–29,2; Feigheit: 79,12,4; 27,1; Niedrige: 79,13,1–15,1; Ritter auf dem Thron: 79,41,1–4.
115 Sidebottom 1998, 2775–2836.
116 Büste des Macrinus: Kleiner 1992, 361f. Nr. 319.
117 Bartsymbolik: Sidebottom 2009, 69–99.
118 Dion Chrysostomos: *Or.* 31. Secundus: Perry 1964; Apollonios: Philostr. *v. Apoll.* 1,14.
119 Herodian 5,2,4.
120 Lücke: Cass. Dio 79,33,2–34,1.
121 Zu Marcellus vgl. die Anmerkungen zu Kapitel 4.
122 Zuschreibung: McHugh 2017, 47. Früher: Cass. Dio 79,31,4
123 *II Parthica*: Balty 1988, 97–104.
124 Comazon: Cass. Dio 80,3,5–4,2; Howe 1942, 74 Nr. 30. Präfekt der *II Parthica*: So Icks 2011, 13. Galeerensklave: McHugh 2017, 53. Strafversetzung zur Flotte: Campbell 1984, 309f.
125 Kaiserreisen: vgl. unten Kapitel 5.
126 Talbert 2000, Karten 67 und 68.
127 Balty 1988, 91–104.
128 Unterstützung: So Potter 2004, 150. Kontext: Hom. *Il.* 8,99–171.
129 Scott 2008, 87–95.
130 Festgeschehen: Cass. Dio 79,34,1–5 vgl. Herodian 5,4,4.
131 Dalby 2003, 322.
132 Kuriere: Cass. Dio 79,34,6–8; Paranoia: vgl. Herodian 7,6,9.
133 Geläufig wurde die prosopographische Methode in der englischsprachigen Forschung vor allem durch die Arbeiten Sir Ronald Symes (v. a. Syme 1939 und Syme 1958). Ausgewogener Überblick bei A. J. S. Spawforth: *OCD*[4]

(2012), 1225f, *s. v.* „prosopography". Kritisch mit Bezug auf die Kaiserzeit Graham 1974, 136–157; allgemeiner Stone 1971, 46–79.
[134] Davenport 2012, 193.
[135] Davenport 2012, 142f.
[136] Agrippinus, Caesianus: Davenport 2012, 191f.; Timesitheus: Howe 1942, 78f. Nr. 45.
[137] Davenport 2012, 189–191.
[138] Cass. Dio 79,39,5.
[139] Hilfreiche Übersicht bei B. Campbell: *OCD*[4] (2012), 816–819 *s.* v. „legion".
[140] Talbert 2000.
[141] Dorf: Cass. Dio 80(79),37,3. Als Immae identifiziert von E. Honigmann, *RE* IV A 2 (1932), 1549–1728 *s. v.* Syria; dort 1692. Downey 1961, 249f. geht fälschlich von zwei getrennten Schlachten aus. Atinius Ianuarius: Balty 1988, 100.
[142] Solide Neubewertung des römischen Militärnachrichtendienstes bei Austin / Rankov 1995.
[143] So Whittaker 1970, 31 Anm. 3; Potter 2004, 151.
[144] Gilliver 1999, 108–110.
[145] Cheesman 1914, zu ergänzen aus den von B. Campbell, *OCD*[4] (2012), 215 *s. v. auxilia* zusammengetragenen Studien.
[146] Heeresgruppen: Luttwak 1976. Vexillationen: Le Bohec 1994, 30.
[147] Apameia: Balty 1988, 102f.; Missverständnis: McHugh 2017, 49.
[148] Gannys ist Comazon: Zonaras 12,13 und Xiphilinos 347,23; danach Jarde 1925, 57 Anm.2 und Stein 1927, 121f. Späterer Abschnitt: Cass. Dio 79,39,4.
[149] Gannys neu: Levick 2007, 147; McHugh 2017, 46 Anm.14.
[150] Gannys ist Eutychianus: de Arrizabalaga y Prado 1999, 18; Scott 2018a, 86f.
[151] Sonnenaufgang: https://www.timeanddate.com/sun/syria/homs, letzter Zugang 14.6.2021.
[152] Temperatur: https://en.climate-data.org/asia/syria/homs/homs-4951/, letzter Zugang 14.6.2021. Prätorianer: Cass. Dio 79,37,4.
[153] Leeres Schlachtfeld heute: Holmes 1985, 148–175; Wandel der Ausrüstung: Bishop / Coulson 1993, 122–159.
[154] Fabius Agrippinus, der Statthalter von Syria Coele, war möglicherweise bei Macrinus, kann aber auch losgeschickt worden sein, um die beiden übrigen Legionen seiner Provinz zusammenzuziehen.
[155] Cass. Dio 79,38,4.
[156] Sidebottom 2004, 99–111.
[157] Wellington: vgl. Holmes 1985, 9; Schlachtbeschreibungen: Keegan 1976.
[158] Herodian 5,4,5–10; Cass. Dio 79,37,4; 38,3f.
[159] Balty 1988, 100.
[160] Cass. Dio 79,39,1.
[161] Herodian 5,4,7f. lässt Macrinus sich noch auf dem Schlachtfeld den Bart abnehmen, was unwahrscheinlich ist.
[162] Gewalt und Homonoia: A. J. S. Spawforth, *OCD*[4] (2012), 700 *s. v. homonoia*;

[163] Zur Atmosphäre auf dem Schlachtfeld: Lukan, *Phars.* 6,413–830 mit Ogden 2008, 51–56.
[164] Aur. Victor, *Caes.* 33.
[165] Unverzichtbar zu Antiochia ist Downey 1961. Plastisch und erhellend sind die Aufsätze und Abbildungen bei Kondoleon 2000. Hauptstadt des Ostens: Herodian 4,3,7 – allerdings wohl eine fiktive Szene: Sidebottom 1998, 2820.

Kapitel 4: Identitäten und Rassismus

[166] Domaszewski 1895.
[167] So Gruen 2011.
[168] „Protorassismus": Isaac 2004.
[169] Rezensent: Lambert 2005, 661.
[170] Cass. Dio 79,27,1.
[171] Diese Deutung verfolgt im Wesentlichen Gruen 2011, streicht dagegen aber alle positiven Äußerungen über andere Völker heraus.
[172] Die Belege für diesen Rassismus stellt Balsdon 1979 klar und ironisch vor; inzwischen pflichtet ihm Isaac 2004 bei, während Gruen 2011 widerspricht.
[173] Philostrat. *v. Ap.* 5,8f.
[174] „Edle Wilde": Dion Chrys. *or.* 12,17–21, dazu Sidebottom 1990, 180–204. Östliche Weisheit: Momigliano 1975.
[175] Titel: Snowden 1983; vgl. Gruen 2011, Kapitel 8 mit einer neueren Wiederholung dieses Postulats.
[176] Septimius Severus: HA *Sev.* 22,4f.; Heer des Brutus: Appian, *civ.* 4,566; Affe: Lukian, *Pseudol.* 17.
[177] Inschriften, Münzen: Millar 1993, 305; vgl. Palmyra (Matthews 1984, 157–180), Sidon und Arca (Aliquot 2019, 115). Ratsherren: Cass. Dio 79,31,3; vgl. Paus. 10,4.
[178] Kolonie: Millar 1993, 308; Levick 2007, 11. *Constitutio Antoniniana*: siehe Kap. 2.I. Spiele: Levick 2007, 17.
[179] Romanautoren: siehe Kap. 2.II. Tempel: Die These von Ball 2000, 37–47, der Tempel habe in Baalbek statt in Emesa gestanden (widerlegt von Young 2003, 159–162), hat außer Gonzalez Garcia 2013 wenig Anklang gefunden.
[180] Siehe oben Kap. 2.II und unten 3.III.
[181] Avitus-Inschrift: *AE* 1962,229. Güter in Italien: Birley 1988, 145, Velitrae: *CIL* X 6569 = Dessau, *ILS* 478. *Horti Variani*: Arrizabalaga y Prado 2010, 192, doch vgl. unten Kap. 4.III.
[182] Griechen und Römer: Der fundamentale Wandel in der Forschungsmeinung begann mit Swain 1996.
[183] Vgl. oben Kap. 2.II.
[184] Vgl. oben Kap. 2.II.
[185] Syrophöniker: Lucilius, *sat.* 15,497f. Assyrer: Cass. Dio 80,1,1; 11,2.
[186] Phönikische Grausamkeit: Isaac 2004, 334f.; „phönikische Geschichte": Platon, *Pol.* 435c–436a; „den Phöniker spielen": Kaldellis 2019, 689; Adams 1982, 202. Bestandsaufnahmen antiker Darstellungen von Phönikern: Isaac

2004, 324–351; Gruen 2011, Kap. 12; Quinn 2019, 671–683 – die Letztgenannten betonen das Positive.

[187] Araberfabel: Aesop. 112. Luke Pitcher wies mich darauf hin, dass nicht alle Anspielungen auf Araber negativ waren: Appian, fr. 19.

[188] „Orientalismus": Said 1978. „Selbsthass": Isaac 2004, 342–350.

[189] Pomponius Mela: Batty (2000), 70-94; Zitat: De chron. 1,65.

[190] Besprochen bei Batty 2000, 70–94.

[191] Alter 218: Herodian 5,3,3, gestützt von Cass. Dio 80,20,2. Nicht vereinbar damit ist die Angabe Herodian 5,7,4. *Ludi saeculares*: Birley 1988, 156–160.

[192] Marcellus: Birley 1988, 225 Nr. 50.

[193] *Horti Variani*: HA *Aurelian.* 1,1–3. Platner / Ashby 1976, 273 hielten eine Erfindung für möglich; Richardson 1992, 204 bezweifelte nicht ihre Existenz, wohl aber den Besitz durch Elagabal, da dieser ein großes Gut *ad Spem Veterem* hatte (s. u.). Erfindungen mit „Varius": HA *Heliog.* 2,2.

[194] *Horti Spei Veteris*: HA *Heliog.* 13,5–14,5; Archäologie: Claridge 2010, 379–383.

[195] *CIL* X 6569 = Dessau, *ILS* 478.

[196] Severus in Britannien: Birley 1988, 170–187; Levick 2007, 84–86.

[197] Cass. Dio 79,16,5.

[198] BBC, „Timewatch", April 2006.

[199] Levick 2007, 89.

[200] Levick 2007, 90f.

[201] Cleve 1988, 196–206 macht den faszinierenden Vorschlag, Domna selbst habe dafür gesorgt, dass ihre Verwandten von der Macht ferngehalten wurden. Auch wenn das letztendlich nicht überzeugt, erinnert es uns daran, dass sich Familien keineswegs immer einig waren.

[202] Statthalter Numidiens: Birley 1981, 15–35.

[203] Vgl. Herodian 3,2,3–5.

[204] *IGRRP* 4.1,287 (= *TAM* 5,943); hilfreiche Übersetzung und Erläuterung bei Arrizabalaga y Prado 2010, 183–190.

[205] Aur. Victor, *Caes.* 23; HA *Heliog.* 2,3. Zum Aufenthalt in Emesa Potter 2004, 143f.

[206] HA *Heliog.* 2,2; 19,1; 28,1f.; 31,1–5.

[207] a. a. O. 23,1; 28,1f.

[208] HA *Aurelian.* 22,2; 33,3.

[209] Erziehung: Kompakter Überblick mit aktueller Literatur bei J. V. Muir, *OCD*[4] (2012), 489–491.

[210] Statt Elagabals *grammaticus* könnte Eutychianus auch sein Erzieher im Gymnasion von Emesa gewesen sein, da Cassius Dio sagt, er habe „den Leuten bei Vergnügungen und Sportübungen gefallen" (79,31,1). Allerdings kann das ebenso gut nur ein weiterer Teil der generellen Abwertung aller an dem Aufstand Beteiligten durch den senatorischen Geschichtsschreiber sein.

[211] Realpolitik: So Kemezis 2016, 374–377.

[212] Rebellion: Arrizabalaga y Prado 2010, 242f.

Kapitel 5: Die Reise

213 Leben Manis: Sundermann 2009. Lane Fox 2015, 91–125 bietet eine unterhaltsame Einführung aus der Sicht des Augustinus.
214 Parteinahme der Statthalter: vgl. oben Kap. 3.IV.
215 Vgl. oben Kap. 2.II.
216 Niger: Cass. Dio 75,8,3. Verfolgung je nach Prominenz: Meines Wissens gibt es keine jüngere Untersuchung, die das Material hierzu sammelt und Schlüsse zieht – das wäre ein interessantes Thema für eine Doktorarbeit.
217 Cass. Dio 78,19,1f.; 21,1.
218 Luke Pitcher findet, dass ich „an dieser Stelle ein bisschen" (wenn auch nur ein bisschen) „unfair zu Dio" bin: Senat und Volk taten sich tatsächlich zusammen, um Maximinus Thrax zu stürzen, aber das war etwas Einmaliges und lag zwanzig Jahre in der Zukunft.
219 Bürgerkrieg 69–70: Wellesley 2000; Morgan 2006. Bürgerkriege 193–97: Birley 1988, 97–128. Zahlen: Luttwak 1976, 85.
220 Sidebottom 1998, 2820–2822.
221 Cass. Dio 79,39,4–6.
222 Herodian 5,4,11; Cass. Dio 79,39,5–40,2.
223 Byzantinische Verstümmelung: A. Kazhdan, *The Oxford Dictionary of Byzantium* (Oxford 1991), 297f. *s. v.* Blinding. Vorurteile gegen Krüppel: 260 n. Chr. erklärte sich Macrianus für herrschaftsunfähig, weil er lahm war: J. Drinkwater, in: *CAH* 12³ (2005), 44 zu Zonaras 12,24 p. II,145 Dindorf.
224 Epagathus: Cass. Dio 78,21,2; 79,39,1; 80,2,2–4.
225 Gellius Maximus: Okon 2017, 136 Nr. 526; Claudius Aelius Pollio: a. a. O. 77 Nr. 275.
226 Cass. Dio 79,39,6–40,2.
227 Cass. Dio 79,40,1 mit Scott 2018a, 99; vgl. Herodian 5,4,12; HA *Diad.* 8,2; 9,4.
228 HA *Diad.* 8,2–9,3.
229 Iulianus Nestor: Cass. Dio 80,3,4; Aurelii: a. a. O. 79,5,2; Herodian 4,14,2; Fabius Agrippinus: Cass. Dio 80,3,4; Munatius Sulla Cerialis: 80,4,6.
230 Attalus: Cass. Dio 80,4,5. Julius Avitus Alexianus: Birley 1988, 223 Nr. 43.
231 Basilianus, Secundus: Cass. Dio 79,35,1–3; Pica Caerianus: 80,3,4.
232 Laut Cassius Dio 80,3,4 wurden auch „die führenden Ritter unter Macrinus' Anhängern" getötet. Basilianus, Nemesianus und Apollinaris waren Ritter.
233 Timesitheus: Howe 1942, 78f. Nr. 45; Callistianus: Davenport 2012, 193.
234 Flavius Iulianus: Okon 2017, 122 Nr. 467; Geminius Chrestus: Howe 1942, 75 Nr. 34f.
235 Okon 2013, 99; Okon 2017, 248 Nr. 1036.
236 Okon 2017, 46 Nr. 129.
237 Okon 2017, 155 Nr. 608.
238 Cass. Dio 80,1,2–2,2 mit Scott 2018a, 113f.

[239] Reaktionen des Senats: HA *Heliog.* 3,1; Herodian 5,5,2. Fulvius: Cass. Dio 79,3,6; Scott 2018a, 95; vgl. auch unten Kap. 7 und 11. Silius Messalla: Cass. Dio 80,5,1–3; Scott 2018a, 120f. Fügsamkeit: Cass. Dio 80,2,4f.
[240] Cass. Dio 80,2,5.
[241] Plinius der Jüngere, *Briefe*, Buch 10; engl. Übersetzung von B. Radice 1969, deutsche Übss. von H. Kasten 7. Aufl. 1995; H. Philips / M. Giebel 2010. Fronto: übersetzt erhältlich ist neben mehreren engl. Auswahlausgaben nur die auf einem stark veralteten Textstand beruhende Loeb-Gesamtausgabe von C. R. Haines 1919–20.
[242] Engl. Übersetzung von B. Radice 1969; deutsche von W. Kühn 1985.
[243] Cass. Dio 80,2,2f.
[244] Pillio: Cass. Dio 79,40,1; 80,3,1; Okon 2017, 77 Nr. 275.
[245] Stadtkohorten: Coulston 2000, 81. Eine Kohorte (die *cohors XIV*) befand sich vielleicht im Osten; vgl. Balty 1988, 102.
[246] Oclatinius Adventus: Birley 1981, 298f.; Scott 2018a, 57.
[247] Marius Maximus: Birley 1997, 2678–2757. Unzuverlässigkeit der *Historia Augusta*: Sidebottom 2007a, 56–58.
[248] Cass. Dio 80,2,4f.; Scott 2018a, 155.
[249] Cass. Dio 80,3,1; *CIL* XIII 6807.
[250] Häufig wird übersehen, dass es bei der *adlectio* eines Mannes in den Senatorenstand (so der Forschungsbegriff für solche direkten Ernennungen durch den Kaiser) notwendig wurde, ihn mit dem nötigen Kapital auszustatten, falls er die Eigentumsvoraussetzungen noch nicht erfüllte. Unter Elagabal galt dasselbe auch für Verus und – da Prätorianerpräfekten häufig Senatsrang erhielten – für Comazon. Natürlich wurden die Ausgaben hierfür durch die Beschlagnahmung des Vermögens der hingerichteten Oberschichtsmitglieder ausgeglichen.
[251] Agrippa: Davenport 2012, 186–188; Scott 2018a, 55f.
[252] Triccianus: Davenport 2012, 187f.; Scott 2018a, 56.
[253] Ulpius Victor: Pflaum 1960–61 Nr. 257. Pontius Pontianus: Okon 2017, 206 Nr. 842, vgl. 205f. Nr. 838; 841; 843; Davenport 2012, 187 Nr. 15. Novius Rufus: Okon 2017, 124 Nr. 474 mit 185 Nr. 750.
[254] Büstenverteilung: Swift 1923; Münzen: vgl. unten Kap. 7–9.
[255] Typ-1-Büsten: Fittschen / Zanker 1985, 1,114f.; Wood 1986, 49–51; Icks 2011, 63 Anm. 3. Alle potentiellen Elagabal-Büsten sind abgebildet bei Arrizabalaga y Prado 2010, 133–139.
[256] Fast alle: Rowan 2012, 164f. Beachten Sie mein tückisches „fast": nicht dieser Meinung ist z. B. Johnston 1982, 100–105. Wann ist sich die Forschung schon mal einig?
[257] Caracalla-Bilder: Kleiner 1992, 322–325. Numismatiker: Harl 1981, 163–184; Johnston 1982, 97–147.
[258] Campbell 2002, 83–89.
[259] Cass. Dio 80,3,1.
[260] Whittaker 1970, 34 Anm. 1.
[261] Scott 2018a, 116.

[262] Mitnahme des Gottes: Herodian 5,2,3; Prozession: 5,6,6–9. Pflichten vernachlässigt: Wenn das zutrifft, entzieht es der modernen Vorstellung einer „Glaubensrevolution" 220 n. Chr. die entscheidende Grundlage; vgl. unten Kap. 8.IV.

[263] Elagabal traf am 9. Juni in Antiochia ein; „einige Monate" (Cass. Dio 80,3,1) Aufenthalt müssen mindestens bis August reichen.

[264] Arrizabalaga y Prado 2003, 85.

[265] Kulteinführungen: Rowan 2012, 176–187.

[266] Die psychologische Wirkung des Anblicks auf Elagabal hervorzuheben (vgl. Arrizabalaga y Prado 2010, 242) wäre verfehlt: es war ganz üblich, an Straßen in Stadtnähe die Leichen hingerichteter Verbrecher zur Schau zu stellen.

[267] Kaiserankunft: Millar 1992, 28–40.

[268] Sommer 2010, 66–69.

[269] Menander Rhetor: Ausgabe mit engl. Übersetzung von Russel / Wilson 1981, dort S. 76–95 zur *Rede an den Kaiser*; deutsche Ausgabe K. Brodersen 2019.

[270] Spät im Jahr: Herodian 5,5,3. Schifffahrt ruht: Casson 1995, 270–272.

[271] Aufstände: Cass. Dio 80,7,1–4 mit Scott 2018a, 122–124.

[272] *Legio III* verlegt: Herodian 5,3,9. Nichts spricht für die oft wiederholte moderne Annahme, die Legion habe Elagabal nach Nikomedia begleitet; viel eher wurde sie nach Danaba nahe Damaskus geschickt, wo sie bei ihrer Neugründung unter dem nächsten Kaiser stationiert war. Afrika: Dessau, *ILS* 2657; 2314–2317.

[273] Salway 1997, 127–153 stellt den Quellenbefund umfassend vor, überzeugt aber nicht beim Versuch, die Laufbahn anders zu datieren.

[274] Dessau, *ILS* 505; 2420; 9014.

[275] Nutton 1971, 262–271.

[276] Cass. Dio 79,35,1–3.

[277] Sulla: vgl. oben, Kap. 3.III.

[278] Cass. Dio 79,22,3; 80,4,4.

[279] So Scott 2018a, 121.

[280] Lebensweise in Nikomedia: HA *Heliog.* 5,1–5; Herodian 5,5,3.

[281] Cass. Dio 77,3,1–4,5.

[282] Icks 2011, 15.

[283] Coughlin 2002, 197.

Kapitel 6: Macht

[284] Eine plastische, heute oft unterschätzte Darstellung des Weges zur augusteischen Monarchie liefert Syme 1939, 313–524.

[285] Unübertroffen zur Kaisergewalt ist weiterhin Brunt 1977, 95–116.

[286] „das richtige Ziel…": Millar 1977, xii. „der Kaiser war…": a. a. O. 7.

[287] „Modell": Millar 1991, 644.

[288] Das Thema wurde ausgespart, weil Campbell 1984 in Arbeit war: Millar 1991, 638f.

[289] Cass. Dio 73,9,2–4.

[290] Kaiserkult: Price 1984.
[291] *Consilium*: Crook 1955; Domitian: Iuv. *sat.* 4,34–154.
[292] Beard 2020, 1.
[293] Hopkins 1978, 185.
[294] Gegensätzliche Institutionen: Hopkins 1974. Erinnerung an die Republik: Gallia 2012. Neue Männer: Hopkins 1983, 31–200.
[295] So de Ste Croix 1981, 380f.
[296] Wirszubski 1968.
[297] Wallace-Hadrill 1982, 32–48.
[298] Sidebottom 2005, 320–327.
[299] Yavetz 1988.
[300] 29 Unruhen: Whittaker 1964, 361f. Cleander: Herodian 1,13,4.
[301] Meine These vom „Überdruckventil" ist umstritten. Der Trend in der jüngeren Forschung (z. B. Millar 1998) geht dahin, die demokratischen Elemente der Republik zu betonen.
[302] Spiele: Klassisch ist Veyne 1990. Furchtbare Lebensumstände: Brunt 1974.
[303] Militär: Campbell 1984; Sidebottom 1993, 250–257.
[304] Apul. *met.* 9,39.
[305] Grundlegend ist die Darstellung von Weaver 1972; vgl. auch Winterling 1999 und zur Severerzeit Schöpe 2014. Eine unterhaltsame Einleitung bleibt Band 1 von Friedlaenders *Darstellungen aus der Sittengeschichte Roms* (Neuausg. 2016).
[306] Kapuściński 1983, 5.
[307] Friedlaender/Wissowa [2016], 1^{10}, 46.
[308] van Berchem 1974, 301–307.

Kapitel 7: In Rom

[309] Statuen in Carnuntum: vgl. unten Kap. 10. Relief in Aquileia: Balestrazzi 1985, 337–360.
[310] Julius Flavianus: PIR^2 I 312; Okon 2013, 92; fehlt in Howe 1942, ist aber wohl derselbe wie Flavianus (Howe S. 75 Nr. 34). …atus: Salway 1997, 127–153. Aurelius Eubulus: Cass. Dio 80,21,1f.
[311] Magier: HA *Heliog.* 8,2; Zos. 1,11.
[312] Eutr. 8,22. Münzen: Scott 2018a, 117.
[313] *CIL* VI 3162 = Dessau, *ILS* 2188; Arrizabalaga y Prado 2017a, 221–225.
[314] Herodian 5,5,1.
[315] Trajan: M. Griffin, in: CAH^2 XI (2000), 102.
[316] Septimius Severus: Cass. Dio 77,15,2. Caracalla: 78,17,3f. Brief: Rea 1993, 130f.
[317] HA *Heliog.* 9,1–3.
[318] Caracallas Nordfeldzüge: Syvanne 2017, 165–182. Macrinus hatte durch die Rückgabe von Geiseln Frieden mit den Dakern erkauft (Cass. Dio 79,27,5). Ablenkung durch die Parther: Hartmann 2017, 1043f.

[319] Caracalla: Cass. Dio 79,8,4; Septimius Severus: 76,10,2. Autobiografisches: Sidebottom 2007a, 55. Kaiser als Buchautoren: Dilke 1957, 78–97.
[320] Kalder 2018.
[321] Cooley 2009.
[322] Es gibt zahlreiche englisch- und deutschsprachige Übersetzungen, darunter Stanforth 1964 in den Penguin Classics. Luke Pitcher meint, ich sei „ein bisschen hart in der Frage der mutmaßlichen Qualität der Schriften einiger Kaiser" und verweist darauf, dass „Tacitus (der nicht direkt für seine wohlwollende Grundhaltung berühmt ist) über die frühen Julio-Claudier als Redner tatsächlich ganz lobend spricht (Tac. Ann. 13,3), allerdings zugegebenermaßen, um bei Nero desto härter zuschlagen zu können".
[323] Levick 2007, 110.
[324] HA *Heliog.* 8,4f.
[325] Opper 2008, 221.
[326] Sidebottom 1998, 2810.
[327] Cod. Iust. 9,1,3.
[328] Philostr. *VS* p. 607.
[329] Projekt: Honoré 1979, 51–64; Honoré 1981/1994. Nummer 6: Honoré 1994, 44–46. Zweifel: Watson 1982, 409–414.
[330] Procop. *Anecd.* 6,11–16.
[331] Sidebottom 2007b, 3–29.
[332] Schnee: Plin. *ep.* 1,20; 4,22.
[333] Thyateira: Robert 1937, 119f. Delphi: Plassart 1970 Nr. 332.
[334] Wallraff et al. 2007, xiii–xvii zu Eus.-Hieron. *Chron.* ad ann. 221 p. 214 Helm. Belege für Gesandtschaft: Wallraff et al. 2007, 5–7; Wallraff et al. 2012, xi–xvii.
[335] Carriker 2016, 9–12.
[336] Vgl. Cass. Dio 80,21,2 mit Scott 2018a, 119; 147.
[337] Vgl. Scott 2018a, 147.
[338] Hierocles: Cass. Dio 80,15,1–16,6; 19,3f.; 21,1 mit Scott 2018a, 135–37; 146. Zoticus: Cass. Dio 80,16,1–6 mit Scott 2018a, 136f.
[339] Whittakter 1970, 65 Anm. 2; vgl. Oliver 1946, 314–318.
[340] HA *Heliog.* 6,1–5; 10,2f.; 11,1; 12,1f.; 15,1f.
[341] Das Amt für Cordius / Gordius hält Scott 2018a, 135 für echt, bezweifelt aber zu Recht die These von Hubbard 2003, 495 Anm. 1, dies sei der spätere Kaiser Gordian. ...atus: vgl. oben Kap. 5.VII.
[342] Protogenes: HA *Heliog.* 6,3. Identifikation: Barnes 1972, 59 zu Tert. *adv. Valent.* 7,5. Freigelassener Caligulas: Cass. Dio 59,26,1f.; 60,4,5.
[343] Claudius der Friseur: HA *Heliog.* 12,1. Fiktionen mit den Namen: HA *Carac.* 18,5; *Maximin.* 4,6; 68,1; *Max. et Balb.* 17.
[344] Mirissimus: HA *Heliog.* 15,2. Am nächsten kommt ihm der belegte Name Myrsimus: Scott 2018a, 136.
[345] So Okon 2013, 94.
[346] Tineius: Okon 2017, 232 Nr. 963; Clonius: a. a. O. 46 Nr. 129.
[347] Statistiken: Okon 2013, 89; Hammond 1957, 77.

[348] Paula: Okon 2013, 80. Feiern: Cass. Dio 80,12,1f.
[349] Rowan 2011, 258–261; Rowan 2012, 214f.
[350] Okon 2013, 80f.
[351] Beard 1980.
[352] Herrscherjahre: Butler 1910, 77 Anm. 1. Berechnung: Rea 1993, 130f.
[353] Rea 1993, 127–132.
[354] Annia Aurelia Faustina: Scott 2018a, 129f. Pomponius Bassus: Okon 2017, 203 Nr. 827. Sohn: Cass. Dio 79,21,1–3.
[355] Seius Carus: Cass. Dio 80,4,6; Okon 2017, 220 Nr. 906. Valerianus Paetus: Cass. Dio 80,4,7; Okon 2017, 234 Nr. 973.
[356] Machtgruppen: Butler 1910, 86–88.
[357] Cass. Dio 80,19,1.
[358] Verlorene Details: Scott 2018a, 121. Techniken verbessern: Cass. Dio 80,13,1.
[359] Zweifel an der Historizität der Anekdote bei Levick 1999, 129.
[360] Kolosseum: Cass. Dio 79,25,2; HA *Heliog.* 17,8f. Caracallathermen: HA *Heliog.* 17,8f. – um (sehr wahrscheinlich erfundenes) Spezialwissen vorzuführen, wird angegeben, sie lägen im *Vicus Sulpicius*.
[361] HA *Heliog.* 8,6.
[362] Viele Bauten: Herodian 5,6,6. Circus *ad Spem Veterem*: Claridge 2010, 379–383. Einmalthermen: HA *Heliog.* 30,7.
[363] HA *Heliog.* 27,6.
[364] Cass. Dio 80,10,2f. Philostr. *Gymn.* 46; *Her.* 15,9f. erzählt über Helix' Scheitern beim Doppelsieg eine andere Geschichte. Mosaik: Jones 1998, 293–298.
[365] Geschenkwürfe: Herodian 5,6,6; HA *Heliog.* 8,3; 21,1–22,4. Negative Wendung: vgl. Suet. *Gaius* 18,2; *Nero* 11,2.
[366] Luxusessen: HA *Heliog.* 29,9; Baldachin: 21,5; Tiere: 21,1; körperliche Besonderheiten: 29,3f.
[367] Luft aus den Liegen: HA *Heliog.* 25,2f.; imitiertes Essen: 25,9; 27,4. Aus dem Fenster: 27,6. Enorm Exotisches: 20,4–7; nicht saisongemäß: 23,8; nur eine Zutat: 32,4; nur eine Farbe: 19,2f.; ungenießbar, aber teuer: 21,3f.
[368] Saucen: HA *Heliog.* 29,6f.; „Lose": 22,1f.; Geschenke: 21,7; Perverse: 12,4; Wagen: 27,1; „Heu": 28,5; Sex und Festorte: 30,3f.
[369] Trinkgelage: HA *Heliog.* 20,1f.; Weinfest: 11,2–6.
[370] HA *Heliog.* 32,7.
[371] Mader 2005, 153.
[372] Zoticus beim Essen: Cass. Dio 80,16,5. Wagenrennen: vgl. Herodian 5,6,6.
[373] HA *Heliog.* 29,2; siehe auch Kap. 10.II.
[374] Typ-2-Porträts: Icks 2011, 66f.; 74f., nützliche Sammlung von Abbildungen aller als Elagabal angesprochenen Plastiken bei Arrizabalaga y Prado 2010, 136–139. Porträt auf dem Kapitol: Fittschen / Zanker 1985, Bd. 1 Nr. 98.
[375] Icks 2011, 66f.
[376] Ethnisch: so Fittschen / Zanker 1985, Bd. 1 Nr. 98; nicht überzeugend für Icks 2011, 66. Oscar Wilde: zitiert nach Barrow 2001, 135.

Kapitel 8: Religion

377 Beschreibung und Kritik dieser traditionellen Sicht bei Beard/Crawford 1985, 25–39.
378 Lane Fox 1986, 99–101.
379 Beichtinschriften: MacMullen 1981, 32; Lane Fox 1986, 127f.
380 Sibyllinische Bücher: Potter 1994. Augustus: Suet. *Aug.* 31. Tiberhochwasser: Tac. *ann.* 1,76.
381 *Pontifex maximus*: Millar 1992, 359–361. Caligula: Suet. *Gaius* 22. Domitian: Girard 1981, 322–345.
382 Paus. 8,2,4f.
383 Cass. Dio 52,35,3–36,4.
384 de Arrizabalaga y Prado 2010, 89.
385 Price/Trell 1977, 168 Nr. 299.
386 https://www.wildwinds.com/coins/ric/julia_domna/_emisa_BMC_10_2.jpg; Levick 2007, 16.
387 Krengel 2017, 49 Nr. 1.
388 Kleidung: Rowan 2012, 208 Nr. 69.
389 Herodian 5,3,3–8; 5,8–10; 6,6–10; Cass. Dio 80,11,1–13,1.
390 Frey 1989, 50–54.
391 Gelehrte Auffüllversuche: Optendrenk 1969; Frey 1989; Mader 2005, 136–138.
392 de Arrizabalaga y Prado 2010, 141–143; 238.
393 Halsberghe 1972, 89.
394 Inschriften: Badaracco 2017.
395 *AE* 1994, 1285.
396 Riten in Nikomedia: Herodian 5,5,3–7; Cass. Dio 80,8,3–11,2. Tag der Gelübde: Campbell 1984, 127f.
397 So z. B. Icks 2011, 26.
398 Ankunft: Herodian 5,5,7. Tempel: Rowan 2012, 189–201.
399 Herodian 5,6,3.
400 Urania und Gold: Herodian 5,6,5; Cass. Dio 80,12,2. Hochzeitsgeschenke: 80,12,1; Herodian 5,6,5.
401 Herodian 5,5,8–10; Cass. Dio 80,11,1.
402 Vertreten von Frey 1989, 80–86; Icks 2011, 25–30; dagegen Rowan 2012, 212f.; Scott 2018a, 107f.
403 Münztypen: nützliche Zusammenstellung bei Thirion 1968.
404 Krengel 2017, 44.
405 Kaiserliche Interventionen: Beispiele bei Brunt 1979, 173; Price 1979, 278. Normales Auswahlverfahren: Wallace-Hadrill 1981, 298–323.
406 Rowan 2012, 187–189.
407 Sidebottom 2006, 131f.
408 Apollo: F. Graff, in: *OCD*[4] (2012), 118f.; Kybele: Satterfield 2012, 373–391; Mithras: R. Beck, in: *OCD*[4] (2012), 964f.

⁴⁰⁹ Beschneidung, kein Schweinefleisch: Cass. Dio 80,11,1; nur das Fleisch: Herodian 5,6,9. Antisemitische Geschichten: Isaac 2004, 440–491. Knabenopfer: Cass. Dio 80,11; HA *Heliog.* 8,2.
⁴¹⁰ Andere Götter in Emesa: Millar 1993, 300f. Arvalbrüder: Potter 2004, 157 vermutet, der Kaiser könnte den Beitritt zu weniger wichtigen Priesterkollegien verweigert haben. Erfindung des 4. Jh.: siehe unten Kap. 13. Forscher glauben dem Monotheismus: Krill 1978, 41.
⁴¹¹ Wissowa, *Religion und Kultus der Römer*², 380–402.
⁴¹² Erinnert an Triumph: Potter 2004, 156f. mit der Vermutung, das sei Absicht gewesen. Brauch beim Triumph: Beard 2007.
⁴¹³ Rowan 2012, 223–233.

Kapitel 9: In den Provinzen

⁴¹⁴ Vgl. oben Kap. 7.I gegen das Alternativdatum Juli (oder früher).
⁴¹⁵ Bruun 1997, 1–5.
⁴¹⁶ Vgl. oben Kap. 4.III.
⁴¹⁷ M. H. Crawford, in: *OCD*⁴ (2012), 1187: ‚a plausible guess'.
⁴¹⁸ Vgl. oben Kap. 8.IV.
⁴¹⁹ Millar 1992, 3f.
⁴²⁰ Rowan 2012, 166 Abb. 56.
⁴²¹ Provinzialprägungen: Eine ausgezeichnete Einführung ins Thema insgesamt ist Harl 1987. Knapp und nützlich sind auch Howgego 2005, 1–17 und Weiss 2005, 57–68. Eine Analyse der Städtemünzen unter Elagabal und der einschlägigen Inschriften nebst vollen Belegen bietet Rowan 2012, 175–187; auf sie stütze ich mich hier hauptsächlich, komme aber zu etwas anderen Schlüssen.
⁴²² Nützliche Zusammenstellung der Zahlen bei Arrizabalaga y Prado 2010, 106–119.
⁴²³ *AE* 1991, 1594.
⁴²⁴ Vgl. oben Kap.6. I.
⁴²⁵ Übersetzung: http://www.attalus.org/docs/select2/p216.html.
⁴²⁶ *Aurum coronarium*: Millar 1992, 140–142.
⁴²⁷ Kaiserehen: vgl. oben Kap. 7.III; Ehen des Gottes: Kap. 8.IV.
⁴²⁸ Männertoga: Carriker 2016, 25.
⁴²⁹ Bauten, Congiaria: vgl. oben Kap. 7.III. Severus: Cass. Dio 77,1,1.
⁴³⁰ Donative: Campbell 1984, 165–171. Antiochia: vgl. oben Kap. 3.VII. Schuhsohlen: HA *Heliog.* 24,3. Bokassa: Titley 2002, 82–98.
⁴³¹ Zwei Kontexte: Millar 1964, 214–218. McHugh 2017, 71 ignoriert den römischen Kontext, streicht die übernatürliche Komponente und will in dem Daimon einen politischen Trick Maesas erkennen, was überhaupt nicht überzeugt.
⁴³² *P. Oxy.* 49,3475; Parsosn 2007, 70f.
⁴³³ Varner 2004, 189.
⁴³⁴ *P. Oxy.* 46, 3298 und 3299; vgl. Parsons 2007, 71.

Kapitel 10: Sex

[435] Veyne 1989, 198.
[436] Eine brillante Einführung in die römische Sexualität, die noch dazu ein Lesevergnügen ist, bietet Clarke 1998.
[437] MacMullen 1982, 484–502.
[438] Phang 2008, 93.
[439] Dion Chrys. *or.* 7,133–152.
[440] Veyne 1989; Foucault 1979.
[441] Meine eigene Theorie nach der Lektüre von Swain 1999b.
[442] Domna: HA *Sev.* 18,8; Levick 2007, 76. Iamblichos: Reardon 1989, 794–796.
[443] Herodian 5,8,1.
[444] Cass. Dio 80,3,3; 5,5; 6,3; 11,1; 13,1–16,7; 21,1.
[445] Mart. 9,3. Penisgröße: Clarke 1998, 21f.; 211f.
[446] Nero: Williams 2010, 279; Messalina: Tac. *ann.* 11,26.
[447] Dalby 2003, 14.
[448] Caldelli 2008, 469–474.
[449] Cass. Dio 80,16,7.
[450] HA *Heliog.* 18,4.
[451] HA *Heliog.* 5,1–5; 6,5f.; 7,2; 8,6; 9,1–3; 10,2–7; 12,1–4; 13,5; 15,1.4; 17,1; 18,4; 19,3; 23,5; 24,2f.; 25,4f.; 26,3–5; 31,1.6f.; 32,5.9; 33,1.
[452] Clarke 1998, 221–226.
[453] Adams 1982, 202.
[454] Megow 1987, Nr. A164, Taf. 50,5; Varner 2004, 194.
[455] Baldus 1989, 471; Carriker 2016, 19–23.
[456] Selinger 2018, 264–272 zu *AE* 2006, 1058.
[457] Icks 2011, 81f.; vgl. Philostr. *ep.* 38.

Kapitel 11: Tod

[458] Beide Zitate sind im Kontext von Herodian 5,6,1–7,1 bzw. Cass. Dio 80,17,1 zu lesen.
[459] https://en.climate-data.org/europe/italy/lazio/rome-1185/t/june-6/#climate-table-year , letzter Zugriff 30.12.2021.
[460] Vögel: Cass. Dio 79,37,5; Auguren: J. Linderski, in: *OCD*[4] (2012), 205.
[461] Maesa, Soaemias: Cass. Dio 80,17,2. Agrippina: Tac. *ann.* 13,5,2.
[462] Der Nichtsenator Herodian (5,7,4) wirft dem Senat selbst vor, durch braves Abstimmen die Adoption lächerlich gemacht zu haben.
[463] Cass. Dio 80,17,3–18,3.
[464] McHugh 2017, 71.
[465] *AE* 1964, 269; Dušanić 1964, 495f.
[466] Campbell 1994, 129.
[467] Whittaker 1970, 58 Anm. 1.
[468] Herodian 5,7,4–6.
[469] Herodian 5,7,5f.; HA *Heliog.* 16,2–4; *Alex.* 3,2f.
[470] Sidebottom 1998, 2803–2812.

Die Abrechnung

[471] 1. Januar: HA *Heliog.* 15,5–7. Tageslänge: https://www.timeanddate.com/sun/italy/rome?month=1, letzter Zugriff 30.12.2021.
[472] Levick 2007, 57–65; MacMullen 1986.
[473] MacMullen 1980.
[474] Einleitend zum Thema Carney 2010, 409–427.
[475] Zenobia: Stoneman 1992; Mauia/Mavia: B. Isaac, in: *CAH²* XIII (1998), 447–449.
[476] Rowan 2011, 241–273; Rowan 2012, 215–217.
[477] Kettenhofen 1979.
[478] Cass. Dio 79,38,1.
[479] Vergleichen Sie die besten Zugangsmöglichkeiten zum Herrscher an den Höfen der italienischen Renaissance (Bertelli / Cardini / Zorzi 1986, v. a. das hervorragende Schaubild S. 26f.), von Kaiser Haile Selassie (Kapuściński 1983) und Stalins (Sebag Montefiore 2003).
[480] Scott 2018a, 138; 140.
[481] Sidebottom 2007a, 56–58.
[482] HA *Heliog.* 13,1f.
[483] Cass. Dio 80,17,1–21,3; Herodian 5,7,1–5,8,10; HA *Heliog.* 13,1–17,3.
[484] Die Belege sammelt Whittaker 1970, 23 Anm. 3.
[485] Der Liste bei Scott 2018a, 147 hat Okon 2013, 93 Sacerdos hinzugefügt und ich selbst Censorinus.
[486] Mennen 2011, 264f. führt die Belege, setzt aber anders als ich nicht Iulius Flavianus (*praef. praet.* 218) mit Flavianus (*praef. praet.* 222) gleich.
[487] Rowan 2012, 215f.
[488] Herodian 5,8,3–9; Cass. Dio 80,20,1f.; HA *Heliog.* 16,5–17,3.
[489] Vgl. HA *Avid.* 5,1.

Kapitel 12: Die Abrechnung

[490] Übersetzung der Quellen bei Campbell 1994, 128; diskutiert von Whittaker 1970, 74 Anm. 1.
[491] Whittaker 1970, 81 Anm. 3.
[492] Crook 1955, 86–91.
[493] Varner 2004, 189f.
[494] Varner 2004, 90f.
[495] Varner 2004, 193–195.
[496] Pikoula 2001, 425–429; Varner 2004, 190 Anm. 299.
[497] Rowan 2012, 217f.
[498] Lane Fox 1986, 133.
[499] M. Beard, in: *OCD*⁴ (2012), 559 *s. v. evocatio.*
[500] Yavetz 1988, 103–129.

Kapitel 13: Das Nachleben Elagabals

[501] Gedicht: Philostr. *ep.* 19; vgl. oben Kap. 10.II.

[502] Sidebottom 2007a, 76–78.
[503] Einführend Sidebottom 2007a, 78–82.
[504] Alföldy 1971, 204–233.
[505] Paideia: Sidebottom 1998, 2822–2826; Springen und Tanzen: Herodian 5,7,4.
[506] Sidebottom 1998, 2820–2822.
[507] Sidebottom 2007a, 65–67.
[508] Eutr. 8,20; engl. Eutrop-Übersetzung von H. W. Bird 1993; dt: F. Müller 1998; B. Bleckmann / J. Groß 2018, online unter http://kfhist.awk.nrw.de/text/B3/text. Aurelius Victor: *Caes.* 23; engl. Übs. H. W. Bird 1994; dt. K. Groß-Albenhausen / M. Fuhrmann ²2002; C. Scardino / M. Nickbakht 2021, online unter http://kfhist.awk.nrw.de/text/B2/text. *Epitome de Caesaribus* 23; engl. Übs. T. M. Bancich 2009, online unter http://www.roman-emperors.org/epitome.htm; dt. B. Bleckmann / B. Court / A. Knöpges 2023.
[509] Zur modernen Historia-Augusta-Forschung vgl. Einleitung.
[510] Celsus: HA *trig. tyr.* 29,1–4; *Claud.* 7,4.
[511] Zosimos: 1,10f.; engl. Übs. R. T. Ridley 1982, deutsch O. Veh / St. Rebenich 1990. Zon. 12,223; die hervorragende kommentierte Zonaras-Übersetzung von T. M. Banchich und E. N. Lane 2009 setzt leider erst mit Severus Alexander ein, eine deutsche fehlt für die Antike.
[512] Icks 2011, 119f.
[513] Icks 2011, 126f.
[514] Online unter https://thedreaming.moteofdust.com/wpcontent/uploads/2008/07/helio_01.gif.
[515] Barnes 2019 entwirft ein brillantes Porträt des *fin de siècle*, in dem die Dekadenz blühte.
[516] Barrow 2001, 132–137; 184–187; Watkin 2017, 105–124.
[517] Nugent 2008, 171–196; Icks 2011, 180–213.
[518] https://poembangkok.com/collections/timeless-chapter-i/; https://weheartit.com/entry/322469105.
[519] https://www.petermcinish.com/The-Roses-of-Heliogabalus.
[520] Bartman 2001, 2; Varner 2004, 193.

Register

Kursive Seitenzahlen verweisen auf Abbildungen.

Actium, Schlacht bei 69, 163f.
Adoption 54, 55, 67, 163, 171, 191, 238, 256, 284–287, 289, 293, 297, 300, 318
Adventus (Ankunftszeremoniell) 152f., 181-86, 182, 250
Adventus, M. Oclatinius 144f.
Ägypten (*siehe auch* Alexandria) 31, 37f., 41, 52, *52*, 67, 77, 91f., 93, 126, 131, 139f., 151, 157, 158, 163, 165, 1184, 202f., 208, 233, 249, 256, 262, 290, 307
Afrika, Afrikaner 50, 55, 66, 80, 110, 112f., 117, 124, 156, 228, 259f., 300
Agrippa, M. Claudius 28, 146f., 261
Agrippa Postumus, M. Vipsanius 261
Agrippina (die Ältere), Vipsania 42, 318
Agrippina (die Jüngere), Iulia 285
Agrippinus, Fabius 92, 100 A. 154, 132, 138
Ailianos 189
Albaner Berge 85, 86, 115, 121, 144, 204, 247
Alcippilla, Aurelia 125, 319
Alexander, Julius 70f., 132
Alexander *siehe* Severus Alexander (Kaiser)
Alexander (III.) der Große 66, 87, 101, 116, 119, 154, 157, 223, 260f., 290
Alexandria 67, 68, 106, 151, 153, 184, 193, 202, 204, 249f., *250*, 252

Alexianus *siehe* Severus Alexander (Kaiser)
Alexio, C. Julius 69
Alexios (o. Alexander, Kg. von Emesa) 69, 70
Alma-Tadema, Sir Lawrence *13*, 14f., 18, 292, 327-332, *328*, 344
Alsium 247
Altava 250
Amulius 60, 61
Anazarbos 152, *152*, 249, 251f.
Antiochia (h. Antakya) 11, 27, 29, 31, 35, 36 A. 36, 44, 48, 67, 79, 80, 84, 87, 89, 93–96, *94*, 104–109, 130f., 134, 135, 137f., 141, 143, 144, 148, 150–152, *152*, 158, 259, 314
Antiochianus 296f., 299, 303, 305
Antiochos (Philosoph) 132
Antiochos IV. (Kg.) 69
Antiochos XIII. (Kg.) 66
Antoninus, Uranius 312
Antoninus Pius (Kaiser) 75, 154, 180
Antonius, Marcus 40, 68, 163
Apameia 69, 71, 76, 85–89, 91, 93, *94*, 95, 96, 97, 102, 104, 117, 156, 200
Apollinaris, Aurelius 28, 100, 138, 139 A. 232
Apollo 220, 242
Apollonios von Tyana 26, 83, 111, 189, 280
Apuleius, *Der goldene Esel* 72, 177
Aquileia 182f., *182*,

Register

Aquilia Severa, Julia (2. Frau Elagabals) 6, 201, 202f., 205, 228, 258, 269, 287, 299, 311
Arabien, Araber; Arabia (röm. Provinz) 68, 77, 87, 92, 93, 117, 118 mit A. 187, 131, 139, 147, 153, 253, 290
Aramäisch 75, 117, 130
Arca 39, 47, 49, 68, 71, 85, 114, 117
Archäologie 22, 49, 61, 114, 235f., 276, 330
Arethusa 68
Aristo, Caecilius 92, 134, 144
Aristomachus 296f., 305
Armenien 68, 73
Armee (*siehe auch*: Auxiliare; Donauarmee; *Legio*; Prätorianer) 21, 25f., 27f., 29, 34f., 36–43, 49–51, 53, 55–57, 59, 63, 64, 71, 75, 78, 81, 85f., 88–90, 106, 107–109, 111, 113, 123f., 128, 131–134, 144, 146, 147, 150, 153, 154, 158, 159, 164f., 168f., 172, 175, 176f., 180, 184f., 186–188, 197, 200, 201, 202f., 206, 210, 219, 228, 234, 238, 253, 259, 260, 261f., 266, 269, 279, 283, 288, 295–297, 298, 301–306, 310, 313, 314f., 316, 317, 318
-in der Schlacht bei Immae 94–104, 107, 113
-Eid (*sacramentum*) 29, 38, 43f., 89, 164
-Sold 123, 169, 258f.
Asper, C. Julius 158
Assyrer 16, 31, 117
Astarte 231f., *231*
Astrologie 76f., 112, 178, 187, 189, 263
Athen 77, 116, 267
Athene, Pallas 228, *231*, 231f., 236
Athleten 193, 209f., 270, 271, 272, 275, 314, 328
Attaleia 250, *250*, 251, 252
Attalus, Claudius 85, 138f., 314
...atus (röm. Funktionär) 156, 183, 189, 197, 209, 299, 303, 305

Auguren 60, 285
Augustus (erster Kaiser) 54, 63, 67, 75, 142f., 164–166, 173, 175, 177, 188f., 215, 219, 220, 223, 242, 257, 318
Aurelian (Kaiser) 120, 312
Ausrufung, Akklamation 43, 66, 78, 103, 128, 145, 158, 285, 304
Autobiographische Schriften 188f., 325
Auxiliare, Auxiliartruppen 38, 39, 49, 63, 64, 71, 85f., 96f., 113, 177, 313
Avitus Alexianus, C. Julius (Elagabals Großvater) 6, 32, 71, 115, 121, 123, 128, 130, 139, 233, 271

Bacchus 260f., 327
Bärte 35, 51, 81,84, *82*, 105, 108, 214f., *215*, 239, 258, 276, 292, 310, 330
Balbilla, Julia 77f.
Balbillus, Julius 128
Balbillus, Ti. Julius 233, 236
Barnabas 219
Basilianus, Iulius 91, 92, 131, 139, 158
Bassianus, M. Julius Gessius 6, 71, 84
Bassus, Pomponius 204f., 287, 314
Bedriacum, Schlacht bei 40f.
Bildung (*paideia*) 81, 83f., 114, 116, 119, 188, 191, 208, 322
Bithynien 11, 92, 134, 144, 156, 156, 158, 198, 200, 249, 262, 320f.
Bokassa, Jean-Bédel 260
Bordelle 176, 272f., 275, 292, 316, 317, 318
Britannien 42, 66, 121, 127, 133, 169, 221
„Brot und Spiele" 175f., 208, 316
Briefe 21, 27, 28, 35, 38, 48, 53, 83, 90f., 141, 143f., 145, 148, 153, 186, 191f., 193, 201, 203, 206, 256f., 259, 279–281, 287, 325
Brutus, M. Iunius 113
Bürgerrecht 32, 41, 59, 61–65, 67, 114, 115, 254f., 267, 290, 320

Büsten 22, 44–46, *44*, 148f., *148*, 214–216, *215*, 240, 248, 308, 333f., *333*
Bundesgenossenkrieg 63
Byzantion 134, 260, 323
Caerianus, Pica 139
Caesar, C. Iulius (Dictator) 34, 40, 59, 63, 67, 68, 142, 163f., 175, 176, 188
Caligula (Gaius Caesar, Kaiser) 15, 143, 175, 176, 178, 193, 197, 221, 272f., 317
Callistianus 139f.
Caracalla (M. Aurelius Antoninus, Kaiser; angebl. Vater Elagabals) 6, 27–29, 31, 32, 33, 34, 37, 48, 49, 51f., *52*, 56, 63f., 75, 80f., 82, 99, 104, 110, 112, 114, 121–123, 126, 132, 136, 138, 140, 141, 142, 144, 146f., 150, 154, 158, 160, 177, 181, 188, 199, 204, 207, 224, 251, 254, 260f., 284, 290, 292, 302, 303f.
– und die Armee 35, 42f., 111, 150, 169, 186, 187, 258, 303f.
– und Elagabal 6, 27, 37, 43, 51, 55, 125, 130, 136, 143, 149, 155, 193, 209, 215, 239, 243, 247, 268, 273, 297f., 301, 303, 309, 329
Caracalla and Geta (Alma-Tadema) 328–330, *328*
Caracallathermen 207, 259, 309–311, *309*, 316, 317
Carnuntum 181, 278f., *278*, 315
Carus, Seius 204
Cassius, Avidius 66
Cassius Dio 17f., 19, 20f., 24, 25, 30, 34, 38, 49, 50, 56, 84f., 94f., 98, 102–104, 132f., 138, 139 A. 232, 140, 147, 155–157, 223, 237, 260f., 291, 293, 326, 329, 335, 340f.
– und Alexander 291, 296, 320f.
– und Caracalla 63f., 123, 141, 177, 186, 188
– und Comazon 86, 195, 196, 200

– und Kaiser Elagabal 17, 143f., 157, 159, 160, 166, 191, 204f., 213f., 227–230, 234, 243, 244, 254, 258, 269–273, 274, 275, 277, 283, 285f., 287, 293, 294–296, 298, 300, 302–305, 314, 320f.
– und ethnische Herkunft 110
– und Macrinus 28f., 55, 79–81, 104, 110f., 112f., 134f., 137, 141, 150, 166, 186f., 195–197
Castinus, C. Julius Septimius 158
Castor 122
Celsus, Aurelius 134, 135, 137
Censorinus 145f., 184, 298 mit A. 485
Cerialis, (M. Munatius Sulla) 92, 138
Cheesman, G. L. 96f.
Chrestus, Geminius 140, 307
Christentum 18, 73, 106, 120, 122, 127, 136, 167, 193f., 197, 217f., 221f., 244, 254, 311, 317, 323, 325, 343
Chronicon Paschale (anonym) 194
Chronographiai (Julius Africanus) 194
Cicero 67, 68, 90, 336
Cilo, Fabius 80
Circusbauten 121, 208, 209, 236, 259, 297
civilis princeps 173–175, 180, 314
Claudius (Barbier) 197, 209
Claudius (Kaiser) 42, 176, 179, 188, 270, 296
clementia (Milde) 33
Clonius, Q. Atrius 140, 198f.
Codex Iustinianus 191f., 287
Comazon, P. Valerius 41, 85f., 98, 99, 101, 131, 138, 148, 195, 196, 199, 314
– und Elagabal 89, 139, 141, 144, 155, 183, 200, 298f., 307, 313
Commodus (Kaiser) 48, 70f., 132, 169, 175, 232, 302
Congiaria (an die Plebs) 206f., 259, 316
consilium (Rat des Kaisers) 170, 290, 292, 308
Constantius (II., Kaiser) 180, 186

Constitutio Antoniniana 63f., 114
Cordius 197, 296
Crassus, M. Licinius 135
Crossdressing 273

Daimon 260–262, 285f.
Dakien, Daker 11, 35, 112,146f., 147, 158
damnatio memoriae 16, 17, 146, 312, 343
Décadence 326f.
deportatio 32
Diadumenianus (Caesar) 80 A. 113, 88, 104, 136f., 143, 144, 146, 156, 189, 200, 317
dignitas 34, 164, 165f., 173, 176, 314
Diomedes 80
Dion Chrysostomos 33, 42, 83, 112, 188, 222, 266f.
Dionysos 260f., 327
Diplomatie 136, 193
Domitian (Kaiser) 36, 170, 179, 188, 209, 221, 324
Domna, Julia (Elagabals Großtante) 6, 27–31, 34, 36 A. 36, 47, 51, *52*, 71, 74, 76f., 80, 109, 117, 120, 121f., 123, 124 A. 201, 189, 225, *225*, 268, 280, 285, 291, 292
-und *The Roses of Heliogabalus 328*, 328
Donauarmee 35, 43, 97, 133f., 135, 146f., 150, 181, 184f., 187, 234, 259, 278f., 315

Eboracum (h. York) 122
Ehebruch 37, 195, 266, 268f., 273, 301, 329
Ehen 19, 31, 52f., 60, 62, 68, 70, 71, 72, 74, 76, 90, 116f., 120, 1 59, 184, 200–206, 228f., 236f., 258, 266f., 268f., 270, 287, 299, 311, 330
-transgressive 19, 72, 159, 197, 202f., 205, 206, 270, 272, 275, 283, 287, 299, 328

Elagabal (der Gott) 16f., 31, 74–76, 182f., *182*, 183f., 223–237, *231*, 258, 315
-auf Inschriften 74
-Kult 31, 114f., 128, 130, 151, 225, 227, 230, 232, 236f., 242f., 251, 255, 313
-auf Münzen 75, 114f., *114*, 150, 225, *225*, 238f., 249f., *249f.*, 252f.
-aus Rom entfernt 246, 312f.
-Tempel 31, 75, 76, 114f., *114*, 150f., 224f., *224*, 233, 235f., *235*, 237, 245f., 252, 312
Elagabal (Kaiser, siehe auch *The Roses of Heliogabalus*)
-und die Armee 42–44, 56f., 78, 103, 107, 150, 168f., 172, 187, 201, 203, 258, 302–306, 314f.
-Baupolitik 20, 207, 235f., *235*,
-Bilder und Statuen 16, 148f., *149*, 160f., 208, 214–216, *215*, 258, 278f., *278*, 308–310, *309*, *333*, 333f.
-Entfremdung der Unterstützer 283f., 294–302, 313–318
-Erziehung und Kultur 24, 127f., 156, 158, 188, 189, 191, 288, 322
-und der Gott Elagabal 16, 20, 37, 74, 78, 126, 128–130, 149, 154, 160f., 185f., 223–246, 251–255, 280, 283f., 320, 322, 323
-Herkunft und Vorfahren 6, 31–34, 59, 66–78, 109, 111f., 115, 116–119, 290
-befiehlt Hinrichtungen 91f., 135, 137, 138f., 140, 147, 158f., 204, 287, 314
-Münzen 148–151, 201f., 223–227, *224–226*, 238–241, 252f.
-Nachfolgeregelung 284–289, 294, 297
-Nachleben und Ruf 15f., 262f., 308–312, 319–333
-und die Plebs 172, 201, 206f., 209f., 212, 259, 315–318
-und die Provinzen 193f., 247–262

-und der Senat 17, 141–144, 145, 147f., 172, 198f., 212, 227, 234, 237, 288f., 313f., 320
-und Sex 19f., 191, 195–197, 205f., 214, 268–281, 283, 292, 296, 299, 318, 320, 327f.
Elagabalia (Götterfest) 249
Elite *siehe* Oberschicht
Emesa (h. Homs) 23, 24f., 26, 29, 31, 36, 37, 38, 39, 40, 45, 49, 66–70, 73–76, 78, 87, 114–119, *114*, 149, 153, 228, 234, 238, 248, 251, 291, 300, 303, 304, 315, 329
-und der Gott Elagabal 25, 36, 43, 74–76, 78, 128, 150f., 153, 224f., *224f.*, 229, 232, 233, 244, 245, 246f., 252, 255, 260, 279, 284, 286, 287, 312f., 342
-und Kaiser Elagabal 30, 126–128, 241
-und Identitäten 109, 113–119, 153, 290
Emmaus 193f.
Epagathus 104, 136
Epiktet(os) 179
Epikureer 218
Epitome de Caesaribus (anonym) 324
Eubulus, Aurelius 25, 183, 195, 303, 305, 317, 329
Euodus 122
Euripides 87, 188
Eusebius (von Caesarea) 194, 254
Eutropius 184, 324 mit A. 508
Eutychianus 24f., 37, 43, 56, 99, 100, 103, 127, 131, 144, 154, 157, 158–160, 163, 200, 268, 271, 273, 301, 313, 315

Familia Caesaris (Personal im Kaiserpalast) 172, 175, 176, 177–180, 214, 271f., 283, 301f., 316, 318
-und Elagabal 271f., 283, 313, 315
Faustina, Annia Aurelia (3. Frau Elagabals) 6, 204f., 206, 299, 311f.
Faustina (die Jüngere), Annia Galeria 47, 250f., 258, 280

Feindschaft (*inimicitia*) 80, 91, 142, 206
Festus (Freigelassener) 25, 37, 42, 56f.
Fiktive Kaiser (in der *Historia Augusta*) 325
Flavianus, Julius 183, 299, 3017
Foucault, Michel 266
Frauen (vgl. Aquilia, Ehen, Faustina, Maesa, Mamaea, Paula) 18, 20, 24, 42, 43, 46f., 55, 60, 99, 111, 113, 120, 122, 206, 212, 214, 227, 266, 267, 269, 273, 276, 300, 313, 317, 326, 329f.
-der Emesener Dynastie 20, 29, 31, 47, 101, 104, 109, 120, 127, 138, 142, 159, 205, 238, 283, 289–293, 300f., 304, 307, 311
-weiblich konnotierte Arbeiten 273
Friedlaender, Ludwig 178 A. 305, 179
Freundschaft (*amicitia*) 91, 147, 167
Fronto, Cornelius 51, 142
frumentarii (Geheimpolizei) 39, 48, 123, 134, 138, 144, 270, 308, 310
Fulvius 141, 298f., 303, 305, 329

Gärten der Alten Hoffnung (*Horti Spei Veteris*) 115, 121, 208, 209, 236
Gärten des Varius (*Horti Variani*) 115, 120
Gaiman, Neil 326
Gallien, Gallier 40, 65, 76, 110, 112, 153, 221, 254
Gannys *siehe* Eutychianus
Gardekavallerie (*equites singulares*) 86, 184, 308
Gastmähler 13, *13*, 15, 18, 20, 88f., 111, 120, 174, 206, 211–213, 232, 237, 259
Geld (Staatsausgaben) 255–260
Genius 221
Germanicus (Caesar) 67, 302
Germanien, Germanen 133, 146, 156, 158, 187, 200, 221, 233, 330f.
Gesandtschaften 178, 193f., 210, 223, 241, 292

Register

Geta (Kaiser) 6, 51f., *52*, 55, 64, 121–124, 130, 302, 303f., 328f., *328*,
Getreide 39, 71, 176, 197, 201, 208, 259, 288, 308
Gewalt 26, 105f., 107, 153, 177, 202
Gladiator (Film 2000) 171, 177
Götter (vgl. Apollo, Astarte, Athene, Elagabal, Heidentum, Jupiter, Kybele, Vestalinnen) 74–78, 217–255, 300, 312
Gordius 195, 197, 270
Goten 127
Griechen (*siehe auch* Bildung (*paideia*), Emesa) 21, 31, 62, 65f., 68, 77, 78, 83, 105, 111, 113–116, 117, 118, 119, 127, 129, 153, 167f., 169, 177, 178, 188, 191, 208, 217, 218, 220, 222, 223, 242, 249, 251–253, 254, 255, 262, 287, 288, 290, 308, 311, 322, 326
-und Frauen 290
-und Literatur 17f., 55, 72f., 81, 101, 183, 280, 322
-und Sex 265f., 267f., 270, 275

Hadrian (Kaiser) 18, 66, 190, 233
Haile Selassie (Kaiser von Äthiopien) 179, 292 A. 479
Hannibal 242
Heidentum (antiker Polytheismus) 217–220, 222, 244, 265
Hektor 88
Helikon (Freigelassener) 178
Heliodoros 66, 74, 114, 117
Helix, Aurelius 209
Hellenen *siehe* Griechen
Herakles 222
Hermes 118, 219
Herodian 18, 20f., 24, 25, 28, 29, 33f., 36, 41, 49, 96, 102–104, 105, 116, 117, 133, 156, 176, 184, 195, 200, 213, 224, 232, 245, 291, 293, 294, 297f., 300, 301f., 322f., 326, 335, 340f.
-und Alexander 287, 288, 307f.
-und Caracalla 55

-und Kaiser Elagabal 19, 21, 137, 141, 154, 159, 161, 163, 185f., 191, 196f., 202, 208, 210, 213, 226–230, 234–237, 240, 253f., 258, 269, 274, 279, 283f., 302–306, 316, 317, 322
-und Macrinus 79, 80f., 83f., 134, 135, 150
Herodot 101, 147
Hexerei 106f.
Hierapolis (Syrien) 44f., 152, *152*, 249, 251
Hierocles 195, 196f., 200, 209, 270–272, 274, 283, 293, 295f., 300, 303, 305, 313f., 315, 329, 330
Historia Augusta 18, 21, 70, 74, 79f., 119, 137, 145, 173f., 180, 187, 229, 324–326
-und der Gott Elagabal 126
-und Kaiser Elagabal 15, 18, 19, 120f., 126f., 141, 183f., 189, 194, 196–198, 208f., 210–214, 230, 237, 243f., 250f., 259, 273–277, 287f., 293–297, 299f., 302, 305f., 313, 314, 324–326
-Gedichte in 190f.
-und Herodian 21, 195, 291, 293, 302
-und *The Roses of Heliogabalus* 327, 329, 330f.
-Sex in 159, 163, 207, 268, 273–277
Hochstapler 18, 54, 324
Hochverrat (*maiestas*) 39, 53, 188
Homer 76, 87, 115, 118, 127, 229, 280
homonoia (Eintracht und Frieden) 105
honestiores (obere Schichten) 135
humiliores (niedere Schichten) 135
Hussein, Riyadh Ibrahim 160
Huysmans, Joris-Karl 326f.
Hydatius 316

Iamblichos (Autor) 70, 72–74, 114, 268
Iamblichos I. 67, 68f., 70, 73
Ianuarius, Atinius 95, 103
Immae (Schlacht bei) *94*, 94–104, 107, 109, 136, 154, 159, 184, 186, 285, 314

Inschriften 16, 22, 30, 33, 53, 67, 69, 74f., 84, 90f., 97, 114, 115, 120, 124, 125, 128, 138, 140, 146, 156, 178, 183, 184, 188f., 193f., 219f., 222, 233, 239, 241, 247, 250, 251, 253f., 276, 279, 286, 295f., 308, 311f.
intellektuelles Leben 71, 72–74, 76, 77f., 83, 87, 116, 170, 189, 280f., 287
Inzest 273, 292, 337
Irene von Athen (byz. Kaiserin) 31
Isis 242
Itinerarium Antonini 181
Iulianus, Flavius 139

Jerusalem (Aelia Capitolina) 249, 252, *252*
Judäa 11, 68, 93, 131
Judentum 68, 74, 106, 178, 193, 243f., 323
Julia (die Ältere, T. des Augustus) 318
Julianus, Ulpius 39f., 47–51, 55, 56f., 78, 84f., 88f., 91, 96, 104
Juliopolis 152, *152*, 249, *250*, 251
Julius Agrippa 71
Juno 201, 228
Jupiter 20, 128, 186, 219, 220, 221, 242
-und Elagabal 228, 234, 238, 244–246, 248, *249*, 251, 254, 289, 293, 312f., 314, 317f., 320
Justin (Kaiser) 192
Juvenal 48, 170, 175

Kadmos 118
Kaiser (*siehe auch Historia Augusta*)
-beim *adventus* 152–155, 182, 185
-Münzen 239–241
-Passivität 166–172
-und Präfekten 48, 144f., 298f.
-und Religion 220–223, 234–239
-und Senatoren 141–143, 172–175
-Unterstützergruppen 172–180
Kaledonien 121f.
Kameen 276, *276*

Kappadokien, Cappadocia 92, 132, 134, 137, 138, 140, 158, 199, 204, 250
Karthago 112, 118, 237, 258
Katabalos 98
Kilikien 11, 68, 98, 134, 249, 252
Kleopatra (VII. von Ägypten) 163, 165, 290
Klientelkönige 66, 68f., 188
Kolosseum 185, 207, 209, 259, 316
Kommagene 68f., 77f.
Konstantin (I., Kaiser) 170, 208, 239
Kranzgold (*aurum coronarium*) 255–258
Kybele 242

Lactantius (Laktanz) 222
Lane Fox, Robin 218f., 343
Laodikeia am Meer 249, *250*, 252
latinisches Bürgerrecht 62
Legio II Parthica 28, 85f., 89f., 92f., 96, 103, 144, 147, 156, 169, 204
Legio II Traiana Fortis 38, 92f.
Legio III Augusta 124
Legio III Cyrenaica 93
Legio III Gallica 36, 40–44, 49f., 92f., 99, 128, 139, 149, 155f., 168, 314f.
Legio IV Scythica 77, 92f., 136f., 156, 183
Legio XVI Flavia Firma 92
Leo(n) IV. (Kaiser) 31
LGBTQ+-Community 332
„Lose" (Gutscheine) 210–212
Lukan 107
Lukian 83, 119
Lystra 219

MacMullen, Ramsay 218f., 343
Macht 163–166, 289–293
Macrinus (Kaiser) 28f., 30, 31, 33, 34f., 48, 80–84, *82*, 85, 86–89, 108, 130, 138, 142, 145, 158, 189, 200, 258, 299, 301, 317, 320
-und die Armee 35, 37, 44, 51, 55, 81, 86, 89, 92f., 107, 169
-und Elagabal 57, 79, 141, 143, 151, 157, 166, 291

-Hintergrund 50, 79f., 110
-Flucht und Hinrichtung 102–105, 131f., 134–137, 150, 323
-Schlacht bei Immae 94–102, 106
-und Statthalter im Osten 38f., 91f., 131, 139
Maesa, Julia (Großmutter Elagabals) 6, 25, 27, 30, 31f., 44–47, *45f.*, 56, 89, 109f., 117, 126, 132, 138, 144, 148, 181, 183, 184, 189, 205, 234, 238, 268, 269, 271, 287, 290–293
-und Alexander 24, 136, 284–286, 288, 295, 296, 307–312
-Ehen 6, 31f., 71, 121, 123
-und Elagabal der Gott 36
-und Eutychianus 37, 99, 127, 159f.
-in *The Roses of Heliogabalus* 328f., *329*
-als Verschwörerin 24f., 33–44, 50–57, 75, 78, 92f., 94f., 99, 101, 103, 114, 128, 131, 138–141, 146, 283f., 289, 297–307, 311
maius imperium (Kommandogewalt) 143, 164, 166, 171, 307
Mamaea, Julia (Tante Elagabals) 6, 25, 49, 68, 70, 101, 125, 183, 194, 205, 238, 268, 284, 287, 291, 295, 296, 297, 300, 307, 311, 313
-beim Aufstand gegen Elagabal 298, 300–303, 306
-Ehen 6, 71
Manichäismus 129f.
Marc Aurel (M. Aurelius Antoninus, Kaiser) 18, 54, 55, 68, 72, 75, 83, 015, 142, 154, 171, 176, 178, 187, 188f., 204, 250f., 254f., 325
Marcellus, Sex. Varius (Vater Elagabals) 6, 56, 71f., 84, 89, 115, 120–125, 130, 247, 298
Marcianus, Gessius 6, 49, 71, 84f., 89, 130, 297
Markomannen 187, 331
Marstempel (Prätorianerlager) 303f.
Martial (Dichter) 118, 270, 275, 277
Martialis 27f.
Mauia (Königin) 290

Mauren, Mauretanien (*siehe auch* Macrinus) 39, 49f., 59, 80, 81, 96, 104, 110, 250
Maximus, Gellius 136, 156, 157
Maximus, Marius (Historiker) 143, 145f., 274, 293f., 298
Maximus, Valerius 54
Mela, Pomponius (*De chorographia*) 119
Memnonskoloss 77
Messalina, Valeria (Kaiserin) 270
Messalla, Silius 141, 146, 150, 158
Millar, Fergus 165, 166–168, 340, 342, 343
Minerva 221, 228
Mirissimus 197f., 296
Mithras 128, 217, 219, 232f., 242
Modeindustrie 15, 332
Moesia Inferior 146f., 183, 204, 260, 285
Moesia Superior 204
Mommsen, Theodor 165
Monotheismus 217, 243f.
Montesquiou, Robert de 327
Münzen 16, 22, 75, 82, 114, *114*, 148–151, 184, 204, 207f., 211, 214, 224–227, *225f.*, 229, 238–241, 248–250, *249*, 252, 259, 262, 286, 290, 291, 294, 308, 311, 312, 314
-bei Donativen
-Kaiserfrauen auf 184, 201f., 204, 329
-Maesa auf 46f., *46*,
-Soaemias auf 300f.

Narcissus 42, 179
Neapolis 249f., *250*, 252
Nekromantie 107, 243
Nemesianus, Aurelius 28, 100, 138
Neokoros (Titel) 252
Nero (Kaiser) 13, 15, 54, 68, 207, 239, 261, 285, 316, 318
-und Sex 270, 272, 273
Nestor 88
Nestor, Julianus 48, 100, 138
Newby Hall (Yorkshire) 333f., *333*
Niger, Pescennius (Gegenkaiser) 132

Nikomedia 92, 109, 126, 134, 144, 150–152, *152*, 155–161, 163, 181, 185, 234, 236, 253, 292, 300, 314f., 320
Nitokris 30f.
Nordmänner 111f., 113
Numidien *10*, 124, 127
Numitor 60

Oberschicht 19, 26, 33, 44, 48, 53–55, 66, 105, 110, 115–117, 122f., 127, 135, 138, 140f., 147, 158, 165, 168, 169, 175f., 178f., 180, 188, 198f., 201, 207, 208, 210, 212, 217f., 223, 227, 243, 247f., 249, 262, 265–268, 270, 275, 297, 308, 313, 317, 322
Octavian *siehe* Augustus
Opfer 27, 36, 99, 118, 161, 185, 219, 222, 226f., 230f., 234, 237, 240, 242f., 252, 253, 258, 289, 293
Orakel 25, 35, 37, 40, 76, 78, 87f., 220f., 229, 286, 323f.
Oralsex 118, 197, 274f.
Orientalismus 16, 68, 74, 109, 112, 119, 132, 198, 229f., 253, 255, 327
Ovid 142
Oxyrhynchos 165, 262f.

Paetus, Valerianus 204
Palmyra 75, 87, 114, 290
Panegyrik 142, 153–155, 185, 247, 269
Pannonia (Superior, Inferior) 146f., 153, 181, 233, 278, 321
Papinian(us, Aemilius) 74
Papyri 16, 22, 37f., 64, 157, 165, 202f., 255f., 263
Partherkriege 27, 34f., 40, 81, 97, 104, 132, 187, 258
Parther(reich) 23, 68, 70, 132, 136
Paula, Julia Cornelia (1. Frau Elagabals) 6, 184, 200–203, 205
Paulus (Apostel) 219
Pausanias 202
pax deorum 245, 314
pax Romana 105, 218, 267

Penetration 189, 265, 272, 274f., 279, 326, 332
Penisgröße 187, 195, 196, 198, 207, 210, 270–272, 274, 277, 310
„Petition and response"-Modell 167–172, 191
Petronius, *Satyrica* 72
Philon (von Alexandria) 178, 193
Philopappus, C. Julius Antiochus Epiphanes 77, 116
Philostratos (von Athen) 111f., 188, 189, 279–281, 319f., 341
Phöniker (*siehe auch* Emesa) 66, 74, 78, 109, 112, 114, 116–119, 120, 128, 160, 191, 209, 226f., 228, 237, 240, 242, 243, 245, 252, 275, 290
Photios 72f.
Plautianus, Fulvius 80, 120, 121, 160, 208, 292
Plautilla, Fulvia 32, 292
„Plautinus", Thermen des 207f.
plebs urbana (*siehe auch* Congiaria; Volkstribun) 172, 175f., 180, 201, 206f., 210, 212, 259, 283f., 308, 313f., 316–318
Plinius der Jüngere 142, 241, 289
Plutarch 135, 267
Politik (*siehe auch* Macht) 17, 21, 22, 25, 30, 61, 68f., 75, 88, 90, 91, 102, 109, 112, 128, 139, 140, 164–167, 170f., 172f., 175, 183, 187, 198f., 203, 205, 237–239, 241, 256f., 261, 262, 266–268, 290–292, 298f., 307f., 332, 335
Pollio, Claudius Aelius 136, 144, 145f., 148, 156, 184, 200, 313
Pompeius (Magnus, Cn.) 67, 68
Pontianus, Pontius 147
pontifex maximus (Oberpriester) 143, 221, 307
Pontus *11*, 68, 70, 198, 200
Porträts *siehe* Büsten
Postumus (Kaiser) 107
Price, Simon R.F. 221f., 343
Proculus (Therapeut) 122
Proskriptionen (Todeslisten) 143, 189

Prosopographie 90f., 110, 140
Prostitution 19f., 24, 60, 61, 79, 152, 213, 229, 256, 269, 273, 275, 277, 280f.
Protogenes 197, 198, 210
Provinzen (Roms) *10f.*, 32, 35f., 38, 49, 63, 65f., 69, 90–93, 110, 113, 124, 125, 138–140, 145, 147, 148, 158, 164, 169, 173f., 181, 186, 203, 221, 223, 143, 247–255, 257–263, 301, 312, 316, 320
Pythagoras (Freigelassener) 270

queere Ikone 332
quindecimviri sacris faciundis (Priesterkollegium) 220f.

Rache (*ultio*) 29, 33, 136, 246, 312f., 314, 324
Raphaneai 23, 25, 26, 30, 36f., 38–44, 54, 59, 75, 78, 79, 87, 89, 93, 96, 99, 109, 126, 128, 159, 186, 285, 298, 301, 304, 314
-Belagerung 47–51, 55–57, 84f.
„Rasse", Modelle ethnischer Herkunft 22, 109–113, 118f., 342
Reden (*siehe auch* Panegyrik) 20, 42, 56f., 101, 109, 145, 153–155, 168, 177, 185, 186, 188, 191, 193, 241, 268, 275, 288f., 302, 314
Reichsdienst 71f., 77, 115, 116
relegatio 32
Reliefs 22, 77, 182f., *182*, 230–232, *231*, 244
Religion (*siehe auch* Christentum; Heidentum; Elagabal; Manichäismus) 16, 18, 20, 22, 36, 38, 44, 64, 71, 74–76, 78, 99, 109, 120, 129f., 159, 160f., 169f., 182, 191, 213f., 217–246, 250, 252, 255, 258, 261f., 263, 273, 275, 283, 284, 286, 288f., 292f., 299–301, 303, 314, 317, 318, 335, 335, 336, 343
Remus 55, 59f.
res publica restituta 165
Rhea Silvia 60

Ritter, römische (*equites*) 25, 31, 41, 48, 65, 71, 80, 81, 85, 91, 115, 116, 120, 124, 139f., 145, 147, 156, 157, 158, 179, 195, 196, 201, 214, 237, 262, 297, 317
Rom (Stadt) 7, 20, 25, 29, 31, 42, 48, 59–63, 65, 67, 69, 71, 80, 81, 84, 85, 92, 97, 102, 109, 115, 120f., 122–124, 127, 128, 132f., 135, 138, 141, 144–146, 148, 150f., 156, 158, 164, 165, 169, 172, 175f., 180, 184f., 187, 196, 197, 200–202, 206f., 209, 239, 247f., 250, 252f., 259f., 269, 270f., 272, 278, 281, 284, 288, 289f., 292, 294, 296, 298, 299, 301, 307f., 311, 315f., 318, 320f.
-Bauten in 185, 207f., 235f., *235*,
-und Elagabalkult 20, 160f., 194, 233–238, 240, 243–246, 253f., 286, 292, 312f.
-Götter 170, 194, 202, 221–223, 228, 231f., *231*, 242f., 245f., 285, 312, 317, 323
The Roses of Heliogabalus (Alma-Tadema) *13*, 13–15, 327–332
Rufus, Novius 147

Sabiner 60–62
Sabinus (Jurist) 294
Sacerdos, Q. Tineius 198, 298
sacramentum (Soldateneid) 43f., 89, 164
Saddam Hussein 160, 344
Säkularspiele (*ludi saeculares*) 120
Said, Edward 119
Salamis, Schlacht bei 101, 119
Sampsigeramos I. 66f., 117, 154
Sampsigeramos II. 67f.
Sampsigeramus, C. Julius 67, 69, 117
Sardeis *250*, 250, 252
Schwarze, antike Ansichten über 112f.
Secundus, Marius 38, 41, 92, 131, 139
Seianus, Aelius 31
Seleukeia Pieria 29, 98
Seleukos 66, 87
Semiramis 30f.

Senat, Senatoren 14, 17f., 29, 30, 33, 35, 41, 48, 54, 61, 65f., 67, 71f., 76f., 80, 81, 84, 91, 92, 99, 115, 116, 120, 132f., 137, 138–140, 141f., 163–166, 170, 172–177, 179, 180, 185f., 220, 221, 223, 239, 242, 266f., 289, 317
-und Elagabal 26, 31f., 71, 115, 124, 141, 143–148, 150, 155–158, 161, 166, 185f., 196, 199f., 201, 202, 203, 204, 212, 213f., 234f., 237, 253, 259, 262, 283, 284–287, 288f., 291f., 293, 294, 297, 299, 300, 301, 307f., 312, 313f., 316, 318, 320–322
Septimius Severus (Kaiser, Großonkel Elagabals) 6, 31, 33, 51, *52*, 54, 55, 65, 71, 80, 85, 113, 114, 118, 120, 121, 122, 132, 133, 143, 145, 146, 154, 169, 185–187, 188, 192, 258, 259, 289, 291, 297f., *328*, 328
-Ehe 27, 33, 76f., 117, 268
-Herkunft, Identitätsfragen 66, 117
Severus Alexander (Kaiser) 6, 84, 119, 125, 138, 166, 193, 199, 207, 238, 255–258, 259, 262, 280, 286–289, 294–298, 302–304, *308*, 308–311, 318, 320, 321, 322, 325 A. 511, 328
-Adoption und Caesartitel 285f., 293, 300
-Bildung und Kultur 194, 288, 322
-Rebellion wegen 301f., 303–306, 315
-Thronfolge 307f., 313
Sex 16, 19, 53, 72, 111, 118, 122, 129, 135, 159, 191, 196, 197, 205f., 212f., 214, 229, 232, 243, 265–281, 283, 292, 314f., 317, 320, 326, 335, 336, 343
Sibyllinische Bücher 220f., 323
Sidon 114
Silas *siehe* Sampsigeramus
Silius, C. (Partner Messalinas) 270
Sizilien 63, 76
Sklaverei 18, 24f., 26, 42, 52f., 56, 60, 61, 62f., 73, 79, 85f., 113, 127, 135, 136, 146, 155, 174, 177–179,

195, 196f., 200, 210, 219, 258, 261, 266, 268f., 270f., 290, 291, 294, 316, 322
Skulpturen *siehe* Büsten; Reliefs; Statuen
Skutariotes, Theodoros 325
Soaemias, Julia (Mutter Elagabals) 6, 24, 37, 42, 117, 120, 123, 125, 127, 131, 183, 198, 205, 238, 268, 285, 288, 291f., 293
-und Eutychianus 25, 159f., 268, 273, 301
-in der Schlacht bei Immae 101, 103
-Rebellion gegen S., Hinrichtung 296, 298, 299–301, 303, 305f., 311
-in *The Roses of Heliogabalus 13*, 329
Sohaemus, C. Julius 67, 68f., 70, 73
Sophene 68
Sophisten 83, 188f., 193, 280, 319
Spanier 111f.
Sporus 270
Stadion Domitians 209
stasis (Aufruhr) 105f.
Statthalter 32, 36, 38, 41f., 68, 76, 85, 90–93, 124, 125, 128, 129, 131f., 134, 138–140, 144, 146f., 156, 158, 192, 196, 199f., 204, 233, 253, 254f., 260, 262, 313, 321
Statuen 16, 22, 77, 89, 124, 138, 181, 208, *215*, 216, 221, 225, 228, *231*, 231f., 237, 259, *278*, 278f., 281, 295, 303, 308–311, *309*, 312, 315, 317, 327
Stoa, Stoizismus 188, 218
Suda (Lexikon) 72, 73
Sueton 15, 180, 207, 211, 335
Sulla, L. Cornelius 33
Syme, Sir Ronald 324, 336
Synkellos, Georgios 194
Syrer 22, 36, 59, 66, 73, 89, 109, 117, 119, 153, 160
Syria Coele *11*, 92, 98, 102, 118, 132, 138, 140, 156, 199
Syria Palaestina *siehe* Judäa
Syria Phoenice *siehe* Emesa

Tabula Peutingeriana 26

Tacitus 195, 223, 320, 330
Tag der Gelübde 214
Tatius, Titus 60
Taurus, Marcianus 137
Terentius Bassus, L. 233
Tertullian 197
Theodorus (Statthalter) 140, 204
Thrakien, Thracia 85, 138, 140, 181, 199, 260, 285
Thrax, Maximinus (Kaiser) 133 A. 218, 294
Thronfolge 203, 207, 221
Thukydides 101
Thyateira 125f., 193, 210
Tiberius (Kaiser) 14, 31, 42, 48, 174f., 180, 188, 221, 233, 236, 302, 318, 324
Tiere 13, 20, 107, 126f., 185, 201, 206, 210–212, 227, 230, 254f., 259, 325, 326
Timesitheus, C. Furius Sabinus Aquila 92, 139
Titianus, C. Iulius 140
Topoi (Klischees) 64, 160, 273f., 292, 337
Trajan (Kaiser) 47,66, 73, 142, 154, 185, 188, 222, 241
Transsexualität 332
tresviri monetales 239–241
tribunicia potestas siehe Volkstribun
Triccianus, Aelius Decius 28, 147
Troja 56, 60, 76, 88, 261

Ulpian(us, Domitius) 209, 287, 294, 299, 308
Urania (Göttin) 228, 236f., 258

Varius siehe Elagabal (Kaiser)
Velitrae 115, 121, 125, 247

Venus Caelestis 300
Verbannung 30, 32, 57, 80, 142, 153, 158, 195, 272, 287, 299, 318
Vergil 113, 127, 188, 245, 337
Vergünstigungen (für Städte) 152f., 252
Verus (Ex-Zenturio) 41f., 99, 101, 131, 139, 141, 148, 155, 157
Vespasian (Kaiser) 38, 65, 66, 133, 207, 324
Vestalinnen 19, 60, 201f., 205, 206, 228, 237, 258. 269, 287, 299, 311
vexillationes 97f.,
Veyne, Paul 266, 343
Victor, Sex. Aurelius 126, 324
Victor, Ulpius 143
Volkstribun (und *tribunicia potestas*) 143, 164f., 166, 171, 286, 307

Wagenlenken 195, 196, 197, 214, 270, 283, 313f., 330
Wilde, Oscar 215

Zenobia 290
Zentralafrikanisches Kaiserreich 259f.
Zenturionen 38, 41, 55, 71, 105, 134, 135–137, 139, 144, 146, 155f., 157, 294, 313
Zeugma 93, 136, 144, 156
Zeus 76, 87f., 219f.
Zonaras 325
Zosimos 98 A. 148, 136 A. 223, 183, 325
Zoticus, Aurelius 195, 196f., 209, 213, 271f., 274, 275, 299, 314, 315, 326, 328, 329

Abbildungsverzeichnis

Bild 1: *The Roses of Heliogabalus* von Lawrence Alma-Tadema (1888), freundliche Genehmigung von Wikimedia Commons.

Bild 2: Eine Porträtbüste Maesas? Statuenbüste mit freundlicher Genehmigung des Penn Museum, image #175098, object #L-51-2.

Bild 3: Offizielles Porträt Maesas und der Tugend der Keuschheit. Silver Denarius of Elagabalus, Rome, AD 218–22, 1944.100.52402, freundliche Genehmigung der American Numismatic Society.

Bild 4: Die Severerdynastie mit dem ausgelöschten Geta. Tafelbild der Familie des Lucius Septimius Severus, © bpk / Antikensammlung, SMB / Johannes Laurentius.

Bild 5: Kaiser Macrinus, © Shayne Tang / Alamy Stock Photo.

Bild 6: Elagabal im Tempel von Emesa. Bätyl (heiliger Stein), Bild Saperaud, CC BY-SA 3.0, Genehmigung Wikimedia Commons.

Bild 7: Porträttyp 1 Elagabals. Ny Carlsberg Glyptotek, Kopenhagen, Foto Carole Raddato, CC BY-SA 2.0 (https://flic.kr/p/kVPtUX).

Bild 8: Relief aus Triest. Pompa del magistrato, Inv. RC 225, Archivio fotografico Museo Archeologico Nazionale di Aquileia, Verwendung genehmigt vom Ministero della cultura, Direzione regionale musei del Friuli Venezia Giulia.

Bild 9: Porträttyp 2 Elagabals. Kapitolininische Museen, Foto Carole Raddato, CC BY-SA 2.0 (https://flic.kr/p/xHgcYC).

Bild 10: Elagabal im Tempel von Emesa. British Museum Coin G.2480, photograph © Trustees of the British Museum.

Abbildungsverzeichnis

Bild 11: Domna und der Altar Elagabals. Bronze Coin of Julia Domna, Emesa, AD 193–217, 1944.100.66178, Genehmigung American Numismatic Society.

Bild 12: Elagabal und sein Gott. Foto mit Genehmigung von Numismatica Ars Classica NAC AG, Auction 29, lot 596.

Bild 13: Das ‚Horn' Elagabals. Foto mit Genehmigung von Numismatica Ars Classica NAC AG, Auction 54, lot 514.

Bild 14: Relief mit Elagabal, Foto © Clare Rowan.

Bild 15: Rekonstruktion des Elagabal-Tempels auf dem Palatin. Nachdruck mit freundlicher Genehmigung von Patrizia Veltri und Françoise Villedieu.

Bild 16: Reverse von Silbermünzen Elagabals aus Hortfunden. Ursprünglich in: Clare Rowan, *Under Divine Auspices: Divine Ideology and the Visualisation of Imperial Power in the Severan Period* (Cambridge: Cambridge University Press 2012), S. 166. Reproduced with permission of The Licensor through PLSclear.

Bild 17: Ein Kameo mit Elagabal? Bibliothèque nationale de France, camée.304, 'Élagabale sur un char traîné par des femmes'.

Bild 18: Elagabal in Carnuntum. Gewandstatue mit Kind, 3.–4. Jh. n. Chr., Kalksandstein, InvNr CAR-S-1328, © Landessammlungen NÖ, Archäologischer Park Carnuntum (Foto: N. Gail).

Bild 19: Eine zu Alexander umgearbeitete Elagabal-Statue. Archäologisches Nationalmuseum Neapel. © Album / Alamy Stock Photo.

Bild 20: *Caracalla and Geta* von Lawrence Alma-Tadema (1907), Genehmigung Wikimedia Commons.

Bild 21: „Eine römische Dame"? Foto R. Laev, Abdruck mit frdl. Genehmigung des Forschungsarchivs für Antike Plastik, Universität zu Köln: arachne.dainst.org/entity/148607.